民国人物大传系列

民国总理
段祺瑞

关河五十州 / 著

中国出版集团
现代出版社

图书在版编目(CIP)数据

民国总理段祺瑞 / 关河五十州著. —北京：现代出版社，2016.1
ISBN 978-7-5143-4050-1

I. ①民…　Ⅱ. ①关…　Ⅲ. ①段祺瑞（1865～1936）－传记
Ⅳ. ①K827=6

中国版本图书馆CIP数据核字（2015）第223956号

民国总理段祺瑞

作　　者	关河五十州
责任编辑	张　霆
出版发行	现代出版社
通讯地址	北京市安定门外安华里504号
邮政编码	100011
电　　话	010-64267325　64245264（传真）
网　　址	www.1980xd.com
电子邮箱	xiandai@vip.sina.com
印　　刷	三河市国新印装有限公司
开　　本	710×1000　1/16
印　　张	23.5
版　　次	2016年1月第1版　2019年1月第2次印刷
书　　号	ISBN 978-7-5143-4050-1
定　　价	50.00元

目录

为什么要编练新军？当然是因为旧军太不足恃，而指挥训练新军又得依靠袁世凯、段祺瑞这些人。如果像"中兴派"所设想的那样，将北洋系扫地以尽，效果可能适得其反。慈禧不会干这种傻事。作为一个宫廷权力斗争的高手，这个老太婆向以狠鸷多智著称，其心机和魄力决非一般妇女所能及——只要试想一下，连曾国藩、李鸿章等中兴名臣，都曾被她放在手掌中拨拉来拨拉去，又何况袁世凯这些后起之辈。

宋教仁正是在规则里面玩游戏的高手，他在南方力倡"争内阁不争总统"的理念，并俨然以多数党候补内阁总理自任。这使袁世凯感受到了强烈的危机感，他时刻担心大权旁落，曾对自己的高级幕僚说："我现在不怕国民党以暴力夺取政权，就怕他们以合法手段夺取政权，把我摆在无权无勇的位置上。"

以袁克定为首的极端帝制派也对段祺瑞进行了威胁。就在段祺瑞收到袁世凯信件的前一天晚上，他收到一封匿名信，上面扬言段祺瑞若不识时务，将对他采取不利行动。段祺瑞当即昂然表示："武人不怕死！"段祺瑞铁了心不愿为袁世凯的帝制站台，他对曾毓隽说："你再见项城（袁世凯），不必多费口舌，只听其发付就是。我生死且不计，何计较得失！"

进入1917年，当"一战"的对立双方都打得精疲力竭的时候，美国参战就表明大战已近尾声，鹿死谁手变得非常清楚了。段祺瑞认为，要使山东问题得到妥善解决，中国就必须有机会参与战后的和会，从而与日本争夺失去的权益。

即便不考虑山东问题，中国继续保持中立也不明智，因为"将来协约国取得胜利，中国将成局外之人"，而中国参加，"那将迥然成另一局面。到时中国也是战胜国之一，和会上有我一席之地，必将提高中国之国际声誉"。

作为段幕大将，靳云鹏本身也巧舌如簧，很会哄人高兴。他到南京后对着冯国璋发表了一番妙论，说："北方的大局好比是一个香炉，这个香炉有三条腿，大总统（指冯国璋）好比是香炉的一条腿，总理和东海（指徐世昌）是那另外两条腿。

有了这样的三条腿，还怕那个香炉站不稳吗？"冯国璋在听靳云鹏说这番话时，虽然嘴上未作任何表示，但脸上一直保持着微笑，显然很是受用。

正在这个时候，段祺瑞又给冯国璋发来一封亲拟的电报，电文只有干干脆脆的四个字："四哥快来！"冯国璋接到这封电报后很激动，他一边把电报拿在手里指给身边的人看，一边以得意的神情对众人说："你们看，芝泉这个粗！芝泉这个粗！"

在北洋系中，段祺瑞是个与众不同的人物。他为政廉洁，有"六不总理"之称，即"不抽、不喝、不嫖、不赌、不贪、不占"。冯国璋的"民元公债票"，他是绝不会从中沾染半点的。

段祺瑞自认高洁之名声播中外，没想到德国人情急之下，居然还把他作为贿赂的对象，这无异于对其人格人品的一种侮辱。当下他便板起脸，大声答复道："贵公使适才一段话，站在贵公使立场，我不能说你的话不应该说，但是你的做法是荒唐的！"

为了使吴佩孚能够为己所用，老段可谓想尽了办法，使尽了招数。发动总攻之前，他以总理和北洋元老的身份，破例屈尊直接打长途电话给吴佩孚，表示慰问，接着又授予吴佩孚"孚威将军"的称号。

"将军"本身是个代表荣誉的虚衔，一般情况下只有督军一级的人物下台后才能被授予。吴佩孚仅仅是个师长，既未下台，又无督军资格，竟然能获得这样的头衔，民国创建以来从无此先例可循，由此足见段祺瑞对他的重视和拉拢。

第一章／心中的秘密

尽管已经有了预感，但看过密函之后，段祺瑞的心头还是生起了一股凉意。

密函是袁世凯的家人送来的，为袁世凯亲笔所写，内容很简略，就是让段祺瑞尽快来京与之见面，并且要求掩人耳目，不可张扬。

这是一个多事之秋。就在两年前，身为北洋魁首的袁世凯突然调任军机大臣兼外务部尚书，看上去官职是升了，实际却是拿走了他手中最重要的兵权。随之而来，段祺瑞等北洋系将领也都不同程度地坐了冷板凳。

出手打压袁世凯及北洋系的，是以铁良、载沣、良弼为代表的一批满洲贵胄，所谓满人"中兴派"，这些人早就瞧北洋军人不顺眼了。

当年"辛丑条约"签成，两宫移驾回京，段祺瑞奉袁世凯之命，率部在道路两旁立正行礼。醇亲王载沣见了，当场就责问他："这是你的部队吗？……见了两宫圣驾缘何不下跪？"

段祺瑞认为，不下跪很正常，因为北洋新军是按照德式操典训练的，根据操典规定，军仪就是最高礼节。

载沣闻言很是不悦："难道大清的新军仅有你一家？"

载沣不但是亲王，还是当朝皇帝光绪的亲弟弟。可是段祺瑞仍然毫不客气地顶了回去："别的新军如何，属下不清楚，但我这是按操典规则行事。"

"大胆！"载沣顿时被对方的倔强态度给激怒了。

就在众人都在替段祺瑞担心的时候，有人出来给他解了围——坐在轿子里的慈禧太后传下话来："新练之洋队参用西法，训练有素，堪为栋梁。"

有了这道旨意，载沣才不好再说什么了。

不寒而栗

迎驾风波只是"中兴派"对北洋系发起反击的一个信号。说起来，彼时的北洋系也确实过于惹眼，他们所掌握的北洋新军已渐渐超越旧军，成为全国首屈一指的军事力量。特别是在 1905 年到 1906 年，国内曾两次组织秋操（指秋季的军事演习），在这两次规模宏阔的秋操中，新军都引起了国内外舆论的密切注意。

英国驻华公使朱尔典看完秋操后，在会见清廷大臣时直言不讳："我看中国之军事，唯有新建陆军；而中国之军事统帅，也唯有袁总督大人（袁世凯）了。"

因秋操而声名鹊起的不仅有袁世凯，还包括段祺瑞。段祺瑞担任秋操中的北军总统官，他所指挥的北军在与南军的对抗中略占优势，之后其知名度和权力便犹如长了翅膀一样地扶摇直升。

面对北洋系势力的急速膨胀，"中兴派"深感威胁，其实掌控中枢的慈禧又何尝不是如此呢，但是觉得不安是一回事，怎么做又是另外一回事。

为什么要编练新军？当然是因为旧军太不足恃，而指挥训练新军又得依靠袁世凯、段祺瑞这些人。如果像"中兴派"所设想的那样，将北洋系扫地出门，效果可能适得其反。

慈禧不会干这种傻事。作为一个宫廷权力斗争的高手，这个老太婆向以狠鸷多智著称，其心机和魄力绝非一般妇女所能及——试想一下，连曾国藩、李鸿章等中兴名臣，都曾被她放在手掌中拨拉来拨拉去，又何况袁世凯这些后起之辈？

驾驭满汉大臣，慈禧的一贯策略是恩威并用，权不旁落。她一方面利用"中兴派"乃至一些反袁汉臣的意见，用明升暗降的办法，对袁世凯及其部属进行压制和防范；另一方面也对"中兴派"的过激举措进行适当限制，以免把袁世凯逼得太紧太急。

在袁世凯调任军机处之前，陆军部已经收回了北洋六镇中的四镇，但是四镇军官仍出自北洋系，于是铁良和良弼便酝酿对这四镇中的各级军官进行改组。由于触及自己的底线，招致了袁世凯及其北洋将领的剧烈反弹，双方闹得不亦乐乎。

慈禧看到后，立即出面调解，让与袁世凯私下关系不错的庆亲王奕劻掌管陆军部，"中兴派"的改组计划由此搁浅。

虽有慈禧在上面玩平衡木，可是袁世凯、段祺瑞等人仍处于战战兢兢、如履薄冰的境地。收到袁世凯从京城发来的密函，段祺瑞意识到朝廷可能又发生了什么大事，并且涉及了袁本人。

当下，他依照密函所嘱，仅带几名随从，化装成商人模样，从保定秘密潜往京城。到了京城之后，发现城内气氛果然反常，只见街道萧条、店门紧闭，往日车水马龙、人来人往的袁府门口也变得极为冷清。

袁世凯不在自己府上，接待段祺瑞的是袁世凯的大公子袁克定。据袁克定说，光绪皇帝前两天已经驾崩，而且光绪头天驾崩，隔了一天，慈禧居然也死了。

最让段祺瑞苦恼的恐怕还是后面这个：根据慈禧立下的遗旨，载沣之子溥仪将继承皇统，载沣本人则为监国摄政！

慈禧固然也打压袁世凯和北洋，可是她毕竟不会往死里整，到了北洋的对头掌握大权，就什么都难说了。袁克定告诉段祺瑞，光绪驾崩当天晚上，睡梦中的袁世凯便被召到宫中商议立嗣之事，此后一直留在宫中未归。

段祺瑞不寒而栗，他赶紧离开袁府，到租界找了家较为偏僻的饭店住了下来。

手下人被他派出去四处打探消息，但是打探出来的消息，几乎都是对袁世凯不利的。有的说光绪皇帝死得蹊跷，多半是让慈禧太后给毒死的，这也罢了，还有人甚至直接说整个毒杀事件都是由袁世凯一手策划的。理由是戊戌变法时期，袁世凯曾告密出卖皇帝，这老小子害怕光绪会死在慈禧之后并借机对他进行报复，所以才下此毒手。

普通老百姓只知道皇帝驾崩，又怎么会了解如此多的内幕？段祺瑞相信，这一定是袁世凯的政敌在出幺蛾子，为的就是要给诛杀袁世凯制造舆论。

袁世凯似乎已经在劫难逃，但段祺瑞需要想尽一切办法不让这一情况发生，无论从公还是从私——

从公，整个北洋系与袁世凯是一荣俱荣、一损俱损的关系，袁世凯若是倒台或者有个三长两短，作为其部属也就基本丧失了立足和进阶的希望，更何况段祺瑞本人与载沣他们还有过节儿。

从私，袁段关系非常密切，袁世凯不仅是段祺瑞的老上司，还是他的伯乐乃至恩公。

密谋

段祺瑞原本经历显赫，称得上是同时代人中的佼佼者。他读过七年私塾，熟知经史，有较好的国学根底，说起"之乎者也"毫不输人。成年后考入每期只招收百人的天津武备学堂，这所学校虽然规模不大，但却是近代中国第一所陆军学堂。后来的研究者发现，"中国二十世纪初期历史上的许多重要人物，都是该校培训出来的"。

武备学堂有一门从德国买来的德造火炮瞄准器坏了，没有人会修理。段祺瑞初生牛犊不怕虎，凭着刚从学校学到的一些物理、化学和高等数学知识，加上天赋，经过一番研究琢磨，居然把这个瞄准器给修好了。

段祺瑞的武备学堂毕业成绩是"最优等"。一年后，政府决定选派数名武备生赴德留学，他再次以第一名的成绩被录取。

在德国，段祺瑞先用一年半时间在柏林军校系统学习理论课程，接着又奉派单独进入当时世界上的第一流兵工厂——克虏伯炮厂——深造了半年。

学兼中西，掌握近代战阵之法，尤精于枪炮技术，有如此特长的精英人才，在晚清末年可谓凤毛麟角。可是学成回国后，段祺瑞却被整整闲置了六年之久，所任职务不是军械局委员，就是随营学堂教习，反正是有你不多，没你不少，英雄无用武之地。

受到冷落的不单是段祺瑞一个，绝大多数军校生包括留学归国人员干的也都是此类闲差。原因很简单，因为那时候还没有可供他们发挥才干的新式军队，而在以湘淮军为主的旧军里，将领们多行伍出身，这些人取得功名主要靠实战，对于从军事院校毕业的书斋军官，他们既看不起也不肯加以提拔任用。

直到袁世凯在小站编练新军，段祺瑞及其他武备生的命运才终于发生了转折。

新军全面使用西式武器，采用西法编制，进行西法操练。这些正是武备生的长处，武备生由此逐渐成为北洋系的核心。作为武备生中的拔尖人才，段祺瑞在被推荐给袁世凯之后，更是很快得到重用，成为袁氏带兵、练兵的主要助手。

袁世凯既能招揽人才，也能笼络人才，对亲信部属的关照可谓无微不至。比如，段祺瑞第一次赴小站，袁世凯即亲往迎接，礼仪之周到，令人有受宠若惊之感。又比如，段家但凡要办什么大事，只要让袁世凯知道了，他都会额外赠送银票，以壮声势。

某次，段祺瑞在天津一家酒楼宴请其他将领。宴会结束，正准备结账，酒楼老板却说你不必结了，袁大人已经吩咐过，所有花销都记在他一人账上……

袁世凯有一个在山东时义结金兰的故人，不幸早逝，其女张佩蘅由袁世凯接来府上照料。袁世凯的夫人于氏只生袁克定一子，无女，便将张佩蘅收为义女。另外一种说法是，张佩蘅其实是袁世凯的表侄女，从小在袁家长大。不管出身究竟如何，袁氏夫妇视她如同己出是没错的，张佩蘅见到袁氏夫妇也是一口一个爸妈，十分亲热。

后来袁世凯听说段祺瑞的原配夫人病故，就有心做主把张佩蘅许配给段祺瑞。当时武人的社会地位较低，张佩蘅的亲生母亲嫌段祺瑞是武人，女儿又是去当续弦，因此起初对这桩婚姻不太满意。袁世凯给老太太做工作，说段祺瑞是我看中的，你就放一百二十个心吧。

以张佩蘅在袁府如同大小姐一样的身份，段祺瑞迎娶张佩蘅，就等于是做了袁世凯的女婿。从此，袁段二人除了多年的袍泽关系外，无形中又成了亲戚。

伯乐、恩公、亲戚，看在哪一层关系上，段祺瑞都不能对袁世凯见死不救，但是搭救要讲究方法，鲁莽不得。这也是袁世凯专门以密函招他来京，又嘱其不可张扬的用意所在。

段祺瑞决定把冯国璋找来商量。北洋系有"北洋三杰"之说，段祺瑞被称为"虎"，冯国璋则是"豹"。

"冯豹"此时正在陆军部任职。段祺瑞把他叫来租界，二人在饭店里密谋了足足两个多小时，最后决定策划一起冬季军事操练。

新军操练不是小事，必须报经陆军部批准才能施行。段冯也不是真的要搞什么操练，他们就是要借此放出风去，给朝廷施加压力，同时彰显袁世凯及其北洋系的重要性。

这是一个一旦真相暴露，当事者可能要进大牢乃至掉脑袋的计划，然而事到如今，再也想不出什么万全之策了。当晚，段祺瑞即返回保定，实施这一计划。

天下大势

段祺瑞一回保定就"病"了，而且"病"得很重。他的亲信幕僚、北洋新军的中高级军官纷纷赶来探视，就在探视过程中，段祺瑞用含蓄的方式向他们传递了信息：假装搞操练，并且要给外界确有其事的印象。

很快，陆军部就得到报告，说北洋军及其陆军学堂即将举行大规模冬操。

不经陆军部批准就擅自举行冬操，无疑是犯上作乱。朝廷闻讯很是吃惊，可是往下追查，各部队又都推说并无此事，是有人故意制造谣言。

就在摄政王载沣等人惶恐不安的时候，陆军部又得到了一份更为惊人的报告：保定发生了大规模兵变。

与前面那份查无实据的报告不同，这次是来真格的，而且提供报告的人就是坐镇保定的段祺瑞！

原来就在段祺瑞放风要搞冬操的时候，几个月前刚调到保定的北洋第十六镇第十一协发生了火并事件。事件本身并不大，不过是几个聚赌的士兵发生争执，然后互相打了起来。

这种事情在新旧军中都不是什么了不得的新闻。段祺瑞开始处理时也没怎么太放在心上，随后一想，却发现居然是个天赐的好机会。

他立即从"病床"上爬起来，命令手下接通第十一协协统李纯的电话。

"是秀山（李纯的字）吗？我是段祺瑞，你那边发生兵变了！"

"兵变？"李纯一时还没反应过来，"段大人，不是兵变，是几个士兵因赌博而……"

"是兵变！"段祺瑞打断对方的话，用斩钉截铁、不容置疑的语调说道，"你听着，你那里发生了兵变！你当怎么处置？"

"率兵弹压？"李纯终于有所领悟。

"对，立即弹压，声势越大越好！我随后带兵增援。"

就这样，兵营中一件芝麻绿豆般的事件被越炒越大。真实发生的"兵变"自然比捕风捉影的"冬操"更吓人，也让朝廷大为震动。

据说，载沣在摄政当国后就已经草拟了严惩袁世凯的谕旨，最终没有下达，原因固然很多，但段祺瑞策划的这一系列行动不能不说起到了一定作用。

1909 年 1 月，朝廷以袁世凯"现患足疾，步履维艰，难任职任"为由，将其开缺回籍。

袁世凯虽被罢官，但项上人头总算还是保住了。当他乘火车路过保定，见到段祺瑞时所说的第一句话就是："芝泉（段祺瑞的字），这次全亏你了！"

随着袁世凯下野，朝廷中以载沣为中心的皇室亲贵一方面抢夺军事大权，另一方面加紧剪除北洋系中的袁氏一党。段祺瑞自然也受到了牵连，更糟糕的是，他制造假冬操，把火并扩大成兵变的事情也被朝廷发现了。载沣本拟严加追究，只是顾忌事态闹得太大会导致不可收拾才作罢。

死罪虽免，活罪难逃。段祺瑞的职务被频频调动，直至 1910 年年底奉命署理江北提督。

段祺瑞原任镇统制，职务相当于现代军制中的师长，为二品官，提督则是从一品。表面上载沣提升了他的官职，但实际上不过是一种明升暗降的手法——江北提督统辖清江浦的旧军巡防营，仅仅负责地方治安、剿匪等，显见得是朝廷虚与委蛇，要将段"置诸闲散之列"。

在得知自己即将到清江上任时，段祺瑞就已经闷闷不乐了。途中他不顾朝廷的监视和猜忌，专程绕道去看望了在彰德隐居的袁世凯。

袁世凯在彰德也日日夜夜受到监视，所以白天只能领着段祺瑞观鱼、赏花，不敢深谈。只有到了晚上，众人散去，二人才能借下棋的机会聊两句知心话。

袁世凯虽然被贬，却比在位时更清醒沉着。他结合自身的经历和古书中的教训，悟出一个道理——天下大势，分久必合，合久必分。只要这种进退盈缩的变化一出现，他袁某和北洋系就一定会有再次出头的机会。

袁世凯郑重地告诉段祺瑞："芝泉啊，要沉住气，耐心等待时机。"

这的确是一个很考验耐心的过程。江北提督没有实权不说，当得还不轻松。在段祺瑞履职到任后，有一个协哗变了，段祺瑞被迫带着老婆孩子过了一段逃难日子。好在段家有两个厨房头儿，逃难期间忙上忙下，很卖了份力气，生活才不至于受到太大影响。

哗变结束，段祺瑞论功行赏，将两个头儿都列为有功之臣。虽然不可能封他们官，但两个人自此在段府地位特殊，有些家事连段府总管都做不了主，得这两个厨房头儿说了算。

段府除了他们之外，另有后宅的几个老妈子，也是自清江浦提督时代开始进入段府的，而且同样归入功臣之列，可见这一时期曾给段祺瑞留下的心理阴影。

派谁出征

在段祺瑞到清江任职的第二年，他终于感受到了暗潮涌动下局势的显著变化。

首先是爆发于 1911 年 4 月的黄花岗起义，虽然这次起义最终并没有取得成功，但已经足够令清廷感到不安："倘不严加防缉，诚恐酿成大变，不可收拾。"

当年 9 月，四川发生保路风潮。四川总督赵尔丰倒是"严加防缉"了，但严得又过了头，结果酿成流血事件。潜伏于四川的革命党人乘机发难，连陷数十郡县。

天下未乱蜀先乱，袁世凯所预言的"合久必分"终于露出了苗头。作为一波波大浪顶峰的，则是 10 月 10 日革命党人所策动的武昌起义。至 12 日，起义军已光复武汉三镇，天下为之震动。

清廷立即召集内阁紧急会议，商议对策，他们遇到的第一个问题是究竟派谁出征为好。

在满洲贵胄中，铁良、良弼均被称为清季干将，但良弼年轻，资历和地位也较低，只有铁良才具备"帅"的各方面条件，而在实际生活中，他也确实常被人称为"大帅"。

从慈禧太后决定编练新军起，铁良即奉旨与袁世凯共同主持练兵事宜。当时袁为主，铁为辅，练兵处办事人员都称袁世凯为"宫保"（袁世凯曾被封为"太子少保"），称铁良为"大帅"。

如果单评政绩，铁良给袁世凯做副手都很勉强。不过依照清廷一向的规矩，凡是满人中具备办事能力，头脑比较清楚，同时又官至二品的官吏，其得到信任和被迁擢重用的机会都要比汉官来得容易得多。在慈禧的信任赏识下，铁良在很短的时间内便历任军机大臣、陆军部尚书，名位几乎可与袁世凯平起平坐。

练兵的时候，大权归属袁世凯，铁良尚对之俯首帖耳、唯命是从。等到"宫保"、"大帅"能面对面坐下了，他就不这么好说话了。围绕着北洋新军的使用，铁良时时以陆军部的命令与袁对抗，令袁很难堪。二人矛盾逐渐明朗化，铁良也由此成为满人"中兴派"的主要代表人物。

北洋新军共有六镇。在慈禧的支持下，铁良收回了其中的四镇，从而揭开了他与袁世凯之间正面冲突的序幕。而后改组四镇军官的做法虽遭到慈禧的制止，但铁良在这场权力争斗中已经赢了大半。

袁世凯被逐，本是"中兴派"内部的一件大喜事，与袁世凯积怨已深的铁良更是犹如去了一块心病。可是让他没有想到的是，有袁这个大敌在，自己在朝中尚能相安，袁一走，他反而混不下去了。

摄政王载沣是个庸懦无能、眼光短浅之辈，他逐走袁世凯后，便把自己的弟弟载涛推出来，让载涛掌握军权。载涛时年才二十三岁，也没有什么文武才略，一切都要靠军事熟手铁良指导协助。

外行领导内行，是中国官僚场上的一个常见现象。面对载涛这个乳臭未干、对军事基本一窍不通的公子哥，有多年处理军政事务经验的铁良不可能不感到憋屈，有时也难免会流露出"军事你们不如我"之类的牢骚和倨傲。

载沣、载涛兄弟对此很忌讳，于是便将铁良身兼的禁卫军训练大臣一职免去，调他筹办海军，实际上是架空了他。

铁良知道自己不能为朝廷所容，就索性将陆军部尚书也一并辞去，像他的政敌袁世凯一样回家闲居去了。

铁良在家闲住了一年，载沣、载涛还是如同防袁世凯般防着他。由于害怕铁良暗中仍与各镇将领联系，便又特予起用，让他去做江宁将军。在大半个清代历史中，各地驻防将军的职权都非常重要，但到光绪以后，却逐渐沦为一个有名无实的闲职，基本无事可办。

代替铁良出任陆军部尚书的荫昌曾在德国留学，专习军事。回国后，他长期在天津武备学堂担任督办（相当于校长），段祺瑞、冯国璋等人都尊其为老师，段祺瑞到小站投效袁世凯，其实也是由荫昌推荐的。

荫昌的最大缺陷是没有练过兵，更无带兵打仗的经验，同时他在北洋新军中的威信也与"大帅"铁良相差很远。不过也唯因如此，载沣等人才觉得他好驾驭，遇事不致掣肘。

事实上，荫昌接到任命时尚在德国，其职务只能临时由左侍郎署理，那位左侍郎"奉命唯谨"，上面说该怎么办就怎么办，确实听话得很。后来即便荫昌本人回国，部务也仍然倚重副手，他自己连公文都懒得处理。

武昌起义爆发时，荫昌已出任内阁陆军大臣。内阁开会几经商讨，认为铁良已经下台，良弼资格太浅，只有荫昌才是唯一合适的人选，于是便决定派他督师赴鄂剿办。

等等再看

荫昌受命之后，有人向他表示祝贺，他却不满地说："我一个人马也没有，让我到湖北督师。我倒是去用拳打呀，还是用脚踢呀？"

荫昌所说倒也是实话。罢免袁世凯后，载沣即着手组建了由皇族直接控制的禁卫军，这支部队被载沣寄予厚望，待遇全国最优，装备全国最精，可惜却毫无作战经验。更主要的是禁卫军将领大多由皇族子弟担任，这些含着金汤匙出生的公子哥儿全都娇生惯养，谁也不愿意去前方打仗，都以拱卫京师为由反对出战。

禁卫军上不了场，只能仍然抽调北洋老六镇的人马。这时北洋军正奉命参加即将举行的滦州秋操，有的正在途中，有的已经到达目的地。内阁会议上，有人便提出，滦州离湖北较远，不如就近从京畿、河南、江苏抽调部队。

一听这话，内阁总理大臣奕劻立刻犯起了心病。他是个贪腐成性的庸才，一生唯知要钱，对独揽兵权倒没有什么特别的想法，只是他与载沣、载涛兄弟素来不合，非常担心后者会借调动军队之机来对付自己。于是内阁会议一结束，他就赶紧把亲信部队调入北京城内，驻扎于九门要冲及自己的王府周围。

让奕劻这么一搅和，京畿部队就没法动了，载沣、载涛只得从滦州和保定抽调了一镇两协，临时编成第一军，归荫昌指挥。

荫昌有了第一军，可是却调度不灵——各部队乱哄哄地南下，毫无秩序可言，有的军官到了，士兵没到，有的士兵到了，军官又没到。

荫昌急得手忙脚乱，无奈之下，只好向朝廷求救。载沣闻言也着了慌，不得不再次召开内阁紧急会议，让奕劻等人拿出解决之策。

奕劻声称："此种非常局面，本人年老，绝对不能承当。"他转而向载沣进言，要求重新起用袁世凯，并强调："袁有气魄，北洋军队都是他一手编练的，若令其赴鄂剿办，必操胜券，否则畏葸迁延，不堪设想。"

奕劻一力保举袁世凯的另一个论据，是袁世凯在老外心目中地位很高，"东交民巷（即使馆区）亦盛传非袁不能收拾"。

朝廷表面上对金发碧眼的外国人不屑一顾，实际经过鸦片战争以来的屡次敲打，心理上已对对方十分畏惧，同时也很把他们的言论当回事，有时老外们的态度甚至比国人的议论还更令朝廷在乎。

见连东交民巷都呼吁让袁世凯出山，载沣别无他策，只得皱着眉头答应下来："你们既然这样主张，姑且照你们的办。"

1911年10月14日，朝廷旨意下达，袁世凯被任命为湖广总督兼剿抚事宜，其职责相当于荫昌的助手。

受了你们那么大的侮辱，好不容易出山了，还得给人做下手，袁世凯如何甘心？他借口"足疾未瘳"，拒绝回京履任，同时又暗中给段祺瑞、冯国璋等老部下发去电报，召他们到彰德来开秘密会议。

当时政府有规定，在职官吏不得擅离职守，高级官员凡出郭三里者，就必须预先奏明，奉旨允许后方可起身。段祺瑞自然不会遵守这一规定，但为了不暴露行程，他骑马秘密经小道走了七天，才从清江赶到彰德。

早在春秋时期，著名政治家范蠡就留下了一句名言："时不至不可强生，事不究不可强成。"在秘密会议上，袁世凯引用了这句名言，表示他出山的时机尚不成熟，还得等等再看，不过他要求部下们从现在开始就针对武汉战事着手准备。

在袁世凯拒绝赴任的情况下，荫昌只得率已编配就绪的第一军独自前往湖北前线。

由于跟袁世凯的私人关系尚可，荫昌在发现调度不灵，向朝廷叫苦求援之前，曾顺道去彰德看望过袁世凯。当袁世凯问及南下有无把握时，荫昌自信心爆棚，说："武昌的事好办，那里不过是一些乌合之众，又没什么人物，成不了气候。"

袁世凯虽在家中，但对外面的形势了如指掌。他提醒荫昌："也不能这么说吧，黎元洪不就是一个吗？"

武昌起义前，黎元洪是驻军湖北的混成协协统，获悉起义爆发的消息后，他匆匆忙忙换上便衣躲了起来，但是起义军却主动找上门来，不是要杀他，而是邀请他出任革命军都督。

黎元洪能有此奇遇，实在也是形势使然——参加武昌首义的起义军士兵不过才三千人，而且大多数尚未加入革命党，可以说是群龙无首。有人因此提议："黎元洪现在城内，且资望高而得军心，可当重任。"

黎元洪为人忠厚，在官兵中的人缘极好，其资历和名望也足以号召各省响应。众人一拍即合，当下便来了个满城搜寻。

北方不能乱

黎元洪在哪里呢？一说是在他的一名司书的寓所里。另有一种说法是黎元洪有一个名叫黎本危的相好，原为汉口的妓女，起义爆发后，黎元洪藏到了黎本危的家里。

革命军很快就打听到了黎元洪的藏身之处。对黎元洪比较不堪的记载是，他胆小如鼠，不敢担任革命军要他出任的都督，一直钻在黎本危的床底下，最后被士兵强拖了出来。

到底是不是被"拖出来"的另当别论，但黎元洪一开始有顾虑倒是真的。说到底，他本不是一个想革命的人，更不用说担任革命军的首领了，而且那时革命军力量微小，能否抗拒强敌，以及今后能不能取得成功，都是难以预料的未知数。毕竟，革命在那个年代就是造反，而造反一旦失败，面临的下场不外乎死无葬身之地，甚至株连九族。

不用说，革命军为了把黎元洪推上台，肯定费了不少唇舌，黎元洪也一定会再三拒绝，拿自己的才能不足以担当大事之类的理由来推托。

在推拒无效的情况下，黎元洪被枪口所逼，只得半推半就地当了革命军的都督。这当然说的是一开始。黎元洪和段祺瑞等人一样，既受旧学思想的影响，也接受过新式教育，属于半新半旧的过渡性人物。过去那些所谓绝对效忠君王的一套并不能完全主宰他们的意识，只要外部条件一变化，脑子就会转过弯来。

随着革命形势的迅速发展，黎元洪逐渐接受了革命党人的良言苦劝，铁下心来决定推动革命。他在湖北谘议局召开的军事会议上当众宣布："我以前虽然不是革命党人，但现在是军政府的一员。我决不计个人成败利害，决心与诸君共生死。"他的这一表态顿时引得全场掌声雷动。

思想转变之后，黎元洪认为自己能成为"首义元勋"得自于相好黎本危，对方是他的命中福星，便就此把黎本危娶进门来，做了自己的宠妾。

荫昌不是不知道黎元洪之名，可他对此满不在乎。在彰德，他对袁世凯说的是："一个小小的协统，能掀起什么大浪？"

然而袁世凯并非故意要恐吓荫昌。黎元洪可不是一个协统那么简单，此人通晓海陆军战术，湖北新军的编练、操演、整训等事务，几乎都由他一手筹划制定。当初南北新军组织秋操，黎元洪是南军的实际组织和指挥者。虽然在秋操中，南军略输于段祺瑞所指挥的北军，但南军的总体表现并不差，曾获得"军容盛强，士气健锐，步伐技艺均已熟练精娴"的好评。

1911 年 10 月 16 日，荫昌所部在汉口刘家庙遭到革命军的顽强抵抗。19 日，在黎元洪的命令下，革命军分三路发动进攻，一举攻克刘家庙，并缴获了装有大批军需物资的数十辆车皮。

刘家庙大捷使清廷内部又一次陷入慌乱。20 日，内阁副总理大臣徐世昌秘密前往彰德，与袁世凯会晤。袁世凯通过徐世昌直接向清廷摊牌，即要他出山也不是不可以，但必须让其掌握军政大权。

这一条件对载沣等人来说，可谓苛刻至极，但问题是这时他们手中所拥有的筹码已经很少了，而且还在一天天地不断减少。22日，湖南革命党人发动起义，建立湖南军政府，同日，陕西也宣布独立。

局势的发展没有出乎袁世凯的预料，并且他已经事先布好了每一着棋。就在那次彰德秘密会议结束后，他把段祺瑞单独留下来，说出了藏在心中的秘密："现在南边闹得很凶，可是要害不在南，而在北。"

要论政治头脑，段祺瑞几乎就是袁世凯的翻版，他听了立刻心领神会："大人的意思是说北方不能乱吧！"

袁世凯正是此意，他知道自己出山只是时间问题，重要的是将来如何布局。段祺瑞被告知要准备率部从清江西上，在前线部队后面控制住交通线，这样进可以取武汉，退也可以左右京师。

袁世凯的考虑是要段祺瑞借机掌控住北方局势，而从清廷的角度来说，直接调段祺瑞去湖北或许对清军取胜更为有利，因为段祺瑞多年带兵，在北洋军中拥有较高威信，同时让清江部队去湖北作战，还可以节省许多时间。

早在荫昌准备督师南下时，就曾有人这样提议了，但载沣对段祺瑞抱有敌意，没有采纳。现在既然已抓住载沣的软肋，袁世凯就不管对方愿不愿意，干脆利落地发去了电奏："请饬署江北提督段祺瑞，酌带得力将弁，毋庸多带队伍，克日由海道北上，径赴鄂境。"

10月23日，段祺瑞接到第一道谕令，谕令内容几乎照搬了袁世凯的电谕。自这一天起，在短短四天之内，段祺瑞竟然接到了朝廷所发的三道谕令，他的职务也被明确为第二军总统。

所谓救急如救火，在已经对局势失去掌控能力的情况下，载沣被迫接受了袁世凯所提出的全部条件。27日，清廷召回荫昌，另行任命袁世凯为钦差大臣，节制出征的所有海陆各军。

"时不至不可强生，事不究不可强成"，袁世凯和北洋系终于等来了他们渴望许久的时机。

小诸葛

编配给段祺瑞第二军的部队，有的驻扎于济南，有的先前被派往滦州参加秋操。接到改编命令后，各部才开始向目的地信阳集结。当段祺瑞到达信阳时，这些部队仅有一小部分到达，大部分尚在行军途中。

信阳城位于河南南部，毗邻湖北，正是袁世凯所说的"进可取武汉，退可左右京师"的军事重地。不过段祺瑞刚到时，信阳正处于一片混乱之中，前有残兵不断退却下来，后有部队等着组编，大家各自为政，你不服我，我不服你，哄抢物资和寻衅滋事的事件更是比比皆是。

有一天傍晚，段祺瑞在城内办完公，骑着马返回司令部驻地。途中有人前来报告，说车站刚到的一批士兵为了争抢物资，不但动手打架，而且还开了枪。

段祺瑞立即带着卫队把出事现场包围起来，将肇事士兵和带兵的管带全部抓了起来。盛怒之下，他拿起马鞭对着士兵们就是一顿猛抽，最后连鞭子上都沾了血，那名管带也被重责四十军棍，打到躺在地上不能动弹。

等气消得差不多了，段祺瑞便把肇事士兵交给幕僚徐树铮处理，但是他没有想到的是，徐树铮随后的处理方式竟然让他也有瞠目结舌之感。

徐树铮绰号"小诸葛"，段祺瑞的家人背后则都称他为小徐。段祺瑞幕僚众多，但要论对段所起的影响和作用，谁都超不过这个小徐，也可以说段大半生的功业都离不开"小诸葛"的倾力襄助。

徐树铮与段祺瑞一不沾亲，二不带故，甚至连同乡都算不上。他是安徽萧县人，在私塾读书时就表现出过人的才智，据说十三岁便考中了秀才，而且还是秀才中成绩最好的廪生。按照规定，廪生可以食廪，也就是享受由国家按月发给粮食的待遇。

其后因为父亲去世，徐家倒了顶梁柱，境况便开始恶化起来。十八岁时，徐树铮因为穷得实在念不起书，不得不背井离乡，到济南去投奔内兄，想找一份工作借以糊口。

可是他的内兄也没有什么关系和门路。徐树铮在济南住了一段日子，情急生智，当下便草拟了一份国家大计条陈，准备呈送时任山东巡抚的袁世凯，希望能够得到袁的赏识。

自古至今，一个普通平民要给封疆大吏写信，渠道都不会那么通畅。小徐是个有心人，他探知候补道齐彦儒是袁世凯的亲戚，如果上呈袁世凯的文件封面能署上个齐彦儒的名字，各级办事人员就不敢拖延或积压。

让齐彦儒署个名，相对而言要容易得多。这种方式很灵，袁世凯果真很快就看到了徐树铮的条陈。条陈内容是当时社会上最流行的富国强兵之类，不过徐的观点和康梁变法维新那一套又有所区别，它更接近于张之洞提倡的"中学为体，西学为用"。

道理总是那么一点道理，徐树铮的文章也没有什么特别独到的见解，不过作为一篇政论文已经属于上乘之作，起码"言之有故，持之成理"。

袁世凯虽是武人，但也有一定的旧学功底，至少能分出文章之高下优劣。当时一般的维新文章都喜欢堆砌一些新名词，读起来佶屈聱牙。徐文则不是如此，它全部采用了桐城派的古文笔法，行文抑扬顿挫，脉络分明。这说明作者具备相当的社会洞察力和古文功底，不然不可能将这些时事理论融会贯通，而且还能用桐城派的文笔表达出来。

袁世凯一边看一边点头赞许，随后便安排自己的幕僚朱忠琪接见徐树铮。朱忠琪和徐树铮谈过话后，同样对徐树铮赞赏不已，他对袁世凯说："这个青年人是萧县的一个秀才，食了廪（廪生），平素关心时事。他对我侃侃而谈，所谈都颇能洞中时弊，似乎中西学都有根柢，是个值得提拔的人才。"

说罢，朱忠琪还将徐树铮带来的几本诗词文章交给袁世凯。袁世凯随手接过，翻阅了其中的几首诗词，感到徐树铮确实颇有才华，于是就命朱忠琪把他留在衙门里，等待机会再行安插。

就这样，徐树铮仅仅因为一个条陈就受知于袁世凯，成为其入幕之宾，并从此开始了他传奇般的幕僚生涯。

非池中物也

徐树铮住进山东巡抚衙门后，袁世凯并没有派给他什么固定差使，他每天做的，就是和其余幕僚们一起上下古今，高谈阔论。

袁府原有的幕僚多数是学究出身，熟练掌握奏疏的一般公文程式，但对于天下大事却茫然不知。徐树铮所说的那些东西，他们更是闻所未闻，时间一长，便都佩服他学问渊博、才气纵横。

联想到左宗棠、李鸿章等人原来也都是看似狂妄、夸夸其谈的书生，之后却由作幕而一步步飞黄腾达起来，有人就摇头晃脑地议论道："又铮（徐树铮的字）非池中物也！"

某天，时任炮兵统领的段祺瑞来到巡抚衙门和幕僚们闲谈。有人就提到了徐树铮，说这个年轻人才文俱佳，将来必定是有用之才。

言者无意，听者有心。这时段祺瑞奉袁世凯之命要办一个随营学堂，杂事很多，身边缺一个办笔墨的人。他就抱着姑且一试的态度对那位夸赞徐树铮的幕僚说："徐某人既然是个人才，你可以叫他来见见我。"

徐树铮知道后果然来求见段祺瑞。虽然他在与段祺瑞谈话时彬彬有礼，但态度不卑不亢，纵论起天下大事，更是旁若无人。

段祺瑞急需的是一个文案，光会讲还不行，他曾耳闻徐树铮向袁世凯上条陈一事，于是就问徐树铮："你曾经上书抚台（即袁世凯）吗？"

徐树铮答是。段祺瑞听了，便微笑着请徐树铮坐下，随即取出几封待回复信件，让徐树铮当场拟稿。这对徐树铮来说并非难事，他没花多长时间就将几封回信一一拟就，然后呈交段祺瑞阅览。段祺瑞一看很合乎心意，由此对徐树铮颇为欣赏，爱才之心也油然而生。

徐树铮原是袁府幕僚，把他要过来自然还得通过袁世凯。段祺瑞跟袁世凯一讲，袁世凯正好尚无适当的机会安插徐树铮，当即就答应了段祺瑞的请求。

段祺瑞派徐树铮在书记处担任司书，月薪银十二两，待遇不可谓不优厚。段祺瑞平时待他也相当客气，因此段祺瑞的家人及其部下当面都尊称徐树铮为徐师爷。

自徐树铮投入段幕，段祺瑞天天听他议论国内外形势，每次徐树铮都讲得头头是道。至于处理事务方面，往往段祺瑞还没有想好具体计划，徐树铮已经替他考虑得非常周密：上策如何，中策如何，下策如何，且每一条建言都有条有理，要言不烦，让段祺瑞感到很是满意，"实获我心"。

有徐树铮在身边，段祺瑞犹如多了一个备忘录，可以省去许多记忆的工夫——徐树铮聪明过人，尤其记忆力非常人可比，可以说是过目不忘，什么规章制度、公文条例，看得既快，记得又熟，只要段祺瑞问他，总是对答如流。有人不信，找出资料来一对，结果发现居然一字不差。

让段祺瑞满意的还不止这些。那个年代，一般当师爷的都是咬文嚼字，自命不凡，以至于隔着老远就能闻到一股冲天的酸气。徐树铮虽是秀才出身，却并没有这些酸腐气和臭架子，为人相当朴实勤恳。

段祺瑞以军人出道，平时最重练兵，每天早晨都会亲自带着士兵出操。出操是个苦差事，连有些官兵都抱着最好不去的心理。徐树铮是个师爷，本来是不必出操的，但他天天都早早起床，跟士兵们一块儿练操。这更增加了段祺瑞对他的好感，认为徐树铮不仅能说能写，还能干，诚为书生中不可多得的人才，这个幕僚看来是找对了。

不久，袁世凯升署直隶总督兼北洋大臣，开始训练新军。段祺瑞也随之来到保定，奉命办理武备速成学堂。武备速成学堂是保定军校的前身，学校的不少毕业生后来都成了北洋系的高级将领，它对拓展段祺瑞事业版图的意义不言而喻。就在这次办校过程中，徐树铮帮了段祺瑞大忙，从招生时的命题、监考、阅卷等各项事务，到学堂的规划，无不倾力其中。

北洋六镇成立后，段祺瑞出任陆军第三镇统制官，同时提升徐树铮为镇部一等书记官。本来段祺瑞还想找机会继续大力提拔徐树铮，但这位师爷却已经有了另外的想法。

此时日俄战争爆发，日本继在甲午战争中击败中国后，又进而挑战俄国，显示着这个新近崛起的岛国，已逐渐成为东亚乃至国际政治舞台上不容小觑的重要角色。

徐树铮与一般书生和师爷的不同之处就是忧国忧民，并且时时关心和了解着国际国内大势的走向。他认为中国现在虽然衰弱了，受到列强甚至日本的欺侮，但一旦强盛起来，仍旧可以征服各国，而目前必须做的，首先就是向日本学习，争取早日赶上日本。

徐树铮不但自己想去日本留学，还准备送妻子去，但让他发愁的是，去日本就要向段祺瑞辞行。大家都知道段祺瑞对他颇为信任倚重，了解他真实用意的，免不了会劝他不该就此放弃在段幕的大好前景，不了解的就会指责他是见异思迁、忘恩负义。

另外一个难题是经费。去日本留学需要一笔不小的开支，而徐树铮除了领取固定月薪，并没有其他收入来源，他的积蓄用来维持日常生活尚可，但远不足以支付留学费用。

徐树铮决定先送妻子东渡扶桑，而且就像当初给袁世凯上条陈一样，他又想到了剑走偏锋。

谁也喝不过中国人

第六镇统制官吴凤岭有一天接到徐树铮写去的一封信。信中说段祺瑞在合肥老家的家人要置地产，尚缺数百元，欲先向吴凤岭挪借，数月后即还。

吴凤岭和徐树铮是同乡，与段祺瑞交情也不错，接信后当即给徐树铮寄了五百元。

稍后，直隶藩台邀请段祺瑞、吴凤岭赴宴。段、吴二人聊天时，吴凤岭向段祺瑞问起购买土地的事，段祺瑞却丈二和尚摸不着头脑，说哪有这回事啊？

段祺瑞祖籍江西，生于安徽六安，后随家迁居合肥，等他出了名，人们便称他为"段合肥"。"段合肥"自幼在军营中长大，且青少年时期即只身离开合肥，久居外地，在合肥无片瓦寸地，他自己也从无广置田产的念头。

听吴凤岭道完事情原委，段祺瑞只好如实相告："购地我当不知，借款更无所闻。这样吧，等我回去问了树铮再说。"

段祺瑞回来后找徐树铮当面询问。徐树铮倒也不隐瞒，说明他想把妻子送到东京留学，迫于手头拮据，所以临时就编了这么一个理由，以向吴凤岭挪借，本来想在攒够薪水后归还，不料却让段祺瑞提前知道了。

徐树铮借款这件事本不算大，但编的理由实在让段祺瑞有些恼火，为此他狠狠地训斥了徐树铮一番。徐树铮自知理亏，被训得面红耳赤，俯首无言。

　　不过通过这件事，段祺瑞终于明白了徐树铮的个人打算，即暂时不愿做官，而希望到日本去学习军事。他认为这是件好事，应予以成全，于是就对徐树铮说："你如果真想去东京留学，我代你办官费。"

　　能够官费留学，也就意味着省去了原来所有的麻烦，徐树铮既高兴又感激，哪有不愿意之理？

　　就这样，徐树铮以官费派出的名义前往日本。到日本后，他也很给段祺瑞争气，先是考入东京振武学校，接着又考进了日本士官学校，在日本前后住了三年。

　　徐树铮在日本留学的时候，日本已经在日俄战争中获胜，这使他进一步体会到向日本学习的重要性。至于怎样向日本学习，他的认识是除了掌握其军事、学术外，还应熟悉日本的文化。

　　徐树铮在军校课堂上十分用功，但是每逢假日便到处游览，而且把其中的很多时间都消耗在娼寮酒馆里。跟他的很多中国同学不同，他玩乐不是目的，目的是接触当地的风俗、人情、语言。

　　徐树铮天资聪颖，时间不长就学会了说一口漂亮的日语，而且能运用自如，为同学们所远远不及。当时的中国人已经被日本人瞧不起，如果光听说话，那些艺伎、酌妇们是不容易认出徐树铮是中国人的，但他不仅不隐瞒自己的中国人身份，还以此为傲。

　　每逢喝到酒酣耳热，徐树铮就会大声嚷道："酒，是我们中国大禹造的。在中国历史上，出现过有名的酒仙——刘伶。中国的大诗人陶渊明、李太白都是能喝酒的。太白斗酒诗百篇，能喝酒才能赋诗。魏武帝横槊赋诗，曾道'对酒当歌'呢！"

　　嚷完之后，他又继续向这些让他自豪的中国酒仙致敬，然后举杯痛饮。徐树铮会唱昆剧，喝得高兴了，有时还会旁若无人地咿咿唔唔地哼上一段。

　　他这种狂气豪情，不仅令陪酒的日本女人失色，也常常让他的同学们为之侧目。有一天，徐树铮和同学宋子扬等人在一家料理店喝酒，店里有个艺伎很能喝，据说是海量。徐树铮听了说："酒，是中国发明的。说起喝酒，谁也喝不过中国人！"

　　他吵着要和这个艺伎赌酒，而且举杯便饮，艺伎才喝了一杯，他早已两三杯下肚，不久便喝得酩酊大醉。宋子扬等人见状，只好雇辆人力车把他送回下宿（即租住的公寓）。

回到下宿，徐树铮仍不承认自己喝醉了酒，也不肯让人搀扶，就自己趔趔趄趄地上了楼梯。上是能上，只是走两步却要退一步，还没走上几级，就失足滚下了楼梯。

宋子扬等人赶紧上前查看，躺在地板上的徐树铮已经鼾声大作，呼呼睡去，而且怎么推都推不醒。无奈之下，大家不得不像拖死猪一样把他拖到房内睡下。

第二天，醒过来的徐树铮还有些头晕，但仍然又硬撑着跑进昨晚那家料理店，并且和那位艺伎接着赌酒，直到痛饮一场之后，方才罢休。

徐树铮是士官七期的学生，上面有六期，下面有八期，这三期学生的留日日期相差不远，平时经常来往。在三期士官生中，要论大言不惭、狂妄过人，只有八期的杨宇霆可与徐树铮媲美，二人特别气味相投，日后都成了民国军政界赫赫有名的人物。

兵谏

在日本留学的最后一年，徐树铮进入日本军队见习。见习期满，他便结束留学生活，回到了中国。这时的徐树铮更加踌躇满志，因为他过去的身份只是一个秀才、师爷，如今则通过士官毕业取得了军人资格，已经是"文武兼资"了。

让人郁闷的是，徐树铮回国之时，正是北洋系遭受严厉打压之际。段祺瑞先在第六镇当统制，等徐树铮通过陆军部的复试，主动要求分发第六镇时，段已离开第六镇，到保定办理陆军学堂去了。

已经到了第六镇，不能马上说走就走，徐树铮只得暂时在第六镇屈就一个小小的队官。后来得知段祺瑞被任命为江北提督，他立即离开第六镇前去投效。

对旧部来投，段祺瑞自然十分欢迎。虽然徐树铮已取得军人资格，但他仍以幕僚相待，段的部下也依旧称呼徐树铮为徐师爷。与之前不同的是，徐树铮从此不仅替段祺瑞办理笔墨文案上的事务，而且对于军队的训练调配，也可以充分发表意见了。

当段祺瑞由江北启程赶赴信阳时，徐树铮即被委任为第二军总参谋，参与各项军务的运筹襄赞。对于信阳的混乱局面，他与段祺瑞一样，都认为应该抓住机会整饬军纪，只是他比幕主更加狠辣绝情——段祺瑞交给他处理的肇事士兵被他一个不留，全部予以正法！

这就是徐树铮后来一贯的行事方式，即只要认准了应该做，便来个干净彻底，既不给别人留后路，也不给自己留后路。

听说徐树铮把肇事士兵全都杀了，段祺瑞大吃一惊，忍不住摇了摇头。尽管连段祺瑞也觉得有些过分，但乱世用重典，在关键时刻，此举确实起到了杀一儆百的作用和效果，第二军的军纪因而有了明显好转，信阳的混乱局面大为改观。

大家说某人手狠心黑，说的都是徐树铮，段祺瑞则赢得了治军有方的美名，而正是因为徐树铮敢于做这些幕主不便亲自去做，但又必须有人代劳的事，他才能够得到段祺瑞越来越多的信任和重用。

就在段祺瑞设法稳定信阳局面的时候，北方突然传来惊人的消息，新军两镇一协的高级将领在滦州通电实行"兵谏"。

认真说起来，这次"兵谏"其实是满人"中兴派"搬起石头砸了自己脚的结果。"中兴派"里的良弼系日本士官学校毕业生，他对新军中武备生受到重视、士官生遭遇排斥的状况十分不满，因此提出让大批士官生进入新军，从而以士官派对抗武备派的计划。计划一经提出，即获得了载沣的支持。

袁世凯被开缺回籍后，载沣、良弼开始实施这一计划，将一批士官生安排到新军中担任高级职务。"兵谏"的主角张绍曾、蓝天蔚都是士官生，他们分别担任了统制、协统，而在袁世凯下台之前，这些位置都属于袁氏亲信所有。

载沣、良弼所不知道的是，他们一心要扶植的这些士官生在政治理念上却跟他们大相径庭。早在清廷准备举行滦州秋操时，张、蓝就有过秘密协议，打算在参加秋操的过程中私带子弹，然后突然发难，解除禁卫军的武装，只是由于武昌起义突然爆发，秋操被中止，该计划才未能实施。

在武昌起义的影响下，1911年10月29日，山西新军中的革命党人在太原发动起义，杀了巡抚，宣布独立，同时推举新军标统阎锡山为军政府都督。清廷闻讯，急忙传令第二十镇统制张绍曾前去征讨。

接到命令后，张绍曾召集部下们商讨对策，一部分将领主张就此举行起义，直捣京师。张绍曾、蓝天蔚虽然也与清廷不是一条心，但他们受康梁学说的影响，主张实行君主立宪，不太赞成搞过于激烈的革命。其他一些将领的态度则更趋保守，都担心过激生变。

大家商量下来，最后取得一致意见，决定以电奏清廷的方式实行"兵谏"。他们在"兵谏"中列出了"十九信条"，要求清廷让权国民，实行立宪，如果清廷不答应，将立即举兵入都。

滦州"兵谏"与太原起义发生在同一天，它对清廷的打击比武昌起义更沉重、更致命。以载沣、奕劻为首的满洲皇族心惊胆战、方寸大乱，不得不答应"兵谏"的部分要求，同意实施"十九信条"。按照"十九信条"，满洲亲贵均不得参与政权，奕劻、载涛等人乖乖地同时"谢政"，也就是辞去了原有职务。

可是清廷的让步太晚了，社会舆论认为他们只是故作姿态，借以缓和局势，一旦风头过了，肯定还要反悔。在"吾民勿受欺"的舆论推动下，上海、江苏也随之宣告独立。

眼看大浪不止，处于旋涡之中的京城更加岌岌可危，满洲皇族和官员纷纷外逃。隆裕太后也已准备偕溥仪逃往热河，经袁世凯去电力阻，才没有成行。

此时整个清廷都把转危为安的希望寄托在曾被他们疑忌和迫害的袁世凯身上。在奕劻的建议下，清廷解散了原有内阁，转而任命袁世凯为内阁总理大臣，同时频频下旨敦促袁世凯入都，以重组责任内阁。

虽然意外地从中得利，可是袁世凯并不高兴。因为他对于此次重登政治舞台信心十足，且已制订通盘计划，滦州"兵谏"打乱了这一计划。更让他感到不安的是，由此产生的一系列连锁反应可能超出他的掌控范围。

在北方风波得不到平息之前，袁世凯是不会轻易入都的。他援引"十九信条"中的"总理由国民公举"，称自己不敢奉诏，应由资政院选举后才能成行。

攻心为上

1911 年 10 月 31 日晚，袁世凯乘专车南下督师。抵达信阳站时，他召见了驻信阳的高级将领，接见完毕，又特地把段祺瑞留在车中密谈。

在与段祺瑞的谈话中，袁世凯重申了"北方比南方重要"的观点，认为南方革命军只是一些乌合之众，清廷失尽人心，大势已去，同样不足为虑，要说麻烦，就麻烦在掌握军队而且胆敢"造反"的张绍曾等人身上。

此时南方战事吃紧，倘若分兵北上征讨，不但无取胜把握，还要冒顾此失彼的风险。鉴于参加"兵谏"的不少将领都曾是段祺瑞的学生，张绍曾等也未真正投向革命军，袁世凯决定攻心为上，派段祺瑞北上进行"安抚"。

袁世凯的担心不是多余的。张绍曾并非袁氏一党，他对清廷任命袁世凯为内阁总理大臣一节很是不满，又发表通电表示临时政府须由国会制定宪法选举产生，清廷这样的任命方式不合宪法。

看到妥协没能起到应有的作用，载沣、良弼只得再派吴禄贞前往滦州做说服、疏通工作。

吴禄贞是中国留学日本的第一期士官生，同时在旧学方面也颇有根底。回国后他曾在东北帮办延吉边务，与日本政府进行交涉，因此早早就在军政界崭露头角，并拥有较好的声誉。

吴禄贞恃才傲物，但与良弼有着不错的个人交情，这就为他的仕途开了绿灯。经过良弼极力向载沣、荫昌推荐，并亲自出面保奏，吴禄贞迎来了与张绍曾等人一样的机遇，得以出任第六镇统制。

派吴禄贞去滦州，是因为吴禄贞与张绍曾、蓝天蔚是好友，三人在日本留学时即志趣相投，人称"士官三杰"。可是载沣、良弼也许做梦都不会想到，吴禄贞也是当初滦州秋操发难计划的参与者之一，而且他的思想比张、蓝更为激进，张、蓝要的只是改良，他却恨不得立马把清廷掀个底朝天。

吴禄贞到了滦州，不但没有劝张绍曾息事宁人，而且还鼓动他乘清军南征，合力进攻北京。

张绍曾手下的协统之一潘渠楹此前已被袁世凯收买，袁世凯向他许诺，只要

"兵谏"平息，即让他代替张绍曾做第二十镇统制。一听吴、张可能要联兵攻打北京，潘渠楹赶紧把消息透露给了袁世凯。

包括袁世凯、荫昌在内，清廷内部的一些高层人物本来就已经对吴禄贞产生了怀疑。原因是吴禄贞自当了统制之后，在部队人事方面与陆军部时有龃龉，给北京的函件也常常表现得态度傲慢、盛气凌人，但凡提一个条件，你同意还好说，若不同意，不满之情马上就在奏章中直接流露出来。试问，哪一个统制会这么嚣张呢？

武昌起义后，吴禄贞来京，曾向荫昌自告奋勇要"南下平乱"，说自己是湖北人，如果让他去湖北，一定可以过江劝谕革命军解甲投降。

荫昌哪敢答应。等吴禄贞一走，他就对随员说："吴禄贞若到前方，必靠不住，当遇机除之，以绝后患。"

荫昌说是这么说，但在无凭无据的情况下也不敢冒失。现在潘渠楹的告密坐实了大家的猜疑，袁世凯立即授意军谘局发出两道命令：一是把滦州附近铁路上的列车全部调进北京，断绝第二十镇进军北京的交通工具；二是将吴禄贞从滦州调开，命其带兵入晋平乱。

吴禄贞何等乖觉，一收到电令就知道他与张绍曾之间的密谋已经暴露，于是一不做，二不休，建议张绍曾联合晋军攻打北京。

"造反"本非张绍曾所愿，他在这件事上一直犹豫不决，但到此地步，也只得勉强答应下来。就在张绍曾着手准备的时候，段祺瑞已经赶到北京，并向参加"兵谏"的将领逐一发去公开或秘密的电报。在这些电报中，他以同僚和师长的身份，劝将领们以国家利益为重，停止"兵谏"，服从袁世凯。与此同时，段祺瑞还派徐树铮等亲信幕僚前往自己任职的部队联络和疏导。

参加"兵谏"的将领背景和想法不一，在段祺瑞的劝说下很快就出现了分化。第三镇代理统制卢永祥原为段祺瑞的旧部，段祺瑞一发话，他就表示听从劝告，服从调遣。第三镇是北洋六镇的精锐，人数、装备都不在第二十镇之下，卢永祥的态度转变对第二十镇造成了极大震动。

第二十镇一共有两个协统，潘渠楹不用说，早就是袁世凯的人了；另一个协统伍祥桢见势不妙，也不再坚持要与朝廷对着干。其他中下级军官不是段的旧部，就是段的门生，更是纷纷动摇。张绍曾处于被架空的状态，就算他想"造反"都有心无力了。

螳螂捕蝉

吴禄贞并不知道第二十镇的将领会被瓦解。自率部离开滦州后，他即将队伍集中在石家庄，一边派人以"招抚"的名义与晋军指挥官联络，一边向清廷谎报军情，说他已经大获全胜，晋军同意投降。

清廷信以为真，随即降旨嘉奖，任命吴禄贞为山西巡抚。在明知吴禄贞不可靠的情况下，他们的意图很明显，就是希望用爵位引诱吴禄贞，促使其进攻太原，并在进攻的过程中与晋军同归于尽。

吴禄贞拎得门儿清。他不仅假模假式地电奏谢恩，还一本正经地提到，原有巡抚关防大印尚在太原，丢没丢不知道，为了办事情方便，他另外又刻了木质关印一颗，拿来先用着。

实际上，吴禄贞根本不把区区山西巡抚放在眼里，他一心要进攻的也不是太原，而是北京，这么说只是要迷惑朝廷而已。

经过暗中联络，吴禄贞决定与阎锡山举行会晤。双方的会晤地点初定于石家庄，不料就在大家准备动身的时候，阎锡山突然又变卦了，说："石家庄我不能去，那是吴禄贞的防地，万一有变，那可如何是好？"

会晤地点就此由石家庄改为娘子关。吴禄贞听说阎锡山如此胆小，不由得哈哈大笑："昔日关云长敢单刀赴会，何以今天的阎百川（阎锡山的字）不敢来见盟友，岂地灵人杰耶？时移势易耶？"

吴禄贞拿关云长来作比，是因为这位《三国演义》里的名将也是山西人，与阎锡山是老乡。会晤当天，阎锡山带了大批警卫，吴禄贞则轻随简从，只有参谋等三人跟随，看上去吴禄贞倒更像传说中的关云长。

当着阎锡山的面，吴禄贞滔滔不绝地讲述了他的革命计划，主张由他的第六镇、张绍曾的第二十镇、山西晋军共同组成燕晋联军，分三路进攻北京。他还肯定地说，现在清军大批南下，北京空虚，只要联军一抵北京城下，大业就可唾手而得。

阎锡山等人认为吴禄贞分析得很有道理，于是公推吴禄贞为燕晋联军总司令，阎锡山为副司令。按照计划，三路燕晋联军将于 11 月 8 日同时发难，会师京城。为此，山西方面先拨了两营兵供吴禄贞指挥，随后又派出一旅作为后援。

如果吴禄贞的对手仅限于载沣、良弼甚至荫昌，此时似乎早已胜券在握。可惜螳螂捕蝉，黄雀在后，他的计划将注定要被那个更厉害的人所终结。

吴禄贞的第六镇和第三镇同为北洋老六镇的骨干，但当时第六镇已有一协被抽调到湖北前线，吴禄贞手下只有一协，再加上不是由他直接掌握的第二十镇，要想攻下北京，自忖还无十足把握。如今有了晋军助力，情况就不同了，吴禄贞在行事方面也更加大胆。

这时正好有一列向湖北前线运送械弹的火车经过石家庄，吴禄贞下令予以截留。他同时给清廷发去一份电报，要求清军撤出汉口，还说他的这一要求若不能被答应，他的部队将"阻绝南北交通"，甚至切断湖北前线部队的后路。

吴禄贞以为他在山西的所为神不知鬼不觉，但实际上袁世凯和清廷都已侦悉。只是在收到这份措辞强烈、等于是在威胁和恫吓的电报后，他们的反应不同——清廷大为恐慌，只得回电答应吴禄贞的要求，下令湖北的前敌部队停止进攻。袁世凯则痛下决心，立即给段祺瑞发去密电，要他设法除掉吴禄贞。

袁世凯让段祺瑞负责除掉吴禄贞，是因为段祺瑞曾为第六镇统制，可以利用原来的旧部，然而隔了好几年之后，第六镇的人事状况已有很大改变，段祺瑞对此也不清楚，当然更谈不上有什么把握。

捏着袁世凯的电报，段祺瑞颇感为难，他急忙找来徐树铮等人商议。徐树铮听后，立即表示这件事可由他来操作，毫无问题。

从日本回国后，徐树铮曾在第六镇做过一段时间的队官，对吴禄贞和第六镇的现有情况比较熟悉。吴禄贞性情急躁，他一当上统制，就想把第六镇的军官全换成清一色的自己人。第十二协协统周符麟染上了吸食鸦片的恶习，吴禄贞便以周符麟"烟瘾甚深，形同盗贼"为由，致函陆军部，想撤掉周符麟，另以士官出身的心腹充任协统。

陆军部收到函件后，认为仅凭吸食鸦片一条，撤职理由不够充分，便未予批准，但吴禄贞仍下达手谕，将周符麟开缺了事。自古砸人饭碗如杀人父母，这样一来，周符麟就与吴禄贞结下了深仇，平时喝醉酒后常常拔出腰间所佩之刀，对吴禄贞进行怒骂。

徐树铮找来周符麟，把欲除掉吴禄贞的计划跟对方一说，正中周符麟下怀，马上答应组织刺杀行动，同时还提供了几个杀手的名单。

经过再三考虑，徐树铮决定行动以马队管带马步周为首。因为马步周是江苏铜山人，与萧县相邻，和徐树铮乃是小同乡，二人关系很好，同时马步周还是段祺瑞在保定陆军军官学堂的学生，有此双重保险，可料定不致误事。

段祺瑞听完汇报，也觉得比较靠谱，便命令徐树铮秘密布置。

瞒天过海

对即将到来的危险，吴禄贞并非毫无警觉。军谘局第三厅厅长陈其采曾奉朝廷之命，到石家庄侦察吴禄贞的行动。陈、吴系士官同期，二人私下交情也不错，但陈其采一到石家庄，吴禄贞就对他说："你是涛贝勒派来监视我行动的吧？"

陈其采闻言大吃一惊，急忙分辩道："军谘局无事可办，老同学开府三晋（指吴禄贞迁升山西巡抚），极愿追随左右，同建立一番事业，何必多疑？"

吴禄贞只疑心外来人员，万万想不到会祸起萧墙之内。1911年11月9日，预定发难的第二天，袁世凯奏明朝廷，将张绍曾调任长江宣抚使，从而削夺了他的兵权，其第二十镇统制一职由潘渠楹升任。

见第二十镇方面已无希望，11月10日，吴禄贞召集第六镇中级以上军官及晋军代表聚餐开会。在会上，他宣布将采取革命手段，于第二天早晨率部直趋北京，同时分发白布袖箍以为标志，规定凡不服从者军法从事。

为了继续蒙蔽清廷，吴禄贞在会后还特地找陈其采谈了一会儿话，之后才到一家洋行的楼房内就寝。他正要入睡，忽然有几名部下敲门要见"吴大帅"，说是要报告公事。

吴禄贞将房门打开，却见马步周等人拿着手枪，气势汹汹地闯了进来。他情知不妙，急忙跳后窗逃命，但刚刚跳出窗口即中弹身亡，其首级也被马步周割下，拿去向周符麟报功。

天还没亮，段祺瑞专车前往武汉，途中经过石家庄。周符麟上车将事情经过向段祺瑞做了汇报，并请示如何处理善后。

刺杀吴禄贞的行动乃政治阴谋，是见不得光的，段祺瑞因此告诉周符麟，此案将由中央也就是朝廷处理，至于会怎么处理还不知道，眼下最重要的是瞒天过海。

段祺瑞拿了五千元给周符麟，让他转交马步周作为赏钱。马步周被告知必须赶快离开，而且千万不可声张，以免留下后患。

在得知吴禄贞被刺后，朝野上下一片哗然。清廷致电段祺瑞，让他彻查，段祺瑞不能不程式化地传讯了周符麟。只不过这一传讯过程无非是演戏，只是走个过场而已，周符麟很快就被无罪释放。

吴禄贞被刺，直接导致燕晋联军成为昙花一现。已归吴指挥的晋军以及尚忠于他的部下只得退回山西，其他人则大多四散。

最初，晋军对到达石家庄的段祺瑞还抱有幻想。有人为阎锡山起草了一份致段祺瑞的书信，信上说当今中原名将首推段祺瑞、黎元洪，现黎已高举义旗，段也应继之而起，"以争功名于史册"。

写信之人很有文采。他还提到，石家庄乃古代韩信灭赵兴汉之地，段祺瑞完全可以效仿韩信，"张吾汉帜，而媲美于古英"。

段祺瑞哪吃这一套，他收信后即冷笑着对送信人说："可劝伯川（阎锡山另一字）取消都督，再休胡闹了！"

段祺瑞此举激起了晋军的愤怒，纷纷表示："如能捕段，必拿他的态度做报复！"

话音刚落，清廷新派的军队已经杀了过来。晋军抵敌不住，只得放弃太原，在阎锡山的率领下逃往包头避难。如此窘境之下，自然更谈不上逮捕或报复段祺瑞了。

袁世凯原先最为担心就是北方问题，如今段祺瑞平定风波，可算是除去了他心中的一个大患。与此同时，代替荫昌出任第一军总统的冯国璋也在湖北前线击败了革命军。

　　荫昌出师不利，除了他本身缺乏指挥和实战经验外，"不知有朝廷，唯知有项城（袁世凯）"的北洋将领不肯卖力，以及前线部队尚未完全集结就绪也是重要原因。随着冯国璋南下，这些对清军不利的因素都得到扭转——冯国璋本人位列"北洋三杰"中的"豹"，军事上自非浪得虚名；第一军的几个协统都是冯的旧部或亲信，听说冯国璋指挥他们，皆能抖擞精神，以便在老上司面前显一显能耐；集结在前线的清军已达万余，装备有新式的机枪和重炮，从人数到武器都占有很大优势。

　　就在段祺瑞平息北方风波期间，冯国璋也攻陷了汉口。袁世凯抓住时机，以实行君主立宪为条件，向革命党人提出"和平了结"。

　　虽然他的这一倡议遭到了湖北军政府的否决，但无论是黎元洪还是后赶到武汉指挥作战的黄兴，都表示希望袁世凯能成为"汉族之拿破仑、华盛顿"，并呼吁他"以拿破仑、华盛顿之资格，出而建拿破仑、华盛顿之事功"。

　　不知不觉中，袁世凯已成为时局中心人物，不但清廷倚重他，革命党人也要拉拢他。这种左右逢源、牵一发而动全身的地位和作用，正是袁世凯自复出以来一直希望达到的。

　　1911 年 11 月 13 日，袁世凯在卫队保护下入都。三天后宣布组阁，正式就任内阁总理大臣一职。

第二章

三句话推倒了清家皇上

从袁世凯的思想基础和个人利益考虑，能够一直维持南北均势显然是最好的。一方面，在经历被迫"回籍养疴"的遭遇之后，他与清廷已没有多少情分可言，犯不着为这些曾迫害他、以后还可能会继续迫害他的满洲权贵们拼死拼活地捍卫江山。

另一方面，清廷之所以拿八抬大轿请他出山，讲穿了不过是被南方革命军逼着才不得不这么做。换句话说，一旦他真的傻乎乎地把革命军全给"剿"灭了，很可能接着就会迎来历代功臣都可能遇到的悲剧，即鸟尽弓藏，兔死狗烹，到时别说做内阁总理，就算再"回籍养疴"都没机会了。

如此一来，袁世凯所能采取的立场和策略也就很容易被理解了，即他既不能把革命军全部"剿"灭，同时又要给革命军以一定的打击。

对他的这些心思，段祺瑞心领神会，可是前线的冯国璋却一直糊里糊涂。冯国璋在"北洋三杰"中有两种比喻：一种比他为"豹"，喻其勇猛；另一种则比他为"狗"，喻其忠实。冯国璋是袁世凯一步步提拔起来的，他既是袁的部属也是袁的门生，甚至他的婚姻也跟段祺瑞一样，系由袁世凯撮合而成。对于袁，他自然很忠心，然而这并不妨碍他同样"忠于清"。

头脑里没有政治

每个人对事物乃至社会问题的看法，都可能和他的个人经历有关。冯国璋代理过正黄旗蒙古副都统兼陆军贵胄学堂总办，陆军贵胄学堂里曾设立了一个王公讲习班，摄政王载沣以下很多满洲亲贵都是这个讲习班的学员，在此期间，他们建立了较好的感情基础。以后载沣当国，对袁世凯及北洋系极力打压，唯独对冯国璋笼络有加。

冯国璋固然不肯背叛袁世凯，为此只好采取竭力回避的办法——先是以坠马受伤和原配夫人病丧为由，多次向朝廷请假。请假未准后，又来了个装聋作哑，假痴不癫，从此"钳口结舌，随声画诺，不复言天下事矣"。

冯国璋接替荫昌出任第一军总统，乃出于袁世凯的奏请。袁世凯当时就对他说："非筹备周妥，计出万全，断难督师进攻。"那意思已经说得很明白了，就是你慢慢走，慢慢看，不要急着打革命军。

冯国璋对袁世凯这种挟敌自重、渔翁得利的复杂思路根本就不能领会。他只知道袁世凯复出后，两个忠现在可以归于一个忠，也就是忠于清了，他正好可以借此大展拳脚、建功立业。

早在离京南下之前，冯国璋就兴奋地对一位部下说："这一来，咱的黄马褂算是穿上了，兴许后人还会世袭罔替哩。"一到湖北前线，他就铆着劲与革命军作战，甚至不惜纵火烧城。

看到冯国璋不能领会自己的意图，袁世凯很是不快，他对段祺瑞说："华甫（冯国璋的字）这个人最大的毛病就是头脑里没有政治。"

为了不让冯国璋干扰其既定方针，袁世凯决定把段祺瑞调到汉口，并让他署理湖广总督，兼办剿抚事宜。

眼看着身处后方的同事突然变成了上司，自己在前线卖命却未得升迁，冯国璋心里自然不会痛快。尽管如此，他还是派参谋长张联棻代表自己北上迎接段祺瑞。

一见到张联棻，段祺瑞就问他："你还想做清廷的官吗？"张联棻是北洋陆军学堂的毕业生，算是段祺瑞的学生。段祺瑞如此发问，让他不明所以，只好顺着对方的意思回答道："我跟着老师走就是了。"

第二天，段祺瑞就让自己的参谋长给冯国璋打电话，要调一协的部队去后方维护治安。冯国璋不听则已，一听更加生气：你来我这儿到底是帮忙还是添乱？不增援就罢了，居然还抽我的兵！

他一个兵也没拨给段祺瑞。

其实段祺瑞的这个决定乃是袁世凯的主张。袁世凯调段祺瑞来汉口，为的就是要让冯、段一个唱白脸，一个唱红脸，抽去冯国璋的一协之兵，既可以名正言顺地减弱前线攻势，同时也能借此对冯国璋进行暗示。

在冯国璋拒绝抽兵后，袁世凯又通过朝廷发来电谕，直接命令他抽出一协给段祺瑞。

你有上策，我就有对策，牛脾气上来的冯国璋索性和张联棻商量了一个花招。首先，他们拍一份电报给朝廷，假装没有收到电谕，请求朝廷增兵前线，以用于进攻汉阳。接着，再发一封电报，说是刚刚收到电谕，尊重朝廷抽兵的安排，可是前线已经打了起来，战事吃紧，兵力单薄，一时难以抽调。

朝廷哪里知道里面的隐情，收到冯国璋的请示后，便同意暂时不再抽兵。冯国璋利用这一机会，在打退革命军对汉口的反攻后，就集中兵力进攻汉阳。

1911 年 11 月 27 日下午，汉阳沦陷。因"收复"汉阳之功，冯国璋被朝廷封为"二等男爵"。当他在汉口的第一军司令部里奉到这一电旨时，心情异常激动，忍不住对自己的秘书说："想不到我一个穷小子，现在封了爵啦！这实在是天恩高厚，我一定要给朝廷出力报效。"

冯国璋边说边流泪，等到话说完了，竟然大哭起来。

在这种亢奋情绪的支配下，冯国璋三番五次地给袁世凯发电报，说"时机万不可失"，又说"武昌唾手可得"，要求乘战胜余威，尽快给他下达攻克武昌的命令。

袁世凯怎么可能下这样的命令，他怕就怕冯国璋真的打下武昌。

汉阳失守之后，武昌方面人心惶惶，担任前线指挥的黄兴与黎元洪等人在战略战术上发生严重分歧，一气之下离开武昌返回了上海。这使得形势更加危急，黎元洪手足无措，对清廷和北洋军的态度也随之软了下来，甚至表示可以放弃共和，接受君主立宪。

对袁世凯而言，这正是他处心积虑想要达到的又一个利益平衡点，不过到了这一步也已经探底，不能再往前面去了。于是他急电冯国璋："不接指示，不得轻举妄动。"与此同时，还警告冯国璋必须严格约束部下，决不能向武昌发动进攻。

"奸细"

为了让冯国璋这个榆木脑袋开窍，袁世凯除了一日连发七份电报外，又特地遣使火速赶往汉阳，继续对冯国璋进行暗示。

第一次派来的使节自己没有露面，只是暗中指使冯国璋的亲信向冯进言。这位亲信找不到其他不进攻的理由，就极言攻武昌之难，比如武昌倚长江之险，须有海军进行协助，但此时海军已经归附了南方政府。

冯国璋不以为然："我打汉阳不是也没用着海军吗？不能从正面进攻，难道不可以从湘赣两省进兵，取迂回包围之势？"

亲信赶紧说，迂回包围不是不可以，可是用兵太多，而现在后方已没有多少可增援的部队了。即便能调一些过来，也旷日持久，不能像汉阳那样速战速决。

任亲信怎么强调困难重重，冯国璋仍然一门心思沉浸在扬名建功，为清室和袁世凯同时效力上——没有援军，我自个儿也扛得下来；援军来得晚，没事，我能等！

见旁敲侧击不顶用，第二次派来的使节只好直接去见冯国璋，当面劝他应"权衡轻重，量力而行"。冯国璋不但听不进去，还以当代文天祥、史可法自许，声称："倘有不测，我当为国尽忠，以报天恩，他非所欲也。"

袁世凯第三次派遣的使节原本是去武昌的。此人名叫朱芾煌，系同盟会员，武昌起义爆发时正在日本东京，获悉起义的消息后才即刻回国。

在当时力主与南方和谈的袁府人物中，袁克定乃中坚分子。他与朱芾煌有旧，于是便派朱芾煌前去与黎元洪接洽和谈。

事情办完后，朱芾煌由武昌返回江北，不料却被哨兵当成"奸细"给抓了起来。冯国璋听完报告，对他的参谋长张联棻说："交军法处正法得啦！"

冯国璋满脑子都是如何跟革命军打仗，如何直取武昌，对其他细节漠不关心。张联棻则注意到朱芾煌手上还拿着"直隶总督袁"所填发的护照，这种护照四边周围印着很多龙，故称龙票。

虽然一时难辨龙票的真伪，但张联棻认定其中必有缘故，于是回答冯国璋："这件事且慢来。他既然拿着袁宫保（袁世凯）发给的龙票，还是问一问的好。"

冯国璋觉得张联棻言之有理，便亲自对朱芾煌进行审问。不料朱芾煌一看到他就说："宫保叫你班师回京。"

冯国璋感到十分突然，忙问道："有命令吗？"

"宫保大人叫我口头传达。"

见事情如此蹊跷，冯国璋只得出面发电报给袁世凯，问朱芾煌所言是否属实，以及请示究竟该如何办理。

袁世凯看了电报不由暗暗叫苦。他不能明言朱芾煌所说皆实，就在回电中说："此人不是好人，专门在外破坏我们弟兄的名誉，请你按军法处理。"

可在电报末尾，他又加了一句看似莫名其妙的话："克定（袁克定）不在北京，此事也可以问一问克定。"

冯国璋虽然迟钝，人却也不傻，一看后面这句就知道别有隐情。他依言再给尚在彰德的袁克定发报，很快就得到了袁克定的回电："朱（朱芾煌）就是我，我就是朱，你们要是加害朱，我就到汉口与你们拼命。"

发完电报，袁克定犹恐不妥，又写了一封亲笔信给冯国璋，说："朱君生还，如弟之脱死也。"

朱芾煌终于得以虎口逃生。通过这件事，冯国璋也总算了解到袁世凯暗地里在和南方议和，其真意是"不打"，自此以后就不敢再给袁世凯频发电报催着进军武昌了。

手下将领们跟冯国璋原先的想法一样，都认为武昌唾手可得，恨不得立刻过江"穿黄马褂"。现在发现冯国璋突然不起劲了，他们不知何故，纷纷跑来司令部请战。大家讲着讲着，就在司令部里吵闹起来，其中尤以标统张敬尧吵得最凶。

冯国璋心里本就窝着一团无名之火，见状不由大怒。他一把将桌案推翻，正告诸将："如再抗违，决以军法从事。"张敬尧等人至此才不得不有所收敛。

尽管冯国璋已没有那么冲动，对手下也进行了约束，可他其实并没有真正想通，对已经形成的南北议和局面也反应冷淡，以至于当袁世凯再派代表试探他"革命军一旦反攻过来，你将如何办"时，他的回答居然还是"只有忠心报国，不知有他"。

袁世凯再也忍受不了了，他下令将冯国璋召回北京，任命他为禁卫军总统官。冯国璋被调走后，湖广总督段祺瑞同时兼任第一、第二两军军统，掌握了湖北前线的全部军事指挥权。

儒将之风

段祺瑞之所以能够顶替冯国璋，成为袁世凯走马换将的最适当人选，自然是因为他在和与战、共和与君主立宪等问题的看法上与冯国璋有着很大的区别。

段祺瑞不仅缺乏"忠于清"的牢固思想基础，在北洋系遭遇整肃的那段黑暗时期里，还被载沣、良弼等人穿过小鞋，这导致他对满洲亲贵十分不满。同时，他也有充分理由认为，大清江山弄到现在这种样子，全是这些无才无德却又嫉贤妒能的"小爷们"一手造成的。

以后袁世凯拟就了一个未发电稿，里面有一句话切中要害，可谓是对段祺瑞等人心声的直接反映："三年以来，皇族之败坏大局，罪难发数！"

有人夸说段祺瑞："段氏本主张革新之人，自居江北，又久吸南方之空气，所辖军队……无不富有革命思想。"这纯粹就是事后诸葛亮的说法。从段祺瑞当时所处环境、地位及其个人性格、从小接受的教育等因素上来分析，实在找不到他已有共和思想的明确证据。至于称段和段的军队"富有革命思想"，那就更是往泥菩萨脸上搽金粉了——"段氏"、"段家军"什么时候成革命党人了？

应该说，段祺瑞原先对"立宪"、"共和"这些舶来品都不是很感兴趣，也没有太深研究。不过他后来逐渐发现，无论是立宪还是共和，有一点是一致的，那就是一旦施行，君权将被削尽，满族权贵们也必须靠边站。这是最符合他心意的，由此段祺瑞才开始对政体变革表现出一定的好感和热情。

在冯国璋被调走之前，南北双方在武汉已达成局部停战协议，基本未发生过大规模的武装冲突，但手下将领仍有跃跃欲试之心，前线士兵寻衅滋事、破坏停战协定的情况也时有发生。

段祺瑞到任后恃其旧日声势，数日之间不与各将领见面。此举莫测高深，将领们没人敢主动跑来搞什么请战。与此同时，他又令徐树铮组织执法队，上街维持秩序。

徐树铮自信阳整饬军纪开始，在士兵们中就有了狠辣绝情之名。他所率领的执法队一律佩大刀、军棍，发现不良行为立即制止，情节严重的就地正法、枭首示众。

冯国璋在进攻革命军的过程中曾经纵火烧城，汉口许多地方都被烧成了一片瓦砾。段祺瑞为此电奏朝廷，请求拨款赈救和赔偿损失，这也使得他大得人心，一时间外界都盛传段祺瑞颇具"儒将之风"。

一俟稳住局面，段祺瑞即考虑如何同南方进行谈判。袁世凯、段祺瑞最希望的谈判对象是黎元洪，毕竟曾在北洋一个炕头上吃过饭，比较容易打交道。此前袁世凯派往湖北的朱芾煌找的就是黎元洪。当时朱芾煌带去了汪精卫致黎元洪的信件，内容是约定南北联合，逼迫清室退位，而后举袁世凯为总统。黎元洪对此已表示同意。

可是自汉阳失守，黄兴以及追随者返回上海后，武汉"首义之区"的地位和影响力下降，上海转而成为革命党人的活动中心，和谈地点也由武汉移往上海，事情要解决起来就没有那么容易了。

1911年12月18日，南北谈判代表团在上海正式展开和谈，结果谈判一开始，双方就产生了重大的原则性分歧：北方代表坚持立宪，南方代表主张共和。

北方代表秉承的是袁世凯之意。其实袁世凯并不是真的想立宪，共和对他来说更好，当然前提是必须让他当总统。问题是现在谈判对象变了，原先答应让他当总统的黎元洪已经插不上手，能够插上手的是上海方面，而上海方面却从没有做出过类似的承诺。

设想一下，万一他袁世凯顶着清廷的压力，同意改建共和了，可自己却当不上总统，那岂不是白忙一场，成了为他人作嫁衣裳？

袁世凯精明过人，在感到时机尚不成熟的情况下，他不得不一再告诫北方代表："只有维持君宪到底，不知有他。"

谈判陷入僵局。作为武汉前线的北方最高指挥官，段祺瑞的态度成了社会关注的焦点。为此，各方面的势力纷至沓来，有的要摸清他的思想倾向，有的要对他进行游说。不管是接待哪方面的代表，段祺瑞翻来覆去总是一句话："国家大事应由民众来决定，我等军人，将尊重民众的意见。"

在拿模棱两可的套话敷衍外界的同时，段祺瑞也在积极寻求破局之法。这时，他得到了帐下另一名幕僚靳云鹏的鼎力相助。

第一策

还在袁世凯小站练兵的时候，靳云鹏便加入了新军，不久他被挑到炮队随营学堂当学生。段祺瑞当时担任炮队统领，兼任随营学堂监督，所以二人有师生关系。

炮队学堂最重数学，段祺瑞不仅自己教数学，还从海关请了一个人专门教授微积分。靳云鹏虽然天分不高，但非常刻苦用功，数学也学得不错，因此受到段祺瑞的重视，遂将其选为学长（相当于班长）。

就在学堂临近毕业时，炮队出了一个排长的缺，靳云鹏以为自己一定可以调充排长，不料却没有被选上。气急之下他抓了狂，结果被迫回家休养了一年多。靳云鹏原有斜眼之症，人称"靳瞎子"，自此以后，大家又送了他一个新的绰号："靳疯子"。

"靳疯子"毕业后，被段祺瑞推荐至云南的第十九镇新军中担任总参议。随着武昌起义爆发，蔡锷等人在昆明发动起义，靳云鹏化装成轿夫逃回了北方。此时恰逢段祺瑞署理湖广总督，听说靳云鹏北返，他的第一反应是"靳能生还，不禁狂喜"，对靳云鹏很是欣赏和信任，这样靳云鹏也就顺势投奔了段祺瑞。

靳云鹏新投段府，急于为幕主效力。在公开谈判陷于僵局的情况下，他提出不如与上海的革命党人进行秘密谈判，以摸清对方真正的筹码和底线。

徐树铮等其他幕僚听了靳云鹏之策后，也表示赞成。段祺瑞于是按计而行，以廖宇春等人为密使，派遣他们前往上海接洽。

在上海，双方经过一番讨价还价，最终达成五项协议。代表段祺瑞的廖宇春同意确立共和政体，上海方面则承诺"先推覆清政府者为大总统"。1911 年 12 月 24 日，廖宇春返回汉口，向段祺瑞报告了这一情况。

对达成密约，段祺瑞高兴之余又不无担心。高兴的是，以实力而论，"先推覆清政府者"可以肯定为袁世凯莫属；担心的是，袁世凯是否肯答应还是个未知数，毕竟他在公开场合曾一再声称要坚持立宪。

见段祺瑞有此担心，廖宇春自告奋勇，表示愿意再辛苦一趟，北上一探究竟。

得到段祺瑞的同意后，廖宇春随即动身出发。他首先找的是袁克定，袁克定倒很坦白，他告诉廖宇春，关于共和之举，袁世凯"心中已以为然，特口不能言耳"。也就是说袁世凯对共和并不排斥，只是限于身份，嘴上不能这么讲罢了。

接着廖宇春又去暗访其他在朝的北洋将领，但这回却遇到了障碍——冯国璋等人都不能接受南方关于共和的要求，主张继续开战。

还没有问到袁世凯本人就碰了壁，廖宇春不免有些沮丧。他向靳云鹏建议："此事除由第一军主动，断难收效。"

靳云鹏迅速在第一军内部展开活动。有段祺瑞在背后支持，他四处联络，很快就有了满意的结果，前后总计有二百多名将校赞成共和。

在第一军内部取得一致已经没有太大问题了。当然这还远远不够，接着靳云鹏又拟定了实现共和的三策，其中第一策是：运动亲贵，由内廷降旨，自行宣布共和。

为实现第一策，继廖宇春之后，靳云鹏亲自入京拜见袁世凯。提及共和，袁世凯既未肯定也没否定，而是问段祺瑞的态度如何。靳云鹏回答："第一军全体一致，主张共和，并议推举宫保（袁世凯）为临时大总统。"

袁世凯挺能演戏，他一听之后马上装出吃惊的表情，对靳云鹏说："军心怎么一下就变到如此地步？"

装完了，袁世凯羞羞答答地给靳云鹏做了交代："汝曹握兵权者，亦复如此，我尚何言？但使我得有面目与世人相见足矣。"

靳云鹏明白了，敢情袁世凯既要当婊子，还想立牌坊。换句话说，只要段祺瑞能够做得干净漂亮，不让他留下篡权之名，完全可以放手去做，他也会予以积极配合。

在与袁世凯取得默契的基础上，段祺瑞致电内阁、军谘府、陆军部，称其所部已经有一个标与革命军有瓜葛，而且这种情况其他镇也都有，"共和思想，近来将领颇有勃勃不可遏之势"。

外面段祺瑞造出声势，里面袁世凯就可以出来说话了。1912 年 1 月 16 日，他与内阁大臣联衔向朝廷上了一道密折，建议尽快对南方提出的共和方案进行讨论。

根据袁世凯的建议，隆裕太后随后召集宗室王公御前会议。在连续几天的密集会议中，主张退位以保全皇室的观点虽有，却并不占上风，逐渐占据上风的反而是宗室王公中的强硬派，这就是铁良、良弼等人所组成的宗社党。他们力主与革命军决一死战，关于共和的讨论也在他们的坚决反对下搁置了。

看来无论段祺瑞的正面恫吓，还是袁世凯的幕后助力，都无法使不识相的亲贵们做出完全意义上的让步。1912 年 1 月 25 日，靳云鹏密电段祺瑞："内廷降旨，已为亲贵所阻，全归无效，请速谋第二策。"

真是岂有此理

靳云鹏的第二策是：由各军队联名通电，要求内廷宣布共和。

接到密电，段祺瑞当即复电："第一策失败，本在意中。"他要在京的靳云鹏赶紧查明北洋各军将领的姓名及驻军地点，以便联名电奏。与此同时，他又致电内阁，借手下各将领之口，说将领们在听到亲贵们阻挠共和后，"多愤愤不平"。出现这一局面，让他很是为难，"压制则立即暴动，敷衍亦必全溃"。

最"愤愤不平"的当然不是各将领，而是段祺瑞自己。段祺瑞如此着急上火，是因为孙中山此时已在南京就任临时大总统，但孙中山同时也表示，如果袁世凯能倾覆清廷，仍愿让位于袁。

在收到段祺瑞电报后的第二天，内阁即以袁世凯、王士珍、冯国璋、徐世昌四人联名复电，劝告段祺瑞"服从命令，军人大道……切勿轻举妄动"。四个人里面，除了袁世凯属于装腔作势、掩人耳目外，其他人的保皇意图都很明显。

段祺瑞对此不屑一顾。1 月 26 日，他联合四十六名北洋将领，由他亲自领衔，向北京发出了主张共和，奏请清帝逊位的通电。电文系徐树铮手笔，洋洋近千言，其主旨是撇开已成立的南京临时政府，让清廷将政权直接移交给袁世凯。

段祺瑞的电文一到京城，廖宇春马上印刷万张，加上各大报纸的刊行号外，在城内广为传布。时任禁卫军总统官的冯国璋也收到了这份通电，他一边翻着电报，一边脸上露出了很不以为然的表情。

看完电报，冯国璋转过脸来很生气地对随员说："芝泉（段祺瑞的字）怎么会发出这样的电报？这个电报是不是有人捏造，还是他的本意，我一定要问一下。"

这时段祺瑞已回保定，而电报是由汉口发出的，所以冯国璋怀疑电报可能是有人假借了段祺瑞的名义。为此，他打算在发电报质问段祺瑞为什么要发逼宫电的同时，自己再发一个通电，问一问列衔在逼宫电中的其他人是不是真的和段的意见完全一致。

身边的随员们知道事关重大鲁莽不得，赶紧上前劝解道："这个可以不必问了，谁还敢假冒他（段祺瑞）的名字呢？！好在这个通电里并没有列咱们的名字。"

冯国璋听了略一迟疑，才没有立即干出这种愣头愣脑的天真举动。

冯国璋的反应早在段祺瑞意料之中，根据他的安排，靳云鹏专门造访冯宅，替段祺瑞疏通。冯国璋当天戴着小帽，歪着短短的小辫，穿着便衣，嘴里叼着雪茄，就在客厅里接待了访客。针对通电一事，他质问靳云鹏："这是哪个坏蛋出的馊主意？"

靳云鹏顺势解释说，通电是在段祺瑞离开汉口的情况下，由他们发出的，请冯国璋原谅。

虽然靳云鹏刻意强调拍发逼宫电时段祺瑞不在现场，但却并没有回避电报来自段授意这一点。冯国璋终于明白此事乃段祺瑞蓄意而为，顿时怒火中烧，拍着桌子大声斥责道："当统帅的人，怎么能够私离驻地？他（指段祺瑞）不在，你们就敢发出这样的电报，真是岂有此理！"

接着他又狠狠地骂了靳云鹏一通，声色俱厉。靳云鹏窘得面红耳赤，几乎无地自容。经旁人解劝，靳云鹏才得以脱身而去。

靳云鹏走后，冯国璋尚余怒未息，又重复了一句："真是岂有此理！"

既然段祺瑞已来打了招呼，多年故交，总不至于为此翻脸。冯国璋随后又冷静下来，说："好啦！我也不再追究，不再回电了，我要是回电的话，就没有好的。"

和冯国璋一样，清廷开始也以为逼宫电是伪造的，经内阁电询段祺瑞，没有得到回电，这才知道对方是动了真格的。

事到如今，大家都把袁世凯当成了最后的救命稻草，即只要袁世凯表明态度，事情还有挽救的可能。因冯国璋忠于清室，并且身兼"君主立宪会"会长一职，于是就由他带着包括副会长在内的几名亲贵前去拜见袁世凯，请求袁支持君主立宪。

袁世凯对他们说："我和你们大家的意思是一样的，可是有实际困难也不能不和大家说，现在最要紧的是军饷没有着落，还有宣布独立的地方太多了，我们的军队顾此失彼，实在是不敷分布。所以，我现在正和革命党力争。"

听了袁世凯这几句不得要领，同时又无懈可击的场面官话，冯国璋等人哑口无言，只得垂头丧气地退了出来。

一造共和

段府有一位叫邢宝斋的老人，是在段祺瑞父亲手里当过差的，年纪大了以后便留在段府干点轻省活，吃碗现成饭，比如出门买点笤帚、簸箕什么的。

邢宝斋常常跟人提起段祺瑞小时候的事。那时候段祺瑞的父亲在军队里当管带，段祺瑞也跟在父亲身边，邢宝斋一天到晚都能看到他。不过当时邢宝斋眼中的小段祺瑞可实在不怎么样——一天到晚淌着清水鼻涕，真是要多邋遢有多邋遢。

邢宝斋看着很窝火，就对小段说："你这叫什么少爷呀？一点也不爱干净！"

教训过之后，小段依旧不改。邢宝斋气极了，忍不住爆出粗口："你这个屌样！"

谁也不会料到，这个邋遢孩子长大后会做到这么大的官，更想不到他还能干出逼皇帝退位这样惊世骇俗的事。之后，当邢宝斋又唠叨段祺瑞小时候如何不起眼时，有人就会变得不耐烦起来："你不是看不上他吗？他如今惊天动地，而你如今还得上街买笤帚。"

老头顿时被堵得无话可说，只好结结巴巴地说："咱也不知道他有这么一天哪！早知如此，也对他好点儿啊！"

对于大多数人来说，即便想到惊天动地的事，也未必有能力或者敢于去做。有时段府厨房开出来的菜尽是萝卜，吃的人会抱怨："怎么大师傅尽给我们萝卜吃呀？"马上有人用手指着里面段祺瑞他们吃饭的地方："你想吃好的，到那一桌吃去！"

旁边又有一人接着搭茬："他呀，他没有这个能耐！"说着，用手一比画："人家三句话推倒了清家皇上。你，成吗？"

段祺瑞的逼宫电洋洋洒洒，到段府家人嘴里，就被归纳成了言简意赅的三句话：兵力单薄，粮草缺乏，清家皇上你快退位吧！

三句话让一个大清朝交待了，谁能做得到？只有段祺瑞！段府上下一提到这一点，无不心服口服。

其实，段祺瑞在递出"三句话"前后的思想是比较复杂的：一方面，他所理解的共和，和孙中山、黄兴等革命党人的概念未必一致；另一方面，他之所以如此不遗余力地主张共和，也绝不仅仅只是因为摸清了袁世凯的意图，要对其一味效忠。说到底，在那个历史阶段，但凡像段祺瑞这样具有政治头脑和前瞻性的政治人物，都能看清当时的历史趋势，即共和必然取代专制。

段祺瑞的"三句话"一出，犹如给清廷下了一道催命符。京城亲贵们人人为之震恐，就连良弼也发出哀叹："现在除共和外无别路。"

就在清廷收到逼宫通电的当天，革命党人对良弼发起刺杀行动并取得成功，这位反对共和最卖力的亲贵被炸弹炸成重伤，两天后毙命。至此，亲贵们不但是怕，而且是要逃了，他们纷纷前往天津、青岛、大连等地避难，不能走的只能拉下脸来央求袁世凯派兵保护。

在这种内外夹攻的情势下，隆裕太后接连召开两次御前会议，并且在第二次御前会议上决定让清帝逊位。消息传到冯府，冯国璋颇有哀其不幸、怒其不争之慨，他用感叹的口吻对随员们说："唉！皇族甘愿退让，我们今儿还给谁打？这样一来，大清国的江山就算完啦！"

虽然隆裕太后已做了逊位的决定，但在包括恭亲王溥伟在内的几个近支王公的坚持下，清室还想尽量拖延时日，以待变化。

在段祺瑞的逼宫通电发出一个星期后，清帝退位的诏书仍未正式下发。为免夜长梦多，段祺瑞下决心采用靳云鹏的第三策，即使用武力，胁迫内廷宣布共和。1912年2月5日，他联合第一军八名协统以上的将领发出代奏电，指出共和国体已成时代潮流所向，可是现在却因为"二三王公迭次阻挠"而无法顺利实施，结果导致了"恩旨不颁，万民受困"的局面。

对逆势而动的王室亲贵，袁世凯同样既不屑又痛恨，他暗暗写下了"陷九庙两宫于危险之地，此皆二三王公之咎也"的字句，只是以他所处地位，还不能公开这样说出来。段祺瑞则无此顾虑，他在电报中将"二三王公"认定为"败类"，并声称自己将率第一军全体将士入京，与之"剖陈利害"。

电报发出之后，段祺瑞真的将自己的司令部由湖北孝感回迁至保定，做出了要率兵入京的姿态。

2月6日，袁世凯召集王公大臣，把代奏电交给他们传阅。看完这份明对"二三王公"，实对清室的兵谏式通电，人人都相顾失色，噤不敢言。只有恭亲王溥伟愤然骂道："本爵因朝廷愿让政权，已署名认可，何竟指为败类？祺瑞此电，逼迫太甚！"

虽然他这话听上去还算有点勇气，实际也是色厉内荏，已无半点招架之功。溥伟尚且如此，其他人更不敢再对清帝逊位说三道四了。于是会上就拟定了赞成共和的长电。

看到清廷已支持不住，段祺瑞趁热打铁，于2月9日参与直隶总督张镇芳领衔的电报，要求"宣布共和"。10日，他又在信阳发出电奏，"力催解决"。

除了硬的一手外，袁世凯、段祺瑞还有软的一手，这就是南北代表所共同商定的"清帝退位优待条件"。尽管王公亲贵们对拱手让出江山和特权仍心有不甘，但他们更怕段祺瑞带兵入京，导致最后连优待条件都得不到。2月11日，隆裕太后承认优待条件，第二天便以"宣统皇帝"的名义颁退位诏。

共和之局至此大功告成。毫无疑问，段祺瑞在其中起到了相当重要的作用，尤其他所领衔的前后两份主张共和的电报更为许多人称道，"一造共和"的赞誉也由此而生。

舍我其谁

以袁世凯为首的北洋系和革命党人虽然合力推翻清廷，建立了共和，但自合作初期开始，相互之间就不是完全信任。清帝退位后，为了对袁世凯进行约束和限制，孙中山在实践诺言辞去临时大总统职务的同时，又提出了附加条件，要求临时政府定都南京，以及新总统必须到南京就职。

袁世凯也不是一盏省油的灯。他暗中指使第三镇统制曹锟在北京制造兵变，对来京接他南下的使团进行恐吓，从而迫使孙中山不得不放弃这一附加条件。

3月10日，袁世凯在北京宣誓就任临时大总统，随后开始组阁。既然在定都上已经占尽便宜，他在组阁问题上就不能不做出一些让步，内阁中相对不太重要的一些部的总长职务，都让给了同盟会。

只有那些真正掌握实权的部，袁世凯仍紧抓不放，尤其是陆军部。兵权重要，大家都知道，所以对于陆军总长一职，南北双方都极力争取。南方推荐黄兴担任此职，袁世凯坚决反对，而他反对的理由就是黄兴还不够资格。

虽然辛亥革命带来了改朝换代、时势造英雄的机会，可是"国体虽非清社稷，朝纲仍是汉官仪"，在袁世凯主政时期，仍然特别强调资格。这种所谓的资格，又主要侧重于前清官阶，因为袁世凯自己在前清就已经出将入相，位极人臣，像他这样资格的人本来不多，就算有一两个资格较老的遗老，由于缺乏军事实力和政治资本，也难以成为他假想中的政敌。

以前清官阶作为资格，袁世凯便给同盟会以及其他新晋官僚设置了一道很高的门槛，黄兴等人就这样被"卡"掉了。

袁世凯的"资格论"倒不是只用于对付政敌。事实上，他对自己的嫡系人马用的也是同一标准：一般文武官僚即便什么错都没犯，也得按部就班地进行升迁，要想平步登天是不太容易的。这么做的用意，就是为了在部属的脑子里奠定根深蒂固的"旧属"意识，以巩固和提高他"袁宫保"作为老上司的威望。

以资格来衡量，段祺瑞虽然在辛亥一役中表现突出、功勋卓著，但要当陆军总长，还得排在王士珍后面——王士珍为前任陆军大臣，段祺瑞此前则从未进入过内阁。

王士珍也是"北洋三杰"之一。"三杰"有许多相似之处，他们都是武备生，同时充任新军要职，又都是在袁世凯的栽培下才得以迅速发迹。不同之处则是三人的性格和处事方式各异，王士珍为人大度雍容，深沉内敛，不孜孜于名利，经常扮演卧龙先生的角色，故被时人称为"龙"。

相对于"段虎"的锋芒毕露，"冯豹"的木讷迂钝，"王龙"的低调和淡然显然更让袁世凯放心。

问题是，"王龙"在政治态度上与"段虎"截然相反，却与"冯豹"完全一致。王士珍也是一个保皇派，在段祺瑞发出逼宫通电后，他曾致电责备段祺瑞，称皇恩浩荡，作为清廷高官不应发那样大逆不道的电报。

清帝退位之后，王士珍便向袁世凯递交了辞呈，虽然袁世凯对他百般挽留并退回了辞呈，但王士珍执意不肯再留于京中。

王士珍一走，袁世凯只能属意段祺瑞，调他来北京就任北洋政府第一任陆军总长。

作为军人出身的军界要人，段祺瑞绝非一介武夫。实际上他在辛亥革命中所展示出来的也不是用兵打仗的才能，而是过人的组织能力以及在权力场上咄咄逼人、舍我其谁的气势。

一到北京，段祺瑞就打算提拔自己的首席幕僚徐树铮为陆军次长，但由于在内阁通不过，只得改提南方的蒋作宾。不过在蒋作宾到任前，他却抢先荐任徐树铮为陆军部总务厅厅长，同时还任命了其他五位司长。

蒋作宾当然对此不满，段祺瑞则毫不相让，他强调总长有权委任厅长、司长，蒋作宾这个次长无权插手过问。

亲信中的亲信

总务厅厅长的权限本身也可大可小，全凭跟主管长官的关系而定——如果与长官的关系不深，便只能办理一些文书、庶务之类的事务性工作；而如果是长官的亲信，其权限就可无所不包，整个陆军部的工作都可以被"总"在里面。

徐树铮是段祺瑞亲信中的亲信。众所周知，段祺瑞起来得快乃是袁世凯一手提拔的结果，而段祺瑞提拔徐树铮也跟袁世凯提拔他自己一样，并且有过之无不及。

段祺瑞进京后，不但北京军政界的要人经常要来段公馆问候起居，就是由外省进京的官员也免不了要到段公馆禀见、禀辞、禀谢。按照段公馆的规矩，每天晚上都要在号簿上登记这些宾客的名字、官衔，有时还要把对方的住址、电话也一并记下来。在这本号簿中，"小徐"属于当之无愧的头面人物。

"小徐"是段家人背后对徐树铮的称呼。段公馆来宾，无论官职大小，一般都要预约和通禀。只有小徐是个例外，他是随来随见，用不着号房代他通禀便可径直闯入，而且闯入的还是内客厅——段祺瑞会见其他宾客都是在外客厅！

新来段公馆的家人往往会觉得奇怪，为什么老段对小徐这么信任呢？时间一长，他们也就慢慢明白了。首先是小徐对老段的确忠心耿耿，一心护主。其次，小徐是真有学问和本事。他具有惊人的记忆力，所有政府有关部门和负责人的电话从不用查问，全都可以清清楚楚地记在脑子里，丝毫不差。如果有某个问题需要找有关部门联系，他会立刻亲自打电话去问。

除此之外，徐树铮竟然还能做到五官并用：办公的时候可以会客；会客的时候，可以一只手批公文，另一只手拿着话筒跟别人通话……

清末时，有人说张之洞有这种五官并用的本事，而在北洋时代，似乎只有徐树铮能够做到这一点。

徐树铮虽然暂时没能当到次长，却胜似次长。因为段祺瑞对他太信任了，徐树铮可以在段祺瑞面前说一不二，段祺瑞从不驳回，反过来，段祺瑞吩咐下来的事，他却可以不照办。

徐树铮的说一不二，并不是那种表面的骄横跋扈。事实上，别人找他办事时，他一般都是满面春风、彬彬有礼，从不当面让人下不了台，但客气归客气，办起事情来仍然没有一丝一毫的通融余地。

曾经发生过这么一件事：有个姓李的军官被军队撤职了，穷得没有饭吃，他写信给段祺瑞，请求段祺瑞给他个差使干干。段祺瑞看他说得可怜，便答应给安排个职位。

文件批交徐树铮办理，但徐树铮签呈后又打了回来，打回来的文件上只有简单一句话："查该员无大用处，批驳，验过。"段祺瑞看后没说什么，于是李军官重新谋职的事就只好拉倒了。

如果是面谈，为了照顾来人的面子，徐树铮一般不会一口回绝，而总是说："这可要向老总（段祺瑞）请示。"只要他这么一说，对方就只能绝望了，因为知道事情肯定办不成。

陆军部的实质状况是，大大小小的事基本都是由徐树铮一人说了算，不仅有职无权的蒋作宾做不了主，就连身为总长的段祺瑞本人说的都不一定算数。可也正是在徐树铮的辅助下，陆军部的日常运作保持了较高的效率，而段祺瑞则可以腾出手来，集中精力思考和主持一些大事。

段祺瑞履职时，国内军制比较混乱，北方军队沿用的是前清旧制，比如部队编制中有镇、协、标、营、队。段祺瑞仿照南方革命军的体制，相应改称师、旅、团、营、连，军官官阶也从原来的都统、参领、军校分别改称将、校、尉。此外，地方军政长官一律改称都督，并设都督府。

袁世凯看到段祺瑞办事有主张有魄力，且善于体察自己的心思，对段祺瑞也更加信任。有关军事方面的重大措施，像各省裁军、改革军事官制、决定各省军民分治等，几乎都要先与段祺瑞商量，然后再做决定。

身为袁世凯的老部下兼政治盟友，段祺瑞对袁世凯同样忠心耿耿，政治策略上始终紧随其后。时任国务总理的唐绍仪与袁世凯产生了矛盾，段祺瑞便站到袁世凯一边，与唐绍仪对抗。

唐反对总统垄断一切大权，段就反对划清总统府与国务院的权限，主张凡事都要由大总统亲自决定；唐坚持内阁集体负责，段就否认国务院为有机组织，强调各部应奉行"独立主义"，各行其是；唐欲与同盟会合作共事，让接近革命党人的王芝祥当直隶都督，段就策动直隶各路的北洋军队集体发通电，反对王芝祥督直。

在袁世凯、段祺瑞的夹击之下，唐绍仪度日如年，不得不辞职走人。

当然这种紧随有时也是有压力和风险的，最典型的便是张振武被害事件。张振武是武昌首义元勋之一，他很瞧不起黎元洪，从黎元洪被推上台起，就"既推重又加以贱侮，甚至抽刀拍案，嘲弄辱骂"。

北洋政府成立后，黎元洪被选为副总统兼领鄂督。这时全国各地因为欠饷和裁军，不断有哗变事件发生。湖北为辛亥革命首义之区，鄂人喜动恶静，武昌起义中的部分有功官兵也恃功而骄，甚难节制。在湖北发生的一次兵变中，据说黎元洪就查到主谋人是张振武和湖北将校团团长方维，而且张振武还曾公开宣称："鄂政不良，我等当再度革命。"

1912 年 8 月 15 日，袁世凯、黎元洪合谋，以"蛊惑军士"、"倡谋不轨"的罪名，逮捕杀害了张振武。在杀张的执刑命令上，段祺瑞以陆军总长的身份签字副署，使之生效，因此对此案负有直接责任。

张振武被害事件发生后，舆论为之大哗，认为张案的办理不符合法治精神。参议院立即向政府提出质问案，要求大总统袁世凯、副总统黎元洪给予答复。

袁世凯见势不好，赶紧将皮球踢给黎元洪，而黎元洪为了逃避责任，又赶紧发长电委托段祺瑞到参议院登台答辩。

开始坐不住了

建立共和，并不意味着民主法制精神也相应而立。当时国内影响力最大的日报——同盟会机关报《民立报》便指出："共和国家全赖法治，唯法律乃能生杀人，命令不能生杀人。"

张案的最大问题和漏洞，恰恰在于决定"生杀人"的不是司法官，而是大总统、副总统。参议院的质问案也将重点集中于此，声明："不仅为振武一人言也，为民国前途起见耳。"

8 月 23 日，段祺瑞在参议院为张案的处理进行辩护，其辩护理由主要包括：张振武的罪状"实有碍难宣布之处"；行刑前已"集合高等军官讨论数次"；张案涉及国家安全，只能执行"临时办法"。

这样的答辩不能让参议员们感到满意。在他们的连番追问下，段祺瑞理屈词穷，不得不承认手续"有错误，祺瑞身当其咎"。

参议院最初以同盟会占优势，在拥护袁世凯的共和党成立后，同盟会的优势才逐渐转为劣势。接下来，唐绍仪内阁的垮台更使同盟会失去了在政府的立足点。为了改变这一状况，8 月 25 日，同盟会与一些小党合并，组成了以同盟会为主体的国民党，国民党成为民初人数最多、势力最大的一个政党。

在当时的参议院内，基本处于国民党和共和党两大政党对立的局面。8 月 28 日，部分国民党籍参议员提出弹劾国务总理、陆军总长案，认为"副署之国务员段祺瑞辅佐乖谬"，要求按"临时约法"将其免职，"以彰国法，而固国本"。该弹劾案一经提出，共和党就与国民党发生了激烈冲突，参议院议长几乎无法维持秩序。最后由于难以形成统一意见，张案遂不了了之，段祺瑞才得以免遭弹劾和免职。

尽管参议院在张案上颇有虎头蛇尾之嫌，但能够让陆军总长在参议院接受质询，以及差一点弹劾成功，都在一定程度上显示出了民初民主法制的进步。

类似事件让国民党看到了自己的能量和潜力。国民党中心人物宋教仁更是热切希望通过组织责任内阁来架空袁世凯，夺回革命党人失去的权力。事情也似乎正朝这个方向发展，1912年年底到1913年年初，全国举行第一次国会选举，国民党在大选中获得胜利。在参众两院共870个议席中，国民党一家就获得392席，而包括共和党在内的其他三个政党总共才获得223席。

随着国民党在参众两院俱占多数，本来对国会并不是十分在意的袁世凯开始坐不住了，特别是宋教仁所力倡的责任内阁更令他寝食难安。

责任内阁与唐绍仪内阁、赵秉钧内阁不同，它是由国会中占多数席位的政党组成的。从选举结果来看，也就是内阁成员将主要由国民党员组成，到时段祺瑞等袁氏嫡系人马别说掌握不了重要部门，多半连内阁都进不了。

趁宋教仁在京养病期间，袁世凯派亲信、时任国务总理赵秉钧多次前去慰问，并带去他的意思，即可以答应让宋教仁担任下一届国务总理，但条件是必须放弃责任内阁制。

当着赵秉钧的面，宋教仁表示国民党及他个人都愿意以在野的地位，帮助袁世凯把国家的事办好。宋教仁的这种表态，让袁世凯很满意。

身体痊愈后，宋教仁准备离京南下，袁世凯又通过赵秉钧"壮其行色"，赠送给宋教仁一张可以随意支取现金的交通银行存折，宋教仁也毫不推辞地收下了。

在袁世凯、赵秉钧看来，送存折就是重金贿赂，宋教仁如果拒绝，事情就又悬了，但宋教仁既慨然受之，便说明已没有任何问题。

让他们没有想到的是，宋教仁到南方后即到处发表演说，声称国民党必争政权，同时照旧抨击袁世凯，甚至设计了一个在正式总统选举时让黎元洪取代袁世凯的大胆计划。

袁世凯派人一路尾随宋教仁，早将这一切都报往北京。袁世凯大半辈子都精似鬼，临到头来却喝了别人的洗脚水，不由又急又气，多次诘问赵秉钧："你说宋教仁拥护中央，何反复乃尔？"

赵秉钧窘迫万状，无言以对。他忍不住向亲近的一名议员诉苦道："老弟，你说叫我怎么办？怎么向项城（袁世凯是河南项城人，故也称袁项城）交代？"

毁宋酬勋

袁、赵都低估了宋教仁的雄心和政治抱负。无论是在野的承诺，还是收受重金，宋教仁都不过是给他们玩了一招障眼法而已。

当然，政治场本身就是权力场，袁世凯在与唐绍仪等人的权力争夺中其实也要了许多阴谋。归根到底，只要这种权力斗争被限制在民主法制所允许的范围之内，便无太多可指责之处。

宋教仁正是在规则里面玩游戏的高手，他在南方力倡"争内阁不争总统"的理念，并俨然以多数党候补内阁总理自许。这使袁世凯感受到了强烈的危机感，他时刻担心大权旁落，曾对自己的高级幕僚说："我现在不怕国民党以暴力夺取政权，就怕他们以合法手段夺取政权，把我摆在无权无勇的位置上。"

眼看国会召开在即，形势之紧迫，大大超出了袁世凯及其派系人马的预料。1913年3月20日晚，宋教仁被刺杀于上海北火车站。一般人都认为，宋案系袁世凯、赵秉钧共同密谋，但也有资料称袁世凯并非主谋，宋案乃赵秉钧等人"毁宋酬勋"的独断行为。

宋教仁被刺，为袁世凯在政治上除去了一个大敌，与此同时，袁世凯还初步解决了北京政府所面临的财政危机问题。

最早出现财政危机的其实是南京临时政府。就在南北还处于战时状态时，有一次安徽都督派专使去见孙中山，要求马上接济部分军饷。孙中山批了二十万元，但手下人查了一下金库，却发现仅有十元存洋。

为了这个恼人的"孔方兄"，孙中山、黄兴伤透脑筋。当时每天到南京陆军部索饷的人员不下数十拨，时任陆军总长的黄兴被弄得寝食俱废，甚至急吐了血。

在袁世凯当选临时大总统后刚刚一星期，尚在执行职务的南京政府就提出需银七百万两，其中二百万两为急需。袁世凯也不是财神爷，他能想到的办法就是找外国借款。

袁世凯的法子，南京政府同样想过做过。孙中山在回国前后就多次借款，但外国银行家们多精明，南京政府能存在几天他们都不知道，又怎么肯把钱借给你？在那段日子里，孙中山每天都盼望能得到外国银行的复电，可是一直等到他辞去临时大总统职务，也没有见到钱的影子。

袁世凯出手借就不一样了。这时南北已走到一起，且北京政府就实力和信用而言，更符合外国银行家心目中"能负责任的中国政府"的形象。在此情况下，美英德法四国银行团便接受袁世凯的要求，付银二百万两给南京政府作为军政费用。

除了结束南京政府、遣散南方民军外，北京政府需要用钱的地方还有很多，其中比较大宗的就有整顿在京政府机构、偿付承接自清政府的外债和赔款、履行对逊清皇室的优待条件等。这使北京政府的财政困难程度很快就接近了当初的南京政府，而解决困难最方便最快捷的途径只有继续向外国银行借贷。

4月26日夜至27日凌晨，袁世凯以国务总理赵秉钧等人为全权代表，与英法德日俄五国银行团谈判签署了"善后借款合同"，这就是历史上的"善后大借款"。

据说著名学者辜鸿铭曾应邀在这次借款谈判中担任翻译。他说了一句名言："所谓的银行家，就是晴天千方百计把伞借给你，雨天又凶巴巴地把伞收回去的那种人。"

辜鸿铭的话很形象地说明了借款合同的苛刻程度。根据合同规定，中国必须以盐税、海关税以及直隶、山东、河南、江苏四省所指定的中央政府税项作为担保，这还不包括其他一些有损国家主权的附加条件。

借款合同签署于第一届国会开幕后不久。依照国会组织法，政府所有法律、财政、国务院同意等案，都须得到参众两院的一致同意，像"善后大借款"这样重大且涉及国家主权的决策更不能例外，但国会却是事后才得知。

宋案和借款案引起了南方革命党人的极大愤怒。两案发生之前，孙中山、黄兴曾先后北上与袁世凯商讨国是，对袁俱有好评。二人还不约而同地做出过乐观估计，认为民国若能由袁世凯执政若干年，必可跻身于强国之列。袁世凯对孙、黄亦不乏好感，与人交谈时，曾称孙中山坦白、黄兴憨直，言下颇有相互提携之意。

两案一起，南北领袖之间这种一度尚算融洽的关系便告完全破裂，双方皆视对方为眼中钉、肉中刺，必欲拔之而后快。孙中山首先力主对袁世凯进行武力讨伐，袁世凯也被激起了怒火，他发出"传语国民党人"的长电，声称："现在看透孙、黄除捣乱外无本领。左又是捣乱，右又是捣乱。我受四万万人民托付之重，不能以四万万人民之财产生命听人捣乱。"

多一个字也别想

在"看透孙、黄"这一点上，段祺瑞与袁世凯基本步调一致。他也认为国民党人不听约束，"左又是捣乱，右又是捣乱"。别的不说，当初揪住张案不放，对他又是质询又是弹劾的，不正是国民党籍议员们的所为吗？

议员无兵无勇，相对而言还容易对付，令段祺瑞深感威胁的还是那几个国民党籍都督。早在1913年年初，江西都督、国民党人李烈钧就未经陆军部批准，将采购到的一批枪械弹药由上海运往江西。段祺瑞闻讯密令九江驻军将枪械予以扣留，随后通知李烈钧："此项弹药已分给各水师军舰。"

李烈钧通电表示抗议，声明购买这批枪械是南京临时政府曾经批准的，只是最近刚刚从上海起运而已。

对李烈钧的通电声明和要求发还枪械的要求，段祺瑞不予理睬，他在相应文件中批示道："今日李督，通告天下，谓部扣留军械，是李不受善，莫可救药。"

虽然段祺瑞态度强硬，但鉴于李烈钧"多方布置"，"志极坚定"，袁世凯不得不做出让步，指示段祺瑞将扣留的枪械发还给他。

这一事件毫无疑问刺激了段祺瑞。事后，河南都督张镇芳写信给他，对共和政体下的民主表示不满，并建议对国民党人用兵。段祺瑞读信如遇知音，他随即在复信中吐露了自己的心声："至于党派竞争，不顾大局，非武力镇慑不可，自当密为筹备。"

在准备用武力进行镇慑，以防止孙、黄"捣乱"上，袁世凯、段祺瑞可谓一拍即合。袁世凯在长电中也说："自信政治军事经验、外交信用不下于人……彼等（指孙、黄）若敢另行组织政府，我即敢举兵征伐之。"

1913 年 4 月 30 日，袁世凯在总统府内召开秘密军事会议，段祺瑞出席会议，并参与部署军事，其中包括"多购军火，增置募兵"和"分布军队办法"等项。

第二天，由于赵秉钧涉嫌宋案而被迫辞职，袁世凯命令段祺瑞以陆军总长代理国务总理。这一任命被外界解读为袁不惜用武力对付国民党的信号，国内政治气氛瞬间就有了火药味，段内阁也因此被称为"战时内阁"。

5 月 5 日，就参议院对借款案提出的质问案，段祺瑞以代总理身份到部接受质询。当天，他身着陆军上将军服，挎着军刀，昂首挺胸，目不斜视地走进了参议院会场。在国务院席入座后，依旧双手握着刀柄，其神情仿佛不是来回答质询，而是来主持军事会议的。

议员当然也没有这么好吓唬。除了亲袁议员默不作声外，国民党籍议员都对段祺瑞群起而攻之。他们根据"临时约法"发出严厉质问：政府为什么不先咨请国会讨论，就在借款合同上签字？这是非法签字，应判定借款合同无效！

议员们越说越气，开始控制不住情绪。有人跳到凳子上大骂袁世凯破坏约法，欺凌国会，有人拍案高喊打倒袁世凯的口号，甚至还有人向段祺瑞摔掷墨盒。

不管议员们问什么，骂什么，或者摔什么，段祺瑞始终神色自若，傲然不动，一副不屑一顾的样子。

轮到他发言了，他走上讲台，对议员们质问的一大堆问题一个都没有正面作答，只是简单地说了一句："木已成舟，毋庸再议！现将借款案送交国会确认。"再质问，还是那句话，多一个字也别想。

参议院的质询就这么草草结束了。众议院紧接着也提出了质问案，但段祺瑞的出场和答复方式与在参议院一般无二。

这是段祺瑞自张振武案后第二次接受质询，可以看出他的态度有了明显变化，对议员们的轻慢和蔑视尽在不言中。

当然，袁世凯、段祺瑞也不是真的就敢不把国会放在眼里。自发现国民党在国会占据优势后，他们就采取措施"收复失地"，其中包括组织小党群，以及将共和党、民主党进行合并，组成足以与国民党相对抗的进步党。

小党林立，不仅分散了国民党的势力，而且相当一部分小党都得到了袁世凯的支持和资助，说白了就是袁家党。比如有一个新共和党，党费主要由袁世凯拨付，所以在小党之中最为阔绰。这个党别无党纲，唯知拥袁到底，其活动甚至比亲袁的进步党更加卖力，以至于进步党有时也被弄得啼笑皆非。

质询会期间，进步党和亲袁小党的议员们明知政府理亏，却还跑到休息室进行疏通，要求国民党议员满足段祺瑞的要求，对借款合同予以追认。

国民党议员虽然对段祺瑞轻视国会的态度感到不满，但当场也不能拿他怎样。质询会结束后，国民党本部召集两院的本党议员商量，认为借款合同既已签字，使用国会否决权也来不及了，同时如果使用国会否决权，势必还要对责任人进行弹劾。弹劾案一起，亲袁议员势必不会善罢甘休，在其现有力量已极大增强的情况下，到时弹劾不了不说，所掀起的政海波澜还将无止无休。商量下来，国民党决定对借款案不做硬性决议。

在国民党方面立场松动之后，借款案很快得到众议院的追认。参议院对借款案进行了自由投票，最后也以过半数通过。

逼上梁山

借款案的通过大长了袁派人马的气势。1913 年 5 月 6 日，袁世凯下达一道命令，表示要"除暴安良"，矛头直指国民党。段祺瑞更是毫不掩饰，坚决主张在紧急状态下对南方用兵。自出任代总理以后，除国务会议外，他几乎从不到国务院，每天只在陆军部的办公室里处理军务。

在一次国务会议上，国务院秘书长张国淦曾表示"专靠武力，总不能根本解决"，并提出应就政治解决南方问题进行讨论。还没等他说完，段祺瑞就板起面孔，很不耐烦地说："军事非你文人所知，不应干预！"

国民党方面，虽然孙中山一再主张"速兴问罪之师"，但由于裁军后南方兵力不足、国民党籍都督们意见不统一等原因而未能及时发动。趁此机会，袁世凯、段祺瑞加快了对国民党势力进行扫荡的步伐。6月间，袁世凯以反对借款、不服中央为名，先后下令免去李烈钧赣督、胡汉民粤督、柏文蔚皖督之职。

国民党被"逼上梁山"，终于不得不举起反旗。7月上旬，孙中山在上海召开国民党会议，决定兴师讨袁。7月12日，李烈钧奉命由上海转回江西，在湖口宣布起义，组织讨袁军。自江西独立后，江苏、安徽、广东、福建、湖南、四川、上海等地也先后响应独立，"二次革命"由此而起。

袁世凯闻报立即发布"讨伐令"。段祺瑞身为陆军总长兼代理总理，或派兵，或直接指挥"清剿"，鞍前马后，忙得不亦乐乎。

在北京政府已做好充分准备的情况下，国民党的讨袁之役一上来就出现极度被动的局面。不到两个月，独立各省全都一败涂地，国民党在南方的地盘尽失，孙中山、黄兴也作为"乱党"头目遭到通缉，被迫流亡海外。

打败国民党之后，袁世凯还面临着一个难题，那就是如何在10月举行的正式总统选举中获胜。

按照大总统选举法，有资格参加选举的议员须有三分之二出席投票，而获胜者得票数应达到四分之三。当时国会中的国民党籍议员至少有三百五六十人，这可都是一些坚决不买袁世凯账的主。

选举法规定，一轮投票达不到法定数，还可以再投第二轮。两轮投票都无人当选的，以第二轮投票中得票数最多的前两名进行第三轮决选，过半数者获胜。

第一轮投票就当选，连袁世凯自己都没有把握，他只能寄望于第二轮和第三轮，但一轮投票约需四个小时，三轮共需十二小时，一天是办不了的，至少得两天或三天。遇到这种延会的情况，国民党人就很可能会以不出席进行抵制，从而使得选举一再延期。

面对这些坐而论道的国民党人，袁世凯及其幕僚必然会有一种有力也无处使的感觉——"乱党"可以直接"剿灭"或通缉，国会议员却有国家法律作为后盾和保障，轻易触碰不得，从这个角度上来说，手无寸铁的议员其实也并不比国民党都督们更好对付。

选举延期，不仅意味着夜长梦多，也会让袁世凯的脸面受损，影响他在社会上的声誉和权威，这是无论如何都要避免的，袁派为此绞尽了脑汁。

逼选

作为新生事物，民初的选举制产生了不少滑稽可笑的奇闻逸事。当时中央政府无人口册籍清册可查，就采用自下而上造报的方法选举议员。按照这个办法，选民愈多，产生的议员就愈多。

浙江太平县（今温岭市）在选举时，觉得人数不够，有人就脑洞大开，提议由选举工作人员回去把自家的宗谱翻出来照抄。这样一来，那些死去的人也同活人一样成了选民，结果太平县的选民之多在全国各县中跃居第一，其议员数竟和云贵两省之和相等。

袁派人马用太平县式的思维对选举进行研究，最后终于想出了"逼选"的办法。

1913 年 10 月 6 日，国会在众议院会场举行选举。国民党议员在京者全部出席，进步党人及各小党派也踊跃参加。他们的目的和出发点各不相同，前者大多是想反袁，后者大多是想拥袁。

当天统计到会选举人超过了应出席者的三分之二，但在第一轮投票结果公布后，不出所料，袁世凯所得票数仅仅过半，距法定票额相差太远。

此时已近中午，吃饭休息时间到了，可是议员们却发现会场已被军警装扮成的"公民团"重重包围，所有人许进不许出。议员偶跨大门即遭呵斥，逼令退回。

议员们这下惨了。烟瘾大的没法出去抽烟，在会场内被憋得眼泪直流。烟没得抽倒也罢了，肚子总不能饿着吧，可是又不让出去吃饭。进步党本部闻讯送来两担面包点心，"公民"不许他们入门，经解释是亲袁议员所用，才准予放行。国民党本部依例而行，但"公民"一听说是国民党的，不仅不放行，还破口大骂，说："饿死也是活该！"

第二轮投票，袁世凯的票数虽然多了些，但还是不到法定票数。这样就得进入第三轮投票，即从得票数较多的袁世凯和黎元洪二人中二选一。

第二轮计票时已经薄暮，可是会场外仍被包围着，显见得是"不交考卷就不许出考场"的架势，于是只好马上进行决选。在这次投票中，十之八九都挨饿的国民党议员基本都选了黎元洪——本来他们也不想选黎元洪，可若选袁世凯以外的其他人的话，就要按废票论，而废票是不起作用的。

限制被选人之后，票数相对集中。统计第三轮计票结果，袁世凯得票数总算过半。主持选举会的主席大声宣布，袁世凯当选为中华民国第一届大总统。宣布时，台下掌声稀稀拉拉，原因是国民党议员不肯鼓掌，进步党和其他小党的议员疲极无力，也不愿意鼓掌。

虽然如愿当了总统，但袁世凯并不高兴，认为国民党让他下不来台，而进步党又太无能，尤其是在不得不进入决选时，居然让他和黎元洪并列，实在是贬低了他的身价。

所有这些抱怨最后都会被归结到对共和制度的不满上来。10月10日是武昌起义后的第二个"双十节"，袁世凯在太和殿举行大总统就职典礼。典礼的第一个程序是读誓词，誓词为："余誓以至诚执行大总统之职务，谨誓。"

有人离袁世凯的座位非常近，侧耳静听，袁世凯先高声读了一个字"余"，继而读"誓以至诚"，声音却微弱到了几乎听不到的程度，接着再读"执行大总统之职务"，调门恢复至洪亮有力。到了"谨誓"，重又变得低沉起来。

言为心声，不诚无物，袁世凯读誓词时声音的忽高忽低，似乎也在一定程度上反映出，他真正感兴趣的其实只是"执行大总统之职务"以及由此所享受到的权力。

下午，为庆祝总统就职，袁世凯下令北洋军举行阅兵仪式。已卸去代总理职务的段祺瑞以陆军总长身份担任阅兵总指挥。在袁世凯阅兵的时候，他始终陪同其后，亦步亦趋。

因帮助袁世凯镇压"二次革命"有"功"，段祺瑞被封一等勋位，此次担任阅兵总指挥，更标志着他的声望和政治优势全面超越"北洋三杰"中的王士珍、冯国璋，真正成为北洋系中排名仅次于袁世凯的第二号人物。

有评论说，这时的段祺瑞已被袁世凯倚为"干城肱股"。在袁世凯正式就职总统初期，这样的说法并不为过，当时凡袁世凯碰到有关大局之事或难以处理的问题，一般都会安排段祺瑞亲自出马。

"二次革命"后，袁世凯最不放心的人，已不再是流亡海外的孙中山、黄兴，而变成了湖北的黎元洪。黎元洪为人处事一向唯唯诺诺，对袁世凯也从没有表现出什么"不臣之心"，但湖北地处要冲，战略位置显要，黎元洪身上又有着"开国元勋"的光环，一旦有了异志，登高一呼，其后果实难预测。

这个可能性不是完全没有，"二次革命"初起时，黎元洪就曾通电劝告国民党息兵，并有"元洪誓以铁血担保共和"之语。虽然立场仍是站在北京政府一方，可与袁世凯、段祺瑞坚决予以武力镇压的态度毕竟还是有所不同，这也导致有些国民党人对黎元洪尚存好感。

再退一步说，就算黎元洪本人能够一直安分下去，也难保别人不借他的声望来反袁。总统选举就是一个最好的例子，之后到副总统选举，黎元洪一次投票即当选，全场一致鼓掌，掌声比袁世凯当选那天晚上不知响亮了多少倍。明眼人都能看出，这是国民党人的功劳，而国民党人这样做，目的无非是要给袁世凯难堪。

经过一番暗中运作，袁世凯决定以迎黎北上的办法来解决这个问题，这一办法也得到了黎元洪的配合——自武昌起义后，黎元洪虽然位高名显，但一直受部下挟制，所以也有急于脱离湖北的愿望和想法。

黎元洪是湖北地方可以利用的一块金字招牌，倘若迎黎北上的消息被提前泄露给当地军政界，就很难轻易脱身，同时黎元洪一旦离开，湖北也必然会出现人心动荡的情况。这都是让袁世凯感到棘手的地方，为确保万无一失，他决定派段祺瑞到南方进行具体操作。

裂痕

1913 年 12 月 8 日，段祺瑞南下武汉拜访黎元洪，之后宣布北归，黎元洪过江送行。到火车站后，段祺瑞下车，黎元洪则留在车上并就此乘车北上。

整个计划天衣无缝，而且事先被高度保密，仅段、黎及一两个高级幕僚知道实情。

送走黎元洪，段祺瑞即奉命暂代黎元洪的湖北都督一职。早在辛亥革命时，他就署理过湖广总督，现在以中央大员身份兼任地方，自然没人敢说不行。

按照黎元洪临走前留下的计划，段祺瑞对湖北军事进行了整理。由于行动周密，准备充分，一切程序都进行得非常顺利，因黎元洪北上而在短时间内掀起的波澜也迅速归于平静。

不到两个月，已稳住湖北局面的段祺瑞又被袁世凯调回北京，用以对付另一个大患——白朗起义军。

白朗起义是北洋时代规模最大的农民起义，同时也是中国历史上最后一次农民起义。起义军自在河南揭竿而起后，以"打富济贫"为口号，应者云集，声势浩大。其影响之广，连南方的国民党都对此引起重视，"二次革命"期间，黄兴就曾写信给起义领导人白朗，要求配合讨袁。

中国古代的农民战争虽然也可以称之为革命，但起义领导人的政治诉求基本都局限于"风水轮流转，明年到我家"，而且起义本身对社会经济具有极强的破坏性。据记载，白朗军在占领洮州后，城中所有房屋大半被付之一炬，葬身火海者不计其数。老百姓在争相出逃的过程中互相践踏，各城门"积尸高至数尺"。白朗军也因此被称为"狼匪"，领导者白朗更被称为"白狼"，可见其在时人眼中，行为几与土匪无异。

北洋政府成立后，袁世凯调动军队对白朗军进行过多方"追剿"，但白朗军不但未被消灭，反而日益壮大，三年间经略中原，征战千里，破城四十余座，夺关隘无数，引得朝野上下一片惊恐。

负责"追剿"白朗军的主将是河南都督张镇芳。张镇芳在清末考中过解元（即举人第一名），读书应试是一把好手，唯不知兵，用袁世凯的话来评价，乃"一介书生"。在他的指挥下，许多参加"追剿"的北洋正规军都受到了很大损失，甚至还有全军覆灭的。

由于张镇芳"剿"办不力，袁世凯决定免去他的职务，由段祺瑞兼任河南都督，全权指挥对白朗军的"围剿"。

1914 年 2 月，段祺瑞赶到河南信阳，召开鄂豫皖三省剿办会议，并在会上制定了"不在急击使散，要在合围聚歼"的作战方略。

白朗军和历来的农民起义军一样，都具有作战灵活机动的特点，一旦散开，官军根本就抓不住。冯玉祥也参加过对白朗军的"围剿"，他回忆那时经常从上司那里接到十万火急的电报，一会儿说白朗军到了这里，一会儿又说到了那里，弄得他疲于奔命，乃至于都不知道对方是"打哪里窜走的"。

段祺瑞取"合围聚歼"之策,是吸收了曾国藩"剿灭"太平天国的经验。同时,陆军总长的身份,也使得他在调兵遣将上运用裕如——陆军部前后共抽调了北洋正规军和三省地方军数万人,已足以形成合围之势。

由于袁世凯担心陆军总长一直在外,反而会让各国驻华公使对白朗军更加重视,从而影响他及北洋政府的声誉,所以在段祺瑞尚未完成"围剿"目标之时,就将他调回北京。虽然段祺瑞没能亲手消灭白朗军,但他所主导的各省"会剿"还是把白朗军逼入了不归路。几个月后,白朗中弹身亡,白朗起义也以失败告终。

就在段祺瑞不辞辛劳,替袁世凯鞍前马后东征西讨的时候,二人之间的裂痕却在不断扩大。

袁、段的矛盾不是一朝一夕形成的。"二次革命"前,按照制度设定,国家军事大权本应由陆军部和参谋部分掌。可参谋部只是个毫无实权的空壳,以至于袁世凯想让黄兴当参谋总长黄兴都不愿干,最后只得由当时尚在武汉的黎元洪遥领。参谋部的具体事务由参谋次长负责,实际发挥不了什么作用,更谈不上对陆军部进行牵制。

袁世凯为此在总统府设立了军事处,规定军机要务须由陆军部、参谋部提出处理方案,呈请总统批示执行,具体怎么执行,由军事处研议。

就像民初的国会和政党政治一样,制度听上去都不错,但实际运作往往又是另外一回事。军事处原处长李书城是同盟会会员,毫无权力,甚至于连文件都看不到,到任不久就气得挂冠而去。李书城一走,日常事务便由副处长傅良佐完全负责。

傅良佐也是段祺瑞的幕僚出身,他自然不会对陆军部的事多插手,而段祺瑞也根本就不把军事处放在眼里,有时对袁世凯交代要办的事都爱理不理。

由于缺少制约,军事大权中的相当一部分尤其是军官的任免,一直被陆军部所掌握。对军官的进退,段祺瑞往往不请示袁世凯就直接下达命令,在他所提拔的军官中,又有很多是门生旧部。段祺瑞与这些军官函电往来,广泛联系,外人看来,从中央到地方已隐然形成一个派系,其势头犹如当年袁世凯与北洋系。

后来段祺瑞所谓的皖系当时实际并未形成,但袁世凯还是感到非常不安,他对段祺瑞的猜忌也开始一步步加深。

第三章

怎么能是一回事

蒋方震，字百里，国人一般都以字相称。蒋百里先留学日本并以优异成绩毕业于士官学校，后又赴德国学习军事，是民初公认的第一流兵学家。袁世凯对他很器重，当时袁世凯正打算对保定军校进行改造，从而培养出一批能够牵制"段派"的新生力量，于是便任命蒋百里为保定军校校长。

保定军校直属陆军部管辖，但袁世凯在发布这一任命时根本就没跟陆军部打招呼，段祺瑞对此当然不会高兴。这使得蒋百里一上任就碰到了硬对头——时任陆军部军学司司长的魏宗瀚。

魏宗瀚是段祺瑞一手提拔起来的亲信，见蒋百里为段祺瑞所不喜，他便在保定军校的用人、经费、学校规划等方面处处刁难。

蒋百里对日本的军事水平评价不高，他更认可的是德国军事。按照德国军事教育的模式，蒋百里决定对学校进行扩建。在与陆军部多次协商，并以为对方已同意之后，他将精心制订的扩建计划送交军学司批准，不料却被魏宗瀚搁置不理。蒋百里前去催问，魏宗瀚索性将计划完全推翻了。

送交计划之前，蒋百里已在校内多次组织开会讨论，还曾向学生透露过其中的一部分内容，现在弄得一事无成，不由羞愤交加。在全校师生大会上，他当着师生们的面，宣布计划因受到阻挠而无法施行，然后拔出手枪，对着自己的胸口开了一枪！

哪还有不行的

蒋百里有一个少年侍卫，十六七岁即跟随其左右，对蒋百里的行为特点很了解。他从未见到过蒋百里如此悲愤，又看到对方伸手摸腰际，预感到情形不对，就做好了冲上讲台的准备。

及至蒋百里真的拔出手枪，这名侍卫不顾一切地奔上讲台，拼尽全力把蒋百里握枪的右手往外拉。经这么一拉扯，子弹偏离了方向，没有危及心脏。

蒋百里在住院养伤期间，痛斥魏宗瀚："我从此认识了这一班狐群狗党的下流军人！"他所受的打击出于段祺瑞的陆军部，魏宗瀚又是段的亲信，因此后来不管段祺瑞及其皖系多么炙手可热，蒋百里始终未再与其有过任何关联。

蒋百里自杀事件在社会上引起了很大反响。虽然表面看来它仅仅是蒋百里和魏宗瀚的冲突，可明眼人都能看出，这是袁世凯和段祺瑞发生矛盾的结果，并显示出他们的矛盾已经日趋严重。

尽管如此，在自己立足未稳、尚须借重段祺瑞的情况下，袁世凯暂时仍无法采取过激措施。对这些磕磕绊绊的事，他只能睁一只眼闭一只眼，轻描淡写地敷衍过去。

袁世凯在等待着时机。当选正式总统后，他挟军事优势，一步步巩固着自己的政治地位。1913年年底，国民党议员与李烈钧的数十封往来密电被军警查获，袁世凯以此为由，借口国民党参与叛乱，下令解散国民党，同时收缴国民党议员的证书、证章。

国民党议员超过国会议员半数以上，因不足法定人数，国会只好关闭。袁世凯趁势宣布解散国会，将议员全部资遣回籍。

1914年5月1日，北洋政府正式公布了由袁世凯授意制定的"中华民国约法"，"临时约法"被取而代之。新"约法"由于制定于民国三年，故又称"民三约法"。按照"民三约法"的规定，总统府内的政事堂替代了内阁，政事堂的国务卿也成了总统的办事人员。

在一手包揽全部行政大权后，袁世凯感到收回军事大权的时机业已成熟。他决定在原总统府军事处的基础上，建立陆海军大元帅统率办事处。与军事处不同，统率办事处由袁世凯本人亲自掌握，陆军部、海军部、参谋部三部总长都成了袁世凯的高级办事员，实行轮流值班，大事唯袁世凯一人定夺。

统率办事处存在的目的，表面是统筹军事，其实就是要削夺陆军部之权，段祺瑞怎能看不出来。他对此非常恼火，明抗不行，就进行消极抵制。在袁世凯召集众人开会，商讨统率办事处成立事宜时，段祺瑞总是紧绷着脸，坐在那里一言不发。

蒋百里伤势痊愈后，被袁世凯任命为统率办事处参议，段祺瑞就指示陆军部不发委任状。这时王士珍在袁世凯的再三邀请下重新出山，袁世凯提议让王士珍担任统率办事处座办，也就是主持常务，为此他特地征询段祺瑞的意见："芝泉，你看这事行不行？"

"行，总统要办的事哪还有不行的。"段祺瑞没好气地回答道。

统率办事处成立不久，袁世凯又授命成立军需处。陆军部、海军部本来都有自己的军需司，成立军需处显然也是针对段祺瑞的陆军部而来的。这一部门直接对袁世凯负责，大到购买军火、军队扩编费用，小到特别费用，处处插手，与陆军部不断产生摩擦。

段祺瑞素性刚愎，极有主见，发现自己的用人权和军需调配权都受到严格制约，马上就浑身不舒服起来。他向袁世凯提了个建议，说以后关于军官的任免，不如这样：旅长以上的，由总统主持，团长以下的，才交陆军部办理。

陆军部当然不可能只管团长以下的军官，段祺瑞只不过以此来大发牢骚罢了。袁世凯知道段祺瑞不满意，便又任命他为建威上将军，兼管将军府事务，以此表示对他功劳的肯定以及继续借重之意。

这种哄小孩儿的招数并没有真正起到效果，段祺瑞仍旧开心不起来。他除了常常借故不参加办事处的会议外，也基本不到陆军部上班。

"二次革命"后，国务院各部增设次长一人，徐树铮已升为陆军部次长。虽然有了两个次长，但徐树铮依旧事事不与另外一个次长蒋作宾商量，就自己决定了，蒋作宾只剩下被动署名的份儿。

很多时候，徐树铮还做着总长的主。他以陆军总长名义发给各省督军和各师师长的电报信件，不必经段祺瑞批阅即可发出，事后只需口头向段祺瑞报告一下。

都是替对方做主，不同的是，蒋作宾很不高兴，而段祺瑞非常乐意。

有徐树铮在部里主持，段祺瑞上不上班都无所谓，他对徐树铮说："我这总长当得已无意义，今后部里的事务均由你代行吧！"

下马威

袁世凯很快就感受到了段祺瑞这种强烈的抵触情绪。当时冯国璋担任江苏都督，久驻南京，渐渐地对他也不太服从了。袁世凯对此很生气，他对袁克定说："咱们这北洋还成什么样子？华甫（冯国璋的字）每天要睡到十二点以后才起床，芝泉老不到部！"

段祺瑞的夫人张佩蘅为袁世凯义女，又从小在袁家长大，视袁家为娘家，所以袁克定平时也常到段公馆去，并称段祺瑞为姐夫或大哥。袁克定评论起他这位姐夫来也毫不客气，说："姐夫人不到部，可他的灵魂徐树铮天天在部里啊！"

段祺瑞疏于理事，某种程度上倒正中袁世凯下怀。然而正如袁克定所言，有徐树铮在部里，就等于段祺瑞在部里，同时段祺瑞不上班，分明就是要给他脸色看。

袁世凯决意给段祺瑞敲敲警钟。他把段祺瑞召到总统府，针对一件公事查问道："芝泉，此事是否可以再商量？"

段祺瑞不明就里，随口回答："此事容我回部里查明再来禀报。"

袁世凯一听，满脸不痛快地把文件递了过去："怎么还要查明，你签字的呈文不是已经送来了吗？"

文件是徐树铮代办代签的，段祺瑞连看也没看过。他十分尴尬，只得支吾着说："我带回去复议一下。"

事后，段祺瑞明白是袁世凯故意使的下马威，负气之余继续我行我素，而袁世凯对他的猜忌之心也进一步加深。

蒋百里伤愈复出后一直留在总统府上班。他给袁世凯上了一个条陈，认为北洋军队暮气太重，应另行编练，因而建议在统率办事处之下，设立模范师筹备处。模范师以德国军事方法进行训练，先练两个师。

虽然北洋军曾是自己打江山的主要依靠力量，但蒋百里有关于北洋军暮气太重的认识还是得到了袁世凯的认同。别的不说，仅在最近的"围剿"白朗军一役中，北洋军就洋相百出——白朗军不过几千人，在很多人看来只是乌合之众，而北洋军先后调动了总兵力的三分之二，械齐饷足，悬赏超越常规，但在近两年时间里，白朗军仍能纵横于豫鄂陕甘四省之间，如入无人之境。

冯玉祥的一个记述可以说明为什么会这样：冯部两个营截击白朗军，一仗下来，足足消耗了二十万发子弹，战场上中弹而亡的白朗军官兵却连二百人都不到！

最后，在段祺瑞的统一指挥下，北洋军才最终消灭了"白狼"，但知晓内情的兵家已经发出了"谁说小站兵力足以威令天下"的慨叹。

要消除北洋军的暮气，最好的办法就是重起炉灶，编练新军。过去淮军继湘军，小站继淮军，走的都是同一条路子。不过从小站练兵起，为了建立北洋派系，政策上都是重用武备生，压制士官生，并由此形成了北洋历来的用人传统。如今要形成新势力，就不得不反其道而行之，这就是蒋百里条陈中所说的：中级军官用士官生，下级军官用武备生。

蒋百里的条陈也得到了袁克定的欣赏和极力赞同。这位袁家大公子年轻时曾到德国留学，崇拜德国，蒋百里重视德国军事的思想正好与之合拍。

有袁克定在耳边吹风，袁世凯对建立模范新军的兴趣更加浓厚，但是他认为蒋百里最初设计的规模太大，不容易操作。

要建立两个师，已经抵得上一个军了，这免不了会使北洋旧将不安，从而生出事端。当初蒋百里与魏宗瀚发生冲突，扩校不成，愤而自戕，即为前车之鉴。

老谋深算的袁世凯对蒋百里的方案做了修改，建军规模最后被缩小到一个团。模范团名为一团，实际已相当于一个混成旅。具体组建方案是，从北洋现部队中抽调下级军官充当团的士兵，以中上级军官及武备生充任团的下级军官，以士官生充任团的中级军官。

袁世凯计划分五期训练模范团，每半年为一期。一期结束，该期官兵即被全部派到各普通师充当高一级军官。按每期产生四个旅的军官计算，五期可培养出十个师的中高级军官，已足以实现对原北洋军的控制。

模范团前景广阔，所以眼前的规模暂时小一点是无关紧要的，关键就是由谁来当团长，袁克定紧紧盯住了这个位置。

前清时，袁克定曾在农工商部任职，后来民国建立，未再担任过正式官职。袁克定与其父相似，在仕途上很有野心，且一直参与袁幕运作，从颠覆清室到袁世凯因不肯南下就职而制造北京兵变，背后都有他的谋划。

袁克定跟随父亲的时间不算短，与北洋将领皆有交情，凡袁世凯的部属，都称他为"大爷"，但是"大爷"还是无法指挥段祺瑞、冯国璋这些老资格的北洋宿将。长久以来，他一直想步小站练兵的后尘，像德国皇太子那样掌握一支德式新军，成立陆军模范团为他提供了这一契机。

作为一个传统观念很重的人，子承父业的意识在袁世凯头脑中根深蒂固，在对段祺瑞都已失去信任的情况下，他当然也只会属意于袁克定。于是，在开会商议成立模范团时，他便当众提出让袁克定当第一期模范团团长。

并非心里话

"把鼻子气歪了"是人们日常生活中常拿来打比方的一个俗语。这句话如果套用到段祺瑞身上，就不是打比方，而是事实——段祺瑞生气的时候，鼻子真的会歪到一边！

段府家人都知道他这个特点，所以背地里称呼段祺瑞"歪鼻子"，有时候还不明说，只用手指一指鼻子，就是讲他了。

段祺瑞第一次被袁世凯给气歪了鼻子，就在听到袁世凯要让自己儿子当模范团团长的时候。他当即提出异议："芸台（袁克定的字）没带过兵，难以服众，我看不行吧。"

袁世凯自决定建立模范团以来，每次开筹备会都请段祺瑞参加，可是段祺瑞总是找理由不到会，就是来了也一言不发，弄得大家都很紧张。现在好不容易开了金口，却又是唱的对台戏，这岂不让人来火？袁世凯一反常态，大声问段祺瑞："那你看我行不行呢？"

段祺瑞一时无言以对，只是鼻子更歪了。

第一期陆军模范团成立，袁世凯自兼团长，袁克定等人为办事员。到第二期，他就不再征求段祺瑞的意见，直接让袁克定当了团长。

关于模范团的争执加深了袁、段之间的裂痕，不过他们真正决裂则是因为袁世凯要复辟帝制。在袁世凯解散国法，制定"民三约法"后，社会上复辟帝制的风声越来越大，段祺瑞对此深感忧虑。

1914 年年底，段祺瑞鼓起勇气，到总统府面见袁世凯，以试探对方的心思。袁世凯矢口否认自己要复辟帝制，说你不要听信这些无稽的谣言。段祺瑞听了这才稍稍有些放心。

袁世凯所言并非心里话。当然实事求是地说，他起初未必一定就有做皇帝的野心，特别是忙于励精图治、剪除异己的时候，那时他所追求的目标应该还只是一个大权独揽的总统。

袁世凯在内政治理方面有一定的成绩。辛亥革命后，各省相继宣布独立，都督们各拥实力，俨然藩镇，形同割据。袁世凯利用政治军事等多种手段依次削平，除西南诸省外，地方统治权都被收归中央。

民国初建之时，北京政府既无税款可收，地方收入更无人上缴，除靠零星借贷维持现状外，可以说是一无办法。后来有了第一笔善后借款，财政经济状况才得以缓解，但那本身是个饮鸩止渴的办法，全部借款扣去还款和所有指定用途，最后没剩下多少钱。

如果没有稳定的后续财政收入，连政府机关都难以维持，同时社会发展也会受到限制和影响。于是在收回地方统治权的基础上，袁世凯又于各省设国税厅，将全国财政归于统一，从而使得政府的财政收入得到了很大增长。

袁时代的另一大政绩是整肃吏治、严惩贪污。他利用特设的肃政厅，向各部院派出许多肃政使，专门检查是否有贪污受贿、买官卖官等情况。前总理赵秉钧有一个心腹叫王治馨，曾先后出任内务部次长、京师警察厅总监、顺天府尹。既是赵秉钧的心腹，自然也就是袁党的人，然而在肃贪风暴中，王治馨也被弹劾贪污，随后被袁世凯下令逮捕，不久即予以枪决。

其实王治馨在任上才受贿五百元，区区之数，本来罪不至死，之所以要处罚得如此严厉，说白了，无非是要借他的人头来立信、立威，并确保其他整肃行动畅通无阻。

袁世凯当政初期，社会经济开始复苏，辛亥革命时期北洋系内部曾经存在的"忠清忠汉"之争和"造反成吗"的怀疑，也都渐渐消失，此时的袁世凯无论权势还是声望都极一时之盛。

在第一次中华民国国庆纪念日宴会上，袁世凯曾大饮其酒，显得特别高兴。他由衷地对众人说："多赖诸君努力，国是得以粗安，继此以进，不难臻于隆盛之治……"

得意之余，袁世凯的心态渐渐出现变化。特别是在完成对"二次革命"的镇压，暂时削除包括国民党、国会在内的大部分外部威胁及牵制之后，他开始相信"南人不复反，天下莫予毒"，而单单做个总统，已不再让他觉得过瘾了。

缺德

中国人野心的极致，可以用孙猴子那句"皇帝轮流做，明年到我家"来形容。不妨这么说，在许多老派中国人的心里，都住着一个皇帝，袁世凯的政治理想其实跟他们并无二致。

袁世凯本身是个很迷信的人，既信批八字，也信看风水。有人曾给他批了八字，说他的命"贵不可言"。而在他的老家河南项城，其家族墓园更被描绘成了一个龙凤呈祥的所在：依其地势，一边是龙，一边是凤，龙凤相配，有一代帝王之相。

对这些荒诞不经的说法，袁世凯既迷又信。随着个人的不断"成功"，他的自我感觉也在不断向"成龙"方面靠拢。每次遇到事情办得不顺利，他都会理所当然地归咎于制度的毛病，说是"共和"妨碍和束缚了他。

什么叫共和？只有共亡而已！

与此同时，袁世凯周围的许多人对他复辟帝制也起到了煽风点火的作用。袁克定自不消说，天天做梦都想当太子。除了袁克定，袁氏幕府中对帝制逢迎最厉害的是陈宦。

陈宦原为黎元洪的幕僚，后由黎元洪推荐，以参谋次长代参谋总长。升了官的陈宦发现靠黎不如靠袁，便过河拆桥，转投袁世凯帐下，并很快成为袁幕"智囊"。

能在短时间内获得袁世凯的信任和重用，陈宦有才这一点是毋庸置疑的。袁世凯找他咨询要政，他通常都会预先准备左中右三策，而且每策都有详细纲领和说明。

"二次革命"后，袁世凯采用的一些计策大多来自于陈宦。比如调黎元洪入京，把湖北完全纳入北洋掌握之中，同时借以约束南方新兴势力。又比如逐步收复四川地方政权，使四川成为控制西南的机动重地。其他诸如在国会中离间各党派，收买异己等等诡诈之术，陈宦也献了不少。

陈宦的问题不是无才，而是缺德，也就是缺乏政治道德。在这一点上，他恰恰又是学习了袁世凯过去的做法。

当初袁世凯为了能够取得慈禧的信任，经常察言观色，投其所好。晚清笔记中记载，有一次慈禧过生日，封疆大吏们挖空心思，搜珍选异，都想不惜代价地搔到帝国第一权贵的痒处，唯袁世凯没有轻举妄动。

慈禧前去"视察"进贡给她的宝贝，一边看一边连连点头，说好好好，不错不错，到最后她忽然望着墙壁，一副若有所思的样子，沉吟半天都不说话，接着便离开了。

这个镜头被袁世凯完整收录。虽然袁世凯当时并不在慈禧身边，但他却有办法观察到慈禧的一举一动，犹如在宫廷里装了一个微型摄像头——说奇怪也不奇怪，太监们收了袁世凯的贿赂，会随时向他透露慈禧的动向，哪怕是一个表情动作的细微变化。

袁世凯实在够聪明，当太监把上述情形透露给他时，他第一时间就抓住了关键点，而且迅速猜出了其中的玄机，随即一拍巴掌，说"得之矣"——我明白了。

很快，袁世凯就向慈禧送去了礼物，那是几幅装裱得十分精致的名画。慈禧收到画后，乐得合不拢嘴，说"慰亭（袁世凯的字）真懂我啊，我正想着画，他就送来了"。

原来在所有贡品中独缺名画，但这东西又不好直接向大臣们开口索要，故而才有了慈禧望空白墙壁出神的桥段。

与先前收到的那些奇珍异宝相比，这几幅画其实最不值钱，然而它妙就妙在画龙点睛，暗合了老太婆轻易不肯道出的心思，袁某拍马奉迎的功夫可称一流。

清流派出身的张之洞与袁世凯向来不对付，他为此很看不起袁世凯，曾称他是"不学有术"。

这小徐也太狂妄了

正所谓有什么样的老师就会教出什么样的学生，陈宧师袁世凯之故智，几乎全盘复制了其权术。他整天揣摩幕主的心思，袁世凯喜欢什么就竭力怂恿什么。同时陈宧还收买了袁世凯身边的办事人员，因此对袁世凯的各种私心杂念，一样知之甚详。

陈宧向袁世凯献策，准备好的三策并不是一起拿出来，而是分置三处，其中左策置于左袖，右策置于右袖，中策置于靴筒内。他一观察到袁世凯的意图与某策相符或相近，就把那一策拿出来呈献，也不管那一策是否真的符合袁氏的长远利益。

袁世凯总是能被陈宧挠到痒处，吃惊之余，经常笑着夸赞对方："二庵（陈宧的号）所见，实获我心。"

陈宧升任四川总督，去袁府向袁世凯辞别时，他忽然一反常态，说："我马上要走了，有一句真心话不得不讲出来。"

他的"真心话"居然是："大总统啊，你决不能以个人为重，以国家为轻！"

袁世凯听后一惊，默然。

其实这只是虚晃一枪。有一个段子，说有人如此"批评"领导："您怎么能这样？您怎么能不顾身体地忘我工作！"陈宧的套路与此类似，而且还加入了极其逼真的动作表演，但见他扑通一声跪倒在地，眼泪跟着哗哗地流下来，止都止不住。

"共和国体，为举世所诟病，大家都说很糟，糟透了。现在亡羊补牢，未为晚矣，总统既负天下苍生之重，怎么能牺牲国家利益，以徇那些革命党人之私呢？"

这就是陈宧对领导的"批评"，毫无疑问说得袁世凯心花怒放。

陈宧对袁世凯的心理活动可谓了如指掌。袁世凯在做了总统并且已消灭或驱逐了大部分政敌之后，也许什么都不缺了，缺的就是一个皇帝宝座，一如进贡给慈禧的所有贡品中，还少一幅名画。其间的微妙之处就在于，当事者不能说出来，得由你替他做到。

在陈宧"批评"完后，袁世凯继续保持着沉默。这时陈宧便长跪不起，而且还做出了更恶心的举动——用嘴咬着袁世凯的靴头不肯放，一副忠犬的模样。

袁世凯见状，便说了一句："你跟芸台（袁克定的字）谈一谈吧。"

袁克定平日除了对段祺瑞等老资格的北洋宿将不得不敬外，跟包括陈宧在内的其他人说话，通常都爱理不理。当陈宧奉袁世凯之命前去拜访时，他起初仍旧抬着眉毛，翻着白眼。直到袁世凯派人赶到，宣布了一道口谕："总统有命，请你速与陈宧将军结为兄弟！"

袁克定闻言，马上换了一副嘴脸，与陈宧互换兰谱，称兄道弟，从此双方在帝制活动上结成了联盟。

段祺瑞没有想到，在袁世凯亲口对帝制加以否认的情况下，社会上的帝制活动竟然又加紧了，并且逐渐由暗中转向公开。不得已，他只好再次求见袁世凯。袁世凯嘴上还是不承认自己要复辟帝制，不过其态度神情已明显不如以往那样坚决。

在是否要坚持共和这一问题上，袁、段有着根本不同的态度。段祺瑞虽然一生崇尚强权和铁腕，也配合着袁世凯跟国会唱过反调，但作为"一造共和"的主要参与者，他不可能出尔反尔，转而否定自己的历史。与此同时，站在现实政治需要和袁世凯的角度，他也深知此举有多么危险。

就世界政治趋势而言，各国大多由君主制改为共和制，鲜少由共和制退回君主制的成功例子。特别是辛亥革命后，皇室尊荣扫地，共和观念深入人心，若再行帝制，必将引起人心浮动，有百弊而无一利。

再者，共和乃民国建国之基础，基础变更非同小可。换句话说，你可以从内心上不认同共和，也可以搞事实上的独裁和"终身总统"，但绝不能干脆取消共和。共和不取消，做什么都是搞政治；一取消就意味着叛国，国人可共讨之。

提到国人共讨之，当时最现实的威胁就是南方革命党人。在国体问题上，革命党人历来寸步不让，虽然他们在"二次革命"中落败，但力量尚存，逃亡海外的孙中山、黄兴随时可能掀起新的革命浪潮，复辟帝制只会给他们制造东山再起的机会。为此，段祺瑞郑重劝告袁世凯："一隅有变，牵动全局，说不定又要酿成大乱，后果不堪设想！"

段祺瑞两次诚恳进谏，不仅没有能够打动袁世凯，反而让他判明了段祺瑞的真实态度。原本袁世凯最担心的就是段祺瑞、冯国璋等北洋宿将对帝制不热心、不支持，现在发现自己的担心成为现实，他自然非常失望，同时也盘算着该如何清除眼前的这一障碍。

便捷的办法当然是找个人替代段祺瑞，但是陆军总长的位置如此重要，并不是谁来都行，何况还要保证北洋系不致群起反对，从而与自己离心离德。

等而次之的办法就是架空段祺瑞。统率办事处、军需处虽然分走和限制了陆军部的权力，但离架空还有不小距离，而这时因为段祺瑞经常不上班，陆军中的一切大权又都掌握在徐树铮手中，也就是说若想真正架空段祺瑞，就必须撤换或调走徐树铮。

其实最早欣赏和使用徐树铮的人正是袁世凯，徐树铮也曾在袁府做过一段时间的幕僚，但是自从知道陆军部事务都由徐树铮大包大揽后，袁氏父子就再也不喜欢他了。

某次，袁克定想在陆军部安插个熟人，于是找到段祺瑞，段祺瑞说已交徐树铮办理，袁克定便让这位熟人去找徐树铮查问。

徐树铮正在开会，要那人等几天再来。几天后，此人又到陆军部求见，徐树铮说："你去查查批文吧。"

那人欢欢喜喜地跑去一查，只见徐树铮的批示上写着："查本部已无空缺，批驳，验过。"

袁克定大失脸面，袁世凯知道后也非常不快，说："芝泉怎么会用徐树铮这种人！这小徐也太狂妄了！"

袁克定顺势建议："除掉小徐，芝泉就少了臂膀。"

袁世凯点了点头。不久他就把段祺瑞召至总统府，特意和颜悦色地对他说："芝泉啊，我想给小徐换个位置，让他到参谋部去，你看如何？"

段祺瑞一听，就像夺了他的心肝宝贝一般，立即大声顶撞道："很好，请总统先免我的职，随后要怎样办就怎样办吧！"言下之意，就是只要让他当陆军总长一天，徐树铮就无论如何动不得。

袁世凯没料到段祺瑞居然会如此顶撞自己，顿时就火了，他大声喊道："成何体统，成何体统！"

段祺瑞歪着鼻子不吱声。袁世凯一看他这样子，只好以一句"从长计议"把场面敷衍了过去。

忧心如焚

进入 1915 年，袁、段在对外政策上也开始出现严重分歧。1915 年 2 月，日本趁欧美国家忙于"一战"，无暇东顾之际，通过出兵方式，夺取了德国原在山东的一切特权。紧接着，又秘密向袁世凯提出了签订不平等条约的要求。

该条约共分为五号二十一个条款，所以被称为"二十一条"。有评论认为，如果中国全部接受了"二十一条"，就会成为亚洲的第二个印度，即日本的保护国；但要是拒不接受，日本也会以此为由大举侵华，而且同样可以把中国逼到亡国的边缘。

在袁世凯、段祺瑞等北洋军人成长的时代，虽然新旧理念已处于交替之中，但社会思潮的主流仍是"中学为体，西学为用"。以段祺瑞为例，在他所就读的武备学堂，熟读经史以"感发忠义之心"，仍是学堂的根本宗旨，熟读并背诵经史，乃每个学生的必修课。

"中学"和经史中的相当一部分内容，都与"国家兴亡、匹夫有责"以及发扬民族气节息息相关。长期处于这种潜移默化的教育之中，使得段祺瑞等人在骨子里普遍有一种保家卫国的民族情怀。早在甲午战争时期，日军进攻威海卫，刚刚学成归国不久的段祺瑞就曾利用自己的专业特长，"督率学生协守炮台"。

得到"二十一条"的相关消息后，段祺瑞立即以陆军总长的名义，领衔十九省将军致电政府，表示坚决反对签约，为此不惜与日本决战。在电文中，他慷慨陈词："有图破坏中国之完全者，必以死力拒之，中国虽弱，然国民将群体殉国！"

然而袁世凯则有不一样的考虑。此时距离中日甲午战争不过才二十年，在这二十年里，日本的国力和军事实力又得到了较大提升，它能够在日俄战争中取胜就是一个明证。

与日本相比，中国这二十年却过于曲折，不但未怎么前进，大多数时候还在后退，尤其是经过八国联军侵华，已经是元气大伤。辛亥革命后，总算有了一点凤凰涅槃浴火重生的气象，可是若论国家实力对比，恐怕还不及甲午那时候呢。在这种条件下与日本硬碰硬，确实非常困难。

袁世凯是甲午战争的亲历者，北洋政府成立后，还特地聘请了日本人坂西利八郎做自己的军事顾问，当然比别人更清楚中日军事水平的实际差距。发现"国力未充，难以兵戎相见"，他只能在政治策略上动足脑筋，即一面让外交部同日本政府进行谈判，"尽心竭力，能挽救一分，即收回一分之权利"；一面暗中向报界泄露条约的部分内容，以期让英美对日本施压。

这种双管齐下的策略被证明并非完全无效。在"二十一条"的第五号条款里，规定了中国政府必须聘用日本人为政治、经济、军事顾问，以及中日合办警察、兵工厂等。所有条款里面，以它对中国的危害最大，袁世凯称之为"其制我死命最要之点"，因此以今后再行协商为由坚决予以拒绝。迫于多方压力，日本政府不得不做出让步，同意删去此条款。

1915年5月7日，日本政府向中国发出最后通牒，限四十八小时内对"二十一条"做出答复，否则"将执认为必要之手段"。随后日本摆出大战的姿态，陆军纷纷出动至奉天、山东，海军舰队驶进福州、厦门、吴淞、大沽口等处。

5月8日，袁世凯召集政府要员在总统府讨论此事。袁世凯认为既已取消第五号条款，其他条款不是亡国条件，在万得不已的情况下，可以考虑接受。大多数与会要员也都主张接受日方要求，唯有段祺瑞独持异议，他重申要动员军队，对日本示以强硬态度。

5月9日晚上11点，在英美驻华公使都劝告中国"应避免与日本发生正面冲突"的情况下，中国对外宣布接受"二十一条"中一至四号的部分要求。这就是后来签署的"中日民四条约"，该条约使得日本在中国满蒙、山东的利益得到巩固和扩展，但对比原案，损失已降到最低程度。

无端次长萧萧下

"民四条约"签订后，袁世凯发誓要带领国民奋发图强，以便有一天能够与日本"抬头相见"。在他授意下撰写的《中日交涉失败史》一书印了五万册，他当时咬牙切齿地说："这一次我们吃了一个大亏，将来有一天我们翻了身，这部书就可以公开发行了。"

可是袁世凯刚刚说完狠话，转过头去做的，却不是如何抓紧时间富国强兵，而是如何更快更无阻碍地坐上龙椅。

复辟浪潮不落反涨，段祺瑞为此忧心如焚，他决定再次面谒袁世凯。徐树铮知道后，认为袁世凯对帝制已经走火入魔，九头牛也拉不回来了，段祺瑞再去劝说，不但不会有任何结果，而且还会进一步招致袁世凯的忌恨。

段祺瑞也清楚若进谒无效，自己的处境将更为不利，但他认为个人进退得失事小，国家安危事大，尤其他不能眼睁睁地看着袁世凯自取灭亡而不顾。

恰在此时，袁世凯派人来段公馆，劝段祺瑞不要跟他顶着干，以便消除双方的不愉快。段祺瑞说，我也不希望这样，但是搞帝制实在不得人心。

说客不以为然："总统也好，皇帝也罢，不都是一回事吗？"

"怎么能是一回事！"段祺瑞顿时认真起来，声调也提高了。

说客见段祺瑞一脸严肃，赶紧说："芝泉，老头子做了皇帝，对你我有什么不好？"

"我不是为个人计较，"段祺瑞忍不住直抒胸臆，"老头子对我个人怎样，都无关紧要，要紧的是恢复帝制，必将弄出大乱子来！如果真心为总统好，就应直言相劝，切不可推波助澜。"

说客被说得满脸通红，匆匆起身告辞而去。

第三次按约定时间见到袁世凯，段祺瑞不再像前两次那样有所保留，他不顾一切地向对方陈述利害，说明复辟帝制一事关乎国家安危及袁氏身家性命，万不可做，万不能做。

袁世凯的表情开始很紧张，继而又恼羞成怒，他厉声回答段祺瑞："这是芸台（袁克定的字）和杨度等讨论的问题，你何必这样大惊小怪地重视呢？"

段祺瑞也变得更加激动，他站起来大声说："祺瑞受总统数十年的知遇之恩，不敢不直言奉上。此时悬崖勒马尚可挽救，否则机会稍纵即逝，将悔之晚矣！"

忠言逆于耳，袁世凯对这位昔日的"干城肱股"早已不耐烦了，拿来跟陈宦一比，更是觉得段祺瑞面目可憎。他没有再正面回答段祺瑞的问题，只以关心的口吻说道："你气色不好，想是有病，应当休息休息。"

见袁世凯下了逐客令，没法再谈，段祺瑞只得留下一句"总统好自为之吧"，然后离开了总统府。

袁世凯憎厌段祺瑞，也有他那帝制班子的一份"功劳"，这些人都巴不得段祺瑞早点消失——北洋老将之中，袁克定最忌的就是段祺瑞，因为段祺瑞对他向来都毫不敷衍，能给冷脸就决不给笑脸，特别是一闹帝制，二人更是势同水火，完全敌对。除了袁克定，在陈宦等人眼中，段祺瑞也从来都是一副盛气凌人的样子，他们自然也不会在袁世凯面前说段祺瑞多少好话。

看到段祺瑞屡次进谏，袁克定唯恐帝制活动受其影响，忙不迭地在外面放风，说中国之所以要向日本屈服，缘于陆军不能作战，而陆军不能作战，又缘于陆军部无人负责，总长在其位不谋其政。

从小站练兵起，段祺瑞就与袁克定熟识，对其也很照顾，他想不到袁克定会这样大泼自己的脏水，把"民四条约"的责任全部推到自己身上，不由气愤至极，大骂袁克定忘恩负义。

这时徐树铮以陆军部的名义给袁世凯上了一道呈文，想请示给陆军部部员加薪。本来是正常的请示，但袁世凯正对段祺瑞怀恨在心，不仅予以退回，还在呈文上亲批了八个字："稍有人心，当不出此！"

以徐树铮极强的个性，哪里能忍受这个！他马上直奔段公馆，把批文交给段祺瑞："说咱们没人心，这是骂我，还是骂总长呢？"

联想到近期来袁世凯曾托人稍话，告诉他要多加休息，注意身体，段祺瑞意识到袁世凯对自己成见已深，所谓休息云云，不过是要他自动辞职挪位子而已。悲愤之下，他长叹一声，对徐树铮说："算啦，不干了！"

5月31日，段祺瑞向袁世凯称病辞职，而后不待批准，就到西山去了。

袁世凯巴不得段祺瑞早点在面前消失，但段祺瑞真的辞职了，他又不得不惺惺作态，假意挽留。对段祺瑞的辞职呈文，他没有立即予以批准，而是特批了两个月病假，同时还赠送了人参和医药费。

段祺瑞请辞的当天，袁世凯即命王士珍署理陆军总长。王士珍并不想干，但吃不消袁世凯一再坚持，只得勉为其难。

段祺瑞离开陆军部，徐树铮的饭碗自然也难保。很快，肃政厅就对他进行了弹劾。

徐树铮被抓到的"小辫子"是浮报军火。有一年由徐树铮经手，从美国购买了一套兵工制造设备，全部价值九十三万美元，美商付给徐树铮百分之三的经手佣金。当时美元一元合中国银元三元三毛，算下来，徐树铮可得佣金九万余元，但他一毛也没往自己兜里揣，而是直接请示了段祺瑞和袁世凯。

袁世凯批复说既是美商规定的佣金，可以收受，如果觉得数额过大，不便私有，不妨拿去办教育事业。徐树铮听从其言，果真用这笔资金在北京办了一所学校和一家报馆。

袁世凯厌恶徐树铮的是"跋扈揽权"，是他作为段祺瑞智囊和灵魂的身份，可是仅此无法为其定罪，于是就把这件往事搬出来，说徐树铮在订购军火时浮报了四十万元。

1915年6月，袁世凯下达命令，以涉及受贿、存在弊端等为由，把包括徐树铮在内的三位次长（交通部次长、财政部次长、陆军部次长）一起予以罢免，时称"三次长参案"。

此时袁世凯已将各省督军改为将军。各省将军奉召入京开会，时间上正好跟罢免案撞在一起。日本驻京公使馆的一家报纸就此登了首打油诗，讽之为"无端次长萧萧下，不尽将军滚滚来"。

不要听信谣言

就在帝制流言满天飞的时候，冯国璋也为此事来到了北京。

北洋将领之中，冯国璋对清室应该算是最有感情的。直到民国建立后，冯府客厅的四足帽架上仍挂着红顶花翎的官帽，为了避免沾染上尘土，他还特地拿一块紫色的"帽袱子"盖在了官帽上，甚至于冯国璋的辫子也是在大半年后才剪掉的。

清帝逊位前，袁世凯特别召集了一次会议，冯国璋也勉强与会。会上，袁世凯宣布皇帝将要逊位，国家将改为共和体制。冯国璋当时就问道："逊位逊给谁？"袁世凯回答："逊给国民。"他听了顿时无话可说。

会议结束回家后，冯国璋把几个儿子都叫到自己的卧室，神情异常严肃地对他们说："如果逊位逊给某某人的话，我连那个人一块儿打。"

这个"某某人"指的就是袁世凯。换句话说，对于共和，冯国璋可以接受，或者说不得不接受，但要是袁世凯想把清朝皇帝推翻了自己做皇帝，他会不惜与之翻脸。

实际上，那时冯国璋掌握着禁卫军。禁卫军内除步兵一标的兵员是汉族外，其余不是满族就是蒙古族，这些人绝大多数是拥护清廷的。如果不是冯国璋进行了有效控制，禁卫军一闹起来，北京势必大乱，而在清帝逊位的消息正式公布之前，袁世凯最为担心的也正是禁卫军方面是否会有异动。

一晃三年过去了，"逊给国民"言犹在耳，难道袁世凯还会自食其言？冯国璋不相信。为此，他让津浦路局挂了一节"花车"（指有豪华装饰的高级铁路火车车厢），决定到北京去探个究竟。

随冯国璋北上的，除其随从外，还有被冯国璋称为学问和文笔一时无两的梁启超。路上，梁启超又提到了那个最为敏感的问题：袁世凯会不会做皇帝？

冯国璋立即答道："芸台（袁克定的字）他们为了享受将来一套长久的富贵，或者会有这样的谋划。要说项城（指袁世凯）本人也愿意这样做，据我看，他绝不至于这么笨。"

接着，他还用很自信的语气对梁启超说："以我和项城向来的交情，我可以问得出来。"

到京的第二天下午，冯国璋便去总统府谒见袁世凯。见面以后，袁世凯问他来京有什么事。冯国璋说好久不见，自己一方面来"看看总统"；另外一方面是听到外面有一些关于帝制的"谣言"，不知道是不是真的有这么一回事。

袁世凯似乎很感慨地反问道："像这样的谣言，别人能够相信，你我是多年的老兄弟了，难道你也相信吗？"

说到这里，袁世凯居然落下泪来："像你这样的老兄弟也相信这个谣言，我觉得很难过。我绝对无皇帝思想，袁家没有活过六十岁的人，我今年五十八，就算做皇帝能有几年？而且要知道，帝制的事，为的是长久，为的是传后。我这几个儿子，哪一个够得上做皇帝的材料？"

袁克定因骑马摔伤，就医治愈后成了瘸子。按照袁世凯的说法，袁克定仅仅形象上就过不了关，老二袁克文虽然四肢健全，却又放荡不羁，风流浪子一个，更难以服众。

临别时，袁世凯又郑重地嘱咐冯国璋："不要听信谣言。"

冯国璋信以为真，回去后就对随从们说："项城（指袁世凯）的心事到底被我问出来了。他是决不做皇帝的。"

冯国璋不会想到，他前脚一走，袁世凯后脚就连声说："冯华甫（冯国璋的字）岂有此理！"

在"北洋三杰"中，段祺瑞对袁世凯最为忠心，王士珍居中，冯国璋表面捧袁，实际上始终心存清廷。对冯国璋这种敷衍的态度，袁世凯是能够看得出来的，但冯以江苏督军坐镇南京，其作用和影响力并不比当年在京师执掌禁卫军差多少，这又使得他对冯国璋始终存有三分畏惧，自然就不敢在帝制问题上跟对方讲真话了。

其实，袁世凯说的那些他不会当皇帝的理由，恰恰正是他想当皇帝的理由：袁家祖上没有活过六十岁的人，就算这样，能过两年皇帝瘾也是好的啊！何况这也是蒙别人的，袁世凯那时可不会真的认为自己活不过六十岁；袁克定早就被袁世凯定为事业的继承人了，要不怎么会让他参与军政要务，又苦心积虑地将其推上陆军模范团团长的位置？

袁克定很能理解父亲的良苦用心。他本人一直是帝制活动的主要幕后主持者，当时日本人主办的《顺天时报》反对帝制，袁世凯听闻后，经常把报纸要去阅读，袁克定为此不惜派人每天印制假的《顺天时报》供其"御览"，用假消息、假报告来欺骗其父。

就在段祺瑞退居西山、冯国璋进京探问的时候，袁府早就是一派"皇室气象"

了。袁克定以皇储自居，号"青宫储贰"，外界则戏称他为"克宗定皇帝"。就连对政治向来不感兴趣的袁克文，也有人帮他刻藏书印章，曰"皇二子"，篆文中的"皇二"与"皇皇"类似，所以外界戏称袁克文为"皇皇子"。

暗杀

冯国璋离京前，特地到西山看望段祺瑞。当他谈及袁世凯无意称帝时，段祺瑞苦笑着连连摇头。

冯国璋便试探着问他："万一老头子真的称起皇帝，我是说万一，芝泉将如何处理？"

"我不赞成帝制，但要我与项城对着干，也做不到。"段祺瑞这样表达了自己的真实心境，"我不想让人骂我段某忘恩负义。项城倘若一意孤行，我只有解甲归田。"

段祺瑞自西山养病起便闭门谢客，什么人也不见，仅仅和前往探望他的冯国璋、王士珍等人谈过话。

"北洋三杰"不仅是武备同学，还是结义兄弟，其中冯国璋居长，王士珍次之，段祺瑞最小。他们之间的感情向来亲密融洽，但段祺瑞因为怕袁世凯猜忌，起初连王士珍都不想见。王士珍到段公馆，段祺瑞的夫人张佩蘅亲自出来挡驾。王士珍说："我就是看看芝泉的病，没有旁的意思。"说罢硬闯了进去。

王士珍进去后，段祺瑞也只跟他说了几句，会面就结束了。

尽管段祺瑞已流露出了倦怠官场之意，但袁世凯对他仍不放心。在段祺瑞最初称病期间，袁世凯多次派"御医"给段祺瑞诊治，还不断派人往段公馆里送东西，什么鸡汤啊、参汤啊，差不多天天都有，以示关怀。袁世凯的这些举动明为关怀体贴，实际也是为了监视、打探段祺瑞的动向。

外界甚至传说，袁世凯因为痛恨段祺瑞不跟他合作，曾在一碗鸡汤里下了毒药，想把段祺瑞毒死。不料这碗鸡汤被段的一个姨太太喝了下去，结果立刻毒发身亡。

其实这是捕风捉影的谣传。当时盛传前总理赵秉钧就是被袁世凯下毒药毒死的，段公馆又没有可靠的技术手段能够对鸡汤、参汤里是否有毒进行检验，所以段祺瑞根本就没敢吃，公馆的其他人也不敢碰，最后只能全都倒掉完事。

除了被下毒的危险外，还可能被暗杀。段祺瑞西山养病期间，正赶上京城里发生了一起惊人的刺袁案。

袁世凯有一个本家兼亲信，曾做过北洋的总军需，后来在袁府任大管家。他跟袁世凯的关系自然非同一般，本人也在袁世凯的帝制活动中积极奔走，但他的儿子袁英却"很不安分"，乃同盟会会员。

袁英将炸弹秘密藏在花盆里，要炸袁世凯。事机不密，暗杀行动被发现了，袁英锒铛入狱。这样一来，北京城里风声鹤唳，防范得非常严密。段祺瑞因反对帝制而跟袁世凯闹崩，自然也怕袁世凯暗杀他。

当时陆军部卫队营长曹树桐带着卫队，负责保护段公馆的安全。张佩蘅再三对他说："曹大哥（从段祺瑞孩子的角度称呼），俺们可都靠着你了。"

曹树桐把胸脯一拍："师母（曹树桐曾做过段祺瑞的学生），你老放心吧。有我在这儿，谁也不能让他们进来。总长是我的老师，我得负责保护他。"

在卫队的保护下，轻易没有人能够走进段府的内宅，只有一个人例外，这个人叫罗凤阁。

罗凤阁的亲生父亲是北洋总军医，与段祺瑞私交极厚。张佩蘅作为续弦嫁到段家后，只生了几个女儿，没有儿子。段祺瑞很苦恼，曾跟罗军医谈起，并极力夸奖罗凤阁聪明，将来一定大有出息。罗军医一听就说："我的儿子就是你的儿子，咱哥儿俩不分彼此。"

于是罗凤阁就拜张佩蘅为干妈。罗凤阁也的确聪明乖巧，见到段氏夫妇都是娘啊爹啊的，叫得极为亲热，很得夫妇俩的欢心。

罗凤阁一向在段府穿堂入户，和自家人一样，段府家人都称他为"小罗"。有重要客人来访，连段祺瑞的长子段宏业都要回避，小罗却可以在旁边走来走去，毫无顾忌，可见段祺瑞对他的钟爱。

有一天，段祺瑞一个人正独自坐在内宅的书房里看书，忽然见小罗走了进来。长期的军政生涯，让段祺瑞练就了敏锐的观察力，他用眼神一扫，就发现小罗神情紧张，举止与平时有异。

"你这小孩子要干什么？"段祺瑞不动声色地问了一句。

不料小罗一听，就扑通一声跪了下来，并且一边嘴里吭吭哧哧"他们叫我……"，一边用手往口袋里摸。

段祺瑞厉声言道："拿来，你摸什么呢？"

小罗从口袋里掏出来的原来是一支手枪，他双手把枪递给段祺瑞，说："我怎么忍呢？"说着说着就哭了起来。

段祺瑞很冷静地从小罗手里接过手枪，放到桌子上，什么话也没有说。这时小罗抽抽噎噎地还想说什么，大概意思是受什么人的指使前来行刺，但因为受段祺瑞多年厚恩，实在不忍下手。

段祺瑞用手一拦，不让他继续说下去："你别说了，我也不问。你要说，连你的命都没有了。你称病吧，以后你不要进来了。"

小罗依言朝段祺瑞磕了个头，就离开了段公馆。

只能用口而不能用兵

究竟是什么人买通了罗凤阁，因为段祺瑞没有让他接着说下去，所以谁也不知道。有人猜测是袁世凯，不过从后来发展的情况来看，更有可能是袁克定或者负责策划帝制活动的其他人所为。

暗杀不遂后，段公馆又陆续发生了厨师被收买，在食物内放置毒药，最后被家人发觉，以及卫队士兵有谋变迹象等事件。有人建议段祺瑞赶紧秘密搬到天津居住，以策安全，遭到了段祺瑞的拒绝。他告诉亲近自己的幕僚："我反对帝制，只能用口而不能用兵。我想袁不至于对我有所不利，万一有，那我就坐以待之。"

夫人张佩蘅则听到风声，说一切针对段府的事件其实都是袁克定所为，因为他对段祺瑞反对帝制极为不快，打算对段府采用恐吓手段，这可把张佩蘅等家人吓坏了。

张佩蘅是袁世凯大太太于氏的义女。从前关系没闹到这一步的时候，张佩蘅经常做客袁府，尽管袁府门前警卫森严，但她只要一个电话，就可以坐着马车进去，通行无阻。进去后，袁府的老妈子们就会迎出来，说："大姑奶奶来了！"

那情景，真好像是姑奶奶回娘家一般。

在袁、段不睦后，张佩蘅和于氏之间起先还不断通电话，随着二人丈夫的关系越闹越僵，后来她们连电话也不通了，两方面的联系几乎断绝。现在考虑到此事关乎全家安危，张佩蘅还是硬着头皮，费尽周折地把传闻告诉了于氏。

于氏又立即转告袁世凯。袁世凯当即把袁克定叫来，对他说："你姐夫是对帝制有意见，但不是用兵而是用口。我听说你在外边对他有不利行动，应尽快停止。他是我们家的至亲，现在事还没有定，我们内部就这样，将来更不堪设想。"

袁克定连忙点头称是，至此，段祺瑞的人身安全才算真正有了保障。

不过外面的各种谣传还是依旧，而且越来越离奇和玄乎，甚至于外国媒体也跟进来凑趣。日本报纸就有鼻子有眼地报道说，袁世凯已派袁克定指使专人暗杀段祺瑞。为此，段祺瑞不得不发表通电辟谣，表示他与袁世凯"分虽部下，情逾骨肉"，外界谣传是要"行挑拨离间之诡计"。

1915年8月14日，以拥戴袁世凯做皇帝为宗旨的筹安会登场。随后，四川总督陈宧在四川发电劝进，要求实行君主制，拥戴袁世凯迅即帝位。其他文武官员也纷纷请愿、劝进，唯恐落于人后。

袁世凯利令智昏，错误判断了形势，他认为这就是真实的民意，于是就装出半推半就的样子，公开宣布说如果大家强迎他做皇帝，他也只好从命。

避居西山的段祺瑞深感事态严重，他将徐树铮、曾毓隽召来公馆，秘密商议应对之策。

密谈中，段祺瑞表示，袁世凯称帝的迹象已经渐渐显露："我们首先通电请清帝逊位，主张共和，而今天我帮助他，他来称帝，我成了什么人？将来果然有这事，我决定反对到底。"

段祺瑞个性坚强，且素重名节，绝不愿意因此导致个人历史蒙上污点。徐树铮对此非常赞同，他也认为不管直接间接、积极消极，都应坚决反对帝制。

可是段祺瑞仍想面见袁世凯力陈反对意见的想法，却遭到了徐树铮的质疑。徐树铮的意见是，想让袁世凯中途取消帝制野心已根本不可能了，段祺瑞还是继续称病不见袁世凯为好。

与徐树铮同来的曾毓隽系举人出身，段祺瑞任江北提督时入幕。因为他入幕较早，对北洋军各将领比较熟悉，所以经常被段祺瑞派到各处负责联络，这也使得他整天南来北往，行踪不定。段幕其余同事为此还送给曾毓隽一个"官衔"，称之为"行秘书"。

徐树铮回国重归段幕后，与"行秘书"惺惺相惜，以后便一文一武，一个外部合纵，一个内部运筹，俨然成为段祺瑞的左辅右弼。听段祺瑞说还要再次进谏，曾毓隽也劝段祺瑞不要去，认为袁世凯已经铁了心要称帝，段祺瑞又处于如此境遇之下，去了不会有什么好结果。

见自己看重的两名幕僚都这么说，段祺瑞颇为激动："项城（袁世凯）对我有知遇之恩，我不去劝，于情于义都说不过去！"

徐、曾二人听罢，也只得由他去了。

不出所料，段祺瑞先后两次求见，袁世凯竟然连个说话的机会都不肯给他，两次均以身体不适为由拒绝接见。

发现已无法挽救，段祺瑞心冷如冰。他苦思了几天几夜，考虑是否要像当年发共和通电那样，扯起大旗，站出来公开反对袁世凯和帝制。

此时段祺瑞在北洋的声望仅次于袁世凯，又执掌陆军部多年，门生旧部遍及军队和地方，要真闹起来，是足够袁世凯喝一壶的。可是一想到受袁世凯几十年知遇之恩，段祺瑞就感到"我不能这样做"，所能做的，只有"（对帝制）论公，我宁死亦不参与。论私，我从此只有退休，不发一言"。

段祺瑞预料到，帝制一开，袁世凯和北洋政府就会成为众矢之的，"必有人群起而歼灭之"，自己很可能会因此受到连累，但处于两难之间，也只有将生死置之度外，顺其自然。

有人劝段祺瑞"离开危城以避之"，到天津等地去躲一下。段祺瑞说我既不能打破道义观念去公开反袁，一旦避往他处，反而更会遭袁氏父子猜忌，处境也将更为危险。

提到袁氏父子，段祺瑞痛恨的不是袁世凯，而是袁克定。他认为袁世凯做出如此"危国丧身"的荒唐决策，完全是袁克定一人所造成的，并愤愤地下了断论："将来史家秉董狐之笔，可大书曰：袁克定弑其父！"

相比于袁氏父子的生死祸福，让段祺瑞感到特别忧虑的还是国家的前途和命运。他知道经过这么一折腾，民初以来尚算不错的开局注定将受到严重挫折——"袁氏丧亡不足论，只是国家大伤元气矣！"

假电报

段祺瑞原本向袁世凯请了两个月的病假，期满后又续了两个月，日子久了，也就跟被革职了一样。直到 1915 年 8 月 29 日，他才被正式解除陆军总长一职，由王士珍接任。

9 月间，在帝制派的策动下，各地出现了劝进热潮，就连很多反对帝制的人，或者为保身家性命，或者不舍名利地位，都违心地加入了这股热潮。

在袁氏幕府中，梁士诒是一个颇有见识也相对比较清醒的人，据说段祺瑞曾与之相约，说："我一文一武，万不可赞成帝制，误袁氏。"现在一看若再不跟风操作就可能出局，梁士诒也赶紧跟上，亲自出面拼凑了一个帝制请愿团。

就连段祺瑞本人都无法免俗。虽然他已脱离陆军部，但身上还有袁世凯所赏的"管理将军府事务"，在幕僚们的劝说下，他只好以此名义列名劝进。不过此后就一直保持沉默，不再多言。

12 月 12 日，袁世凯正式决定接受帝制，第二天便在北京同仁堂匆匆"登极"，接受百官朝贺。那一刻，他终于把嫌弃已久的"共和"给扔到了一边。

不久，袁世凯又进行大封赏，总计有一百二十八人被封爵，唯段祺瑞一人榜上无名。由此可见，袁世凯知道段祺瑞并非真心劝进，对他自帝制活动以来的不合作和暗中抵制的态度仍耿耿于怀。

眼见得是"天上的喜鹊叫喳喳，地上的新人要成家"，不过还没等袁世凯咂出皇帝这枚人参果的味道，局势就突然大变。

事情首先是由那个上了袁世凯当的冯国璋引发的。对冯国璋来说，共和是没办法的事，如果能够复辟帝制倒是最好的，但他希望让清室复辟，而不是袁世凯自己来当皇帝。

在帝制问题上，袁世凯固然不能跟冯国璋讲真话，冯国璋对袁世凯其实也存有二心。他后来从北京一回到南京，梁启超就将袁世凯阴谋称帝的筹备情形告诉了他。

冯国璋弄清自己受了蒙骗后很生气，他大发牢骚说："我跟老头子（指袁世凯）这么多年，牺牲自己的主张，扶保他做了元首。可他对我仍不说一句真心话，闹到最后，还是'帝制自为'，传子不传贤。"

传子当然是传给袁克定，冯国璋对袁克定很有戒心："像这样的曹丕（指袁克定），将来如何伺候得了？徒然叫我两面不够人（指对清室），怎不令人寒心！"

冯国璋甚至认为等不到袁克定继位，袁世凯就会对自己下手——以江苏地位之重要，袁世凯又如此处心积虑地加以防范，一旦称帝成功，势必要斩草除根，永绝后患。

为了自保，冯国璋开始与云南的蔡锷、广西的陆荣廷互通声气，结为外援。

蔡锷是西南反袁的主将，他在回云南之前，曾在袁世凯的统率办事处供职。袁世凯对蔡锷的军事才能很赏识，每天都邀请他共进午餐，当时正值"剿办"白朗军时期，关于"剿办"的一切计划情报和有关文电，袁世凯也都放心地交给蔡锷审阅。蔡锷由此洞悉了北洋军的底蕴及其弱点，认定"云南一个师，足够打败北洋十个师，就军事论，胜算决不属袁"。

蔡锷在军事上虽有信心，但云南毕竟僻处一隅，且所养士卒不足两万，一旦举义，就要与十万北洋军为敌，所以他特地与冯国璋订立密约，说明只要南京率先出兵反对帝制，云南必第一个响应，以收互相牵制之效。

冯国璋在这件事上比较谨慎圆滑，不想轻易表态。他起初的算计就是按兵不动，待到蔡锷等人和袁世凯闹起来，再坐观成败，从中渔利。

可是冯国璋手下的两名幕僚却跟幕主想的不一样。这两名幕僚，一为冯国璋的秘书长胡嗣瑗，一为机要秘书潘若海，他们是康有为的学生和心腹，均为地道的清室复辟派。

冯国璋与康、胡、潘观点一致。自康有为介绍胡、潘入幕后，他对二人极为信任，他在江苏督军任内，所有文电皆由这两位秘书代拆代行，公私图章大印也均由胡、潘负责掌管。

康有为这一支清室复辟派的前身是戊戌变法时期的维新派，当年因为袁世凯告密，维新派吃了大苦头，以后时时酝酿报复。见冯国璋首鼠两端，不肯先发，潘若海就背着他，以冯国璋的名义给蔡锷拟写了一份电报，上写："宁已出兵，望公速发。"

这份电报用的是江苏督军署的官印稿纸，盖的也是督军署大印，并由潘若海亲自送到上海租界邮局（时称电报局）拍发。电报局一看上面盖着印，也不问真假，便将此密电发至云南昆明。

密电到达时，蔡锷已做好了独立的准备，看了假电报，他赶紧按照密约进行誓师。12月25日，蔡锷宣布云南独立，同时在昆明成立护国军，由他亲自统率，向四川发动进攻。

护国军入川后，大破曹锟、张敬尧等北洋军，可谓势如破竹，旗开得胜。这时蔡锷不见江苏出兵，便去电询问冯国璋因何失信，而冯国璋却被弄了个丈二和尚摸不着头脑。

此事纷传沪、宁、川、滇各地，一时引为笑谈。

武人不怕死

自蔡锷在云南发起护国运动，要求袁世凯无条件取消帝制后，全国舆论轰然而起，对复辟帝制一片讨伐之声。

长久以来，袁世凯骗你骗他骗自己，已经百分之百地相信了自己的规定情景，即全国老百姓绝大部分都拥护他登基称帝，所以当真相摆在面前时，如遭雷击。

袁世凯急于对西南动武，可是模范团等新势力尚未形成气候，难以独当一面，帝制派又多不知兵，在这种情况下，他不得不考虑使用冯国璋和段祺瑞这两员昔日干将。

袁世凯也得到了冯国璋发密电从而导致云南起义的情报，他为此曾特地派人到南京查办。面对查办人，冯国璋来了个一推六二五，说自己从来不看公文，文电均由胡嗣瑗、潘若海负责，至于胡、潘——直接责任人潘若海已"畏罪逃往广东"，胡嗣瑗也辞职逃到青岛去了。

袁世凯听取汇报后，说他知道冯国璋从来不看公文，定是受了胡、潘的欺骗，所以对冯未予处分。当然事实是，袁世凯想处分也处分不了，在此紧要关头，他根本不敢动冯国璋，尤其害怕南京也来一个独立，那就更要了他的命。

做完宽容大度的姿态，袁世凯随即给冯国璋发来一封密电，要他派一部分兵力到长江上游去作战。冯国璋认准了袁世凯不敢拿他怎样，回电说江苏地方辽阔，人心不定，原有的部队还感到不敷分布，哪里还有多余的力量可以调到外省去？

见冯国璋按兵不动，袁世凯只得寄希望于段祺瑞。他找到段祺瑞的幕僚曾毓隽，让曾毓隽转告段祺瑞："此时能忍坐视我满头白发，遭人摧毁欺负吗？"

想到冯、段皆自己一手提拔，如今却一个都不肯相助，袁世凯很有些愤愤然，说我纵然有错误，但第一个能了解我也能谅解我的，应该是芝泉才对，可是现在恰恰相反，"芝泉竟是第一个不了解我和不谅解我的！"

袁世凯还写了一封亲笔信，由曾毓隽转交段祺瑞。段祺瑞看完信，才知道袁世凯欲在中南海组织"征滇临时办事处"，并打算起用他主持该处。

段祺瑞当即予以拒绝。他不是不愿帮助袁世凯，前提是必须取消帝制，但他深知袁世凯不见棺材不掉泪，从眼下情势来看，仍不会在帝制问题上让步。

蔡锷发起护国运动后，总统府内阁（相当于政务机要秘书）夏寿田有一次私下和段祺瑞谈话时，说他想到了一个摆脱困局的办法。

当时英国国王乔治五世同时兼印度皇帝，夏寿田的办法是仿照此例，劝袁世凯以大总统兼满蒙大皇帝，这样什么都不用改变，只需对满蒙进行册封，即可借此下台。

段祺瑞听后不以为然，微笑着对夏寿田说："你的主意是相当高明，但恐怕不易被接受。"

夏寿田不甘心，回答道："袁总统很明白，可惜为群小包围。现在云南已经起事，我说的办法也许能通过。"

过后夏寿田真的向袁世凯献了此计，袁世凯起初听了说还不错。可是不久，袁幕中的杨度就跑来警告夏寿田，称其建议已被否决，同时还让他不要再乱出主意，因为不赞成这项建议的就是袁克定袁大公子。

说什么袁总统很明白，原来不过是被儿子牵着鼻子走。夏寿田知道袁克定对阻碍帝制的人向来不择手段，从此再不敢多嘴了，他失望地对曾毓隽说："芝老（段祺瑞）毕竟和袁相处得久，相知得深，果不出他的预料。"

以袁克定为首的极端帝制派也对段祺瑞进行了威胁。就在段祺瑞收到袁世凯信件的前一天晚上，他收到一封匿名信，上面扬言段祺瑞若不识时务，将对他采取不利行动。段祺瑞当即昂然表示："武人不怕死！"

段祺瑞铁了心不愿为袁世凯的帝制站台，他对曾毓隽说："你再见项城，不必多费口舌，只听其发付就是。我生死且不计，何计较得失！"

曾毓隽将段祺瑞的话回复袁世凯，但袁世凯并不甘心就此放弃，而段祺瑞方面又毫不相让。这让曾毓隽感到非常为难，不得不求助于"小诸葛"徐树铮。

按照徐树铮之计，曾毓隽第二天去见袁世凯，说段祺瑞病情稍好后就会亲自前来拜见。如徐树铮所预料的那样，袁世凯听后很高兴，袁这边就算暂时先搪塞过去了。

段祺瑞已抱定决心，在袁世凯取消帝制之前，不管对他怎么威胁利诱，也不管授予多大官职，都不会替袁世凯出力，要他主动去拜见袁世凯更是不可能。对此，徐树铮也想好了办法，那就是在梁士诒等人面前散布谣言，说只要段祺瑞愿见袁世凯，袁世凯便会答应段祺瑞的一切要求，包括人事调整。

由于复辟帝制操作不力，梁士诒等人已有砸饭碗之忧，谣言一出，更怕段祺瑞出山后换了他们，所以忙不迭地向袁世凯进言，希望别召见段祺瑞。

袁世凯听进去了，很多天都没有再提召见段祺瑞之事，直到云南战事吃紧，他又想请段祺瑞出面维持，但仍被左右所阻。

1916 年 2 月，袁世凯的北洋军在西南战场上屡战屡败，那些尚未独立的省份又消极抵制，不肯调兵相援。段祺瑞不但没有主动前来拜见袁世凯，而且公开提出，南北双方应当立即停战，维持共和，甚至另组新政府。在袁世凯看来，这一主张分明隐含着排斥他，逼他下台的意味，气得他大骂段祺瑞落井下石。

短命皇帝

段祺瑞只是要缓解危局，真正落井下石的是没能在"二十一条"中得偿所愿的日本人。3 月中旬，驻日公使传来消息，说日本首相正在与大臣、元老们举行御前会议，计划以保护东亚为由，乘机出兵中国。听到这个消息后，袁世凯当晚就病倒了。

袁世凯的身体本来很好，载沣说他"现患足疾"，不过是要让他滚蛋的借口。二次出山后，袁世凯的健康和精神状况不是好，而是好得很，办公会客从无倦容，但自此之后，他开始忧危成疾、神情恍惚。

在内外交困、走投无路的情况下，袁世凯只好请原国务卿徐世昌出面帮忙收场。徐世昌系北洋元老，小站练兵时代即为袁世凯的高级幕僚和好友，他对帝制也不赞成，早在袁世凯开始酝酿复辟帝制时，就已借故辞职，跑到天津躲了起来。

对袁世凯要他救驾的请求，徐世昌再三推辞，急得袁世凯最后差点要跪下来了："这时候老朋友都不帮忙，谁来帮忙？"

徐世昌无话可说，但要求必须取消帝制，并去函劝说袁世凯："及今尚可转圜，失此将无余地。"

按照眼下的形势，帝制是无论如何撑不下去了，袁世凯满口答应，并立即派人赴天津将徐世昌接进北京。徐世昌到京后与袁世凯就取消帝制问题做了一番长谈，直言："此事关系重大，须约芝泉共同商办，才有力量。"

袁世凯当然清楚段祺瑞的分量，但对能否请动段祺瑞却毫无把握。他长叹一声对徐世昌说："芝泉一直生我的气，不见得能帮忙啊！"

"芝泉为人耿直，我看他是只反帝制，不反总统。"徐世昌知道问题的要害在哪里，"如取消帝制，芝泉会答应的。都是自家人，几十年的关系了，他不会太在意的。"

袁世凯听了长叹一声："芝泉能出山，那最好了！"

按照袁世凯的交代，他的夫人于氏给段公馆的张佩蘅打电话，对她说："总统病了，急着想见一见芝泉，你先帮助疏通，很快总统就会有新的任命。"与此同时，袁世凯又让徐世昌出面，向段祺瑞转达了他要取消帝制的计划。

袁世凯既已如此，段祺瑞自然不能再置之不理。3 月 19 日，他和徐世昌一同来到袁府，袁世凯大为高兴，立即从病榻上坐起来，握着段祺瑞的手说："我老且病，悔不听你言，致有今日纠纷，若取消帝制，还需要你帮助。"

听袁世凯说得这样诚恳，段祺瑞颇为动情地表示："当竭力相助！不过请容我与东海（徐世昌的号）再认真商量一下。"

当天晚上，袁世凯收到一份密报。这就是由冯国璋领衔其他四名将军所发的"五将军密电"，内容是要求袁世凯"迅速取消帝制，以安人心"。冯国璋将密电遍发给全国各省的将军，希望以此制造出更大的声势。直隶将军朱家宝也收到一份，于是赶紧向袁世凯报告。

一手培植并赖以发家的北洋系居然也要算计自己了！看完密报，袁世凯两眼发呆，几乎晕了过去。

此情此景，与当年段祺瑞领衔发出逼宫通电何其相似！不同的只是相逼之人和被逼之人不同而已。袁世凯实在难以接受这一现实，他对坐在身边的人说："我昨天晚上梦见一颗巨星落地，这是我生平第二次做这样的梦了。第一次做梦后，未满一个月，'文忠公'（李鸿章的谥号）去世，这次大约轮到我了。"

3月21日，袁世凯召集在京要员在怀仁堂举行联席会议，当天会议的气氛也神似于清廷商讨退位的御前会议。在袁世凯宣布取消帝制后，众人传阅讨论了他事先拟好的电令，结果是一致通过。

会后，袁世凯又忽生悔意，派人将已送出派发的电稿取回。段祺瑞闻讯急忙会同徐世昌赶到中南海，问袁世凯是否要改变主意。袁世凯知道不发不行，只好临时给自己找了个台阶，说："昨天送去后，我觉得有几个字不太恰当，叫人取回来改。"

3月22日，袁世凯宣布取消帝制，恢复大总统名义。从他宣布称帝，才一百天出点头，若从年号开始算，那就更少了，仅仅八十多天而已，堪称短命皇帝。

取消帝制后，袁世凯分别任命段祺瑞、徐世昌为参谋总长、国务卿。二人加上同样对帝制持反对态度的副总统黎元洪，联名致电负责南方护国军的蔡锷等人，声明帝制取消，西南起兵的目的已经达到，希望他们停战善后。

可是外界舆论并不肯就此放过袁世凯，无论西南独立各省，还是尚未独立的省份，都认为他的称帝之举有负民国，帝制取消后，连总统也不能当，应该马上退位。后来南方护国军甚至提出了更为苛刻，也更令袁世凯无法接受的条件，其中不仅要求将袁世凯逐出国外，还包括了"处决帝制祸首十三人"、"查抄袁氏及帝制祸首十三人的财产"以及"剥夺袁氏子孙三世的公民权"。

负责交涉的徐世昌虽然资格老、地位高，但他对北洋系和南方的反袁运动实际没有多少影响力，蔡锷等人提出的要求让他左右为难，于是申请辞去国务卿。袁世凯知道他无能为力，也不再勉强，转而决定让段祺瑞代替徐世昌。

还是如此

段祺瑞在北洋系中拥有很高威望，同时护国军方面也把他视为一个当仁不让的实力派，不敢轻视，蔡锷回云南之前就曾拜访段府，由他来与西南交涉是袁世凯不得不做出的选择。

3月23日，段祺瑞被任命为国务卿兼陆军总长。按照段祺瑞的想法，他此时的地位和作用就好比是辛亥革命时的袁世凯内阁，一定要有实权，而不是一个橡皮图章，否则只会一事无成。

袁世凯取消内阁，设置政事堂和国务卿，是把后者作为他的办事机构以及办事人员。段祺瑞当然不会满意，他要求改政事堂为责任内阁制，改国务卿为总理。

袁世凯是个把权力看得很重的人。他生平最恨的就是责任内阁制，知道那样一来，内阁将掌实权，总统就被架空了。当初宋教仁要搞责任内阁制，他知道后每天觉都睡不好，饭也吃不香，直到宋教仁被暗杀才松了口气。

换在其他时候，袁世凯是死也不肯交权的，只是时移势易，一切都由不得他了。5月8日，袁世凯正式下令取消政事堂，恢复国务院和总理名称。

段祺瑞组阁后，首先想到的就是起用徐树铮担任国务院秘书长。考虑到袁世凯非常不喜欢徐树铮，二人还曾因此闹过几次不愉快，段祺瑞便请张国淦去向袁世凯进言。

袁世凯听后果然很不高兴，他恨恨地说："真是笑谈，段总理是军人，徐某亦军人，以军人总理而用军人秘书长，这里是东洋刀，那里也是东洋刀，太不像话！"

张国淦受段祺瑞之托，不得不婉言相劝，袁世凯这才让了一步："总理若以徐某之才可用，不妨令其为陆军次长。"

徐树铮是段祺瑞的"灵魂"，碰谁都可以，就是不能碰他。张国淦向段祺瑞复命，话还没有说完，段祺瑞便猛地将桌子一拍："就是不肯答应吧！"

随后，他又把衔在嘴里的烟斗使劲甩在桌上，怒气冲冲地说："到了今天，还是如此！"对袁世凯的不满之情溢于言表。

胳膊扭不过大腿，最后徐树铮只当了国务院的帮办秘书。除此之外，为进一步加强内阁的权力，段祺瑞要求撤销大元帅统率办事处等三大机构，袁世凯非但不肯撤，还让梁士诒等人暗地里予以掣肘，段祺瑞得知后自然更为生气。

段祺瑞重新出山以来，本想有所作为，替袁世凯摆平时局，尽可能帮他保住总统的位置。现在见袁世凯对自己仍持这种态度，既不能放心又不肯放手，顿感心灰意冷，在联络北洋将领、应付南方反袁声潮上也不再尽心尽力，很有点听任其发展的架势。

袁世凯到此境地，还能跟人讨价还价，当然是以为瘦死的骆驼比马大，北洋将领纵使大部叛己，毕竟还有一些未独立省份和亲信心腹可以作为倚靠。

在未独立省份中，陕西、四川最为紧要——陕西被袁世凯作为根据地，由其心腹之一陆建章担任将军，四川则是对西南作战的最前线，所以派陈宧做总督，两省一前一后，称得上是袁世凯的两大精神支柱。

进入5月中旬，连这两根支柱都相继倒了下去。5月18日，原同盟会会员、陕南镇守使陈树藩宣告陕西独立，陆建章被逐出陕西。

仅隔四天，即5月22日，袁世凯最为信任的陈宧竟然也在四川宣布独立，并致电袁世凯，表示与他"断绝关系"。

从前的马屁拍得有多响，"心腹"们如今反击的火力就有多猛。由于本为其亲近之人，陈宧在通电中揭发袁世凯的力度和语气，甚至为蔡锷等人所不及，在电报末尾，他还无中生有地爆料说，"袁逆"（指袁世凯）已经秘密将三千万巨款汇往英国，准备逃亡了。

陈宧通电送到的时候，袁世凯正在吃馒头，还没来得及拆看电报。一个馒头被切成四片，吃完三片，梁士诒走了进来，袁世凯问他，陈宧发电报来是什么意思？也要反戈一击，逼我退位吗？

梁士诒知道袁世凯极为宠信陈宧，于是连忙回答说不至于这样吧。袁世凯听了顿时觉得心里踏实了些，这才把剩下的馒头片吃了下去。

接着，他和梁士诒一同阅读来电。看完电报内容，梁士诒瞠目结舌，袁世凯更是又惊又气，立刻拂袖而走。之后，他便一个人喃喃自语："人心大变，才会弄成这样……"

段祺瑞刚刚出山和袁世凯会面的时候，曾把略通医术的曾毓隽一道带去袁府，让他对袁世凯察言观色，以便判明对方究竟是真病还是假病。当时袁世凯的病榻前放着中医脉案和药方，但曾毓隽发现袁世凯面色红润，言语动作也没有什么明显异常，换句话说，他有病不假，然而病情并不重。

可是此后袁世凯事必躬亲，即便请出徐世昌、段祺瑞后，依旧不肯完全放权，大事小事都要过问，这就极大地损耗了他的精力和体力。与此同时，外界今天一个独立电，明天一个劝退电，国贼之骂不绝于耳，连一些老朋友、老部下也都指名道姓地骂他，无疑又让他在精神上承受了巨大压力。

就算是这样，老袁还能硬撑，陈宧电报一来，他就再也支撑不住了，开始不断咳嗽气喘，原本尚不算严重的病情逐渐加重，直至一病不起。有好事之人戏言，三国陈琳替袁绍写檄文，痛骂曹操，不料反而治愈了曹操的头痛病；同样姓陈，陈宧的电报对袁世凯而言，却不啻一道催命符。

5月29日，袁世凯的另一名宠臣、湖南将军汤芗铭也通电独立。至此，袁世凯彻彻底底地尝到了众叛亲离的滋味，同时也受到致命打击，时人有"送命二陈汤"之语，"二陈"指陈树藩、陈宧，"汤"指汤芗铭。

这就是人心

墙倒众人推，是流行中国的一句俗语，也是自古至今一个非常普遍的社会现象。到袁世凯完全失势之时，投向他身上的矛枪已远不止"送命二陈汤"这几支，其数量可以说多如牛毛。

袁世凯有一个从小带到大的贴身仆从，名叫唐天喜，一路被他提拔到了高级军官。就在袁世凯四面楚歌的当口，唐天喜痛哭流涕地去见袁世凯，口口声声为了报效袁世凯三十年养育之恩，要到前线去跟造反的那些人拼命。

青春偶像片上说，山无棱，天地合，乃敢与君绝，唐天喜就是那偶像片上的当红小生。袁世凯这个感动，当下便委任其为副司令。唐副司令到达前线后，对手暗地里给了他三十万两银子作为打点，他立马决定"与君绝"，也造起了袁世凯的反。

袁世凯痛心不已，据说临死之前仍在念叨："唐天喜反了，唐天喜反了！"

从冯国璋，到"送命二陈汤"，再到唐天喜，标志着整个北洋集团都背叛了他的开山鼻祖，而北洋的不可靠，其实在几十年前就初见端倪。那时袁世凯搞"小站练兵"，自述其练兵秘诀，一语概之，即"绝对服从命令"——你只要一手拿官和钱，一手拿刀，当兵的服从，就给他官和钱，不服从就吃刀。

军人服从命令固然不错，袁世凯的问题在于他把内涵过于简单化了。官兵们在未发迹之前，可以一早一晚焚香跪拜，把你袁世凯当成衣食父母给供着，一旦官钱在手，他也同样会挥刀对着你，以索求更多的官和钱。

在整个北洋集团里面，一方面是很多人耳濡目染，个个利字当先，甚少理想主义的空气；另一方面则是袁世凯玩弄权术上了瘾，对谁都搞腹黑的一套，部下们由惧怕到疏远，当差做事都无非是看在金钱和势力的面上，个人感情反而越来越淡、越来越少。

当然，如果袁世凯不复辟帝制，这一切也许都不会发生，他仍然可以对全体北洋军人发号施令，仍然是北洋系中公认的权力中心……

据说，就连传闻中被袁世凯毒死的赵秉钧都对人说过："项城帝制，是自杀也。"张国淦对袁世凯为什么会棋错一着同样感到不解："项城一生走稳着，独帝制一幕趋于险着。"

自袁世凯一着走错，他就再也未能恢复昔日辉煌，包括他自己在内，也无人有能力将北洋系重新整合起来，直到它彻底崩溃。

在民国建立后的很长一段时间内，北洋系就代表着社会秩序，北洋系内部无休无止的分裂和争斗，对中国社会的发展进程有着不可低估的消极影响。从这个意义上说，袁世凯的一念之差，不仅是他个人的悲剧，也极大地拖了近代中国的后腿。曾给袁世凯做过顾问的法国人柏里索总结道："袁世凯要做皇帝，这一来使中国退化了数十年！"

在袁世凯身败名裂的最后日子里，平时围在身边、变着法子吹捧他的人都跑了，只有曾经被他压制或漠视的段祺瑞、徐世昌等人还能真正地关心他、帮助他。

这就是人心。到了这一刻，袁世凯才总算看了出来。他感慨万千，特地把徐世昌叫来，亲手把大总统印交给徐世昌，对他说："总统应该是黎宋卿（黎元洪的字）的，我就是病好了，也准备回彰德了。"

河南彰德是袁世凯遭载沣驱逐后的所居之地。多年前，这里是他东山再起的基地，在他准备重返京城的头一天晚上，全家人曾因此欢天喜地，他却忽然叹了口气，说："你们不要高兴了，我是不愿意出去的，这次出去了，怕是不能够好好回来啊！"

就当时的情形而言，"不愿意出去"当然是假的，它所表露出的，只是袁世凯对于前途莫测的某种担忧。可是等到袁世凯不再恋栈，真的想回彰德养老时，他的病情却越来越沉重。袁克定及其他家人急得手忙脚乱，遍请名医，且中西药并进，但都无济于事。

1916 年 6 月 5 日，袁世凯紧急召见段祺瑞。因为自觉得不到袁世凯的完全信任和支持，段祺瑞此前早已提出辞呈，但是当得知袁世凯病势加剧且相召时，他还是偕同夫人张佩蘅匆匆赶往袁府探视。

除了段祺瑞，被袁世凯相召的还有徐世昌、王士珍等。他们都坐着汽车而来，随同前来的家人自然也不少。在主人进入袁府后，这些家人聚在一块儿，你一言我一语，议论着老袁的病情。

有尚不知情的问道："总统怎么样啦？"得到的回答是："听说还是发烧，心里起急。"那些比较了解情况的则断言："打紧板了，一时不如一时，恐怕好不了了。"

徐世昌、王士珍等人去得早一些，见段祺瑞赶到，众人全都移步闪开，以便让他走近病床。

病床上的袁世凯虽然神志清醒，还能勉强坐起来，但连睁开眼睛都已很困难了。一看这样子，段祺瑞就知道情况不妙，他赶紧压低声音问道："总统有何吩咐，敬请说吧！"

见段祺瑞到来，袁世凯用极其微弱的声音对他说："芝泉，我不行了，以后全靠你了。"说完就闭上了眼。

人情味

袁氏在北洋军中习惯运用"一手拿官和钱，一手拿刀"不假，但他与段祺瑞的历史关系又有所不同。自小站练兵开始，二人便志趣相投，彼此来往频繁，常常一聊就是一天，长此以往，也造就了他们之间绵延长达几十年的友谊。

相比于功利的诱惑，友谊和曾经的志同道合总是更能经受得住时间的考验。不管袁、段曾有过怎样的不快，从重新见面的那一刻起，之前的种种怨恨和不满便已从彼此心中一笔勾销。

过了一会儿，等袁世凯重新睁开眼睛，段祺瑞忙劝慰道："总统的病会慢慢好起来的。"袁世凯听后嘴角露出了一丝苦笑，随即又呻吟起来。

在医生的劝导下，众人离开了袁府。段祺瑞离开时脸色阴暗，表情显得非常沉痛。

第二天，袁世凯病危。段祺瑞等人再次赶到袁府，在病床前候命。徐世昌轻声问道："总统还有什么交代吗？"

袁世凯上气不接下气地说了"约法"两个字，病榻旁的袁克定又抢着补充了一句："金匮石屋？"袁世凯点了点头，此时他已经不能说话了。

6月6日上午10点40分，袁世凯于昏迷中去世，史册中属于他的那一页，就这样被无情地翻了过去。

袁世凯死后，段祺瑞签署了一道丧葬通令，通令称"前大总统（指袁世凯）赞成共和，奠定大局"，因此"所有丧葬典礼……务极优隆"。

在段祺瑞等人的坚持下，袁世凯不仅没有因闹帝制而被问罪，还得到了"国葬"待遇：全国下半旗志哀，停止娱乐活动一天，学校停课一天，文武官员停止宴会二十七天。

在国家财政极为困窘的情况下，段祺瑞仍决定拨款五十万元作为袁世凯的丧葬费，同时向袁氏家属赠送了仪葬费一百万元。按照葬仪，在正式下葬之前，袁世凯的遗体要在中南海停灵，停灵期间，他亲率各部总长轮流守灵，接着又在公祭典礼上代表总统主祭。

民国典礼已废除匍匐磕头的规矩，改行三鞠躬，但仍有人感到"受恩深重"，不行跪拜大礼说不过去，一些靠得近点的，还是在灵前按照前清仪式磕了头。仅此一点，也让袁世凯的葬礼更多了一些人情味。

袁世凯的遗愿是将他的遗体安葬于彰德。公祭结束后，段祺瑞亲自执绋送葬，护送袁世凯灵柩去彰德，夫人张佩蘅也以义女的身份一同前去送灵。

送灵这一天，使用了抬运棺木的最高仪规，即"六十四抬大杠"，这在民国以前，只有皇亲国戚才配享用。袁世凯闹帝制，据说主要是听了长子袁克定的主意，到了这个时候，袁克定心中不免悔恨。他本身是个瘸子，腿脚不利索，难得的是作为孝子，仍打着幡，一步一步地从怀仁堂走到了西车站。

北京为此特地挂了一列专车，包括段祺瑞在内，政府要人中凡跟袁世凯关系较近的都随车到了彰德。得知袁世凯归葬，彰德当地就像办庙会看大戏似的，从四乡赶来看热闹的纷至沓来，人山人海。

对被称为袁林的袁世凯墓园，段祺瑞明令必须建好，并亲自参加了图纸的审定。该处墓园位于彰德西北角，离其原宅邸有二三里路。墓园两旁立石人石马，此外还有正殿、配殿、享殿，上面一律铺琉璃瓦，完全是皇帝陵寝的派头。

袁世凯在现实中称帝而不成，段祺瑞如此规划，也算是让老上司在阴间完成了这一难以达成的心愿。袁克定参加了整个葬礼，他没想到段祺瑞能把亡父的丧事考虑和操持得如此周全，为此再三向段祺瑞致谢，说此次国葬"得亏总理"。

袁世凯终于回到了彰德，可却是被放在棺材里让人抬回来的。在渴望成为"真命天子"的路上，这位曾经所向披靡的政坛强人丢掉了诚实，丢掉了契友，丢掉了声誉，最终还丢掉了自己的性命。

人的一生当中，究竟什么才是真正的成功或失败，要重来多少次，我们才会明白？

第四章 / 我说了就不改变

袁世凯临死前说出了"约法"二字，虽然没来得及讲清楚到底是"临时约法"还是"民三约法"，但从其后他对"金匮石屋"的认同上来看，所指系"民三约法"无疑。

　　所谓"石屋"是一座以云南白石筑成的小房子，建于中南海万字廊内，"金匮"则是一只外面镀了金的保险箱。"民三约法"规定，总统候选人只能由现任总统推荐，其名册就藏于"石屋"的"金匮"之中。

　　"金匮石屋"的钥匙共有三把，由大总统、参政院院长、国务卿分掌，三把钥匙中至少有两把配合，才能开门启匮。平时如果不是用于选举，或得到大总统特许，谁也看不到那本神秘的名册。自然，作为大总统的袁世凯本人是个例外，他只要想看随时能够取出来看。

　　袁世凯一死，众人遵嘱打开"金匮石屋"，拿出了名册。关于名册上的名单，据说袁世凯曾做过多次改动，最后一次是把袁克定给划掉了。这说明在帝制撤销后，袁世凯的脑子并不糊涂，他知道在众叛亲离的情况下，若仍把袁克定作为继承人，不但不可能得到大家的拥护，反而还可能害了儿子的性命。

　　老袁一辈子说了很多谎话，但他临终前把大总统印交给徐世昌，并且说要让黎元洪做总统，看来是真话——名册上写着三个人的名字，分别是黎元洪、徐世昌、段祺瑞，黎元洪居于第一。

就这样办吧

　　即便没有名册，身为副总统的黎元洪在继任总统方面，也具有一定的优势。除了"临时约法"和"民三约法"所提供的法律依据外，由于黎元洪被认为是一个与南方有一定关系的人，所以他还得到了南方的拥戴和支持。早在护国军要求袁世凯退位时，"以黎代袁"的主张在南方就颇盛行。

徐世昌、段祺瑞等人随后在中南海春耦斋内开会，讨论究竟由谁出任总统。徐世昌明确表示："最好是请黎副总统出来。现在南方独立，收拾时局是一件极其艰难的工作，黎副总统的声望有助于推动南北统一等问题，他做总统比较合适。"

段祺瑞起先默不作声，思考了几分钟后才说："既然相国这样说，就这样办吧！"

徐世昌、段祺瑞也是袁世凯指定的"法定"候选人，他们退出竞争，是因为各有各的顾虑。徐世昌资格最老，但他不是军人，和虽是军人出身，手中却无一兵一卒的黎元洪境遇相仿，而且南北支持他的人都不多，因此在竞争力方面，他尚不及得到南方支持的黎元洪。

三人之中，竞争力最强的其实是段祺瑞。袁世凯死后，军权自然而然地落到了段祺瑞手中，而且他的学生、同僚和旧部遍布军政界——令段祺瑞自己都感到得意的是，当时全国的督军、师、旅长，半数以上皆为其门生故吏。

在重建共和方面，三个候选人应该说都无可挑剔，但段祺瑞更为引人注目：作为清廷大吏，毅然发出共和通电，"一造共和"；作为袁世凯的得力干将，敢于抵制袁世凯复辟帝制，"二造共和"。

无论自身拥有的实力还是社会舆论的接受程度，段祺瑞要挤掉黎元洪都是完全有可能的，他也不是真的不想继承老袁的衣钵，犹豫的那几分钟已足以说明问题。

可是作为一个经验丰富、务实老练的政治家，光有获得权力的欲望还不行，他还得考虑到现实的可操作性。

正如徐世昌所言，南北统一是新一届政府即将面临的一个棘手问题。南方的护国军已多次表态拥护黎元洪继任总统，并且将此视为阻止北洋系继续独霸中央政权的一个重要举措。换句话说，只要新总统不是黎元洪，他的日子就不会好过。

自"庚子事变"以后，凡中国的执政者要主持政局，无一不希望取得国际社会对其执政地位的认可。各国从其在华利益出发，都希望中国政局能够保持稳定，而保持稳定的最佳途径无疑就是按照法律程序，由副总统继任总统，这样可以减少许多纷争，犹如是中国古代的"嫡长子继承制"。即便日本也不例外，其政府也在竭力劝说南北势力支持黎元洪。

1916 年 6 月 6 日下午 1 点，各国驻京公使一致表态欢迎黎元洪继任大总统，并声明将给予黎"道义上的支持"。

面对国内外的压力，段祺瑞不得不做出妥协，在公开场合一再表示支持黎元洪。早在袁世凯病重在床、命在旦夕之际，就派曾毓隽奔赴南京，与冯国璋商量"袁死黎继"的事。冯国璋认为黎元洪本为副总统，继任总统顺理成章，非其莫属，很快就复电赞成。

冯国璋虽是北方政要，但他在护国运动中较为接近南方，相对而言，工作要好做一些，别人就未必了。实际上，大多数北洋军人都反对南方人出任总统，而黎元洪就包括在所谓的南方人之中。与此同时，打算攀龙附凤、拥段登基者也不在少数，一些人甚至主张在袁世凯还没死的时候就动手，通过"一切由内阁代摄"的方式，让段祺瑞抢班夺权，只是因为段祺瑞本人"力持不可"，才勉强作罢。

袁世凯去世当天晚上，北京城内的空气陡然紧张起来。一批在京的北洋将领涌入国务院总理办公室，提出要举徐世昌或段祺瑞为总统，并坚决反对北洋系以外的人当总统。黎元洪在家中也不断得到报告，说城外北洋军正在调动，行踪殊为可疑。

黎元洪非常不安，特地把自己的湖北同乡张国淦找来商量。张国淦安慰他说："段总理已经表了态，我看不会出什么乱子。"

在黎元洪的要求下，张国淦打电话到总理办公室，接电话的是段祺瑞的副官，对方称段祺瑞太忙，没有工夫听电话。

黎元洪愈加焦躁，又催促张国淦赴国务院和段祺瑞当面交谈，还说："你快去告诉他们，我不要做总统，我不要做，这样总可以了吧！"

张国淦驱车赶到国务院的时候已是午夜，国务院却是灯火通明，尤其总理办公室更是挤得水泄不通，里面全是身穿军装的高级军官。段祺瑞身着陆军上将服装，站在军官们中间正忙得气喘吁吁。

得知张国淦的来意，段祺瑞面色异常冷峻地说："他（黎元洪）担心什么？我姓段的主张姓黎的干，我说了就不改变。不管有什么天大的事情，我姓段的可以一力承担，与姓黎的不相干。"

张国淦走后，段祺瑞继续向军官们晓以利害，终于成功地说服了他们，化解了这场令黎元洪为之心惊肉跳的风波。

可以这样说，黎元洪的总统其实就是被段祺瑞一手"提拔"起来的，如果段祺瑞不支持，黎元洪根本登不上总统的宝座。

硬的碰到了更硬的

"让出"总统，段祺瑞决定踏踏实实地当总理。当然，他要当的总理可不是袁世凯时代的虚位总理，而是责任内阁制下的实权总理。

自民国初建以来，责任内阁制的行政主导体制便在"临时约法"中得到确认，但在袁世凯当政时期，内阁并不居于主导地位。想当年，宋教仁为实现这一政治理想舍命奔走，直到临死都未能如愿，现在却要依靠段祺瑞来完成了。

如同支持黎元洪继任总统一样，各国对段祺瑞组阁均表现出乐观其成的态度。他们对中国各派政治军事力量及其头面人物的情况进行了分析，认为南方各派尚成不了气候，只有段祺瑞能暂时控制住中央政权，并巩固和扩大各国在华利益及影响。

国内方面，首先涉及北方的几个政界大佬，其中黎元洪已经做了总统，但他在北方的声望无法与段祺瑞相提并论，他就算是为了保住总统宝座，也得依赖于段祺瑞。

另外两位：徐世昌在北方的声望高于段祺瑞，可是实力不济，同时又无法融洽与南方的关系；冯国璋的实力倒不错，也是北洋系中唯一一个能与段祺瑞匹敌的角色，然而政治影响力和号召力也不及段，并且他身居长江下游的南京，做个地方实力派首领固无问题，要争夺中央政权就鞭长莫及了。

此时的中国虽然尚未形成历史上又一个南北朝，但南北两派势力已经泾渭分明：长江以北，基本上是北洋系的天下；长江以南则存在着多种政治军事力量及其头面人物，除了以冯国璋为首的北洋地方实力派外，还包括西南地方实力派、以梁启超为首的进步党人、以孙中山为首的国民党人，等等。

总的来说，南方各党各派都肯定了段祺瑞在"二造共和"中的表现，同时认为他是解决时局危机的核心人物。护国运动的发起者、梁启超的学生蔡锷早在袁世凯取消帝制时，就提出了"总理摄政"的主张，后来又曾通电表示："时事多艰，非芝老（段祺瑞）莫胜此任。"

段祺瑞当政后，所做的第一件大事就是统一南北。在他发出相应号召后，陕西、四川、广东在三天内就取消了独立，接着云南、广西也电告各方，表示支持段祺瑞组阁。

但是，南方各党各派支持段祺瑞也是有条件的，主要包括废除"民三约法"、迅速恢复"临时约法"和重开国会、惩治帝制祸首十三人等。

段祺瑞尝到过被国会当众质问以及议案无法通过的苦头，他的本意是继续"民三约法"，以避免国会重开后自己受到掣肘。南方各党各派识破后，立即群起围攻，近一个月的新旧约法之争由此而起，段祺瑞新内阁的组成亦不得不一再推迟。

面对南方巨大的反对声浪，段祺瑞被迫做出让步，表示政府对恢复"临时约法"一开始就没有歧见，目前需要的只是研究如何恢复的问题。

这是段祺瑞用来拖延的一个政治花招，如果不灵，他还准备了硬的一手，即以辞职相威胁。

不料硬的碰到了更硬的。1916 年 6 月 25 日，驻沪海军突然宣布独立并加入了护国军。

在二次革命和护国战争中，袁世凯曾用海军运兵南下，对独立各省进行镇压和威胁。现在海军加入护国军，反过来对北洋政府形成了严重威胁——在拥有制海权和海上运兵工具之后，护国军横可进入长江，纵可到达津沽，甚至直接开入北洋政府的核心区域。

段祺瑞顿感事态严重，经过反复考虑，他决定接受南方关于约法和国会的要求。6 月 29 日，经段祺瑞等人副署，黎元洪公布申令，宣布遵行"临时约法"。同一天，黎元洪又宣布依据"临时约法"，于两天后重开国会。

新旧约法之争至此告一段落，段祺瑞组阁的障碍也随之解除。黎元洪重新任命段祺瑞为国务总理，并由段祺瑞出面组织新内阁。

除了恢复"临时约法"、重开国会外，南方提出的主要条件只剩下"惩治帝制祸首十三人"一条。"帝制祸首十三人"包括杨度、梁士诒、张镇芳、段芝贵等，多为袁世凯政府或幕府成员，段祺瑞与他们的私人关系较为密切，段祺瑞虽然反对他们在帝制时期的做法，但又对这些人在袁世凯失势后未对故主反戈一击表示肯定。

段祺瑞认为"十三人"都可以赦免，他不能饶恕的是陈宧。陈宧在帝制活动中出力不小，不过这并不是段祺瑞反感陈宧的原因，他所深恶痛绝的恰恰是陈宧宣布独立的举动。

倒不是说陈宧不能改变原先的政治立场反对帝制，但在段祺瑞看来，作为袁世凯座下第一宠幸之人，陈宧在公开场合反对帝制可以，却不能因为个人利益得失而忘恩负义，在私情上背叛袁世凯，乃至于给故主的心脏插上致命一刀。

北洋叛徒

段祺瑞幼年就读私塾，十七岁时因祖父、父亲相继去世，家道中落，被迫离乡投军。塾师见他欠下学费、膳费，便扣下了他的一块旧端砚和一张书桌作为补偿。

后来塾师穷困潦倒，听说段祺瑞在北京发迹，便想去北京投奔段祺瑞。塾师也害怕这位过去的学生不认自己，甚至当面对他进行羞辱或报复，只是实在穷得没法子，才硬着头皮，抱着段祺瑞的那块端砚来到了北京。

不料段祺瑞一见塾师非常高兴，不仅仍像小时候那样恭恭敬敬地尊称对方为老师，还向老师问师母健康。塾师一边回答，一边从包裹里慢慢地取出那方端砚，嗫嚅着说："你从前那方砚台保存在我家，现送来还你。"话说完，脸上已红得发紫。

段祺瑞看到端砚更加喜出望外，连声说："好极了！好极了！这一方端砚是我家祖传之物，老师为我保存至今，幸未失去，我很感激！"

段祺瑞马上请老师将行李搬到他家，以后一日三餐，殷勤备至。塾师见段府来来往往的都是贵客要人，自己只是个乡下塾师，不好再开口跟段祺瑞要事情做，于是过了几天便告辞回乡了。

等塾师回到家，原先家里的几间破房早已修葺一新，不用说，这当然是段祺瑞为他的老师修的。

段祺瑞待师如此，对昔日的同学好友也是这样。他最早读私塾的时候，私塾里有二十多个学生，那时段祺瑞任军中要职的祖父还在，但他从不在同学面前摆官少爷的架子，因此和同学们相处得很好。

在所有同学中，与段祺瑞交情最好的是申孟达，二人情同兄弟，往来甚密。后来父亲调防，段祺瑞随父迁徙，他们才渐渐断了音信。

许多年过去，申孟达在报纸上看到北京有一个大官叫段祺瑞，便疑心是当年的同窗好友。起初申孟达还不太敢去北京，怕有冒认官亲之罪，也有人劝他说，就算真是那个段祺瑞，那样的大人物，还能认你这样的小民吗？

就在申孟达迟疑不决之时，他的外甥来看他。外甥是个学生，颇有见识，认为不妨到京城一试，纵然认错了人也不该有什么罪，并且自愿陪同舅舅赴京。

申孟达被说动了，当下便整理行装，在其长子及外甥的陪同下前往北京。在北京附近的一家小客栈里入住后，申孟达抱着试试看的想法，给段祺瑞寄了一封信。

让申孟达万万没有想到的是，段祺瑞一收到信件，立即就派人送来二百块银元，给申孟达做剃头洗澡换衣服之用。三天后，段祺瑞又亲自来接，当天，有一二十辆小汽车停在小客栈门前的路上，把附近居民和路人都给惊呆了。

段祺瑞把申孟达接到府中，并设宴洗尘，亲自相陪。因为公事繁忙，段祺瑞不能一直陪同，就派一名副官领着申孟达游览北京所有名胜古迹，他还交给申孟达一张菜单，让申孟达自己按照菜单点喜欢吃的菜肴。

两个多月后，申孟达回乡，临别时段祺瑞又赠送了许多钱和一张自己身穿官服的全身照片。

段祺瑞的这些言行绝非沽名钓誉，可以说，遵师重道、不忘故交始终是他人生价值观中极其重要的一个部分。正因如此，不管袁氏父子在权力斗争和复辟帝制时期如何压制、迫害他，也不管双方的政治观点存在多么严重的分歧，段祺瑞始终坚持"不用兵而是用口"，不肯打破他自己的道义观念去公开反袁。

在一次闲谈中，段祺瑞曾评价二庵（陈宧的字）才有余而德不足，他说："袁项城做皇帝，陈事前竭力怂恿，以此来取信于袁。帝制失败时，陈又宣布独立。就做人方面、政治道德方面来说，都是不应该的。"

让段祺瑞最无法容忍的，是陈宧不仅在宣布独立的通电中揭发袁世凯，并且还表示"与袁氏个人断绝关系"。

陈宧与黎元洪同为湖北人，且有过一段共事之谊。黎元洪曾让幕僚给他发去密电，陈宧接电后为表示对黎的忠诚，在袁世凯死后第三天便在四川取消了独立。四川独立给黎元洪捧了场，也有利于段祺瑞的统一政策，但此举不仅没有讨得段祺瑞的欢心，反而增加了其恶感。

段祺瑞认为陈宧朝三暮四，政治道德败坏，所以视之为北洋叛徒，必欲除之而后快。南方列了十三人作为帝制祸首，在段祺瑞的祸首名单中却只有一个，那就是陈宧。无奈黎元洪竭力相保，段祺瑞不能不给面子，最后作为交换，黎元洪同意将段芝贵置于祸首之外，段祺瑞也答应不再追究陈宧。

虽然为了敷衍南方，北京政府按照他们的名单，宣布了惩办帝制祸首的命令，但段祺瑞既然不认同，自然不愿意真的把这些人交给司法惩办。早在命令发布之前，其中大部分人就已逃之夭夭，惩办问题也就这样不了了之了。

惩治祸首的命令发布后，南方的条件得到满足。当天，护国军和进步党人合作建立的军务院被撤销，南北归于统一。

一块钱起家

段祺瑞与黎元洪的搭配是一段双方都不太满意的"政治婚姻"。段祺瑞有足够的理由瞧不上黎元洪——

讲资历，段在清末时就出任提督、军统，还署理过地方上的总督，而黎原来不过是个小小的协统。以现代军制而言，军统相当于军长，协统才不过是旅长，整整差了两级。

论实力，袁世凯当政时期，段长期担任陆军总长，手中握有实权。黎虽然是副总统兼湖北都督，表面看上去很有地位，但在中央，他不过是总统府的一个政治花瓶；在地方，部下们居然都能挟之以为傀儡。

段祺瑞不仅在资历、实力上远胜于黎元洪，而且其魄力、意志方面亦有人所不及之处。这跟他少时的家境变化有很大关系。段祺瑞的父亲是一个老实巴交的农民，祖父是家里的主要靠山，段祺瑞十五岁那年，祖父病死军营，家道随即中落。

段祺瑞将祖父的灵柩送至合肥归葬后，仍旧回到他和祖父原在的宿迁军营。这时他私塾也念不起了，只好暂时留营做了一段时间的杂役。

第二年，段祺瑞深感在兵营打杂并非长久之计，也违背祖父对自己的期望，于是告别宿迁，只身跋涉两千里，前往山东威海投奔在那里任管带的族叔。族叔见他有七年的私塾底子，便安排他在营中当了一名文书。

此后，更大的不幸接踵而至：段父在家乡遇害。虽然后来案子破了，凶手也被擒伏法，但段母因哀痛过度，亦追随段父而去。

段祺瑞是家中长子，以下尚有三个弟妹，在家庭迭遭变故之后，养家糊口的重担完全落在了他一个人身上。为了解决收入微薄、进身无门的窘境，这位早熟的少年在二十岁时基本上靠步行去天津，并考取了武备学堂，从此命运得到改变。当时段祺瑞赴津，随身仅带一块银元，所以段家人常说，段家是"一块钱起家"的。

少年时代家境的陡然中落，以及作为长子不得不过早挑起家庭重担的艰难经历，使得段祺瑞逐渐养成了冷峻、刚毅、敢任事的性格。

同为武人，黎元洪则要逊色许多。他有一个绰号叫"黎菩萨"，在湖北方言中，"黎"与"泥"同音，故也有人叫他"泥菩萨"。黎元洪有此绰号，固然是因为他脾气好、待人宽厚，但也不经意间暴露出他性格中软弱的一面。

事实上，在觉得形势不利时，黎元洪确实常常露出怯意。当年辛亥革命，冯国璋攻下汉阳，第二天一名与黎元洪相熟的北洋军将领隔江偷偷给他打电话，探听其虚实。黎元洪人都哆嗦了，他说："我是一个老实人，你是知道的。这哪里是我搞的事，都是他们（指革命党人）利用我们的名义瞎搞一通……我是一个完全的傀儡，今天你把这笔账算在我头上，那真是冤枉极了。"

到快当总统了，大抵还是如此。袁世凯去世那晚，得知北洋军可能要闹事时，黎元洪的表现近乎失态。忙于对军官们进行劝说的段祺瑞也被弄得不胜其烦。当张国淦受黎元洪之命一再向他打听情况时，他忍不住握起拳头朝桌上敲了一下，狠狠地说："他（指黎元洪）要管，就让他管！"

张国淦当然没有把这句话报告给黎元洪。其后段祺瑞平息了事端，又把一张已经拟好的通电出示给张国淦看，上面写着："黎公优柔寡断，群小包围。东海（徐世昌的号）颇孚人望，但'约法'（民四约法）规定大总统出缺时，应由副总统继任。"

段祺瑞这封通电显然是为了安抚北洋系，但"优柔寡断"也未尝不是段祺瑞对黎元洪的真实看法。

张国淦看过电报，赶紧劝段祺瑞："这何苦来呢？做人情就索性做到底，总统都奉送了，何必让受人情的人不痛快呢？"

段祺瑞想了一会儿，觉得有理，这才提笔删去了这段难听的话。

黎元洪继任总统后，出于政治利益的考量，在许多重大问题上都与段祺瑞存在重大分歧。比如段一再找借口推迟国会的重开，而黎则认识到国会可以限制段的势力，扩大自身权限，所以对恢复国会持支持和促成的态度。又如在敲定帝制祸首的名单时，黎和段也都有各自的主张。

尽管瞧不上黎元洪的能力，又存在诸多分歧，但段祺瑞初期在表面上还是与黎元洪合作的。这主要是由于他们有互补的一面——段祺瑞需要用黎元洪来维持"中央是团结的"这样的国家形象，以便对付南方的各党各派，而黎元洪虽为名义上的国家元首，可是手中无兵，缺了段祺瑞，场面也撑不下去。

就这样，大家你让一步，我让一步，用利益交换的办法解决了一些分歧。在此之后，他们又合作裁撤了帝制时期的机构和职官，取消了部分专制独裁的法律条例，同时放开报禁，撤销政治犯通缉案，使自"二次革命"失败以来遭受重创的民主共和制度得到了局部的恢复和发展。

可惜好景不长，黎段配很快就出现了维持不住的迹象。

刚愎他用

段祺瑞主掌国务院后，第一个想到的就是自己的"灵魂"徐树铮。他打算让徐树铮当国务院秘书长，于是便请张国淦去跟黎元洪讲。

过去袁世凯当总统时碰到的恼火事，如今一般无二地又让黎元洪给撞上了——徐树铮在公务中向以气势凌人著称，还在段祺瑞当总理前，时任副总统的黎元洪就领教到了，有一次他竟然还被徐树铮当面拍了桌子。

以前还是偶然碰面，如果让徐树铮当了国务院秘书长，就得三天两头打交道了，黎元洪如何能够接受？听张国淦把段祺瑞的提议一讲，他的脸马上沉了下来，并以和袁世凯一模一样的理由一口回绝："段总理是军人，徐树铮也是军人，军人做总理，不能再以军人做秘书长。"

明人面前不说暗话，黎元洪随后还是向张国淦和盘托出了他的真实想法："我不能与徐树铮共事，不但不能共事，且怕见他，我见了他，就如芒刺在背。"

张国淦曾经在袁世凯那里碰过一次壁，岂能不知徐树铮的性格为人，但他受段祺瑞所托，又不能不对黎元洪进行劝解："树铮锋芒毕露，实属军人爽直一派，总统还是多包涵些。"

黎元洪仍然连连摇头，毫不犹豫地说："我总统可以不做，但绝对不能和徐树铮共事。"

黎元洪不答应，要是照直回复段祺瑞，段祺瑞的脸也注定会黑得跟个锅底似的。张国淦左右为难，只好问计于徐世昌。

徐世昌闻之一笑："黄陂（黎元洪为湖北黄陂人，人称'黎黄陂'）太不了解芝泉啦！"随即驱车同张国淦一起来到总统府。

黎元洪见到徐世昌时尚余怒未消，说："相国，总理要做的事一万件我都依从他，就这一件我办不到。"

徐世昌语出惊人："我以为你一万件事都可以不依从他，唯有这一件非依从他不可。你怕树铮跋扈，芝泉（段祺瑞）已经够跋扈的了，多一个跋扈也差不了多少。"

徐世昌亲自来劝解黎元洪，主要还是怕黎段二人闹僵，重演当初袁段不和的一幕。他开导黎元洪："总统请想想，为了徐树铮，芝泉当年不惜与项城反目，况今日乎？"

徐世昌的适时提醒，让黎元洪倒吸了一口冷气。他终于在态度上软了下来，叹口气说："就依相国说的办吧！"

在过了黎元洪这一关后，段祺瑞也怕引起外界非议，说他过于偏袒徐树铮。为了掩人之口，他就和徐树铮联手演了一个剧目，下令委任曾毓隽为国务院秘书长。

曾毓隽刚刚在家中收到委任状，徐树铮就托曾的叔父来和他商量，说局势复杂，国务院总理是武人，秘书长若是文人，一定弹压不住，意思就是让曾毓隽把秘书长的位置让出来。

同为段祺瑞的幕僚，曾毓隽平时和徐树铮接触较多，他看出徐树铮对秘书长一职势在必争，如果不放手的话，以徐树铮的个性，以后必然事事掣肘，自己就算是当了秘书长，事情也不好办。

想到这里，他只好让叔父传话给徐树铮，说段总理既然委任他为秘书长，无故辞职，无论对段还是对他都不合适。徐树铮一定要这个位置，他可以上一个呈文，在段祺瑞面前力保。当然同不同意就要取决于段祺瑞的个人态度了。

曾毓隽以为段祺瑞已经发布任命，就不会轻易推翻，至少要深思熟虑一番，同时也可以避免得罪徐树铮。让他没想到的是，他保徐树铮的呈文刚刚送上去，段祺瑞立刻就批复了。

段祺瑞的小舅子吴光新也是一位文武全才的北洋将领，他为人特别骄傲，一向两眼朝天，不大理会人，有时还故意给人难堪，使对方下不了台。可以想见，他和徐树铮的关系不会好，不过与曾毓隽这样的纯文人倒还能相处。

得知段祺瑞改任徐树铮为秘书长的消息后，吴光新跑来对曾毓隽大吼大叫，说："你何必这样怕得罪人？"

曾毓隽正在郁闷之中，他对吴光新说："你和我闹没有用……问题在于段总理不坚持原来的计划，对于我的呈文，不加考虑就批准了，这能怪我吗？"

其实曾、吴都被蒙在鼓中，如果他们知道段祺瑞早已就徐树铮的事和黎元洪打过招呼，大概就不会生出这么多疑问和遗憾了。

与先前一样，徐树铮做了国务院秘书长，就等于让他当了国务院的家——国务院一切大小公事都要经其过目，不论是谁，只要对段祺瑞有所请求，段祺瑞总是说："你去找又铮（徐树铮的字）谈谈。"段祺瑞当面答应的事，徐树铮不同意就办不通；反之，徐树铮决定的事，即便事先没有请示，段祺瑞也无不支持。有人因此讽刺段祺瑞是"刚愎他用"。

天地咒

出了国务院的大门，徐树铮的霸道作风丝毫未变。按照责任内阁制，总理总揽一切军国大计，但是其决定得用大总统命令的形式发表，也就是说，必须经过总统府盖印这道手续，否则无法生效。在段祺瑞、徐树铮的心目中，总统就是一架盖印机器，没有对命令内容置喙的余地。

问题是，黎元洪本人不会这么认为，他把掌握总统府印信看成一件大事。当时总统府的监印官叫作辑瑞室主任，为了表示慎重，黎元洪特地命他的亲家、长子的岳父唐某担任。

一般情况下，段祺瑞不会自己拿着公文去盖印，这事主要由徐树铮负责。有一次，徐树铮拿着一道命令来到总统府请唐某盖印。唐某把全文看了一遍，然后嘴里习惯性地嘟囔道："这样的措词合适吗？恐怕还要斟酌斟酌吧……"

"老兄，请放心，你只管盖你的印好了。责任内阁制嘛，一切由总理负责。"徐树铮不等他说完，就很不客气地说，"你要说他（指段祺瑞）的命令不妥，明白的人知道你在文字上推敲，力求工整，不知道的人，不是说你胡乱干涉国政吗？"

徐树铮说这番话是项庄舞剑，意在沛公，明着说唐某，其实是暗示黎元洪不应该在盖印环节上加塞。唐某没听出来，仍然嗫嚅着说："这事儿总统要找……"

徐树铮见他不知趣，便故意半开玩笑半认真地说："总统要是对老兄还不放心，那就只好请他自己盖印了！"

唐某无法，只好在命令上盖了"大总统印"。徐树铮回到国务院，一见到段祺瑞及秘书们就不由放声大笑，说："我今天给菩萨念了一遍天地咒。"

　　自从被徐树铮教训了一顿后，唐某尝到厉害，真的不敢再多管用印的事了。黎元洪见状，便把印信带到自己办公的地方，交给时任总统府秘书长的张国淦保管，这样徐树铮要盖印，就必须直接找黎元洪办理。

　　管印的换成了总统，徐树铮一样不买账。有一次，黎元洪看了命令，也觉得有些地方不妥，就拿起笔准备在文字方面稍作修改，不料徐树铮立刻拉着他执笔的手说："总统，这万不能随便改……"

　　尽管徐树铮和颜悦色，用的似乎还是恳求语气，可是黎元洪还是被气得半天都说不出话来。

　　徐树铮的过分之处还在于，总统对国务院有所指示，国务院秘书长照例应在国务会议上进行报告，徐树铮则是愿意报告就说两句，不愿报告就撂到一边，当黎元洪完全没说过一样。对黎元洪交办的事也是如此，他愿办就办，不愿办就高高挂起。

　　某日，国务院在一天内更调了山西省的三个厅长。徐树铮拿着相关命令去盖印，黎元洪见了自然要问问原因，徐树铮却不耐烦地说："总统只管在后页年月上盖印，何必管前面写什么，我还忙着呢！"黎元洪被弄得十分难堪。

　　这类事情多了，即便黎元洪是有名的泥菩萨也忍受不了，他气愤地说："现在哪里是责任内阁制，简直是责任院秘书长制。"

　　在徐树铮的影响下，国务院的许多办事人员都只知有段总理而不知有黎大总统，就连内阁中的一般办事人员都敢挖苦顶撞黎元洪。

　　当初吴光新得知徐树铮要出任国务院秘书长，就对曾毓隽断言："这样一来，国务院从此多事，你若不信，拭目以待。"如今果然弄成了一个多事的局面，幸亏张国淦一直从中周旋调停，冲突才没有进一步激化开来。

　　黎元洪和徐树铮的矛盾，其实就是他和段祺瑞之间的矛盾。自那一年到北京后，袁世凯虽然也不给黎元洪任何政治实权，可是大面上还过得去，平时礼尚往来，嘘寒问暖，起码把他当个佛一样地供着。

　　袁世凯会的一套，段祺瑞不会，他为人一向非常严肃，无论对谁，都是板着面孔，很少露出笑容，更不会说什么玩笑话。跟黎元洪在一起也是如此，不会故意装出推重尊崇的样子，这让黎元洪内心里很不舒服。

在段祺瑞看来，大总统职位本来非他姓段的莫属，只是由于国内外的种种压力，才把黎元洪扶上了"马"，而对于扶黎上"马"，他也是很认真很花力气的。可是有与段祺瑞关系不睦的人为了挑拨离间，却向黎府吹风，说："我们在项城的灵前讨论总统问题时，老段反对黄陂（黎元洪）继任，是东海（徐世昌）竭力促成的。"

黎元洪听后信以为真，对段祺瑞更加不满，现在再加上一个徐树铮，那股怨气已到了难以化解的程度。

限于自身力量过于薄弱，黎元洪虽然满腹怨尤，但在大部分时间里也只能忍气吞声。他敢于和段祺瑞唱对台戏，乃是发现国会和议员倾向于自己以后的事。

左右逢源

袁世凯时代的国会议员一年可以领到五千元薪水，这种收入水平在当时国家财政困难、百姓生活水平普遍较低的情况下，算是比较丰厚了。后来袁世凯解散国会，议员领不到薪水，大多数人都过了一段苦日子。现在国会重新恢复，议员们就觉得自己的议员地位不保险，说不定国会什么时候又要关掉，于是大家纷纷以议员的头衔为阶梯，踏上了猎官求官之途。

议员之中，以政学会议员对于求官最为热衷。政学会是从国民党中分化出来的一个政治团体，他们之所以从国民党中分化出来，就是因为北洋系对国民党的印象不好，继续挂着国民党的老招牌于做官不利，只有脱离了国民党，才能更好地奔走于黎段之门。当时有人私下评论说："政学会分子都是官迷！"

清末民初之际，想当官的人常常会走公馆的门路，也就是托大官的夫人、姨太太、少爷、小姐甚至是仆人打招呼、说好话。可这在段公馆却走不通，因为段祺瑞的事向来由他一个人做主，即便是段夫人张佩蘅都不敢在他面前提一句公事，更不用说荐官收礼了。

偏门走不进，求官者们只好走正门。对于这一伙求官的议员，段祺瑞开始还能敷衍敷衍，后来看到来的人太多，胃口又都不小，便一律飨以闭门羹，以至于有些并非求官，真是来和他商榷政事的议员也连带受到了冷遇。

黎元洪则不然。他对于议员求见向来是来者不拒，而且接待态度平易近人。如果对方谈到求官问题，黎元洪照例会说："只要你和段总理方面商量好了，我这一方面毫无问题。总理若不答应，我也没办法，因为现在是责任内阁制。"

相比于拒人于千里之外的段祺瑞，黎元洪左右逢源，得到了很多议员特别是国民党、政学会议员的支持。重开后的国会仍以国民党议员居多，他们多数拥黎反段，有了他们做后盾，黎元洪顿时觉得局面与先前迥然不同，也有了可以向段祺瑞说不的勇气。

黎元洪的幕僚们趁此机会建议他掌握兵权，其理由是，虽然政府实行的是责任内阁制，但仅指政治而言，在军事方面，总统既然名义上是全国海陆军大元帅，就不能不管军事——"大元帅没有军权，总统有什么价值？"

想到同为大总统，与袁世凯的实际地位相差如此悬殊，黎元洪顾影自怜，对幕僚们的话很听得进去。

黎元洪要兵权，段祺瑞不给。段祺瑞认为，袁世凯当年最大的错误就是成立统率办事处以集中兵权，而且他现在之所以能控制住北洋系，稳住政局，靠的就是有兵权，如果兵权都没了，国务院还能起什么作用？

如果说徐树铮担任国务院秘书长开启了黎段之争的序曲，府院（总统府和国务院）权限之争则成了黎段争斗的第一个回合。

黎段之所以争斗不息，而且愈演愈烈，根本原因还是彼此在北京政治主导权到底应该由谁来掌握这一点上，始终存在着难以弥合的分歧。在段祺瑞看来，既然政府实行的是责任内阁制，那么元首就应该自觉地做一个不管不问的"盖印总统"，而把政治主导权完全交给内阁。

实际上，从黎元洪的执政能力以及他所拥有的资源来看，居于"太上皇"的位置对他确实也比较适合。可问题是黎元洪能力不大心很大，自接任总统以来，他"由不问而要问，由要问而多问"，越来越不甘于无所事事。

如果黎元洪为了顾及总统的体面，只拣点儿芝麻绿豆般的小事过问一下，倒也罢了，偏偏他还认为小事可以不问，大事必须过问！

段祺瑞当初组阁时，原以为今后最难打交道的是国会，没想到他所碰到的第一个拦路虎不是国会，反而是他全力扶持上台的黎大总统，而且总统比国会还要难缠，这让他如何受得了？

有时被黎元洪"要问"和"多问"烦了，段祺瑞忍不住朝身边的人发火说："我是叫他（指黎元洪）来签字盖印的，不是叫他压在我的头上的！"

有一拼

除了争夺兵权外，府院双方还常常在官吏任免上较劲：院方想要任用谁，府方会故意挑剔；反过来，府方提出的官员名单，有时也得不到院方的同意。由于府院相持不下，许多已经拟定的官吏人选最后都中途搁浅了。

黎元洪的幕僚们想在外省扶植本方势力，便鼓动黎元洪任命孙发绪为山东省长。任命书已经写好并加盖总统府大印后，黎元洪派时任总统府侍从武官长的哈汉章持令去找段祺瑞，以完成国务院加盖印章这一环节。

哈汉章与段祺瑞有师生之谊，他见到段祺瑞后说："总统因为山东省长缺人，今物色了一位安徽同乡孙发绪，认为人地相宜，即请老师盖令发表吧！"

孙发绪是安徽人，段祺瑞出生于安徽，也以安徽为原籍，哈汉章强调孙发绪"安徽同乡"的身份，自然是以为这样好通过一些。可是段祺瑞虽然极重乡情乡谊，但在任用乡人的问题上却很清醒——在他权位极盛之时，家乡常有人来看他，段祺瑞总是热情接待，临走时还要赠送路费和礼品，然而从不委派或推荐乡人当官。

听哈汉章口出"安徽同乡"四字，段祺瑞勃然大怒，当场拍案骂道："什么东西！我不认得这个同乡，难道说安徽同乡就该做省长吗？"

见段祺瑞发了火，哈汉章情知不妙，赶紧起身溜走了。

段祺瑞固然讲原则，但作为一个务实的政治家，他也并不缺少灵活权变的一面。哈汉章走后，有人向他透露，说黎元洪其实在山东省长这一席位上考虑了三个人选，孙发绪在三个人中尚属"势利官僚"，看风头行事的角色，对段派并不敌视。另外两个都是厉害角色，两害相权取其轻，还不如任命孙发绪。

段祺瑞听了觉得颇有道理，便勉强同意了这一任命。

尝到甜头的黎幕又开始在更为重要的阁员名单上做文章。按照"临时约法"

及民国惯例，只有国务总理由大总统提名特任，其他阁员人员均应由总理提出，但黎元洪却在幕僚们的怂恿下，擅自拟定了另外一份阁员名单，然后一面通知段祺瑞，一面径行提交国会。

进入黎元洪所拟名单中的大部分人，或为结好黎幕的议员，或与黎私交素厚，或为黎的同乡，其中最为瞩目的是唐绍仪，他被提名为外交总长。作为民国改元第一任总理，唐绍仪资望较崇，黎幕推他出山的目的，是预备将来黎段交恶乃至决裂时，可以把段祺瑞换掉，以唐绍仪继任总理。

段祺瑞拿到名单后内心很不痛快，但因为担心引发府院之间新的大冲突，所以当场未做任何表示。见段祺瑞默然不语，徐树铮一时也不便多言。

被人按着头不吱声，从来不是徐树铮的性格。退出帐外后，他忽然心生一计，决定不直接向黎元洪提出任何抗议，而是以唐绍仪为突破口，通过各省北洋军人对黎元洪进行施压。

在徐树铮的策划下，由冯国璋、张勋领衔，二十多名北洋将领发出联名通电。通电不仅列举了唐绍仪的各项"罪状"，而且称如果政府执意让唐出掌外交，以后各省将对外交部与各国所订条约一概不予承认。

此时唐绍仪已由上海到达天津，正准备赴京入阁，通电一出，只得又返回上海。

黎元洪是个经受不住压力的人，通电自然令他心惊胆战，开始后悔自己在内阁名单上采取了过于轻率的态度。黎元洪的幕僚们原来嚷得很凶，如今也被一纸通电给压得没了一点声音——他们多为文人政客，胆子再大，也不敢真的与一群持枪在手的武人叫板。

黎元洪前倨后恭，亲自打电话邀请段祺瑞过府，以便重新商定阁员名单。

段祺瑞尽管又一次占据了主动，但为了使新内阁能够尽快通过，还是决定以混合制方式组阁，在阁员人选上做了最大程度的让步。除陆军总长由他自己兼任外，其他阁员都尽量依照黎元洪的推荐和提名，从不同集团和政党中选用。

在不断升级的府院争斗中，夹在中间的"千年和事佬"张国淦也渐渐招架不住，于是索性挂冠而去，辞掉了包括总统府秘书长在内的所有职务。

黎元洪选用的继任者为丁佛言。他是第一个出来做官的国会议员，此人性格浮躁，爱兴风作浪、卖弄聪明，虽说能力可能不及徐树铮，但在不安分和好斗方面倒绝对与徐树铮有一拼。

丁佛言不再像张国淦那样好说话，他利用总统府秘书长的职权，时常将国务院呈交的公文和命令留下或不盖印。徐树铮被惹得三天两头地跳脚，二人争吵甚至互相谩骂的事屡有发生。

跟徐树铮争尚不过瘾，丁佛言还要跟段祺瑞斗。他对一位议员说："决与歪鼻子（指段祺瑞）较量一番。"那人劝他："你的力量不足以推倒段，相反要坏事。"丁佛言哪里听得进去，他不服气地说："那就试试看吧！"

为了限制段祺瑞的权力、提高黎元洪的地位，丁佛言提出"府院办事手续草案"，主张总统要参加国务会议，以及当院方呈请总统用印时，如黎元洪有不同意见，必须交国务院再议，等等。

黎元洪看到这个草案，没有不表示支持的道理；相反，段祺瑞则被气得火冒三丈，乃至于提出要辞职。

黎元洪已经见识过对方的厉害，在段祺瑞的一番示威下不得不让步，而段祺瑞认为时局还不够稳定，不能把与黎元洪的关系搞得太僵，因此也同意进行折中处理。

几经磋商，双方拟订了一个彼此都可以接受的方案。与此同时，段祺瑞也针对部下们以往对黎元洪的不恭敬行为进行了一定约束，段黎关系一度有所缓和。

府院之争的高潮刚刚落下，国务院内部又起争端——以孙洪伊为首的黎派阁员与段祺瑞、徐树铮闹起了别扭。

害群之马

由于在段祺瑞内阁中黎派阁员占据优势，所以这场争端虽然发生在国务院内部，但其实也是府院之争的一种扩大和延续。一手挑起争端的孙洪伊原为进步党人，不过政见上却倾向于国民党，段祺瑞和北洋系对他很反感。他之所以能够入阁，完全是黎元洪提名的缘故。

段祺瑞是看在黎元洪的面子上，才同意孙洪伊入阁的。对孙洪伊，他自然不会予以重用，所以起初安排的阁员职位只是有职无权的教育总长。不料孙洪伊到京后便以领袖人物自居，当着黎元洪的面，他声称即使不入阁，也不干教育。

这时阁员名单已经发表，黎元洪骑虎难下，只好硬着头皮让人再找段祺瑞商量。段祺瑞很不高兴地回答道："就他难缠！名单已发表，谁肯让他？"

事有凑巧，阁员里面正好也有人想调整，原定的内务总长情愿把位置让给孙洪伊。段祺瑞见状，又考虑到必须维持与黎元洪的关系，就再次迁就黎元洪，任命孙洪伊当了内务总长。

内阁组成不久，恰逢李烈钧在广东与人争夺地盘，对段祺瑞调他"来京听候任用"的命令也置之不理。段祺瑞十分不安，便在内阁会议上就广东问题提出讨论。

徐树铮列席内阁会议并发言。按照法理，国务院秘书长只有列席内阁会议的资格，没有发言权，可是既然段祺瑞不予阻止，其他人也就不好讲什么了。

徐树铮提出要组织粤、闽、湘、赣四省军队对李烈钧部进行会剿，并拿出了一个水陆三路进兵的计划。因李烈钧是国民党人，孙洪伊及其他原国民党出身的阁员都对此表示反对，他们采取袒护李烈钧的态度，仅主张进行调解。

内阁会议结束后，徐树铮也不管什么少数服从多数、自己有没有发言权，就按照先前在陆军部的做法，自顾自地拟定了四省会剿李烈钧的命令，然后去找府方盖印。

黎元洪、丁佛言与孙洪伊等阁员平时都是一个鼻孔出气，当然不肯给他盖。遭到拒绝后，徐树铮便索性在没盖印的情况下把电令发了出去。

事情很快泄露，孙洪伊性情自负，不甘人下，本来上任后就看不惯徐树铮，抓到把柄后马上当面指责他违法越权。徐树铮也不是一盏省油的灯，二人言辞激烈，声达户外。

自此，孙洪伊挟黎以自重，徐树铮倚段以为抵制，二人皆视对方为仇敌，几乎无时无事不发生冲突，并且这些冲突还都相当激烈，乃至于"短兵相接，日在火并之中"。

"广东案"之后，又发生了福建省长胡瑞麟查办案。袁世凯主政时期，胡瑞麟奉袁世凯之命，曾授意其弟、湖南将军汤芗铭屠杀革命党人。尽管已经事过境迁，但参议院仍有人要跟胡瑞麟算旧账，为此提出要查办胡瑞麟。

胡瑞麟本来和黎元洪有些渊源，后来却投靠了段祺瑞，与徐树铮的私交也不错，因此查办案送到国务院后，徐树铮便不提出阁议，只以国务院秘书长的资格拟文咨复了参议院。

省长是文官，其任免、查办皆属于内务部管辖范围。孙洪伊从国会方面得知这件事后，马上提出阁议说总理滥用职权，这么大的事，为什么不经过内阁讨论就直接咨复参议院？

其他各部的部长也都有意见，段祺瑞的处境十分尴尬。本来对徐树铮所为，段祺瑞是完全同意和支持的，但为了免使段难堪，徐树铮就一个人把责任承担了起来。

徐树铮就此成为孙洪伊等人集中攻击的目标。段祺瑞无言以对，只好说了一句"树铮荒唐"。

孙洪伊仍旧穷追猛打，又向段祺瑞提出辞呈。徐树铮忍无可忍，对段祺瑞说："姓孙的太狂妄了！他想胁迫总理，我看干脆批了他的辞呈，把这个害群之马赶出内阁。"

孙洪伊得理不饶人，段祺瑞偏偏还不能赶他走，其直接原因是总统府和国会的一些人正借机大做文章，黎元洪还特招孙洪伊前去见面，对其大加慰留。

毕竟是自己理亏在先，黎元洪又做此表示，段祺瑞于是也不得不对孙洪伊进行了慰留。

孙洪伊有了面子，这才答应收回辞呈，但又迫使段祺瑞答应对院秘书长的权限进行限制，其中包括不能对内阁会议的决定进行擅改，以及政府命令必须由国务员副署后，才能送总统府盖印发表，等等。

此次冲突的结果，徐树铮受到了重大打击，此后他与孙洪伊的争斗便开始表面化，而且呈现出愈演愈烈之势。

热火朝天

孙洪伊上任后，一度想安插自己的人当京师警察总监。京师警察系统虽隶属于内务部，但对总监这样高级别官员的任免，必须得到总理的认可才行。

段祺瑞怎么可能让孙洪伊随心所欲地布置自己的势力，他的提议理所当然地遭到了拒绝。

孙洪伊安插不了总监，又把主意打到了部内。早在未入阁之前，他的"夹袋人物"也就是亲信和存记备用之人就有一百五十多人。这些人都要进行安置，孙洪伊就以整顿内务部为由，裁减了原有的一批高级部员。

部员们突然丢了饭碗，恨不得找人拼命。徐树铮见有机可乘，遂鼓动他们上诉平政院。

平政院即后来的行政法院，主要负责监察行政官吏的违法和不正当行为，原肃政厅即为其下属机构。接到有关内务总长违法裁员的投诉后，平政院裁决原告胜诉，并要求孙洪伊限期撤销解职令，准许被解职部员重新回部上班。

平政院是根据袁世凯时代的"民三约法"设立的。孙洪伊紧紧抓住这一点，认为平政院的存在本身是否合法还存在疑问，所以拒绝执行该院的裁定。

徐树铮见状，赶紧与段祺瑞商议，拟定了一道执行平政院裁定的命令，准备送府盖印。可是按照新规定，命令须由孙洪伊副署，而孙洪伊拒绝副署。

平政院听说自己的裁定竟然不能被执行，顿觉大丢脸面。他们请段祺瑞主持公道，说："如果平政真的不合法，请总理立即下令解散。如果是合法的，为何判决不能生效？"

平政院方面还声称，倘若孙洪伊继续拒绝执行裁定，他们将集体辞职。

段祺瑞把孙洪伊叫来，让他无条件执行裁定。孙洪伊却抵死不肯，还公然对段祺瑞进行顶撞。段祺瑞勃然大怒："你这是结党营私，滥用私人！平政院的判决我看很合理，难道你还无法无天了？"

段祺瑞即便动怒也没能镇得住孙洪伊，孙洪伊根本就不把他这个总理放在眼里。这使得段祺瑞痛下决心，随后便向总统府呈请将孙洪伊予以免职。

孙洪伊在段祺瑞面前如此强硬，本身就与得到了黎元洪的支持有关。他虽为段内阁成员，却得到黎元洪的高度信任，可参与黎幕的一切密议，隐然执总统府之牛耳。徐树铮手持"孙洪伊着即免职"的命令前往总统府，去了四次，次次碰壁。最后一次他忍不住对黎元洪放言："总统不盖印，就只能不准伯兰（孙洪伊的字）出席国务会议！"

见徐树铮又开始对自己不恭不敬，黎元洪顿时火了，他大喝一声："你说的这是一句什么话？"

徐树铮冷冷回答："这是总理说的。"

府院之争如此热火朝天，原先站在一旁看热闹的国会议员们也都按捺不住，纷纷加入战团。

此时的国会议员中有两大派别，一是以原国民党人为主的商榷系，一是以原进步党人为主的研究系；基本政治倾向是商榷系靠拢黎元洪，研究系接近段祺瑞。

自段祺瑞的免孙令一问世，商榷系议员即向段内阁提出质问，认为只有国会弹劾才能罢免国务员，国务总理无权直接呈请罢免。更有甚者，还有六十余名议员联署提案，要求弹劾院秘书长徐树铮。

商榷系起劲，研究系议员同样把战鼓擂得咚咚响。先是其机关报猛烈批评孙洪伊"违法"，接着研究系首领、众议院议长汤化龙又亲自谒见黎元洪，劝其尊重舆论，主动调换孙洪伊以息争端。

在国会的推波助澜下，段祺瑞一反以往尽量克制或不直接表态的处事态度，亲临总统府催促黎元洪为免孙令盖印。

可是黎元洪仍然一再推诿，段祺瑞不由脱口而出："总统不肯免孙伯兰的职，那就请免我的职吧！"

黎元洪虽然与段祺瑞有矛盾，但也知道如果缺了段祺瑞撑场子，他这个总统必然做不长久，只好无可奈何地表示："可以让伯兰自动辞职，免职令还是不下的好。"

各打五十大板

黎元洪要为孙洪伊留面子，于是加紧劝说对方自动辞职。不料孙洪伊却不肯给他面子，死活不愿辞职。

之后，黎元洪又请王士珍做说客，提出可以让孙洪伊以专使的名义出洋考察，部务由次长代理。这未尝不是一个下台阶的办法和机会，然而孙洪伊还是拒绝从命。

段祺瑞一面令人起草辞呈，一面也放出风来，说只要孙洪伊肯辞职，可以调其任全国水利总裁，或者外放省长。孙洪伊回复得更干脆："政治家要硬干，无论做何牺牲，决不辞职。"

当孙洪伊成了针插不进、水泼不进的一颗铜豌豆之时，他在内阁的进出，也就成了总理能否维持其威信的标志。段祺瑞怒气冲冲地说："好，我们大家都辞职，让孙洪伊一个人去干！"

黎元洪左右为难。当然他不认为问题出在孙洪伊身上，而只会认为全都是段祺瑞的错。幕僚们趁势建议邀请在河南隐居的徐世昌赴京组阁，以求彻底解决府院问题。

在幕僚们看来，北洋系是段祺瑞的政治资本，而徐世昌在北洋的资望又在段祺瑞之上，以徐代段，不会引起严重后果。黎元洪的政治智慧并不比他的幕僚高出多少，他居然也认为此计甚妙，当下就派代表前往河南敦请徐世昌出山。

黎幕不知道，资望是一回事，实力又是另外一回事。徐世昌不掌握北洋军权，那么明白的一个人，他岂敢凭着一个北洋元老的虚衔去摸老虎屁股？

徐世昌开始一再推托，在黎元洪派使两顾茅庐的情况下，才答应进京，但只是调解，"帮助总统分忧"，而不是取代段祺瑞做总理。他让人转告黎元洪："要我做总理万万使不得，芝泉的脾性我知道，这样做必定后患无穷。"

为了避嫌，徐世昌还特地通过报界宣布了个人的三条原则，即"拥护元首"（指黎元洪）、"维持合肥"（指段祺瑞）、"不入政界"（指徐世昌自己）。

徐世昌到京后，在着重对段祺瑞的想法进行摸底的基础上，正式向府院提出调解办法：三天之内将孙洪伊、徐树铮同时免职。

段祺瑞对这种"各打五十大板"的办法表示同意，黎元洪驱段不得，也只好下令免去了孙洪伊内务总长的职务。

孙洪伊离开内阁后，重新恢复了议员的资格。他对免职一事很不服气，便又组织被称为"小孙派"的一部分国民党议员，利用国会对段祺瑞进行攻击。

徐树铮下台后也不甘心，孙洪伊继续折腾的做法则让他更加恼火。在徐树铮的策划下，步军统领（清代称九门提督）江朝宗派兵到孙洪伊家中进行搜查，理由是孙宅隐藏乱党，意图不轨，孙洪伊本人也有"阴蓄死士进行暗杀"的嫌疑。

自此，孙宅三天两头遭到军警的光顾。孙洪伊到底只是个手无缚鸡之力的政客，吃不消惊吓，只好逃出北京，到上海租界避难去了。

这是继策动各省北洋军人发表联名通电、反对唐绍仪入阁之后，徐树铮第二次在府院之争中使用非正常政治手段。听说孙洪伊狼狈出逃，徐树铮打着京剧道白对他的朋友们说："山人略施小计，孙大胡子（孙洪伊）便丢官逃走，一家大小不得团聚了也！"

徐树铮努力装出得意和兴奋的表情，但心里其实并不愉快，因为政敌固然已落荒而逃，可他也不能再像原来那样光明正大地在国务院出入了。

徐树铮被免职后，国务院秘书长一职由"千年和事佬"张国淦担任，以融洽府院关系。徐树铮想在幕后操纵，让张国淦按他的意图办事，张国淦有时敷衍他一下，有时也不买他的账。

徐树铮向以"总理第二"自居，他的主张实际上也代表了段祺瑞的意思，张国淦不买他的账，就等于不买段祺瑞的账。这让徐树铮很不高兴，背后骂张国淦："想不到张乾若（张国淦的字）是个蝙蝠派，给总理当秘书长，不听总理的。"

与此同时，段祺瑞一向对徐树铮依赖甚深，徐树铮的离职让他很不得劲，而且这种不快情绪很快就集中指向了徐树铮的另一个政敌——担任总统府秘书长的丁佛言。

在徐世昌进行调解，并征询段祺瑞的意见时，段祺瑞就曾提出："要免，丁世铎（丁佛言的原名）一起免。"

在段祺瑞看来，孙洪伊免职仅仅只是内阁内部的问题，不能视为府方的让步。作为原先府院双方的秘书长，府院之争焦点之一的徐树铮既然已经去职，丁佛言也不应该再留在总统府。他对黎元洪说："我的秘书长搞掉了，你的秘书长我还不满呢。"

丁佛言是黎幕的主要人物，黎元洪自然不会轻易答应段祺瑞的要求，于是当即回答："你的秘书长出了错，与我这里有什么关系？"

徐树铮虽然离开了国务院，但却从没有离开过段祺瑞的左右，而无论是为了帮段祺瑞争夺政治权力，还是给自己找回些面子，他都觉得有必要让黎元洪收回"有什么关系"这句话。

明枪不行，徐树铮又想到了暗箭。在他的授意下，以冯国璋领衔，全国二十余省区的北洋军头发出了"掬诚忠告"总统、总理、国会三方面的电文，其中提到"今后政客更有飞短流长，为府院间者，愿我大总统、我总理力予摒斥"。很显然，"飞短流长的政客"指的就是丁佛言。

接着，长江巡阅使张勋主持徐州会议，请总统罢免"佞人"。随后，又发出电报，公然指责丁佛言挑拨是非，离间府院关系。

当年徐树铮曾用这一套中途吓退唐绍仪，迫使黎元洪让步，如今也同样有效。黎元洪看到电报后，再不敢对抗下去，只好让丁佛言辞职并予以批准。

中而不能立

丁佛言在他的辞职书上说："大总统无见无闻，日以坐待用印为尽职。"这是丁佛言的心声和怨尤，更是他的幕主黎元洪的心声和怨尤。

黎元洪不甘心做一个只能给别人盖印的"虚君"，虽然他在府院权限之争、徐孙（徐树铮、孙洪伊）交锋中接连落败，但只要有机会就还要跟段祺瑞较量一番。在这种心理的支配下，仅数月之后，府院便又展开了第三回合的角力，京城更大的政潮汹涌而至。

与前两个回合主要局限于权限、人事不同，这次还涉及了彼此的政见分歧，具体来说就是第一次世界大战（以下简称"一战"）问题。

"一战"爆发于袁世凯当政时期。战事开始之初，因为中国远在亚洲，对国际间的情况也不十分明了，需要时间进行多方面的研究和观察，所以袁世凯决定暂时先采取中立方针，避开这场战火，为此还颁布了中立二十四条规，规定各交战国不得在中国境内有交战行为，不得把中国海陆各处作为攻击敌军的根据地。

可是就在中国宣布中立的第二天，日本便突然打破中立条规，派舰队声势浩大地驶入了德国租借地胶州湾海岸之外。此后，又借口对德宣战出兵山东，把德国在山东的权利尽数掠去。

在此情况下，袁世凯曾有过响应协约国要求对德宣战，借以使山东免遭日本侵占，同时摆脱其外交讹诈的动议，但由于遭到日本政府的直接反对，以及英美不敢开罪日本等因素的影响，而不得不暂时搁置。

"中而不能立"，让中国政府的处境既尴尬又被动，实际利益也无法得到保障——德国抗议中国不能严守中立，致使其在山东的权利丧失；没跟德国翻脸，给德国的庚子赔款就得一分钱不少地照付；协约国没有得到中国对德宣战的响应，很不高兴；日本对中国虎视眈眈，直至提出"二十一条"。

袁世凯死后，段祺瑞掌握了北京政府的实权。他从执政开始就对"一战"非常关注，并且认为"中国当先准备"，为此，还特地在国务院辟西花厅，约集外交部及对国际形势有相当了解的专家学者，共同对"一战"进行研究。

段祺瑞早年留学德国，对德国强大的军事体系有很深印象，这使他最初还认为德国在"一战"中没有落败的道理。但随着战争的持续以及外交格局的变化，他逐渐认识到德国并没有想象中那么坚不可摧。

段祺瑞开始和协约国方面进行秘密接触。1916年10月，他会见在华的英国人，谈到了中国参战一事；当年年底，更将投入协约国阵营，参加对德作战的意图相当明显地表示出来。

最终使段祺瑞下定决心采取行动的则是美国的参战。作为国际新贵，美国在"一战"初期也没有加入协约国，它采取的是一面保持中立，一面调停议和的外交政策，不过段祺瑞那时就预感"欧战（即"一战"）倘持久，美国终将加入"。

果不其然，1917年年初，德国宣布实行"无限制的潜艇封锁政策"，美国对外投资受到严重威胁。同时，德国关于建立德、墨（墨西哥）、日三国反美同盟的密电被英国破译，随后又转告美国。美国在外交政策上终于发生了戏剧性转变，遂于2月3日宣布与德国断交，并劝告其他中立国与其采取一致态度。

美国驻华公使芮恩施除照会中国外交部外，还连日拜访黎元洪、段祺瑞，陈述中国参战的好处。为了增强中国参战的积极性，他甚至自行向中国做出了提供援助的保证。

芮恩施的许诺当然会让段祺瑞动心，不过此时中国国内朝野还有相当一部分人对参战持强烈反对态度，有人就认为，德国潜水艇的破坏力极大，如对德绝交或宣战，中国就是德国的敌国，沿海地区必会首先蒙受损害。

正所谓仁者见仁，智者见智。何去何从，段祺瑞不能不结合自己对国内外形势的分析，重新对参战的利益得失进行综合评判。

巧妇难为无米之炊

如果说"一战"开始时，大家都还押不准到底谁输谁赢。进入 1917 年，当"一战"的对立双方都打得精疲力竭的时候，美国参战就表明大战已近尾声，鹿死谁手变得非常清楚了。段祺瑞认为，要使山东问题得到妥善解决，中国就必须有机会参与战后的和会，从而与日本争夺失去的权益。

即便不考虑山东问题，中国继续保持中立也不明智，因为"将来协约国取得胜利，中国将成局外之人"，而中国参加，"那将迥然成另一局面。到时中国也是战胜国之一，和会上有我一席之地，必将提高中国之国际声誉"。

民初时的中国，仍然是一个被世界列强所看不起的国家。尽管客观地讲，以彼时中国的实力，一旦宣战，根本不可能耗费大量金钱，或者派大批军队到国外去作战，当然也不可能从根本上改变列强对中国的看法，可是国际地位及权利总有望得到提高，也有分享战胜国所应享有利益的希望。

除此以外，段祺瑞还有经济上的其他盘算。"一战"爆发后，德国成为与银行团其他成员对峙的力量，五国银行团实际成了四国银行团（英法日俄），第二笔善后借款也告吹了。倘若不是袁世凯整顿财政，加强税收，并发行国内公债，政府差点就维持不下去了。

接下来的护国战争"耗费国帑甚巨"，而地方上本来应解送中央的税款，也被各省截留。发行内债吧，旧债尚未整理完毕，续募新债自然无人搭理。

民初主要由中国银行、交通银行代理国库，但自袁世凯称帝，两家银行一共仅剩下两千万元的现金，为维持军政费用，只得停止汇兑，也就是说它们发行的纸币不能再与现银同价流通使用。加上投机商人操纵其间，纸币价格时涨时落，老百姓受损颇巨，以至于"手持国币不能买斗米升粟"。

可以说，段祺瑞从袁世凯手上承接的就是一个烂摊子，除了向四国银行团续借外债，他没有其他办法可想，然而四国银行团除日本外，全都在欧洲忙于战争，并且本身国内财政也很困难，并无能力再借款给中国。

当时有能力对华借款的只有两个国家，一个是日本，一个是美国。日本当政的大隈内阁是"二十一条"的提出者，主张以强硬手段对华交涉，段祺瑞本人在"二十一条"闹得沸沸扬扬之时，又是坚决的主战派，他领导下的政府当然不可能主动向日本开口借钱。

美国成了唯一的选择，在驻美公使顾维钧的努力下，段政府分两次向美国借了五百万元。这件事本来是在内阁秘密讨论通过的议题，可是时任内务总长的孙洪伊为了在市场上谋取厚利，却故意向外界放风，结果此事就被银行团给发现了。

善后借款协议之苛刻之处在于，它附加了很多额外条件，就像绳索一样左一道右一道地把你绑起来。其中一个条件就是，中国不能与银行团以外的国家签订政治性质的借款合同，美国不在四国银行团之内，就被认为违反了协定，四国银行团当即向中国政府表示强烈抗议。

没法再向美国借了，而已经到手的区区五百万元又不足以应付政府的日常开支和急需——这笔钱是1916年借到的，当年就花得差不多了。到1917年前后，中国政府的财政困难已达极点，段祺瑞及其内阁也一度到了巧妇难为无米之炊的地步。

通过与包括英美在内的协约国方面的接触，段祺瑞得到启示，即只要中国参战，不仅可获得协约国集团财政上的"援助"，还能缓付庚子赔款和提高关税。

正是有了这些深思熟虑，在美国驻华公使芮恩施游说之前，段祺瑞就已决定参战，并让张国淦写出提纲，以备在国务院范围内进行讨论。当芮恩施拜访段祺瑞时，他发现这位中国总理已经在考虑与德国断交的可能性。

需要提出的是，美国的参战劝告针对于所有中立国，没有强邀中国之意，提供援助的许诺也不是其政府的本意。而后，在其他重要中立国均未响应的情况下，美国政府反过来又劝告中国无须单独与美国保持一致，并暗示芮恩施在此问题上推动过头。

对段祺瑞而言，响应美国的参战劝告是加入协约国阵营的一个机会，岂可放过，至于"单独"与否，本来也不是他考虑的重点。1917年2月9日，中国向德国政府发出照会，对德国的潜艇正式提出抗议。这一行动非常果断迅速，事前连协约国公使也未听到风声。同日，在给芮恩施的回文中，段祺瑞也明确表示了打算参战之意。

无冕大臣

黎元洪虽然与段祺瑞处于实际的对立状态，但在对德绝交的问题上，二人起初还是一致的。他的态度出现变化，是在发现日本积极介入之后。

当初大隈内阁的对华政策，尤其是"二十一条"，即便在日本国内也广遭非议，日本元老派和其他持重稳健人士都对此表示不满。日本元老山县有朋的嫡系、时任朝鲜总督的寺内正毅评价道："大隈内阁向中国要求'二十一条'，徒惹中国人全体之怨恨，而日本却无实在利益。"

在大隈即将倒台前夕，寺内便被山县等元老选定为继任者。鉴于前任在对华外交上的失败，寺内主张"中日亲善"，以缓和中国国内的仇日情绪。为此，他派西原龟三以个人名义来华，对政策调整的可能性进行试探。

西原本人自称是"王道主义者"，指责大隈内阁的对华政策是"霸道主义"，对其持强烈反对态度。西原来华后见到的第一个高官是有亲日派之称的章宗祥。他告诉章宗祥，寺内不久将组阁，新内阁会一反从前政府的态度，彻底实行"中日亲善"。

章宗祥因为还没有完全弄清西原的底细，所以未与之深谈，对西原的亲善之谈，他也认为只不过是普通的门面话。可是在得知寺内有可能成为日本下届政府的首脑，西原又是这位未来首相的使者后，段祺瑞却非常重视，立即予以接见。

当初在日本提出"二十一条"时，段祺瑞曾是政府要员中为数极少的主战派，那时他对日本的态度，如果用现代政治术语来描述就是鹰派。不过另一方面，段祺瑞又是一个实用主义的政治家。他认识到，随着世界大战的爆发，国际环境已开始发生变化，中国的对外政策也必须适应这一变化。

早在民国创建之前，身为清廷要员的袁世凯就主张实行"远交近攻"的外交政策，即联合美国、德国，制约日本。在袁世凯成为民国元首之后，这一政策得到延续，中日关系也因此十分紧张，"二十一条"正是这种形势下的产物。

段祺瑞主张将"远交近攻"改为"一律看待"。他说："中国对于各国宜取一律看待主义，彼以诚意来，我亦以诚意往。"换言之，只要其他国家主动示好于中国，就没有必要先入为主地予以排斥。以此新政策来看待日本，如果寺内新内阁真的能够改变对华政策，则绝不妨碍他老段由鹰派转变为鸽派。

这时德日因"一战"已成为敌对国。为了表明自己并不亲德，段祺瑞在接见西原时，便要他回去转告寺内："日本因为我留学德国，故认为我和德国有着特殊关系，这诚然是多余的顾虑。"

寺内曾赴法国，并担任过驻法公使馆的附武官，段祺瑞以此打了个比方："据说寺内先生长期在法国，但并没有人说他与法国有特殊关系。我所想的只是中国和东方。"

此次接见不久，段祺瑞即派章宗祥出使日本，与日本加强往来和接触。临行前，章宗祥请示对日基本方针，段祺瑞向他明确交代："远交近攻之策，自不适用于今日。"章宗祥素来主张与日本搞好关系，见作为总理的段祺瑞与他见解相同，"心中为之一安"。

当章宗祥以驻日公使的身份出使日本时，寺内内阁已经正式成立，西原又跑来与章宗祥会晤。

虽然大隈内阁已经下台，但当时中国各地仍有大隈内阁所派遣的浪人到处兴风作浪，四处捣乱，尤其是山东胶济沿线一带折腾得更凶，这让章宗祥感到十分头疼。既然西原一直把话说得那么漂亮，他就决定用投石问路的办法来试一试，于是便托西原传话给寺内，要求予以解决。

不久，日本政府果真下达命令，取缔分散中国各地的浪人，要求一律限期回国。

在感到日本的对华外交政策确有变化的同时，章宗祥也惊异于西原身上巨大的能量，因为西原并非寺内内阁的成员，也不在日本政府担任任何实际职务，用北京政坛的习惯用语来说，他不过是寺内私人的一个跑腿混混儿而已。

事实上，西原却绝不是"跑腿混混儿"这么简单。自寺内担任朝鲜"总督"起，他就一直追随于寺内身边，帮助其策划运作，深得寺内的信任。对这位"无冕大臣"而言，取缔召回浪人，不过是小事一桩，为了促成寺内所谓的"中日亲善"，他还有更大的礼包要送出来。

见面礼

再次与章宗祥见面，西原提到，中国目前最困难的就是财政，而要整顿财政首先就需要一笔款子，如中国要借款，日本可以施以援手。

包括善后大借款在内，中国所借外债向来都拿不到实数，总要被七扣八扣减掉许多，这也常常会被外界认为是经手人拿了佣金或"回扣"，具体到向日本借款，则更为敏感。对西原主动要借款给中国政府的提议，章宗祥事先没有心理准备，不敢贸然答应，只好推托说自己怕因此遭到猜疑，不愿涉足其中。

西原真是有够贴心，过了几天又对章宗祥说，他已经想到了一个好办法：借款时十足交款，答应借多少，实际付款时就给多少，中间不再给经手人佣金，如此经手人就可以干净了。

西原同时声明借款不涉及政治，不需要抵押。如此优厚的借款条件，段政府乃至之前的袁政府还从未遇到过，正好政府又处于极度缺钱的当口，岂有不笑纳之理？

西原在日本本国的操作没有任何问题。除了寺内对他言听计从外，大藏大臣（即财政大臣）胜田主计原在朝鲜帮寺内主持理财工作，从那时起，他与西原的关系就十分密切。在大藏省内，西原可以随便命令和指挥胜田的幕僚，也能让银行人员听从他的命令办事。

需要避开的还是国际财团，因为按照善后借款协议，四国银行团中的任何一国都不能单独对华进行政治借款。西原虽然口口声声借款不涉及政治，可是也怕银行团知道后会大加诘责，所以只能秘密办理。

这时在日本控制的范围内，有三家专营长期投资业务的特种银行，分别是台湾银行、朝鲜银行和日本兴业银行。经过研究，便决定由三家银行借款五百万元给中国交通银行。

双方商定后，西原一个电报发到东京，胜田马上回电同意。这是寺内上台后，通过西原之手借给中国政府的第一笔款项。

借款办理得如此顺利，出乎北京的意料，也使得段政府进一步确证了寺内内阁的政治信用。一拿到款项，段祺瑞立即派吴光新拜访日本驻华公使及天津驻屯军司令官，以表达自己"认真与日本合作"的态度与决心。

对于西原和日本政府而言，第一笔交通银行借款是其表达"诚意"，让中国消除戒心的见面礼。自此以后，西原在段政府面前的地位和影响力得到大幅提升，他开始更积极地促成中国对德宣战。

日本本身是协约国成员，站在协约国一损俱损、一荣俱荣的角度，西原一直担心中国被德国所诱惑，把丰富的资源和劳动力提供给德国，从而对协约国产生不利后果，所以他在为借款奔走的同时，一直努力劝说中国参加协约国。

不过寺内内阁想的与西原却不完全一致。寺内固然不乐意中国支持德国，可要是中国加入了协约国，反过来使日本在山东的权益得而复失怎么办？

美国驻华公使芮恩施为了游说中国参战，尚能背着政府夸下"援助"的海口，西原与高层关系紧密，可以做到言出必行，反倒不能这样信口许诺，因此在段祺瑞决定参战之前，其实并没有得到过日本将全力对华"援助"的确切保证。

在这种情况下，北京政府开始对日方的"好意"产生疑虑。时任交通总长的曹汝霖一手经办了交通银行借款案，可是也对寺内内阁的新政策抱着将信将疑的态度。章宗祥更曾电嘱曹汝霖，认为西原虽然神通广大，但终究不是外交上负责任的政府人员，勿太过信任，致生波折。

在段内阁中，曹汝霖、章宗祥均被视为亲日派，连他们都这样谨慎，段祺瑞更不会冒险把参战与日本"援助"相联系。实际上，他这时候主要想依赖的还是美国，指望得到的也是芮恩施所说的"援助"。

在发出对德抗议前，日本政府虽然接到了中方的通知，但二者仅隔五个小时，表明到此时为止，北京政府并不把日本的意见作为参战的必备条件。这可把西原给急坏了，他数度向寺内内阁提出建议，认为如果坐视中国被美国拉进协约国，只会使好不容易打下的一点点"亲善"的基础发生裂痕,他先前的种种努力也算白费了。

原先日本政府不放心的主要还是山东问题,寺内内阁为此相继与英、俄、法、意达成谅解,获得了由日本继承德国在山东权利的保证。有了这一保证,寺内决定接受西原的建议。

平衡木

响应美国的劝告本是中国参战的一个重要由头,可是之后美国政府却又变得消极起来,这使得北京政府在采取下一步行动之前,也想重新试探一下日方的态度,看能否获取对方的支持。

1917年2月14日,段祺瑞以国务院、外交部的名义联合致电章宗祥,提到中国一旦与德绝交、宣战,就必然需要一笔非常大的费用,到时希望日本和协约国其他成员能够允许,让中国"酌加关税"以及"将庚子赔款缓解或延长年期"。

先前对中国未与其磋商,就在美国的劝告下发出对德抗议,日本外相曾酸溜溜地表示过"遗憾"。现在段政府能够第一个跟日本商量"与德绝交、宣战以后的事",显然流露的是一种"亲日"姿态。在章宗祥就此告知日本政府后,日方"极表满足",认为这是中国政府"初次对日诚意之表现"。

为了坚定中国参战的信心,寺内立即派西原前往中国进行游说。在出发前,围绕中国加入协约国的优待条件,西原与首相寺内、藏相胜田、外务相本野进行了磋商,获得了他们的首肯。

2月16日,西原抵达北京,与曹汝霖、梁启超等要人见面,并多次拜访段祺瑞。其间,他们就优待条件进行了长时间交谈。

西原向段祺瑞暗示,中国如果参战,日本政府可以通过派遣教官、提供军火等方式武装中国军队,但中国并不需要直接出兵欧洲,而只需派华工即可。当然,中国还可以凭此得到更多的贷款。

西原在京的一系列谈话和"保证",让段祺瑞及其幕僚下决心在对德抗议后,进一步与其断交乃至宣战。

西原与段派成员频繁的秘密接触，立即引起了包括黎元洪在内的反对派的疑虑，认为段祺瑞在乘机投靠日本，借助日本借款，以达到排除异己的目的。

本来仅涉及国家利益的参战问题立刻变得复杂起来。黎元洪密电全国名流征求意见，这些意见也以反对与德绝交者居多。这更增加了黎元洪的底气，遂从支持绝交完全转向反对绝交，府院之争也因对德态度不同而进一步升级。

府院相持不下，令南京的冯国璋成为焦点。作为北洋系中除段祺瑞之外的另一个实力派，早在参战风波发生之前，被选为副总统的冯国璋就是府院双方及各方面人士都竞相争取的香饽饽。冯国璋既不愿得罪段祺瑞，又不想令黎元洪难堪，只能采取两边敷衍、不置可否的办法。

2月22日，在黎、段、国会的极力相邀下，冯国璋抵达北京，为府院进行调解，不过其态度一如从前，仍然是息事宁人、不偏不倚。

段祺瑞原以为"四哥"（冯国璋在家里兄弟中排行第四）是北洋袍泽，一家人总会帮着一家人，没想到冯国璋玩的是平衡术。好在失之东隅，收之桑榆，在此重要时刻，他得到了梁启超的鼎力支持。

在清末民初的文化界中，梁启超的文章学识被公认为居于第一流水准，同时他也勇于议政，是一个对政治生活有着浓厚兴趣的人。

梁启超曾经周游世界，对各国的国情形势比较熟悉，根据对国际形势的了解，他写成了《欧战蠡测》一书，判断德国在"一战"中绝无取胜的希望。与段祺瑞一样，梁启超原先也是个"亲德派"，这位名副其实的舆论巨子能够主动站到段祺瑞一边，不仅足以抵消社会舆论中的部分反对意见，而且极大地增强了段祺瑞的信心。

这时中国对德绝交正好获得了一个极好的理由：继德国政府复照拒绝中国的抗议之后，3月1日，一艘法国邮船被德国潜艇击沉，搭乘该船的五百余名中国劳工不幸身亡。

段祺瑞抓住机会，当天便在总统府举行最高国务会议，讨论对德绝交问题。黎元洪虽未表示反对，却强调不要急于下论断，应服从国会决定，"倘代表民意之国会决定赞成加入联盟（即加入协约国）"，他个人决不反对。

既然黎元洪这么说，段祺瑞即以总理身份邀请参众两院议长、国会各政党领袖举行会谈，结果列席者都没有在对德绝交问题上表示不同意见。

第二天，在协约国公使的敦促下，段祺瑞主持召开内阁会议，通过了对德绝交案。与此同时，段内阁又草拟出"加入协约国条件节略"，节略的内容是请日本对中国参战后希望享受的各项权利予以赞助，末尾写道："深信日本政府对中国之诚意。"

段祺瑞准备将节略交给驻日公使章宗祥，再由章宗祥向日本政府提出。无论绝交案还是节略，都得经总统同意，段祺瑞认为在国会方面已无异议的情况下，黎元洪也不会再有什么问题，于是当天就派人将节略送到总统府，不料却意外地遭到了黎元洪的搁置。

没法干下去了

段祺瑞的鼻子歪掉了，气歪的。1917 年 3 月 4 日，他率全体阁员直接来到总统府，请黎元洪在绝交案和节略上盖印。黎元洪浏览了一下绝交案，看到有"对德绝交"几个字，马上拒绝盖印。

段祺瑞和内阁不干了，双方大吵了起来。这是一种互相叠加的情绪反应，你给我九分厉害，我就还你十分颜色。一向显得窝窝囊囊的黎元洪也一反常态地发了火，声音非常严厉。

黎元洪强调依照临时约法，他有宣战媾和的特权。内阁亦不示弱，说你有特权不假，但我们实行的是责任内阁制，约法有明确规定，总统必须尊重内阁的决定，你现在这样轻易推翻内阁的决议案，不是目无内阁吗？

一名阁员说到激动处，甚至拍了桌子："总统简直优柔误国！"

这句话算是道出了段祺瑞的心声，他对黎元洪说："总统既然不信任我，事事和我作梗，国会又处处找我麻烦，和我背道而驰，这样的国务总理我是没法干下去了。"

段祺瑞愤而辞职，并于当晚坐专车去了天津。

得知段祺瑞出走，黎元洪那些不知轻重的幕僚们都乐坏了，他们纷纷怂恿黎元洪趁机改组内阁，换一个听话的总理上来。

对于换人，黎元洪内心里求之不得，他征询了徐世昌和王士珍的意见，准备请二人中的一人出任总理。可是徐、王均为政治场上的老手，谁也不愿跳这个火坑，另一边，各省军民长官则发来通电，要求挽留段祺瑞。

压力一大，黎元洪照例又撑不住了，只得请冯国璋亲自到天津劝段返京，同时承诺不再干预内阁确定的外交方针。

冯国璋到天津后告诉段祺瑞："只要国会能通过对德绝交案，总统当会依法执行，决不会加以干涉。"

见黎元洪已经让步，段祺瑞也赶快见好就收，随冯国璋返京重新办公。回京后他做的第一件事，就是以国务院、外交部名义致电日本政府，提出"加入协约国条件节略"。日本政府的答复是中国政府应先行对德绝交，至于绝交后的权利义务问题，到时可与协约国方面协商解决，中国不必事先提出条件。

接下来，段祺瑞亲自出席参众两院秘密会议，提出对政府外交政策的信任案，此案在两院分别以多数票得以通过。1917 年 3 月 14 日，北京外交部正式照会德国公使，宣布对德绝交。

与德绝交之后，中国随即接收天津、汉口德租界，停付德奥庚子赔款，同时封存德国在华公产，接收德国在华轮船及其他军用财产，算是获得了加入协约国的阵营的一些初步利益。

在段祺瑞的计划中，绝交只是第一步，宣战才是最关键的那一步，但黎元洪认为绝交是他在对德问题上的底线，反对采取进一步的宣战步骤。

这时不仅黎元洪，朝野各界从中央到地方，绝大多数人都反对宣战。当然具体到每个派别和实力派人物，在出发点和考虑角度上都会有所不同——以孙中山为首的国民党人主张中立，目的是不希望段祺瑞在外交政策上再取得成功，从而提高其威望；西南诸侯担心，段祺瑞取得协约国的同情并获得日本的援助后，会对西南贯彻武力统一政策；北洋系虽被段祺瑞倚为靠山，但包括冯国璋、张勋在内的北洋军头或不真心支持参战，或直接把电报打给国务院予以反对，其真实理由却是害怕抛弃地盘，以及带兵到遥远的欧洲去送死以及消耗实力。

就连向来与段祺瑞保持一致的徐树铮，也出人意料地与幕主唱起了反调。徐树铮虽非留德学生出身，却非常崇拜德国。他认为德意志民族优秀，科学进步，绝无战败之理，因此屡次上书段祺瑞，主张不可参战，应严守中立。段祺瑞大怒，曾当着徐树铮的面，将他的报告书扔到地上。

徐树铮素为段祺瑞之灵魂，此前别说扔他的报告了，连重话都不会有一句。这一罕见的举动，也表明了段祺瑞所面临压力之大。

就在段祺瑞感到孤立之际，梁启超突然登门拜访，再次以实际行动支持段祺瑞。

第五章 ／ 光荣篇章

段祺瑞对来见他的任何客人，向来不迎接到楼门以外，这次得知梁启超来访，他竟然穿上马褂一直迎到院内梁坐的汽车旁边，并且握着梁的手连连说："老弟，久违！久违！"

把梁启超让到小会客厅后，段祺瑞又让家人在午餐时预备正餐。段祺瑞留客人吃饭，一般只预备便饭，指明预备正餐，是暗示要加添燕窝鱼翅等海菜，以表示对客人的格外尊重。

这天梁、段从上午 10 点起，连续谈到下午 3 点多钟，梁启超才告辞而去。

谈话中，梁启超主要分析的还是德国为什么会输以及中国为什么要参战。

德国为什么会输——不错，德国军队确实部队精壮、武器优良，但同盟国和协约国战争的胜负，并不在于军队和武器的强弱优劣，而在于最后谁能在经济上撑得住。仗打了三年，德国的人力物力已经捉襟见肘，而英法等协约国却资源丰富，又有美国在后面帮忙，经济方面远胜于德。

中国为什么要参战——中国既已与德国断绝邦交，那就算是把德国给得罪了，如果迟迟不参战，德国一旦取胜，中国势必处于战败国的地位。反过来，英法若胜，因并未对德宣战，中国也不能被列为战胜国！

还得依赖实力

梁启超此次访段显然是有备而来，在原先的基础上又做了精心研究和准备。在讲到中国因不能参战而可能面临的严重后果时，他痛心疾首："从此（中国的）国际地位更加低落，将何以自存？况日本业已参战，到德国战败，则东邻虎视，列强环伺，中国的前途更不堪设想！"

由于外界阻力太大，段祺瑞对德宣战上的决心难免受到影响。与梁启超的这次长谈犹如给他打了一针强心剂，自此对德宣战的意志更为坚决，要黎元洪明令宣战的心情也更为迫切。

为了攻下黎元洪这座"堡垒"，段祺瑞特邀徐世昌、王士珍、梁启超等人同赴总统府，请黎元洪说明他反对参战的具体理由。

黎元洪当然不能说出我忌惮你老段之类的话，只能说："我对这个问题是没有成见的，但是我认为少数应服从多数。现在舆论界都反对宣战，我们不能不予以重视。"

对于舆论反对这一招，段祺瑞早有防备，要不然就不会把梁启超给邀来了。梁启超马上接过黎元洪的话茬儿："舆论？什么舆论？我就是舆论界之一人，但我就是坚决主张宣战的。"

黎元洪张口结舌，只得把目光转向王士珍说："军界也不赞成，聘老（王士珍字聘卿）就是一个。"

王士珍的确不赞成，可这只是他和黎元洪私下的交流，万想不到黎元洪会当众把他推出来做挡箭牌。眼看已毫无躲闪余地，不得不闪烁其词："德国陆军世界第一，如果德国战胜，事情就难办了。"

这次会谈又是各说各话、无果而终，不仅没有能够弥合黎段之间的分歧，还将府院双方推到了更加水火不容的地步。

除丁佛言外，黎幕尚有被段派称为"四凶"的"四大金刚"，包括哈汉章、蒋作宾等人。这些家伙每天不干别的，就是琢磨如何倒段，而且馊点子着实不少：哈汉章怂恿黎元洪联冯（冯国璋）倒段，蒋作宾更发密电给东北的张作霖，以事成之后许以更大权位为诱饵，要对方反段拥黎。

蒋作宾的密电被段祺瑞的幕僚、陆军次长傅良佐查获了，段祺瑞为免被动，只好立即派人去东北对张作霖进行拉拢。

黎幕固然杀气腾腾，可段幕也不是吃素的。徐树铮在是否参战问题上与黎元洪看法相同，但这并不妨碍他准备利用参战问题逼迫黎元洪让步。因为从参战问题出发，可以预知黎元洪以后一定不会和段祺瑞好好合作，国务院的其他政策也不可能贯彻得下去，这是最令徐树铮忧虑和恼火的。

怎么逼迫？还得依赖实力。在这方面，徐树铮早已驾轻就熟。他离京奔走于各地，上海、南京、徐州……对各省督军煽风点火，穿针引线，鼓动他们到京城去参政议政。

徐树铮本来希望冯国璋能出来带个头，但冯国璋自上次来京调解后，已经弄清府院关系之复杂，知道总理、总统和国会这三方都不是容易对付的角色，而且哪一边都得罪不起——冯与段同学同事多年，又是换帖兄弟，至少不能跟段唱对台戏；冯自己是副总统，只要说出任何不利于黎的话，就会令人误会有取黎自代的企图；国会更是惹不得，因为冯本人就是国会选举出来的副总统。

冯国璋对徐树铮说："虽然大家捧我，有了这名义（指身兼副总统），我倒不好说话了，还是推张巡帅出来讲几句话吧。"

张巡帅也就是张勋，因其时任长江七省巡阅使，故有此称。他原先不是北洋嫡系，后来才依附于北洋，属于北洋中的杂牌。

北洋实力既没有一般人想象的那么壮大，又以杂牌居多。张勋以徐州所属八县为中心，所部分布于苏皖各地区，共有步马炮各兵种六十营，共三万人。这在北洋杂牌中已经属于比较强的了，像安徽督军倪嗣冲就只有三十八营近两万人。

民初国内军队有南军北军之称，张勋作为北军杂牌之首，曾被推为北方十三省区大盟主，并三次在徐州召集北军军头开会，遂为各方面所特别重视。

在冯国璋推荐下，徐树铮又邀张勋出面。张勋召集幕僚商量，他的幕僚们认为段、黎"各挟私意以相争"，张勋去了只会被拿去当枪使。张勋听了这些话，便只派了一名代表赴京。

除冯国璋、张勋仅派代表外，其他督军都已同意入京。徐树铮这边一布置成熟，段祺瑞即宣布召集督军们到京讨论时局。为了能够名正言顺，对外只说是讨论裁兵节饷问题。

定心丸

第一个到京的是安徽督军倪嗣冲。由于徐树铮在游说时曾从自己的观点出发，嘱咐倪嗣冲在参战问题上维持中立，所以倪嗣冲不仅发电维持中立，而且动身时又发表了反战讲话，说对德宣战一定会引起亡国后果云云。

倪嗣冲也不是北洋嫡系，对府院之争的内幕不太了解。到了京城后他还拎不清行情，以为总统比总理大，于是就先去拜见了黎元洪，同时还保举其侄儿和儿子分别晋升中将、少将。

黎元洪明知段祺瑞召集军事会议是要对他进行施压，心里已经很不痛快，又见倪嗣冲态度恭顺谦卑，当即便决定拿这个"软柿子"开刀立威。只见他沉下脸来，大声呵斥道："怎么，你到北京来是为你的侄儿、儿子谋功名富贵的吗？他们配当中将、少将吗？授官是总统的大权，你身为省长，有什么资格求官？"

倪嗣冲被骂得面红耳赤，无地自容，慌忙退出了总统府。

接着倪嗣冲去谒见段祺瑞。段祺瑞对倪嗣冲的反战言论很是反感，一问才知道是他受了徐树铮的影响，本人其实笨笨的、傻傻的，除了知道要保住自己的地盘和实力外，并无什么确定的政治主张。

针对倪嗣冲的心理，段祺瑞给他吃了一颗定心丸，说明宣战不仅不需要派兵出国，而且还可以获得日本的借款、军械以及其他优待条件。

如倪嗣冲这等粗鲁少文的武人，你给他讲高大上的政治理论，他根本无法领会，但做某事只有大把好处而没有什么坏处，他立刻就能听懂。再加上黎元洪不给面子，相比之下，段祺瑞却和蔼可亲，于是倪嗣冲马上由反战派变成了最积极的主战派，他向外界大声疾呼："应当无条件加入，加入愈快愈好！"

湖北督军王占元与倪嗣冲遭遇相仿，他当即表示："前此有电请维持中立者，系徐树铮示意，今日来京，方知参战之必要。"其他陆续来京的督军在被段祺瑞逐一开导后，也都对宣战投了赞成票。

1917年4月25日，段祺瑞亲自主持召开军事会议，出席会议的督军、督军代表共二十余人，这就是所谓的督军团。

段祺瑞事先准备好了一张签名单，上有"赞成总理外交政策"八个字，与会者一致在上面签上自己的大名，而后这张签名单便被送往了总统府。

段祺瑞业余爱打牌，每天晚饭后都要准时过上一把牌瘾。督军团进京，令段公馆的牌桌进入了史上最热闹的时代——督军们常聚在段公馆开会，开完会就来上几桌麻将。

倪嗣冲等人在北洋军中号称勇将，他们在战场上究竟勇不勇，段府家人也不知道，但亲眼所见，这些人在赌博场上倒真的都是以一当十，颇有英雄气概。那时候每天的输赢都有千八百块，光段公馆抽的"头钱"（即抽头）积累下来就是一个颇为可观的数字了。

督军们把赌博场上的英雄气概顺延到了"参政议政"上，连国务院的内阁会议他们也要参加。当时内阁成员因为辞职、请假、免职等各种原因，一共只剩下三人，可列席的督军和督军代表倒有二十多个，讨论议题时，三个阁员连插嘴的机会都没有。

有督军团助力，参战案很快就在内阁会议上得以通过。会后，段祺瑞拿着这个方案请总统核准。因为在绝交案风波中，黎元洪已经答应不会反对内阁已经确定的方针，于是只得同意将参战案提交国会讨论。

国会才是真正难办的。梁启超、汤化龙的研究系议员是全体赞成参战的，但他们在国会中并不占多数，占多数的是国民党议员。

说起来，民初的议员老爷们与官僚相比较并没有什么两样，甚至在食利方面还有过之。就国民党议员而言，他们对孙中山的崇拜，也仅止于崇拜孙的地位，其实几乎每个人都有自己的个人打算。也因此，当时的国民党议员中有所谓"南孙北张"和"大孙小孙"一类的名词。

"北张"指的是张继一派，该派直接就摆出要与孙中山分庭抗礼的架势。"小孙"指的是孙洪伊的"小孙派"，从在字面上看，这一派还谦虚一点，自称"小孙"，起码是要与孙中山分出大小，以示不敢并驾齐驱之意。

不管出自于"北张"还是"小孙"，这些所谓的国民党议员都只有一个"政见"，那就是拥黎反段。国会会议还没召开，他们已在其党派内做出决定，要"先倒段再议外交"。

孤家寡人

为了排除来自国会方面的障碍，段祺瑞亲自设宴宴请参众两院议员。次日，督军团也举行招待会，招待全体议员，以便为段祺瑞进行疏通。可是在随后的众议院秘密会议上，参战案还是没能通过。

众议院决定将参战案提交全院委员会审查，这意味着通过的可能性已非常渺茫。段幕急了眼，傅良佐等人在未经段祺瑞同意的情况下，即抄袭袁世凯曾使用过的伎俩，组织各式各样的"公民请愿团"包围国会，欲逼迫国会强行通过参战案。

不料此举适得其反，原本就对参战案持反对态度的议员们正好四散而去，参战案自然也无法顺利通过。

不但如此，段祺瑞还因此遭到了舆论的猛烈批评。在政府内部，有前国民党背景的阁员也对段祺瑞产生不满，正在供职的几名阁员在一天之内都先后提出辞呈。

黎元洪对段祺瑞面临的窘境幸灾乐祸，他对总统府的人说："阁员都没有了，看他段祺瑞怎么做光杆总理！"

按照惯例，阁员辞职，总统应进行挽留，可是黎元洪却一反常态，凡辞即准。只有外交总长伍廷芳的辞呈他留下不发，为的是准备在段祺瑞下台后、新内阁组成前，由伍廷芳做代理总理。

内阁变得空空荡荡，总理真的成了孤家寡人。国务院秘书长张国淦劝段祺瑞暂时引退，若在平时遇到这种事，段祺瑞不须别人说，自己就会在一怒之下拂袖而去，但这时他考虑到辞职会使参战案功败垂成，所以显得犹豫不决。

最后经不住张国淦一再劝说，段祺瑞的态度有所动摇，便让秘书拟写辞呈。徐树铮一向就认为张国淦是个"蝙蝠派"，不像他那样死忠于段祺瑞。得知张国淦居然劝段祺瑞下台，他立即跑到张国淦家里，指责对方是受了府方的指使，要压迫段祺瑞辞职，还说："将来北洋派瓦解，唯你是问！我能说服总理不辞，不许你再进言。"

当徐树铮接着赶到段公馆时，秘书正将拟好的辞呈送来交段祺瑞审阅。徐树铮把辞呈抢过来，撕得粉碎！

段祺瑞见状，也就暂时打消了辞职的念头。

督军团不来京不知道，来了才知道国会的厉害。为了帮助段祺瑞渡过难关，他们再次设宴招待全体议员，一面强调段祺瑞对请愿团"事前毫无所知"，一面代段祺瑞向议员道歉。席间，督军们都放下封疆大吏的架子，向议员大献殷勤，甚至鞠躬作揖，请求能网开一面，放参战案过关。

议员们可没这么好打发。当众议院应段祺瑞的咨请，再次讨论参战案时，有国民党议员提出，内阁成员已多数辞职，光杆总理连国会会议都召集不起来，这样的咨文显然不合手续。他建议缓议此案，等内阁改组后再行讨论。

随着这一动议经表决得以通过，段祺瑞的希望又一次落空。

在段祺瑞和督军团眼里，这国会简直太可恶了。既然敬酒不吃要吃罚酒，督军团便出面呈请总统解散国会。

黎元洪以总统无权解散国会作为回应。有人问他，如果督军团一定要解散国会，总统用什么办法对付他们？黎元洪说："我抱定了九个字的主意——不违法，不盖印，不怕死！"

在接见督军团代表时，黎元洪还直言不讳地提出，解决时局的唯一途径是让段祺瑞辞职。他说："我看政局形势搞得太僵。段芝老（段祺瑞）支撑大局，实在艰难，为什么不趁此机会休息休息，躲开冲突，再找一个机会东山再起呢？"

段祺瑞与国会的冲突已成为黎元洪予以反击的最佳利器，他在末了用仿佛局外人的口气再次声明："现在国会与总理的关系如此恶劣，还是暂避为妙。"

段祺瑞被逼到了墙角边，处境十分艰难，但他知道，自己一旦主动辞职，对德宣战必将化为泡影。为此，他决定以退为进，先后派人或亲访徐世昌、王士珍，请对方出面组织新内阁，并说他本人愿意在新内阁中留任陆军总长。

徐、王均不愿来蹚浑水，一个表示决不接受组阁的任命，一个打躬作揖地"敬谢不敏"。

接着，段祺瑞一反常例，亲自到总统府找黎元洪恳谈，对他说："我已经找过了徐菊老（徐世昌号菊人），找过了王聘卿（王士珍的字），他们都不肯担任内阁总理。请总统从速为我找到替身，以便交卸。"

段祺瑞把话说到这个份儿上，无非是希望黎元洪能够对他进行挽留。黎元洪虽然并没有如其所愿，但终于承认暂时还没有找到其他适当的总理人选。

我不干了

鉴于黎元洪和国会都把攻击他的重点放在内阁残破、无法负责这一点上，而且黎元洪的态度也似乎有了一些松动，段祺瑞又亲自提出了一份补充阁员的名单。

当张国淦携带着这份名单前去征求总统府征求意见时，黎元洪已经拟好了对段祺瑞的免职令，他问张国淦："芝泉的光杆总理还能当下去吗？"

张国淦回答："总理正打算补充阁员。"

黎元洪冷冷地说："恐怕全是合肥人吧！"

如果名单真如黎元洪想象的那样，他将当场拒绝接收，然后公布免职令，但是看完名单，他才发现自己想错了。

对段祺瑞拟定的这份名单，其幕僚们曾建议用清一色的自己人来补充阁员，但段祺瑞本人没有接受。他所提出要补充的六名阁员，几乎没有一个属于段派，头三个更是黎元洪所喜爱的湖北同乡。

这是一份有意无意取悦于黎元洪的内阁班子，黎元洪的脸色顿时缓和下来，并留下了名单。

张国淦回去后汇报了与黎元洪见面的情形，段祺瑞感到事情有了转机，第二天亲赴总统府，欲与黎元洪讨论内阁的名单问题。不料黎元洪却对名单上的人指指点点，说这个不行，那个国会也通不过。

段祺瑞想不到黎元洪会突然变卦，犹如全身被浇了一盆冰水，他赶紧强调："内阁应由总理全权组织，不能完全按国会的意思去做。"

黎元洪的变卦来自于"四凶"的怂恿，后者认定段祺瑞是在用苦肉计兼缓兵计，为的是堵住黎元洪的嘴，他们建议幕主下定决心，对名单不予理睬。

黎元洪照此办理，他不仅当面称段祺瑞已完全失去国会的信任，还提出对方要对督军团"公然干涉制宪，闹得不成体统"负责。

二人不免又要说到对德宣战的事，黎元洪还是说国会不同意，不肯照办。双方越说越僵，段祺瑞拍着桌子和黎元洪大吵，随后愤怒异常地冲出了总统府。临走到客厅门口时，他突然用力一跺脚，回过头对黎元洪说："我不干了！"

到了段公馆，当家人接过段祺瑞脱下的马褂时，发现他的鼻子已经向左边歪了两指多。段祺瑞虽然一生气就歪鼻子，但是歪得这么厉害，是空前的一次。随行副官也赶紧打"预防针"，叮嘱家人："我们要小心伺候，别找倒霉。"

段祺瑞脾气上来宣称要撂乌纱帽的话，正中黎元洪的下怀。他的那些幕僚策士们更在他面前推波助澜，说别看老段表面上凶，其实色厉内荏，并没有什么实力，如果直接对他下达免职令，他必只好拂袖而去，如此则天下事不难大定矣。

当天下午，黎元洪即派人到国务院宣布三道总统命令，其中第一道就是免去段祺瑞的国务总理兼陆军总长一职，由已递交辞呈，但尚未批复的原外交总长伍廷芳暂代国务总理。

段祺瑞对黎元洪不留一点余地的做法感到异常愤慨。在决定依旧搬去天津居住之前，他通电全国，认为凡实行责任内阁制的共和国家，总统命令须由总理副署才能生效，而黎元洪的三道命令都未经他副署。

段祺瑞在通电中还特地声明，如果黎元洪执意要这样做，"将来国家因此发生何等影响，祺瑞概不负责"。

一会儿，段祺瑞叫来卫队营长杜奎，要求马上预备去天津的专车。杜奎带人到前门车站找站长要车，站长却说刚刚才接到总统府电话指示："不经总统批准，任何人不得开行专车。"

杜奎不由分说，在强逼着站长备好专车后，即去向段祺瑞汇报。段祺瑞平常照例都要午睡，现在午睡也不睡了，就带着便衣卫队乘汽车直奔前门车站。

段祺瑞刚上专车，"舅老爷"吴光新也来相陪。一行人等了十余分钟，还不见专车开动。吴光新立即让人把站长叫来，问他："你为什么还不赶快开车？出了事故你负得了责任吗？"站长回答："刚才总统府曾来电指示，没有总统的命令，谁也不能擅自开专车走。"

吴光新为人骄傲自大，脾气古怪，平时就很难接近，听了站长的话后顿时暴跳如雷："他（指总统府）是放屁，胡说八道，不开不行，赶快开车。"

杜奎马上掏出手枪，指着站长的胸前问道："你开不开车？"

站长吓得脸都白了，一面大声喊快开车，一面对身边的站内职员说："赶快打电话向总统府报告，专车不开不行。总理大怒之下，不开车就会枪毙我。专车已经开走了！"

连环计

府院之间的天地大冲撞，全都被身在徐州的张勋看在眼里。张勋自许为督军团盟主，虽然他只派了代表赴京，但一直密切注视着北京政局的发展。公民团事件发生后，见督军团在黎元洪和国会面前也表现得束手无策，他感到自己大显身手的机会已经渐渐成熟，便开始向一些督军及督军代表发来密函，邀其到徐州开会。

张勋是个复辟派，他在前清时当过江苏巡抚兼署两江总督、南洋大臣，进入民国后，脑后依然拖着辫子，人称"辫帅"。有人劝他剪掉辫子，张勋说："我张勋的辫子等于我张勋的脑袋，脑袋掉了辫子才能掉！"

张勋的军队也和他一样都留着辫子，号称"辫子军"。"辫子军"以剽悍著称，但军纪非常坏。当初袁世凯镇压"二次革命"，"辫子军"攻入南京，张勋竟纵兵掳掠三日，其暴虐程度超过了土匪，犹如刚入关时烧杀抢掠的清朝军队。当时军队中流行着一首歌谣："穷巡防，富陆军，吊儿郎当镇嵩军，奸淫抢掳找张勋。"

段祺瑞内心里非常看不起张勋这个怪物，即便在迫切需要外援的情况下，他最初仍希望由"四哥"而不是张勋来出面组织督军支持他的主张。

可是在曾毓隽持段祺瑞的亲笔信前往南京后，冯国璋一如既往地把皮球踢给了张勋，他对曾毓隽说："我虽是以副总统的身份坐督江苏，但江南的有些事，还是以徐州的张绍帅（张勋字绍轩）为首。他年资在我等之上，是我们的老大哥，遇事总要请他出来主持。这件事关系很大，应该与张绍帅商量。"

与上次徐树铮劝他入京不同的是，这次冯国璋知道段祺瑞境遇困难，不能光用两句闲话打发。除秘密通知在京的督军和督军代表到徐州开会外，他又当即挥笔写了一封致张勋的亲笔信，信上请张勋出面支持参战并使段祺瑞复职，同时强调这一条件如不能得到满足，即共同展开逐黎行动，他冯国璋虽不会亲自与会，但一切都会服从大哥（指张勋）安排。

冯国璋让自己的总参议胡嗣瑗作为代表，拿着这封信与曾毓隽同去徐州。张勋看了信假装客气，对胡嗣瑗等人说："这么大的事我怎么办得了？还得请副总统出来主持才好。"

其实这时由张勋召集的第四次徐州会议已经开幕。在他和冯国璋的共同相邀下，原在京的二十余名督军和督军代表齐聚徐州，与会者一致推举张勋为会议主席，张勋俨然成了督军团的盟主，这令他十分受用。

督军团到徐州的第二天，即收到段幕靳云鹏、傅良佐发来的电报，得知段祺瑞已被黎元洪下令免职，并且段祺瑞通电否认此命令有效。

会场内外顿时掀起一股倒黎拥段的热浪。安徽督军倪嗣冲第一个暴跳如雷，对黎元洪破口大骂，其他人也都群情激愤。

并不是所有督军都像倪嗣冲那样真心拥段，他们有的推崇徐世昌，有的认可王士珍，但总之一句话，他们所拥护之人都得是老北洋这个圈子里的。在他们眼中，黎元洪属于外人，现在外人把自己人给免掉了，分明就是要对整个北洋发起挑战，是可忍孰不可忍。

商量下来，众人一致推举张勋出来推倒黎元洪，另请冯国璋出来当总统，并恢复段祺瑞的总理之位。张勋当天没有出席会议，主持会议的是他的秘书长万绳栻。万绳栻以张勋的原话作为答复："你们的主张我是无法办到的，因为师出必须有名。"

张勋还说他已经想到了一个妥妥的法子，这个法子就是"把大政奉还给今上"。

在前三次徐州会议中，张勋也曾经一而再、再而三地对复辟进行过暗示，但都没有说得这么直白，此次会议才终于正式涉及了清室复辟问题。

一听说要以保清室复位为条件，与会者面面相觑，都觉得不能贸然答应。在出席徐州会议的诸人中，有一个人虽非督军或督军代表，但却分外瞩目。此人就是徐树铮，他以段祺瑞代表的身份与会，察觉出张勋真正感兴趣的是复辟，众人如果在这个问题上不松口，徐州会议将不会有任何结果。

徐树铮很快酝酿了一个连环计，即对复辟不再明确表示反对，引诱张勋放胆进行，以便假张勋之手驱走黎元洪、解散国会，之后再拥护共和、打倒张勋，恢复段祺瑞政权。

后来他对人如此阐述自己的用意："张勋是复辟脑袋，先他去做，我们的机会就来了。"

被火炉炙烤的滋味

当天会议结束，张勋设宴招待督军团，但由于对督军团是否能接受他的复辟主张仍心中无底，所以仍未亲自参加宴会，而由他的义子、定武军（因张勋曾被袁世凯封为"定武上将军"，所以他的"辫子军"也称定武军）总司令官张文生代为主持。

张文生因为劝酒、闹酒，喝得多了一点，便昏睡在大客厅角落里的一个沙发上。过了不大一会儿，他的酒醒了，只听有人在低声谈论，睁眼一看，原来是徐树铮在和倪嗣冲等人商量着什么。怕对方发觉，张文生赶紧又闭上眼睛，装作酒醉未醒的样子。

这时谈话已接近尾声，只听有人（系徐树铮）这样说："他是复辟的脑子，别的他听不入耳。咱们就赞成他复辟，等他复辟时咱再想别的法子。"

徐树铮的话立刻得到响应："走！咱去找他当面谈谈。"

再往下听，就听不太清楚了，一干人一边小声说着一边走出了大厅。

张文生沉不住气了，恨不得把偷听到的话赶紧全都告诉张勋。可是当他跑到张勋的房间里时，却发现徐树铮等人已经围着张勋开起了会，而且大家正谈得起劲，他根本就插不上嘴，更无法单独告密。

见到张勋时，徐树铮用以打动他的第一句话是："芝老（段祺瑞）只求达到驱黎元洪的目的，一切手段在所不计。"

张勋知道徐树铮是段祺瑞幕中第一红人，徐树铮这么一说，他就认为段祺瑞不会反对复辟了。

倪嗣冲等人听从徐树铮的连环计，也都随声附和，说自己赞成复辟。

张勋喜出望外："既然大家无异议，那就再好不过了。"怕众人反悔，他又连忙提议道："不过这件事可不是说说而已，同意了就要做到底，必须坚定不移。"

口说无凭，立据为证。张勋当即让副官到后宅去找块黄缎子来签名。副官没找到，可巧张勋的二太太有一块黄缎子，原来准备盖上大印给少爷压邪祟用，于是便临时拿到了前面。

在场的人在黄缎子上一一签字，万绳栻还在上面写了个缘起。签字完毕，张勋把黄缎子交给万绳栻负责保管，接着便和众人讨论起实行复辟的策略问题。

徐州会议结束后，倪嗣冲率先在蚌埠发出通电，宣布独立，其通电电稿即出自徐树铮手笔。接着其他各省督军也纷纷响应倪嗣冲的通电，宣布本省独立。

各独立省份的主要目标是对准国会，他们一面派代表到天津，设立各省军务总参谋处，一面在津浦铁路沿线扣留火车，往天津运兵，以期造成即将发动武装政变的紧张局势。

黎元洪在罢免段祺瑞之前，处境艰难的是段祺瑞，他处于主动和有利地位，但罢免段之后，他反而尝到了被火炉炙烤的滋味。

除督军团外部施压外，北京政坛内部也已处于一片混乱之中。不仅政府几乎无人负责，就连国会也因拥段的研究系议员出走而处于残缺不全的状态。

为稳定政局、笼络北洋系军心，黎元洪又打算起用徐世昌或王士珍为总理，但徐、王均坚辞不出。在不得已的情况下，他只得退而求其次，任命李经羲为国务总理兼财政总长。

李经羲是前清遗老，其声望和能力与总理的职务并不相称，外界都认为他的上位是个大冷门。黎元洪及其幕僚之所以推重此人，是因为李经羲是李鸿章的侄子，安徽合肥人，而且多少也曾是个北洋官僚，他们就想用"以合肥人制合肥人，以北洋派制北洋派"的办法来稳定政局。

可是眼见政局动荡，李经羲也不敢来京就职。黎元洪焦头烂额，被迫向独立各省发出"告哀电"，声明他是为段祺瑞着想，才"暂予免官，俾其养望"，而免段令的副署也有先例可循，不可径指为违法。

督军团对"告哀电"的态度是不屑一顾、嗤之以鼻。倪嗣冲在天津谒见段祺瑞时道："黎宋卿（黎元洪）曾对我说，不经国会通过，径行对德宣战不合法。什么他妈的法！总理是责任内阁的领袖，总理说的话就是法律。他不经内阁副署，就免去总理的职务，是合法的吗？"

说到得意处，倪嗣冲又挖起了黎元洪的老底："辛亥武昌之变，黎宋卿听到枪声吓得钻了床底。后来不过是因缘际会，依人成事，可是却觍居高位，优柔寡断，竟然妄自尊大，以开国元勋自居，还有谁来拥戴他呢？"

如今的倪督军早就由刚刚进京时不知投靠谁的杂牌军头，一跃成为坚决支持段祺瑞的铁粉。段祺瑞对此当然很高兴，说到对黎元洪的评价，他也就一句话："国事方艰，庸才足以误国。"

就在黎元洪不知如何是好时，在天津不敢就任的李经羲给他献了一计。

救命稻草

按照督军团在徐州会议期间定下的策略，张勋没有随众宣布独立。此时的张勋与黎元洪若即若离，加上被外界视为督军团盟主，遂有举足轻重之势。正好李经羲与张勋的私人关系又比较密切，于是就劝黎元洪电召张勋进京调停时局——解铃还须系铃人，既然各省独立和"兵谏"起自徐州会议之后，作为徐州会议召集人的张勋如果能够出面调停，不但能够劝服督军团，而且足以加强新内阁的地位。

由于张勋一直主张清室复辟，而德国皇室对复辟派表示过支持，所以张勋在对德宣战上一直不太积极，这一度让黎元洪认为张勋站在自己一边，可以进行拉拢。不过张勋毕竟不是冯国璋，在不知其真实态度的情况下，黎元洪对于要不要召此人进京也一时拿不定主意。

总统府秘书郭同和张勋是同乡，而且二人过去还有点交情，他自告奋勇，愿凭三寸不烂之舌，说动张勋襄助黎元洪。

得到黎元洪的同意后，郭同秘密前往徐州。张勋正在家里等鱼儿上钩，不仅予以盛情款待，而且对郭同说："我有三总不做，一不做总统，二不做总理，三不做总长。黎总统是忠厚长者，如果有难言之隐，张某不吝为之声援。"

郭同闻之大喜，返京后力言张勋可用。接着，张勋也致电北京，表示拥护总统，担任调停人。

恰如溺水之人捞到了救命稻草，黎元洪忙让代理总理伍廷芳给张勋发电报，令其"迅速来京,以备咨询"。第二天,他又以国务院名义发电,要张勋来京"共商国是",以便"匡济时艰,挽回大局"。

1917年6月7日,张勋以应黎元洪之命调停说和为由,率步马炮共十营"辫子军"启程北上。

张勋的总司令官张文生对此行顾虑重重,他虽然没有能够偷听到"连环计"的全部内容,但仍认定徐树铮和督军团诸人布置了一个圈套,一旦张勋到北京后真的保清废帝溥仪复位,一准儿会上他们的圈套。

他知道如果直接劝阻张勋进京,对方不可能听得进去,张文生便从外地调来一名叫苏锡麟的统领,安排他带兵随张勋出发。

张勋的大太太曹琴常住天津,除有重大事情外一般不去徐州。临行之前,张文生便嘱咐苏锡麟,让他一到天津,就把这些顾虑转告给曹夫人,要曹夫人劝张勋,"什么都可以办,只有保皇上复位这件事办不得,一办就糟糕,准得上当,又不得好。"

张文生仍怕不保险,又对苏锡麟说:"必要时,你还可以向大帅(张勋)把我的话说明白,千万不要让大帅上这个当,将来是无法收拾的。"

张勋一行从徐州出发后,先到天津。苏锡麟找了个机会,把张文生要他转告的那些话告诉了曹夫人。曹夫人当时听了也很重视,马上就对张勋说了,可是张勋复辟之心已定,且到了临门一脚的时候,哪里能够接受劝阻?

就段祺瑞的处境来说,他不仅已经在野,而且舆论上也正处于下风,督军团尤其是张勋的支持无疑意味着雪中送炭,但他绝对不赞成张勋复辟。

还在第四次徐州会议期间,他就派曾毓隽到徐州对张勋声明:"如议及复辟,段必尽力扑灭,勿谓言之不预也。"张勋这才明白段祺瑞并不像徐树铮所说那样支持他复辟,只得通过万绳栻加以否认。

会议结束后,徐树铮返回天津,向段祺瑞报告了自己的计划。段祺瑞虽不便表示反对,可是也觉得这一利用张勋的计策过于毒辣了一些。在张勋到达天津的当天晚上,他便闻讯赶来看望张勋。二人见面谈了很长时间,他对张勋说:"大哥来了很好,到了北京首先要维持治安,这是要紧的事。别的事都可以办,只是保清帝复位的事还不到时候,即使勉强办了,就算北方答应,南方亦不会答应。

我看这件事还是慢慢来办。"

苏锡麟当时也在旁边，听后很是感动，认为"老段这个人可真够朋友"，然而张勋当时却什么也没有说，只是点了点头。

张勋自然也要回访段祺瑞，以及一起吃饭、打牌。段祺瑞趁此机会，再次郑重其事地把重话放了前面："你如复辟，我一定打你！"

段祺瑞虽掌握军权，但由于长期任职于中央，所掌握的军权也只是间接军权，手下没有什么可以直接控制的嫡系部队。这或许让张勋认为他只是空言恫吓，并不可能真的动用武力进行干涉，所以仍未能听进去。

当然段祺瑞毕竟是北洋的重量级人物，张勋表面上对段祺瑞还是非常恭敬的，以至于连段府家人都以为他和段祺瑞特别接近，殊不知他仅仅只是做些表面功夫而已。

与段祺瑞相比，张勋真正看不起且敢于玩于弄股掌之间的其实还是黎元洪，他曾经说过："一个小小协统也配当总统？"

到天津后张勋即驻步不前，随后向黎元洪提出五大条件，其中第一条为解散国会，同时威胁黎元洪："如不解散国会，即行返徐。各省督军自由行动，不能劝止。"

黎元洪这才知道张勋来者不善。虽然国会本身没有武力，但毕竟是全国的代表，而当时黎元洪所能依恃的只有国会，一旦解散，他手里就没有什么牌了。

明知是一剂毒药，可是为了换取张勋的支持，以便在府院之争中赢得头筹，黎元洪还是决定接受对方的条件。

国会解散令一拟好，黎元洪就想让代理总理伍廷芳副署，但遭到了拒绝。于是黎元洪又派人携令赴津，找李经羲副署，然而李经羲也以尚未正式就职为由加以推托。

黎元洪只得召集各部院高级官员开会，让众人拿主意。最后步兵统领江朝宗被公推出来，以代理总理的名义予以副署，国会解散令这才得以发布。

豪赌

国会解散令发布后，张勋仍未马上启程，而是继续在天津征询各方面对复辟的意见。这时张国淦正在天津，他意识到张勋有企图复辟的危险，而段祺瑞反对复辟，遂向黎元洪建议：在张勋入京之前，赶快免去李经羲的总理职务，重新起用段祺瑞，从而通过段祺瑞的地位和力量来对张勋进行牵制。

张国淦对总统府秘书瞿瀛说："复辟问题已经不是一个计划而是一个行动了。此时只有阻止张勋带兵进京，才能阻止复辟。"

张国淦既做过府方秘书长，也做过院方秘书长，对上层的权力运作非常了解。他知道这种时候找徐世昌、李经羲已经没有用了，因为徐、李等人其实没有任何实力，没有实力，就不敢对张勋说出什么硬话。

张国淦认定段祺瑞才能扭转乾坤。他郑重地告诉瞿瀛："能够阻止张勋带兵进京的只有段芝老（段祺瑞）。请你快回北京面劝总统，即日起用芝老为内阁总理，设法催促就职。这是缓解时局的唯一办法。"

瞿瀛回到北京，即将张国淦的建议转达给黎元洪。黎元洪还没说话，他的幕僚们就断言："张国淦是老段的说客！任何事情都好办，只是不能再看老段的一副丑恶嘴脸！"

在黎幕看来，"复辟可能是一种谣言，今天哪个敢于公然复辟？"退一步说，即便真有其事，"我们宁可断送于张勋之手，也不能再让姓段的来欺负总统！"

"黎菩萨"跟他的幕僚们一样缺乏政治智慧，不知道何者为轻，何者为重，听后居然被打动了，他很兴奋地说："我们抱定宗旨，不要中别人的诡计！"

张国淦的建议没有被采纳，黎元洪丧失了一个足以让他避开这场政治风险的机会。

就在国会解散令公布后的第三天，张勋终于决定进京，进京之前，他特地到段公馆去向段祺瑞辞行。二人在公馆密谈了半小时，段祺瑞再次叮嘱张勋："复辟万不可行，余听公便宜从事可也。"

在将张勋送出客厅门口时，段祺瑞问道："你几时去北京？"张勋答："今天下午就去。"段祺瑞说："好吧，你到北京看着办吧！"

张勋当天光着脑袋，拖一个辫子，身穿长袍马褂，持黑折扇，满面风尘，神情很是疲惫，显见得对于即将开始的复辟行动，他也很有精神压力。

在当时的社会政治形势和舆情之下，复辟不亚于一场豪赌，赢了的人自然盆满钵满，输的人可能连穿着裤子走出赌场的机会都不会再有。

在决定为这么大的赌博押注之前，不管新手老手，也不管他原先有多少资本，都不可能不紧张。

1917 年 6 月 15 日，张勋率部由津北上，"高视阔步，昂昂然抵都门"。督军团见宣布独立和"兵谏"的目的已初步达成，遂于 6 月中旬陆续返回原任，同时取消了独立。

与督军团和段祺瑞的期望背道而驰，张勋到北京后没有立刻做出驱黎倒黎的任何举动，也未再提让段祺瑞复职的话，相反还与黎元洪会晤多次，并拥护同车来京的李经羲继任国务总理。

人都道张勋是个不通事理的大老粗，其实这货粗中有细，有很狡诈的一面。他引而不发，并不是真的要支持黎元洪或李经羲，而是想先扶植李经羲内阁作为过渡，自己居于幕后，待时机成熟再复辟。

在京期间，张勋每天应酬，异常忙碌，跟他混在一起的都是一些复辟派。苏锡麟等有些头脑的部下怕他终究还是想着复辟，便在背后说："老头子这样忙，怕要出事，不如请个客，唱台戏，还了情赶快回徐州原防吧。"

部下们通过其他人向张勋提出这一建议，张勋当然不会接受。不过为了照顾众人的情绪，他故意对部下们说了一句："到北京要办的事都办完了，再过一两天就可以回徐州了。"大家听了信以为真，都很高兴。

张勋籍贯江西，是宣武门外江西会馆的有力支持者。江西会馆要筹建新厦，他一次就捐了二十万元。一天晚上，他正在会馆看戏，秘书长万绳栻突然让他回去开会。

这是复辟派在张勋公馆举行的一次秘密会议。首先在会上发言的是曾积极支持袁世凯复辟的雷震春。他问道："请皇上复位的事，大家都签了字，这时不办要等什么时候再办？"张勋回答："这件事得好好商量。"

接着张勋又装模作样地说要请王聘老（王士珍）出来，大家一块儿商量。雷震春很急躁地抢过话头："事情都到现在这个地步了，还要跟这个商量，跟那个商量，那得商量到什么时候？干脆，要办就办，不办就算了！"

张勋见在座的人都叫得很凶，认为复辟的时机已经成熟，便说："既然这样，那你们商量着办吧！"

"天牌"

6月30日，江西会馆新厦落成。会馆唱堂会庆祝，专门请来梅兰芳、杨小楼等著名京剧演员表演。戏一直演到深夜，因为观戏的张勋兴致特别好，又由杨小楼加演了一出。至午夜一点，张勋才乘兴而归。

也就在这天晚上，张勋下令于第二天一早悬挂龙旗。苏锡麟听后暗叫不好，紧急求见张勋，复述了徐州出发前，张文生交代他的那些话："复辟这件事办不得，是个骗局。他们大家（指督军团）签字赞成复辟，那是假的，请大帅千万不要受骗。"

作为"辫子军"中的一员，苏锡麟也不会觉得复辟不好，只是认为事情难办："要把国家大权交还给皇上，那是总统和国务总理的事，咱们办不了。请大帅千万别管这件事。"

万事俱备，张勋岂会因为部下的一番话就偃旗息鼓，他说："大家公推我出来，况且事情已经弄到现在，不办亦不行了。"

如果张勋有政治理想和抱负的话，复辟就是。他向苏锡麟坦承："我愿意办（复辟），就是他们骗了我，使我为这件事死了亦心甘情愿。咱不能说了不算，咱们要干就干到底。"

苏锡麟知道事情无可挽回，便说："好，大帅既然下了决心，我就陪着大帅吧！"

张勋决心为复辟这场政治豪赌押注，并且他相信自己一定能赢，而不至于"死了亦心甘情愿"。

在现实生活中，张勋就是个货真价实的赌徒，驻徐州期间经常邀集人在其公馆内聚赌。按说这在民初督军中并不算稀奇，稀奇的是张勋的赌博方式与众不同，他居然能够做到包赢不输。

众所周知，骨牌为三十二块一副，但张勋家的骨牌却是三十三块一副。多出来的这块牌称为"天牌"，打牌时就藏在张勋的手心里——他的手脚特别宽大，手掌心里藏一块牌根本不成问题。

张勋要靠"天牌"作弊，拍他马屁的"牌友"们都知道，不过为了迎合他，不仅假装不知，还总是故意推他坐庄。仗着"天牌"兼坐庄的优势，一旦投骰分牌，张勋手中便有三块牌可供挑选配对，这保证了他每赌必胜。

当桌面上出现"天牌"，或发现少了哪张牌时，"牌友"们全都装傻充愣，视若不见。一巡过后，趁洗牌之机，张勋又把多出来的"天牌"捞上了手。

带兵进京调解，仿佛就是张勋用于政治作弊的"天牌"，而在京城这个范围内，总统黎元洪暗弱无能，总理李经羲又只是个傀儡，无人能对张勋进行有效制约，这就是让他坐庄的意思。加上复辟派"牌友"们推波助澜，张勋便觉得要想不赢都不太可能了。

1917年7月1日天一亮，北京城的大街上就出现了各式各样的龙旗，有的旗面破旧不堪，有的是用黄布画的蓝龙，有的系用黄纸木版印刷。由于准备时间仓促，这些临时亮出的龙旗连形状都不一样，长方形的，三角形的，乱七八糟地飘扬在街头。

当天上午7点，张勋率王士珍、康有为等五十余人乘车进入清宫，拥戴废帝溥仪登基。复辟闹剧由此敲响了开场锣鼓。

第二天，北京商会会长为了讨好张勋这位"复辟功臣"，特地在前门外设宴招待。中午12点，预计张勋要到场了，在同仁堂老板的安排下，梅兰芳等名角开始在台上上演大戏。正演到热闹处，张勋红顶花翎、朝珠补褂地入场了。他一边吃喝，一边听戏，听够了，又到后台同演员们聊天。

张勋终于攀上了个人"事业"的最高峰，那一刻，他以为自己赢定了。

师长要现金难为老段

获知张勋真的复辟了，黎元洪惊慌失措，对自己没有采纳张国淦的建议感到十分后悔。复辟开始后的第一天，他就派总统府秘书长夏寿康赴津，再次问计于张国淦。

张国淦对夏寿康说，为今之计，只有一面发表通电，请南京的冯国璋代行大总统职权，一面免去李经羲国务总理一职，复任段祺瑞，并责成其出师讨逆，恢复共和。

"如用我言，则段为总统（黎元洪）所任命，段之成功，即总统之成功。"怕黎元洪仍旧犹豫不决，张国淦又特地挑明了其中的利害关系，即就算黎元洪不任命段祺瑞，段祺瑞也一定会自动自发地出师讨逆，到时"民国中断者为总统，恢复民国者为段，总统将何以自处？何以对国人？"

夏寿康回京后，将张国淦的建议报告给黎元洪。黎元洪思前想后，别无他法，也只好照此办理。

张国淦非常了解段祺瑞。早在张勋宣布复辟之前，就有人透露消息给段祺瑞，说张勋看样子准备把中华民国的牌子拿掉，请前清小皇帝重登宝座。为免督军团假戏真做，策应张勋复辟，段祺瑞急忙派徐树铮到蚌埠探询安徽督军倪嗣冲的态度，倪嗣冲不敢造次，很快复电表示决不参与复辟活动。

尽管得到了倪嗣冲的保证，段祺瑞仍忧心忡忡，那些天他始终眉头紧皱，面色阴沉。平时老段在家里就喜欢板着一张脸，轻易不见笑容，这样一来，更透出一股阴森森的模样。家人们知道他的性格脾气，都躲得远远的，怕惹老爷子不高兴。

当复辟的消息传至天津，段祺瑞勃然色变，当即派人把这一消息通知同在天津的梁启超，并邀梁启超前来晤谈。

梁启超一到段公馆，就对段祺瑞进言："总理能起兵讨贼，我跟你一道去。不然的话，总理就随我亡命日本。"段祺瑞慨然应道："我决心已定，任公（梁启超号任公）从我！"

随着张勋复辟的事实得到确证，段祺瑞反而镇静下来。家人们虽然听不到他和梁启超秘密商量的内容，也不知道他的葫芦里究竟卖的什么药，可是都发现老爷子紧皱的眉头已经松开，连日来阴沉的面容也变得开朗起来。

随张勋进京的"辫子军"只有十个营，一共五千人。不明内幕的人可能会认为以段祺瑞北洋系领袖的身份，挟雷霆万钧之力，要打败这五千人应如狮子搏兔般容易。段祺瑞在得到消息后也未表现出一点惊慌之色，甚至在与梁启超的晤谈过程中还能做到谈笑从容，但是实际上他对前景并不乐观。

最主要的原因还是段祺瑞手中并没有多少可调之兵。张勋复辟之初，驻防京津附近及直隶省内的军队倒是不少，但其中多数将领或已列名于张勋的复辟通电，或态度暧昧，或尚在观望。

陈光远是京畿握有兵力最多者，共统辖两个师，且装备优于其他军队。可也正因为他举足轻重，所以张勋到京后就和他拉得很紧，而陈光远名为军人，实际是个滑头的官僚政客，见张勋势大，便表示对张勋唯命是从。复辟开场当天，陈光远就在南苑驻军区域挂起了龙旗，段祺瑞当然不能再调用他。

不同于冯国璋、张作霖等地方实力派，段祺瑞长期在中央，隶属于他的嫡系部队不多，能直接听从他调遣的更少。当时距北京较近的部队，如保定曹锟的第三师、马厂李长泰的第八师，平时与段祺瑞都不太接近，不是一道命令就可以动员的。

经过一番仔细斟酌，段祺瑞决定以李长泰部为讨逆军的基本力量。首选李长泰，不仅是因为马厂在天津郊区，联系起来比较方便，更重要的是李长泰的政治倾向与段祺瑞较为接近，曾通电指责过张勋的复辟行为，用段祺瑞的话说是"此人忠厚，与各方面都不甚往来"。

另外，第八师的一名炮兵团长和一名步兵营长系亲兄弟，二人曾在段家当差多年，并均由段祺瑞一手提拔。这兄弟俩在离开段家后，还常到段公馆以当差的身份伺候段。段祺瑞具有较为丰富的带兵指挥经验，他知道在人事方面，怎样让自己从下到上都具有一定把握。

段祺瑞派傅良佐到马厂征询李长泰的意见。不料到了这个时候，"忠厚"之人也变得不"忠厚"了，提出各种条件。傅良佐先许诺李长泰功成之后即晋升官职，可是李长泰却提出"高官厚禄必须二者得兼"，换言之，即官要升，钱也要拿。

段祺瑞虽不满于这位李师长利心太重，已接近于要挟，但紧急情况下也只好从权，遂让傅良佐转告李长泰，只要对方兴兵讨逆，就给他的第八师加一个月恩饷。

光一个月的饷还是不能满足李长泰的胃口，因为这件事，后来还多出了一个段子："师长要现金难为老段。"

傅良佐等人只好另行设法。他们打听到李长泰惧内，最怕太太，于是就暗中送钱给李太太，先把李长泰的枕边人给说服了。在太太的命令下，李长泰果然乖乖听话。傅良佐遂由马厂赶回向段祺瑞报告："李师长欢迎总理去。"

马厂誓师

张勋宣布复辟的当天深夜，月光溶溶中，一辆专车秘密驶进马厂车站。一个身材瘦削、身穿军服、腰佩军刀的老者走出车厢，这就是时年已五十多岁但依旧精神矍铄的段祺瑞，他即将在马厂揭起个人也是民国历史上的又一部光荣篇章。

李长泰率第八师中级以上军官早已在车站迎接，因为师部距车站尚有两公里，李长泰特地备了车马供段祺瑞等乘坐。段祺瑞拒绝乘坐马车，而愿与众人一道步行。其间第八师的那对亲兄弟一直紧随段之左右，以为护卫。

有了能够打仗的兵马，最好还要有擅草军书的圣手。第二天午后，梁启超如约而至，段祺瑞在师部门口对他说："任公（梁启超号任公）此来，大振军威。"梁启超笑言："打仗我是不行，我来给总理当个小秘书吧！"

梁启超稍事休息，即动笔起草讨张通电。1917 年 7 月 3 日，该通电以段祺瑞的名义发表，被称为"马厂誓师通电"。

虽然段祺瑞已经不当总理，但各省的督军、师长、旅长，不是他的门生，就是他的旧部，所以电报发出后，立刻得到了广泛的支持和响应，其中最为重要的是，冯国璋也于当天通电讨逆。

冯国璋尽管一直抱着深深的"故君之恩"甚至"还政于清"的想法，可是复辟真的实现了，情况与他设想的却又大相径庭。

在当时的社会环境里，几乎每个人都想往上爬，冯国璋当然也不例外。他以前之所以希望让清室复辟，除了感恩图报这一点外，更重要的还是想借此爬上更高的爵位。可是复辟之后，张勋已自任内阁议政大臣兼北洋大臣、直隶总督，冯国璋得到的只是"锡封"一等公、"奉派"南洋大臣兼两江总督，这意味着他还得在张勋手下称臣。

要知道，他冯国璋可是民国副总统，遇到合适机会，还可以顺利地爬上大总统的宝座——时为大总统的黎元洪已经处于风雨飘摇的境地，并发表通电请他代行大总统职权。

冯国璋不笨不傻，对这些问题岂能看不清楚，因此对复辟王朝的那些任命并不接受。在讨逆通电中，他更进一步表明了自己的态度："国璋今日不赞成复辟，亦犹前之不主张革命……中国政体已走上共和，不容许再有皇帝。"

同一天，段祺瑞又发表了一篇长达两千三百余字的"讨逆檄文"，该文仍然出自"笔端带有魅力"的梁启超之手。民国时，某著名报人的一支笔被赞誉为"胜抵十万军"，或许有些夸张，但在马厂誓师时，梁启超所起草的这些通电和檄文确实对讨逆起到了很大作用。

当时梁启超曾经的老师康有为正在北京为复辟出谋划策，并与张勋一起被吹捧为"文圣"、"武圣"。有人便对梁启超说，先生您投笔从戎，痛斥复辟党人罪恶，不留余地，壮则壮矣，可是不知道令师会作何感想。

梁启超毫不犹豫地回答："师弟之谊虽存，政治主张早异，我不能与吾师同陷泥淖中也！"

段祺瑞前往马厂的同时，还派人到保定联系了曹锟。曹锟的第三师为北洋军最精锐的部队之一，张勋召集第四次徐州会议时，曹锟曾派代表参加，而且传说同张勋已有过默契，张勋还答应事成即让曹锟当直隶总督。

张勋完成复辟后，直隶总督由其自兼，只给曹锟封了一个直隶巡抚的职务。不管传说确实与否，总之曹锟没看得上这个职务，段祺瑞的使节一到，他马上同意参与讨伐。

7月5日，段祺瑞回到天津，正式成立讨逆军司令部。天津这个商埠一变而成为政治中心，凡和段接近或拥护民国的军政要人，都聚集于司令部，开会讨论，忙个不休。讨逆军司令部设于原直隶省长兼督军公署内，为了接运要人，公署里的汽车都不够用，不得不包用汽车行里的出租汽车，最后天津汽车行的出租汽车几乎全部被包光了。

黎元洪听从张国淦之计，下令段祺瑞复职讨逆。携带这一命令的密使已在天津等了三天，但一直不敢直接面见段祺瑞，只好请张国淦予以疏通。

听张国淦说明事情经过，段祺瑞余怒未消，他气冲冲地说："局势变成这样，都怪他姓黎的无能，他今天还能够算总统吗？他已免了我的职，凭什么我还要接受他的命令？我难道不可以叫几个军人通电推戴我举兵？"

张国淦不愧其"千年和事佬"之名，他先让对方宣泄完火气，然后才冷静地分析说，黎元洪不管有什么过错，但他现在仍是总统。如果讨逆军方面不依正轨，不按总统命令自行讨伐张勋，必然名不正言不顺，会产生严重后果。

段祺瑞说靠几个军人通电推戴就能举兵，张国淦一针见血地指出："军人的推戴是不合法的。今天靠军人推戴，乱平后大家恃功而骄，岂不是搬石头打自己的脚？何况所能取得的推戴，不过是北方几省，西南方面仍是承认黎总统，一定不予支持。"

有一份功劳要送给你

段祺瑞发火不为别的，就是一直憋着怒气和委屈，不发泄出来心里难受。其实就算张国淦不讲这些道理，他也明白其中的利害关系。以李长泰为例，提的那一堆条件就够他头疼了。直到段祺瑞亲赴马厂督师，李长泰的太太居然还当着他的面替丈夫要官，而且指明得是"九门提督"（即步兵统领）。另一方面，自被黎元洪免职后，虽然段祺瑞一再强调免职令不合法，但他也不能否认自己事实上已处于在野地位，所以在"讨逆檄文"中还要避嫌，强调平乱之后，"即当迅解兵柄，复归田里"。

张国淦的疏通给了双方台阶，段祺瑞马上接见黎元洪的密使并接受了任命。第二天他正式通电就职，在天津成立了"国务院办公处"。由于黎元洪此时已被迫逃离总统府，冯国璋随后也在南京就任代理大总统。

段祺瑞在以讨逆军总司令的身份亲自指挥第八师时，分别任命段芝贵、曹锟为东、西路军总司令。

段芝贵与段祺瑞是同姓同乡，而且据说还是同宗，外界有厌恶北洋系的，便称他们俩为"一刀两段"。两段原先并不熟悉，直到小站练兵时才互相认识。当时一般人按照职分和年龄，称段祺瑞为老段，称段芝贵为小段，后来两段叙过宗谊，论辈分，小段其实还是老段的族叔，比老段长着一辈。以是之故，合肥当地有"老段不老，小段不小"之说。

段芝贵也是袁世凯一手提拔起来的亲信。在清末官场，他甚至比老段得意得还早一些，后来因为被人参劾，地位就比老段差一头了。袁世凯在世时，两段不仅没有什么特殊关系，在袁世凯称帝一事上还有着严重分歧——老段竭力反对袁世凯称帝，小段却竭力拥戴袁世凯黄袍加身。

小段和老段的个性迥然不同，小段为人机警聪明，善于逢迎。袁世凯死后，见老段执掌了政府大权，小段便与老段日渐亲近起来，并很快得到老段的信任。段祺瑞被黎元洪免职退入天津后，起先就住在段芝贵家的私宅里。

这次小段虽被老段委任为东路军总司令，帐下却无一兵一卒。在讨逆军司令部出任交通处长的叶恭绰前去看望他，问他有何准备，段芝贵无精打采地回答："没有。"

得知段芝贵犯愁的原因，叶恭绰对他说："君既为总司令，何至一筹莫展？"

叶恭绰当场出了个主意，令段芝贵为之眼前一亮。

讨逆军要由天津开至北京，路程并不短，其中廊坊为进攻北京的咽喉要道和中心要点。驻扎于廊坊的为第十六混成旅，无论从军事意义，还是地理位置上讲，这支部队都极为重要。

混成旅的原旅长冯玉祥此时已遭排挤被撤换，但他本人恰好还在天津，而且混成旅的将官多倾心于他。叶恭绰建议段芝贵立即用电话把冯玉祥叫来天津，并让冯官复原职，指挥全旅人马讨逆："廊坊一扼，京津路断，辫子兵将何之？"

叶恭绰还提醒说："冯为善用机会之人，如他先有所组织，挂出讨张的旗帜，你怎么办？"

段芝贵听了一跃而起，说道："对，对！"

段芝贵以电话相召后，冯玉祥即来谒见。当时段芝贵尚在楼上，冯玉祥看到叶恭绰在楼下，就问他："段总司令召我何事？"

叶恭绰卖了个关子："我不知道，但猜想必定有一份功劳要送给你。"接着又试探道："人皆知十六旅是你的，今坐听张勋在京复辟，你的声威何在？难道你们十六旅要听张勋指挥吗？"

即便段芝贵不叫他，冯玉祥也在酝酿起事，被叶恭绰这么一激，顿时勃然大怒:"什么话！"

到段芝贵下楼时，叶恭绰已经心中有底，他悄悄地告诉段芝贵:"你开门见山说吧，包管妥当。"

段冯仅谈了十分钟，冯玉祥即回去做准备。随后段芝贵向段祺瑞报告，此前也有别人向段祺瑞献了这一计策，于是段祺瑞不仅欣然表示同意，还临时刻了一颗关防印，并派人专程送到天津车站，当面交给冯玉祥。

任命冯玉祥的次日，段芝贵仍在天津未动。叶恭绰去找他时，见他正在与人聊天，便问道:"总司令何以仍未出发？"

段芝贵笑言:"一个光杆总司令闹什么？"

第十六混成旅虽加入东路军阵营，但段芝贵并不能直接指挥。不过叶恭绰认为这并不等于他只能无所作为:"不是要讲排场装门面，因为主力虽在冯，而你应走在前头，以壮士气。"

段芝贵觉得有道理，不过仍费踌躇:"我到前线，对军队要有些给养同犒赏，现尚无着。"

叶恭绰一拍胸脯:"这容易，你交给我。"

四十盆花

一直以来，北京政治圈中有两个派系都站在段祺瑞一边:其一是以梁启超、汤化龙为首的研究系，自马厂誓师以来，他们一直在给段祺瑞起草函电，献计献策。另一个就是交通系，系从事政治活动的交通界人士所组成的派系。讨逆期间，整个交通系共通过交通银行向段祺瑞预借军饷两百万元，从而在讨逆战争中扮演了他人无法替代的角色。

叶恭绰即为交通系的一个主要代表人物。这是一个对政治机智到近乎敏感的人，早在复辟前夕他就看出张勋不能成事，遂主动从北京赶到天津，站到了段祺瑞一边。

虽然叶恭绰脱离了交通部，但凭着在交通部的强大人脉和资源，几乎没有他办不到的事。与段芝贵谈话后，叶恭绰马上与京奉铁路局的局长联系，弄来一大货车的面包咸菜，同时从徐州方向调来兵车一列，另外还朝交通银行借了十万元。

有了这些物资，又经叶恭绰一再催促，"光杆总司令"才穿上军装去了廊坊。

叶恭绰在讨逆之役中的作用还远不止于此。由于他的策划安排，交通系所掌握的所有电报、电话、铁路均优先服务于讨逆军，给讨逆军带来了莫大便利。

有人评论说张勋不但不懂政治，其实也不懂军事。在他发动复辟之初，讨逆军尚散布各处，并未能集合，如果张勋能够指挥津浦铁路一带的"辫子军"抢先北开，必然会使讨逆军处于不利境地，但他却计不及此。

不过也有资料表明，是张勋手下的第一号大将、留守徐州的张文生误了他的大事。据说张勋与张文生曾约定一个暗号，只要张勋在电报中说"速运花四十盆来京"，张文生即调四十营兵开往北京。及至张勋宣布复辟，并给张文生发来电报，张文生认定复辟必败无疑，为保存实力，就不肯再轻易调兵北开了。

张勋收到的不是四十营援兵，而真的是徐州花园里的四十盆花！张勋气得浑身颤抖，连说："坏了，坏了，这小子也抽我的梯子了！"

叶恭绰抓住张勋内部的这一弱点，成功地说服京奉、京汉、津浦各铁路局暗中服从其号令，不再为"辫子军"担任运输，同时各大车站的机车也被调离，只将客货车集中北段听用。

到讨逆军集结时，徐州附近的空车皮已被完全调离，就算张文生肯调兵都调不成了。其余地区也是如此，外省军队根本无法对张勋施以援助。

讨逆军还在马厂车站设立稽查处，陆续扣留了在北京至徐州间往来乘车的张部官兵达三四百人。参与讨逆之役幕后策划的靳云鹏向李长泰提出，应将几个扣留在车站的"辫子兵"先行悬首示众，以振军威。李长泰让他请示段祺瑞再办，靳云鹏便在吃晚饭时跟段祺瑞提了一下，段祺瑞当场未做任何表示。

第二天吃午饭，靳云鹏又唠叨这件事。段祺瑞很不高兴地说："罪在张勋一人，这些官兵们有什么罪？杀几个有什么用处？你们总是好杀人，杀人者人恒杀之，哪一个好杀人的有好结果呢？"

在段祺瑞的坚持下，战后所有被扣留的张部官兵均被分别编隶于第八师或给资遣回原籍。

段祺瑞不想多杀伤，如果能够兵不血刃、以必胜之势迫使复辟派屈服，在他看来是最好的结果。为此，他屡次电劝清室自动退位，可是均被张勋所阻止。

观察内外情势，认识到不诉诸武力难以奏效，段祺瑞只好以速战连胜为原则，下令东西两路军向京师推进。

张勋虽然梗着个脖子扮强硬，但其实自宣布复辟的第三天起，他所面临的局面就一天不如一天了。对于复辟，各省既无人响应，连贺电也很少，倒是各地报纸"无不以三寸之管口诛笔伐，痛斥叛国"。讨逆军还没有发动什么强大攻势，北京城外的非"辫子军"就全都倒戈相向，反过来把枪口对准了"辫子军"的阵地。

张勋对此非常气愤，说："他们推我出来复辟，这是要咱，咱不能孬了，豁出去了，拼命亦得跟他们干。咱怕什么，到时候咱就抖搂抖搂，是我一个人要出来保皇上复位的吗？"

树倒猢狲散

要拼命，也要拼得过才行。1917年7月7日，讨逆之役正式打响。虽然段祺瑞起初在动员师旅长一级指挥官时费了点劲，但具体到参与讨逆的普通官兵，在帝制不应再出现于民国这一点上，观点都是完全一致的。他们对段祺瑞的印象也非常好，认为这位北洋老前辈从两造共和，再到主张对德宣战，所作所为都对国家有利。

正因为有这样的思想基础，讨逆军官兵在动员时就表现得非常踊跃，"拥护段总理"、"消灭辫子兵"的口号一时大作。在正式开战的当天，东西两路军就击溃北京城外的"辫子军"，会师于丰台。其后当东路军由丰台进逼北京时，南苑航空学校又出动两架飞机对"辫子军"阵地、紫禁城皇宫分别实施投弹。这是有史以来中国空军第一次实施投弹，也是第一次进行陆空军配合作战。

眼看形势越来越紧张，张勋一面下令布置防御工事，一面让秘书长万绳栻把徐州会议时的那块签名黄缎子找出来，准备必要时公之于众。

张勋想不到的是，早在段祺瑞马厂誓师的前两天，冯国璋就通过他的总参议胡嗣援，以二十万元现洋的代价，将他曾写给张勋的亲笔信以及黄缎子都买回去了。现在张勋要黄缎子，万绳栻哪里拿得出来，只得推说怕黄缎子带在身上会遗失，所以放在天津没带来，既然张勋要，他马上去取，随后便趁此机会溜之大吉了。

7月8日，讨逆军攻进朝阳门，"辫子军"被迫退守内城。此时十营"辫子军"又有六营被策反，剩下的四营按理应有两千人，实际上仅有一千五百人，根本顶不了多大的事。只是段祺瑞怕巷战后京城会毁于炮火，所以未再下令讨逆军发动积极进攻，而由各国公使向张勋转达了投降条件。

面对段祺瑞提出的投降条件，张勋还想一走了之，再回徐州当大帅。他以四句歌谣作为答复，曰："我不离兵，兵不离械；我从何处来，我往何处去。"

有人问他应该怎样对清室做一个交代，张勋说："这件事本来和清室不相干，干成了，小皇帝安坐龙廷；失败了，我一个人受罪。"

7月11日，张勋接见外国记者，他的态度表现得很镇静，说我只是执行北方各省督军们的共同主张，我有他们签名的文件在手，必要时会公布，我决不向他们投降。

私下里，张勋大叫撞天屈："我太傻了，人人都很聪明，复辟不是我一个人的主张，也不是我一个人的愿望。复辟成功大家享福，如今干垮了，却拿我一个人受罪。"

鉴于张勋拒绝了投降条件，段祺瑞遂于当天向讨逆军发布了三路进攻的命令。

7月12日，李长泰的第八师攻入内城。这时徐州方面传来消息，留守徐州的张文生在讨逆军的三面围攻下已经率部投降，张勋及其部属闻讯更加绝望。

仍效忠于张勋的"辫子兵"统领苏锡麟与人商量，决定劝张勋上车到荷兰使馆避难。可是张勋却来了犟脾气，说什么也不肯走。因为时间紧迫，众人只好强行把他架上了车。张勋身材矮小，很容易架，但他仍拼命挣脱，气急了还咬了架他的荷兰老外一口。

张勋对"遭人陷害"一直耿耿于怀，直到逃进荷兰使馆后，他还对人说："就是你们总统（指冯国璋），从前亦是赞成（复辟）的，开会（指第四次徐州会议）

时，我有大家签字作凭据。"又说："只有段芝泉（段祺瑞）是劝我不要干的，唯他可以打我，别人不配！"

没了那块丢失的黄缎子，张勋充其量也就只能自己给自己矫情一把。有访客对他说："复辟是否适合国情，现在也不必谈了。可是如果您及早宣布立宪（即君主立宪）以安人心，虽然最终仍不免于败，也足以解嘲，为什么您看不到这一点呢？"

张勋居然不知立宪为何物，他叹了口气道："我不懂得这套玩意儿，都凭着公雨（万绳栻字）等人瞎闹。你拿这个来责备我，是怪错人了。"

张勋被架走后，树倒猢狲散，剩下的一千多"辫子兵"也赶紧剪辫子，换服装，踏上逃亡之路。讨逆军进入北京内城的那一天，遍街可见辫子。

讨逆战役自正式发起到结束，前后一共不过六天，中间还有四天屯兵不进，真刀真枪的开练实际只有两天，因此京师学校其间也仅辍了一天课。事后统计，讨逆军和"辫子军"死伤者均不超过百人，另有十余名市民被流弹和飞机炸弹误伤。

一场以国家前途命运为儿戏的复辟大祸，最终来得快去得亦快，"其兴也勃焉，其亡也忽焉"，而损失又如此轻微，在古今中外的历史上也算是比较罕见了。

猛虎在山

1917 年 7 月 14 日，段祺瑞以"三造共和"的英雄姿态凯旋回京。他在请愿团事件中受损的社会声誉及其威望大幅反弹，许多人都对他歌功颂德，就连段公馆内部对这位他们熟悉其实又不太熟悉的老段也开始刮目相看。有的家人说："还是老头儿有办法，上次一个电报，就叫清室让了位。这回又是一个电报，撵走了张勋，取消了复辟。"

段祺瑞入京后正式组阁。在陆续发表的阁员名单中，除他继续自兼陆军总长外，主要由段派、研究系、交通系成员组成，可以说是三派的联合内阁。

在讨逆一役中，梁启超功劳不小，加上对其学识人品的赏识，段祺瑞在酝酿内阁名单时即力邀其共事。梁启超半是谦虚半是认真地说："我只能给总理当个书记，写个稿子，别的事恐怕我担当不下来。"

最终梁启超被任命为财政总长，研究系的另一个领袖汤化龙出任内务总长。在新内阁里，研究系占有很大份额，一共九个阁员，研究系便独占五席。这既标志着研究系进入了它的极盛时期，同时也预示着段祺瑞在重新执掌中央政权后，暂时不会再像以往那样受到来自院方自身的羁绊。

段祺瑞入京的当天，便与黎元洪会面并向对方表示慰问。复辟期间，黎元洪先欲到法国医院藏身，遭拒后又以平民身份转往日本使馆避难。直到张勋逃往荷兰使馆，他才敢从东交民巷里出来活动，犹如是在换防，一国元首的脸面扫地以尽。

尽管段祺瑞仍请黎元洪回总统府就职，但经此劫难，黎元洪在羞愧难当的同时，也已心力交瘁，不愿再当总统。他向段祺瑞表示："我已打定了辞职的主意，今天决不能再回公府。"返回私宅后，他又连发两通电报，以"心肝俱在，面目何施"的沉痛措辞，声明自己决不再复任总统。

就段祺瑞来说，黎元洪当初毫不留情的免职之举，无疑给他造成了刻骨铭心的精神伤害，即便讨逆成功，这种心理阴影也不可能完全消退。现在他之所以出面挽留黎元洪，很大程度上只是为了体现一个获胜者的宽宏大量和既往不咎，但既然黎元洪退意已决，他也就不再勉强了。

黎元洪不做总统，就轮到了冯国璋。冯国璋在讨逆期间以副总统代行大总统职权，通电还是黎元洪一手草拟的，由冯国璋继任总统可谓合情合理合法。

段祺瑞随后接二连三发电报邀冯国璋北上，还派人到南京劝驾，但冯国璋却迟迟未动身。

冯国璋本人对继任总统自然是求之不得，问题是他的部下幕僚已经分成了两派意见。一派主张接受段祺瑞的邀请，由代理大总统转正。他们认为，黎元洪既不肯复职，冯国璋就应到北京正式继任，如果长期在南京代行下去，不但影响国际观感，而且妨碍政令的推行，就算以代理大总统的责任来衡量，也说不过去。

北上派还有着自己个人的小九九，用他们私下的话来说："我们好不容易盼得有这么一天。现在我们要捧着老头子（指冯国璋）去当大总统了。这个机会，怎么可以错过呢？"

为了能够攀龙附凤、鸡犬升天，北上派便竭力怂恿冯国璋北上，并且强调目前中央无主，元首虚悬，正是他扩大权势、摆脱土皇帝身份的好机会。

相对于北上派，另外一派可称为留宁派，也就是建议冯国璋留在南京，将大总统继续"代"下去。他们提到的反证，就是先前人尽皆知的府院之争，由此引申出：做正式的大总统，只有像袁世凯那样完全执掌大权，才有可能做得好，其他人都不行。"像那黎大总统（黎元洪），由于他手里没有实权，所以就让人给端下来了。"

有人这样给冯国璋分析利害："古人云，猛虎在山，藜藿不采。不要看总统（指冯国璋）在这儿威震八方，可是一到北京，人家处处拿法律限制你，就什么事也办不通啦！"

冯国璋曾亲眼见识过府院之争的激烈程度，对黎段二人是如何相互把对方逼到绝境的整个过程也知之甚详，所以对这一派的意见很听得进去。当时冯国璋的夫人、女婿也都劝他不应离开经营多年的地盘和军队去北京，以免轻者做个空头总统，重者沦为黎元洪第二。

如果能够像留宁派所说的那样，继续留在南京做代理大总统，而由段祺瑞在北京处理政务，对冯国璋而言，无疑是最好的结果。可是毕竟鱼与熊掌不可兼得，而且这时西南方面又通电拥黎元洪复任，冯国璋便觉得还是应该慎重从事，再观望一下，于是便发表通电，宣布停止代行总统职务，仍以副总统身份兼领江苏督军。

四哥快来

冯国璋不肯北上任职总统，对此最为坐立不安的人是段祺瑞。

冯段自武备学堂换帖结义起，一直保持着友爱无间的关系。在袁世凯手下当差时，二人再加上一个王士珍，白天在一起办公，下了班又一起到冯家谈天说地。当时冯家有一个私塾，冯国璋和段祺瑞的子弟都在这个私塾里读书。

那时段祺瑞对待冯国璋的孩子就像对待自己的孩子一般，学业上都十分重视。冯国璋的孩子因为学习不好，还挨过段祺瑞的训斥甚至责打。段祺瑞也很关心冯国璋，连冯国璋生了病，医生开出药方，有时都要经过段的同意才能煎给冯国璋吃。

冯国璋后来到南京当督军，二人一个在中央，一个在地方，虽然分隔两地，甚至彼此政见也不完全一致，但是这都没有破坏他们的友情。冯国璋每次进京，必定会去段公馆，看到老段缺什么就主动给添什么，比如段公馆的汽车和司机都是冯国璋送的。段祺瑞知道冯国璋来京也总是高兴得不得了，一见面就喊"四哥"，那股亲热劲儿，让旁人看着只有羡慕的份儿。

世人皆知，府院之争乃至张勋复辟的源头乃是黎段互相不对付。对于张勋复辟，黎元洪自然应负全责；府院之争则是众说纷纭，也有人说是因为老段脾气"各色"（老北京方言，意思是说脾气古怪），不好接近，所以才把"泥菩萨"都给惹翻了。

不管是谁的责任更多一点，反正黎元洪下去了，新换上来的冯国璋与老段是盟兄盟弟，私人关系那么好，又都是北洋老人，连他都不敢进京与之共事，这不反过来说明老段确实很"各色"吗？

接到冯国璋通电的当天，段祺瑞即以靳云鹏为特使，派他率各界代表数十人赴南京劝驾。

段祺瑞要靳云鹏捎话给冯国璋，让冯国璋放心："这一次冯四哥到了北京，一切的事都交给我。我敢担保冯四哥做一辈子总统！"

作为段幕大将，靳云鹏本身也巧舌如簧，很会哄人高兴。他到南京后对着冯国璋发表了一番妙论，说："北方的大局好比是一个香炉，这个香炉有三条腿，大总统（指冯国璋）好比是香炉的一条腿，总理和东海（指徐世昌）是那另外两条腿。有了这样的三条腿，还怕那个香炉站不稳吗？"

冯国璋在听靳云鹏说这番话时，虽然嘴上未做任何表示，但脸上一直保持着微笑，显然很是受用。

北上派见状，趁机再在他耳边说些"良机万不可失"之类的话，冯国璋的心慢慢就被说活了。正在这个时候，段祺瑞又给冯国璋发来一封亲拟的电报，电文只有干干脆脆的四个字："四哥快来！"

冯国璋接到这封电报后很激动，他一边把电报拿在手里指给身边的人看，一边以得意的神情对众人说："你们看，芝泉这个粗！芝泉这个粗！"

冯国璋终于同意北上继黎元洪之位，但最后仍迟了十几天才到北京。原因是他素来爱财，在事先未征得段祺瑞同意的情况下，曾与苏商张謇等人合伙，以制药为名，从英国人那里进口并出售了一千六百余箱烟土。这些烟土确有少数用于制药，但大部分都是为了赚取高利润。

烟土不能公开出售，账面上另有名目为"民国元年公债票一亿元"。现在冯国璋要到段祺瑞身边当总统，段祺瑞又以廉洁自律著称，他很怕真相暴露后，遭到段祺瑞的反对和抵制，于是才缓缓其行。

民元公债票系由财政部发给，当时的财政总长为曹汝霖，自然也参与其中。曹汝霖不敢直接向段报告，只好请段祺瑞的"左辅右弼"徐树铮、曾毓隽帮助疏通，并提出可以让他们入股分利。

徐、曾马上据实告诉段祺瑞。段祺瑞闻言微笑，迟了半晌才说："我与冯旧交，此君有钱癖，固所深知。"

原来段祺瑞对事情的来龙去脉早就了解得一清二楚。他内心虽然对冯国璋的这些做法很不满，但为了避免因小失大，伤了与"四哥"的感情，只好故意装聋作哑。

知道冯国璋是个把钱看得很重的人，"民元公债票"已然成为阻碍他进京的一块心病，段祺瑞遂吩咐徐、曾："你二人万不可沾染，但须力任疏通，而不受酬。将来我见到冯时一字不提，你们可示意由他独断独行。"

段祺瑞为人刚直，宁折不弯，在处理与钱财有关的政府要员事件时，更是从不妥协。如今能这样委曲求全，已足见其邀冯北上共事，以及竭力避免重蹈过去府院之争覆辙的诚意。

第六章 / 越怕什么就越会来什么

冯国璋刚到京时，冯段的关系表现得十分融洽。段祺瑞对冯国璋说，欢迎"四哥"进京当总统，并愿意随时就近向大哥请教。冯国璋赶忙说，哪里，哪里，今后府院是一家，上下是一致，内外是一心。觉得这么说还不够近乎，他又紧紧拉住段祺瑞的手说："以后咱们再也没有府院之争了。"

接着，冯段又相携拜访王士珍。王士珍参与了复辟，并在复辟时出任议政大臣兼参谋大臣，段祺瑞平定复辟之后，他自觉无颜见人，已准备回原籍隐居。

冯国璋很恳切地挽留王士珍与之共事，继续担任新政府中的参谋总长。他还对王、段说："今后的事情是咱们三兄弟共同来干，不要分什么总统、总理、总长。"

"北洋三杰"自此共掌中枢。在段祺瑞和王士珍面前，冯国璋这位大哥不但没有总统架子，而且表现得极其亲热，相互之间真有个"精诚无间"的模样。

随后冯国璋入主总统府。在他之前，总统府似乎还没怎么遇到过好事。原来袁世凯的办公地点设在居仁堂的东间，等到黎元洪继任，他嫌那间屋子不吉利，改在了居仁堂的西间。由于同样的原因，这次冯国璋入主总统府，干脆就弃掉居仁堂，将春耦斋选定为新的办公地点。

虽无法奢望像段祺瑞所担保的那样做一辈子总统，但冯国璋还是认为离前任们的霉运已经越来越远。那个时候，无论是他还是段祺瑞，都对此深信不疑。

支票请收回

作为北上的首要先决条件，冯国璋向段祺瑞提出，国务院秘书长的人选，除了徐树铮以外，任何人都可以同意。

段祺瑞也明白冯国璋内心忌讳什么，于是表示完全赞同，国务院秘书长一职遂由段幕中的张志潭担任。每天下午 4 点，张志潭照例要来到总统府，由冯幕成员、代理总统府秘书长职务的恽宝惠陪同，到春耦斋请冯国璋盖印。

盖印时，冯国璋、张志潭和恽宝惠分别坐在一张办公桌的三个方向，首先由张志潭把国务院的命令一件一件地递给冯看。冯看过之后，就照样递给恽宝惠，由恽宝惠拿着一寸见方、用白玉制成的"大总统印"，一个一个地往命令上盖。盖完了，再交给张志潭。

府院之争的喧嚣没有了，有的只是大家周而复始地重复盖印手续，场景极其和谐。自此以后，政府内的事情也都变得流畅顺利多了。

段祺瑞在成功地阻止张勋复辟，再执国政的时候，"一战"形势更为紧张迫切，对德宣战已刻不容缓，协约国驻华公使以及日本也再度催促中国政府尽快做出相关决定。与此同时，德国人则试图劝说段祺瑞，让他不要对德宣战。

德国公使特地来段公府拜会段祺瑞。他先牵连旧情，谈到"贵总理三十年前在敝国军事学校读书，又在克虏伯炮厂实习，对我国素抱亲善宗旨"，随后便转入正题，请求段祺瑞在"国际大战方酣，胜负未定"的情况下，继续过去对德的一贯亲善精神，纵然一时绝交，也不要再宣战。他还说，如果段祺瑞能够这样做，对中德两国均有利益，云云。

德国害怕中国宣战，从而加速其失败的命运，德国公使代表政府出此言行完全可以理解，让段祺瑞感到气愤的是，对方还有接下来的一出。

只见德国公使突然让随行的德华银行经理取出支票一张，上面已填写了百万巨款。他一边把支票放到茶几上，一边说道："贵国政府同贵总理现在需用款项之处甚多，区区之数，略申敬意。"

在北洋系中，段祺瑞是个与众不同的人物。他为政廉洁，有"六不总理"之称，即"不抽、不喝、不嫖、不赌、不贪、不占"。冯国璋的"民元公债票"，他是绝不会从中沾染半点的。

段祺瑞自认高洁之名声播中外，没想到德国人情急之下，居然还把他作为贿赂的对象，这无异于对其人格人品的一种侮辱。当下他便板起脸，大声答复道："贵公使适才一段话，站在贵公使立场，我不能说你的话不应该说，但是你的做法是荒唐的！"

接着，段祺瑞又针对公使话中的破绽进行了反驳："我过去在贵国留学，那是个人的事，素抱亲善也是过去的政策。这次酿成全世界大战，是贵国皇帝穷兵黩武，有吞并全世界的野心，是犯众怒的狂举。"

在说明德国乃咎由自取后，他斩钉截铁地告诉对方，作为中国的总理，从中国的利害关系出发，他坚决主张加入协约国，"不唯绝交，即日将对贵国宣战"。至于公使对他的贿赂——"馈赠恕不能接受，支票请收回。"

段祺瑞义正词严，德国公使被驳得面红耳赤，只得拿着他的支票唯唯而退。

送客之后，段祺瑞犹有余怒。鉴于复辟期间国会议员星散，已不足法定人数，他迅速以国务会议通过总理负责的方式，推出了对德宣战案。1917 年 8 月 14 日，冯国璋以总统令的形式予以公布，中国正式对德宣战。

一个月后，协约国公使团对中国的参战做出回应，同意德奥庚子赔款永远撤销，协约国方面的庚子赔款停付五年，停付期内不加利息。这对长久以来饱受庚子赔款拖累的中国财政而言，无疑意义重大。

按照与协约国的协约，中国最初直接派往欧洲的不是军队，而是华工。华工对于协约国来说也绝不是可有可无，"一战"犹如是欧洲人口的割草机，还没打上几年，各参战国后方就出现了劳动力奇缺的情况，特别是法国需要更为迫切。

早在中国对德宣战前，以梁士诒、叶恭绰为首的交通系就以将来提高国际地位为名，组织惠民公司，分别在华北、华东、华南招募华工赴欧。宣战后，招募华工赴欧参战正式上升为政府行为，英法两国与中国政府商定的华工数目，英国是十万，法国是五万，最后都招足了。这些华工的薪水以及本人衣食住行所需的各项费用物资，全部由英法政府提供。

华工招募后即分批赴欧，其中在威海卫招募了两千多人。赴欧途中，华工们历经千辛万苦，也亲身领略到了世界大战的残酷可怕——有一天，船头警戒的威海卫华工突然发现海面上出现了一个个可疑的"小点子"，船方一面鸣炮示警，一面下令船上的所有人都捆上救生带。

他们的运气还算不错，经护卫舰施放深水炸弹，警报随后解除，但在到达法国三个月后，有人从报上看到，那艘搭乘他们的大轮船还是被德国潜水艇的鱼雷给炸沉了。

"先生"

协约上本来说好华工不直接上前线，但许多华工到欧洲后却被要求在前线挖战壕。威海卫方面的华工就面临着这一境遇，而且他们挖战壕的地方已在敌军步枪射程之内，有些地方与敌方战壕的距离甚至不超过五十码，实际就在最前线。

挖战壕非常辛苦，壕不挖到一定深度和宽度，工人就不能出来。尤其是遇到雨雪天气，壕内泥浆没膝，轮班睡觉时只能站着睡。相比之下，在前线负责打仗的英国士兵只须在挖好的战壕里守护阵地，军官和机关枪手更轻松，可以在后面盖好顶棚的战壕中或坐或卧，有些还能玩扑克、讲笑话。

初上前线时，英国人还吹牛说他们发明的坦克厉害无比，德国则没有，等英军的坦克车多了，就要对德军发动大规模进攻。谁知在圣诞前夕，德军也有了坦克，而且一开上来就是一长串。华工发现后找监工的英军，英军却统统不见了踪影。众人只得仓皇后撤，一气跑了三十多里路，才撤到分区司令部。

到了分区司令部一看，几名英国军官连住处都找好了，正在让勤务兵给他们铺床哩。由于未能及时得到通知和保护，华工中仅工头就有四人受伤，大家对此非常生气，便集体向司令部告状。

英国人自知理亏，第三天便安排华工到后方去转运粮食和军需。后方的危险性虽然不及前线，可是劳动量并未降低，更令人无法忍受的是，英国监工和管理人员把中国人当牛当马，在工人们已完成计划中安排的工作后，既不准他们提早散工，也不允许休息。华工但凡提出一点正当要求，都会遭到打骂乃至惩罚。

有一名华工以前做过教书先生，大家都称呼他为"先生"。"先生"不仅有正义感，而且擅长中国武术，在他面前，连身材高大、自称精通拳术的洋人都占不得分毫便宜，因此大家都很敬重"先生"。

见受到欺负的工友们个个气愤难平，"先生"告诉众人先不要轻举妄动："闹尽管闹，可是在没有计划好的情况下万勿动手，因为英国人显然想打我们一个下马威。"

"威海卫华工营"的营长是个英国军官，名叫李笛亚迪，此人是个贵族出身的大学毕业生，受过短期军训，平时很会摆架子，但实际上却非常胆小，遇到形势严重时，会立即改变方向。"先生"摸透了李笛亚迪的性格脾气，就决定从他身上打开缺口。

第二天一早，在"先生"的策划下，华工拒绝接受分派的工作，同时齐声高喊："吃不饱，做不动，要减少工作。"李笛亚迪先是不以为然，答复说："英国食品营养好，肚子没装满也不致缺乏营养，而且英国工头也是一样吃法。"

工友们早就料到他会如此敷衍，马上质问道："我们也做英国工头那样的轻微劳动，行不行？"

李笛亚迪一看情况不妙，赶紧改口："不要乱，不要乱，好好上工去，我去同司令部商量再说。"

工人们这才答应开工，但是当他们中午回营时，却发现营房外排列了许多荷枪实弹的英国兵，进营房后，又见到一位工友被华工营的英国大队长以造谣生事为由打得周身青紫。

众人目眦尽裂，发一声喊"大家打"，大队长立即被拖到操场上，起初是拳打脚踢，后来就用他打人的那根棍子，朝他全身乱抽，而且边打边数落他的罪状。洋鬼子吃痛不过，只得磕头求饶，答应永不再犯，工友们这才撂下他去吃午饭。

英国佬素来欺软怕硬，包括李笛亚迪在内，在同伴挨打的时候，全都躲得远远的，不敢露面，直到华工去吃饭，几个英国工头才不声不响地把大队长送去医院。

吃过中饭，工友们有的洗衣，有的下棋，有的整理房间，有的拉胡琴，就是没有一个人肯开工。李笛亚迪把中方翻译叫过去，问华工们准备怎么办。翻译告诉他："不撤兵，不加口粮，就不开工。"李笛亚迪用可怜巴巴的语调说："这些事不是我能做主的呀！"

恰巧此时前线急需运送给养，连同下午耽误的，共须装七十辆车。李笛亚迪急得满头大汗，赶紧又请翻译过来商谈。翻译说："工人都是讲情讲理的，只要合情合理，事情没有什么难办，错就错在大队长不该打人。"

见事情似乎还有回旋的余地，李笛亚迪提起了精神："你这个话有把握吗？"翻译说："我是中国人嘛。中国人把情理二字看得非常重，不讲情理就会拼命，我怎么会不知道呢？"

李笛亚迪答应到司令部去报告。不到半个小时，营外的英国兵果然全都撤走了。李笛亚迪又返回对翻译说："口粮没有问题，要紧的是今晚要装出七十辆车的给养去。"他还说，"司令部怕大家太辛苦，预备派一百个英国兵来帮忙。"

李笛亚迪已经意识到，这场中国人的"骚乱"背后一定有带头人，但他不知道是谁。问翻译，翻译矢口否认："没有带头人，是大家的公愤。"

其实"先生"就是带头人和工友们的主心骨。在听翻译说完经过后，"先生"说："该收帆了，我们也该露一手给他们看看。"

暴发户

"先生"让翻译代表华工答应李笛亚迪的条件，但同时也提出了维护华工尊严的几个条件。李笛亚迪全都应承下来。

当晚，华工们不仅把活干得又快又好，还创造了一些装卸货品的新方法。天还没亮，他们已装齐六十四车，而那一百名英国兵也装了六车，圆满完成任务。

由于任务完成得很漂亮，李笛亚迪也因此受到司令部的嘉奖。他十分高兴，特地把翻译叫过去，对华工们表示了衷心感谢。接着他又去仓库，询问管仓的英国人："中国工人做得怎样？"

那位管仓员说："昨晚做得还好。"李笛亚迪当即拉下脸来："为什么说还好？我的中国工人干得比谁都好。他们昨夜的工作效率，比英兵要高出一倍，你没有算过账吗？"

英国人对华工的态度从此大变，华工在异国的境遇也有了很大改善。后来当他们回国时，不少华工还与附近的法国女子结了婚，并带回了中国。

赴欧参战的华工中有很多人却没有这么幸运。"威海卫华工营"那次从前线撤退伤亡尚不算大，但其他营伤亡不小。据说英国从青岛招募的十万华工，共死了三千人，他们大部分都是在撤退过程中被德军的炮弹给炸死的。

重出江湖后的段祺瑞除了着力推动对德宣战外，所关切的另外一件大事是获得外界的援助和支持。虽然中国政府通过对德宣战，取消了德奥庚子赔款，加上停付协约国方面的庚子赔款，使得国内财政困顿的情况有所缓解，但那也只是"出"的少了，"入"的仍然不多。

对这笔账最清楚的，莫过于在新内阁中出任交通总长兼财政总长的曹汝霖。在他履任时，北京政府依旧入不敷出：军政费用每月约需两千万元，而财政部的可靠收入合计还不足一千二百万元，缺口达到八百万元之巨。

如何维持生计，再次成为让段政府头疼的大事，而到了这时候，老段又开始盯上了邻国日本那鼓鼓囊囊的口袋。

日本本来也不是个富国。甲午战争前，为了跟中国进行军备竞赛，日本天皇还要带头捐款，每年挤出皇室经费用于海军建设。甲午战争后，中国的巨额赔款让它发了笔财，要不然恐怕连后面的日俄战争都打不起。

日俄战争打完，日本又没什么钱了，但是随后爆发的"一战"却意外地令其大发横财，真正成了暴发户——欧洲各国埋头苦斗，等于把赚取高利润发大财的机会拱手送给了置身于欧洲之外的日本。"一战"期间，日本的对外贸易大大出超，金融实力得到显著增强，由于国内货币过剩，甚至还出现了通货膨胀现象。

日本有钱，也曾在"中日亲善"的旗号下，打算借钱给中国，但在拨出第一笔交通银行借款后不久，北京政局即因参战之争发生混乱，段祺瑞也避走天津。鉴于当时局势极不明朗，日本寺内内阁决定中止经济援华政策，同时标榜不干涉中国内政。外务省和时任日本驻华公使的林权助也持全然不干涉态度，作为段派成员的曹汝霖等人曾想策动林权助支持段祺瑞，但都未能达到目的。

西原的见解则完全相反。经过几次访华，他对段祺瑞非常看重，认为段一定可以继袁世凯之后掌握中国的政权，即便暂时被免职，也不妨碍其日后东山再起。为此，他再次向寺内提出要前往中国援助段祺瑞。

寺内很信任西原，可他还是认为此行要冒许多风险，所以未同意西原的主张。西原是个极有个性的日本人，就算是老板不答应，只要他认为应该做的事，照做不误。其间他曾四度来华对段祺瑞表示支持，与以往实质上受寺内指派不同，这四次来华完全是西原自作主张的个人行动，而非官方意见。

直到张勋复辟，寺内内阁对公开援段仍感踌躇。后来见讨逆军兵临北京城下，张勋大势已去，寺内才同意帮助段祺瑞平定复辟之乱。

复辟既平，段祺瑞也在为新政府的外交政策定调。这时，曹汝霖提出了一个新见解。他认为，"远交近攻"是强国才能采取的策略，中国只是一个弱国，作为弱国，既不适宜于"远交近攻"，也不能单纯地"一律看待"，而只能采取"近交"、"善邻"的政策，说白了，也就是必须采取亲日政策。

曹汝霖的这一见解，博得了段祺瑞的赞赏。他在送此前一直在天津活动的西原回国时，特地请西原向寺内转达自己的意向："中国的政局几经变化后，我再度出任总理。将来一切施政，当按预定方针进行。"

得到西原带回的这一重要讯息，寺内内阁做出决定："对段内阁给予相当友好的援助。"至此，日本政府终于明确了全力援段的政策。

攻湘

虽然顺利完成了重新出山前未完成的两件大事，但段祺瑞也面临着入主中枢以来从未遇到过的一件棘手难题，这就是南方势力的挑战。

张勋复辟前，强迫黎元洪解散了国会，失去饭碗的国民党议员们即纷纷南下，以孙中山为中心发起护法运动。

孙氏"护法"，固然有捍卫民国、维护约法的政治追求，但亦有争夺中央控制权的实际考虑。他的直接诉求是要求北京政府恢复"旧国会"（即被解散的这届国会），因为"旧国会"中国民党议员占绝对优势，控制国会也就控制了中央控制权中的相当一部分。

孙中山有政治声望和影响力，也有国民党作为政治支撑，但自"二次革命"失败后，国民党就失去了自己的武装，必须依赖于西南军人。

这里所说的西南主要包括云南、贵州、四川、广东和广西五省，其中势力最大的是桂系陆荣廷和滇系唐继尧。从袁世凯时代开始，西南军人便与孙中山的国民党系、长江下游的冯国璋系互通声气，形成了一种或明或暗的盟友关系，借以增强本系在中央的分量。

在张勋复辟前后，西南各省一面参与"护法"，一面宣告独立，其目的无非是巩固和扩展自己的势力。应该指出的是，这些西南诸侯不仅反对张勋，也同样反对段祺瑞。当段祺瑞根据黎元洪的命令复任总理，准备举旗讨逆时，唐继尧曾通电反对，其逻辑是复辟乃段祺瑞一手酿成，岂可再安居总理之位。

复辟被平定后，根据唐继尧的这一逻辑，西南各省不仅仍然没有取消独立，而且指段为复辟的罪魁祸首，要予以坚持反对和讨伐。段祺瑞早就看西南军人不顺眼，现在这帮人又要对他进行讨伐，并实际形成了南北分立的局面，他当然不肯示弱。

西南各省的地理位置都较为偏远，中央不宜用兵，这是连袁世凯当政时期都难以解决的一大难题。段祺瑞在总结袁世凯的一些策略办法的基础上，制订全盘的战略计划，即"入川以进攻云贵，攻湘以占有两广"，也就是以四川、湖南为枢纽，逐步削平西南诸侯。

围绕入川，段幕设计了一个周密的方案，即利用川、黔、滇三方面的矛盾，先使其互斗，再寻机取而代之。1917 年 8 月初，川、黔、滇三军果然发生大混战，段祺瑞立即任命吴光新为长江上游总司令兼四川查办使，率六个旅入川查办四川问题，其目的是首先督促川军驱逐滇黔军，然后再拿下四川和控制滇黔。

与"入川"相比，"攻湘"更为困难和复杂。湖南省长兼督军谭延闿本倾向于西南，对北京政府只是表面敷衍。段祺瑞就以吴光新代之，但谭延闿在湖南甚得民望，湖南人以"湘人治湘"为口号，反对北方势力侵入湖南。

针对这一情势，段祺瑞采取了一个将计就计的办法，他决定派湖南籍的傅良佐去湖南，这样既可以堵住湖南人的嘴，又可以执行自己的计划。

可是段祺瑞的提议却遭到了冯国璋的极力反对。

冯国璋刚来京时，曾经很大度地说现政府既实行责任内阁制，那么他作为总统就应该"人事不参加"。比如陆军次长出缺，幕僚们建议让师景云干一下，他们对冯国璋说："岚峰（师景云的字）伺候您这么多年了，现在陆军次长出了缺，是否可以提拔他一下？"

师景云乃冯幕首席，深得冯国璋的信任，其地位相当于徐树铮之于段祺瑞，但是冯国璋听后不同意，他对其中的一个幕僚说："岚峰要去，我看还不如你去。可是我觉得你也不去的好，内阁里，咱们还是不加入为是。"

如果冯国璋能够始终如一地不过问人事和其他政府要务，冯段之间自然就不会有什么不同意见，然而事实上他却做不到这一点。

冯国璋后来追述他在北京当总统的这段经历时，曾经说："以我老大哥的地位，以段向来对我唯命是听的那样态度，为了北洋的大局，当时我认为，我是可以说服段，做到府院合作的。"

其实仅此一句话，就足以说明冯国璋和他的前任一样，绝不甘心于只做一个责任内阁制下的"盖印总统"。

爆发

冯国璋就任总统不久，就提议要按照袁世凯设置陆海军大元帅统率办事处的成例，在总统府成立一个"统率办公处"，以王士珍为处长。

段祺瑞一听马上意识到自己的军权有被分割的危险：王士珍身兼参谋总长，一旦府院遇到不同意见，冯国璋和府方就可以坐拥三分之二的多数。

得知段祺瑞不同意设立"统率办公处"，冯国璋又提议在总统府内设立"参陆办公处"，由参谋总长王士珍和兼有陆军总长职务的段祺瑞共同负责。他还托人带话给段祺瑞说："请芝泉无须多心，总统作为军队的统帅，对军事不闻不问毕竟是失职嘛。"

段祺瑞闻言不便再拒绝，终于同意设立这样一个组织，但又坚持"参陆办公处"必须附在责任内阁里面才算合法。他这一手的高明之处在于，不仅使得冯国璋实际无法分享国务院的军权，而且还把参谋本部变成了国务院的附属机构，从而最大程度地限制了冯国璋联王抑段的可能性。

这些情况被一些老北洋人看在眼里，令他们早早就看到今后的府院关系存在某种隐忧。时任黑龙江省督军鲍贵卿在小站练兵时期即为管带，他在进京谒见冯国璋后，特地去秘书厅找恽宝惠攀谈。二人先谈了一会黎段相争的情况，接着鲍贵卿便说："他们老兄弟俩（指冯段）这还有什么说的，当然不会再闹像以前的那些个事……"

说到这里，鲍贵卿欲言又止，随后才用沉重的语调继续说道："不过，他们老二位的性情各有不同。我和他们相处多年，可以说是相知有素了，希望你和远伯（张志潭的字）设法给他们从中调和弥缝，使得他们不至于闹出任何意见来，那就最好了！"

恽宝惠把这些话分别告诉了冯国璋和张志潭，张志潭又转告段祺瑞。大家都觉得鲍贵卿语重心长，意见很好，也都在口头上表示要引以为戒。无奈这世上的事，往往是你越怕什么就越会来什么——在度过短暂的蜜月期后，府院终于还是又回到了拢不到一块儿的状态，第二次府院之争很快就在傅良佐督湘这个问题上集中爆发出来。

冯国璋虽为北洋大将，但很早就与西南军人有密切联系。唐继尧曾是冯国璋的学生，早在冯住北京的时候，他和李烈钧从南方来京，即留住于冯宅。后来冯国璋到南京，又通过梁启超的关系，和陆荣廷、唐继尧建立了通信往来。那段时间，冯国璋、陆荣廷甚至还拜把子做了兄弟。

冯国璋能在地方上成为一大势力，连袁世凯在世时都不敢轻视，除了拥有地方兵权外，和西南军人的相互呼应也为其一大法宝。当年在袁世凯称帝时期，冯国璋领衔发出的"五将军密电"，更是几乎要了老袁的半条命。

西南军人反段拥冯，冯国璋和陆荣廷等人一直保持着秘密盟友关系。对西南军人完全不同的感情，决定了段冯在这方面的政见存在着根本分歧。概言之，段祺瑞主张武力统一，而冯国璋则力倡和平统一——虽然听上去都是要追求统一，但段祺瑞是真的要统一南北，冯国璋所谓的统一却只是个形式。退一步说，即便西南各省仍然保持独立或半独立的状态，可只要对冯国璋这个总统没有异议，他也可以容忍。

知道段祺瑞打湖南的主意，乃是为了动两广，冯国璋如何能够不予过问。他反对撤换谭延闿，其直接理由是谭延闿在湖南可以作为南北双方的桥梁，换了别人起不到这样的作用。

有一天，国务院秘书长张志潭循例来府盖印。在把需要盖印的命令一件件递给冯国璋的时候，他特地提到了傅良佐督湘的问题，并转述段祺瑞的意见：傅良佐是湖南人，又和湖南省内的军界人物有联系，所以由其督湘一定能够胜任。

冯国璋听后，一边把他已经看过的命令一件一件递给恽宝惠，一边对张志潭说："恐怕不见得吧！你还是回去跟总理商量商量。"

冯段二人的年纪都比较大了，不像年轻时候那么喜欢到处走动。段祺瑞到总统府的次数不多，冯国璋也一样，就算他不认同段祺瑞的意见，都不肯去找段当面商谈解决，而是直接干脆地予以否决。

冯国璋无疑给段祺瑞出了道难题。傅良佐的父亲与段祺瑞是盟兄弟，傅良佐则是段祺瑞的学生，有着这两重关系，使得他对段祺瑞极为恭顺，见面总称段为"老伯"。同时，傅良佐不仅自日本士官学校读书起就成绩优良，而且本人还有很好的中文根底，写作俱佳，自然而然更得段祺瑞的赏识和提携。

世谊兼学生，亲信兼幕僚，允文允武，还正好是湖南人，人地相宜，段祺瑞就算是打破脑袋，也想不出再到哪里去找这样合适的人选。

可是冯国璋不同意怎么办？这时候段祺瑞想到了另一个人。

险途

傅良佐自日本留学归国后不久，曾作为借用人才，由袁世凯介绍给时任东三省总督的徐世昌。徐世昌发现傅良佐颇有文才，对他也很赏识，以后见其办事认真负责，又升了他的官。

因为有这段经历，段祺瑞便不对傅良佐直接任用，而是请徐世昌出头推荐。徐世昌的资历比段、冯都高，徐世昌亲自出面荐人，冯国璋没法驳他的面子，同时段祺瑞也免去了任用私人的嫌疑，可谓一举两得。

于是，张志潭在盖印的时候便又以徐世昌推荐的名义旧事重提，并且转达了段祺瑞让步后的新提议，即不让傅良佐兼任湖南省的军政长官，而是只专任督军。可是冯国璋仍然变着法地加以拒绝："我原来是准备让谭延闿……"

段让步，冯寸步不让，照这样子，冯段真的有可能闹僵了，张志潭很着急，只得用眼睛示意一旁的总统府代理秘书长恽宝惠，意思是要恽宝惠帮他说几句话。

恽宝惠回看了张志潭一眼，忙紧扣着冯国璋的话说："我们就是任命谭延闿为湖南督军，他也未必肯就。现在既是内阁提出傅良佐来，依我看也没有什么不可以吧！"

冯国璋一听，知道恽宝惠在调和气氛，加上碍于徐世昌的老面子，这才没有再说什么反对的意见，事情就这么定了下来。

傅良佐督湘的消息传出，同事朋友奔走相告，都来给他道喜。傅的好友陈文运闻讯也到傅家造访。

当陈文运赶到傅良佐家中时，贺客已经散去。见周围没有熟人，陈文运开门见山地对傅良佐说："别人都来给你道喜，我却劝你别去。"

傅良佐听了很诧异，忙问为什么。陈文运说："大家都知道你是段老师的学生，又是湖南人、日本留学生。你到湖南去，只许做好，不许做坏。"

陈文运给傅良佐分析了他此去所要面临的严峻形势：西南方面正在搞独立，湖南内部也不一致，情况如此复杂，非一般人所能应付。

除了这些，还有的东西陈文运不便明言，那就是傅良佐虽然办事认真负责，但办事的能力却不足，尤其缺乏应变之才。

民国建立后，傅良佐一度担任多伦镇守使，其间突然发生叛乱。尽管叛军离多伦还有二百多里地，但是傅良佐仍然手忙脚乱，慌成一团。因为发现傅良佐能力短绌，难以应付事变，后来袁世凯就将他内调到统率办事处去了。

在处理例行公事方面，不擅应变的傅良佐倒能够应付自如，这才使得他能够成为段幕中的重要角色，直至升为陆军部次长——当然有时也会露出马脚，比如由他做主策划的"公民团请愿事件"，就几乎把段祺瑞推入绝境。

同为段幕中的重要角色，徐树铮、傅良佐都是段公馆的常客。徐树铮脾气大，又好挑毛病，见着谁都是恶狼恶虎似的，家人们只要一看到他，便都躲得远远的。可是另一方面，众人又都不得不佩服徐树铮确实是个人尖儿，经常说的一句话是："这是人家有才。你想，老头子能不喜欢吗？"

与徐树铮的"有才"相比，傅良佐差远了。可为什么"老头子"不但看不出来，还要委以重任呢？段府家人私下的解释别出心裁：靠打牌。

徐树铮到段公馆不谈私事，只谈公事，而且三言两语，从不耽搁。同时他也很少参加公馆的宴会，不陪老段打牌，来来去去，总是一副公事公办的严肃面孔。傅良佐则不同，他常陪老段打牌，双方一个"老伯"一个"世侄"地叫，就跟一家人一样。

听说傅良佐被派去督湘，段府家人就在背后偷偷地议论："傅良佐打牌打出来一个督军。"

段祺瑞当然不至于糊涂到靠打牌选督军，但段府家人的意见也不能说没有一点道理，他们虽说不懂政治，可是来来往往的能人见得多了，反而更能鉴别出谁是真厉害，谁只是银样镴枪头。

陈文运深知傅良佐不是做湖南督军的材料，弄得不好，下场会很惨，为此他诚恳地向好友发出忠告："我看你还是不去湖南为妙，不如继续在北京做你的次长吧！"

傅良佐听了之后眉头微微一皱，似乎思索了一下，可是很快就答复道："总统已经有明令了，我哪能不去呢？"

陈文运见他官兴正浓，也不便深谈下去，更不能再说你不是那块材料之类的话，只好说："咱们交情很厚，我不得不说，请你考虑考虑吧。"

傅良佐表面上连连称谢，感谢好朋友直言相告，但陈文运还是看出他内心有怪自己多管闲事的意思。

话不投机，陈文运匆匆告辞而去，傅良佐也就此踏上了一条他本不能胜任的险途。

隔阂

不出陈文运所料，傅良佐督湘的明令一发表，立即招致湖南和西南各省的反对。他们认为傅良佐虽然是湘籍，但自幼便随父随宦在外，无论过去的出生之地，还是现在的做事方式，都只能被归入北人之列，不符合"湘人治湘"的要求。

陆荣廷出面给冯国璋发来一份电报，要求收回成命，并主张划湖南为南北军的缓冲地带，继续维持湖南现状。

冯国璋由于已同意段祺瑞派傅良佐督湘，故而难以作答，只得把陆荣廷的这份电报交给段祺瑞。段祺瑞以国务院名义答复陆荣廷，把更换湘督说成是"为事择人"，拒绝了对方的要求。

1917年8月下旬，傅良佐以"衣锦归乡"的姿态，辞别段冯，离京前往湖南就职。

段祺瑞在发表任命时，曾表示傅良佐虽督湘，但不带北军入湘。可是面对各界如此强烈的反对，如果真的让傅良佐一个光杆司令入湘，段祺瑞自己也不放心，为此他在傅良佐赴任的同时，就派了两个师的北洋军开往湖南。

谭延闿内心不是不想抵抗，但原本答应援湘的桂滇军还没行动，北军已经大兵压境。至于湘军，只有两个装备较差的师，而且谭延闿还只能控制其中的半数，自然无法抵御北军。

在此情况下，谭延闿只得放弃抵抗。有人问他是否愿意留任省长，谭延闿说："当惯了婆婆，如何能做媳妇？"

傅良佐到长沙后，谭延闿一俟办完交接手续，马上借口回籍省亲，离开长沙到上海去了。

谭延闿绝非俗辈，当年曾与谭嗣同等人并称为"湖湘三公子"。离职之前，他在与西南各省加强联络的同时，派原零陵镇守使望云亭赴京迎接傅良佐，望云亭的职务则由刘建藩署理。

谭延闿的举动表面看上去似乎是对北京政府的服从，其实暗藏机锋——望云亭是段祺瑞留在湖南的一个内线，把他调走乃为调虎离山之计；继任的刘建藩参加过"二次革命"，让他镇守零陵，无异于埋下了一颗反对傅良佐的定时炸弹。

傅良佐在就职的第四天也发现了谭延闿所布的这着棋，于是下令撤换刘建藩。刘建藩早有准备，不仅拒绝从命，而且通电全国，宣布独立。

消息传到长沙，傅良佐立刻慌了手脚，一面宣布长沙戒严，一面派兵前往讨伐。不料派去的本省军队全是软脚蟹，没几下就纷纷溃败。

傅良佐再命随其南下的那两个北洋师出战。北洋军久经沙场，炮火又相当猛烈，非刘建藩等所指挥的湘南军队所能抵御。在湖南地方的屡次请求下，10月中旬，西南方面组织湘、粤、桂联军，分路向北洋军发起反攻，湖南问题迅速演变为南北战争。

与南北战争相伴随的，是第二次府院之争的正式浮出水面。自傅良佐督湘事件以后，冯段就产生了隔阂，而且从此一天天地加深。

段冯本来当面接触的机会就不多，这时候越发少了。难得有一次，冯国璋突然打电话给段祺瑞，请他到府里来谈谈。段祺瑞接了电话说："一定是四哥想打麻将了！"说完便高高兴兴地带了两百元现钞赶去总统府。

段祺瑞喜欢打麻将，但一般都在晚上下班之后。这次他上班也要打麻将当然不是纯粹为了玩，而是希望利用打麻将的机会重新加强二人的私人联系，冲淡彼此感情上的不愉快。

可是冯国璋在和他谈完公事之后，却并没有谈到打麻将的话。段祺瑞也不便提出，只得乘兴而去，败兴而归。

冯国璋本人其实不爱打麻将了，他也知道段祺瑞的癖好，但就是不肯迎合对方打上那么几圈。这也使得段祺瑞不能不怀疑"四哥"是在摆他的总统架子。

后来又有一次，段祺瑞主动去拜访冯国璋。当时恰巧府内有一处木桥坏了，段祺瑞的汽车无法通过。有了打麻将的尴尬经历，段祺瑞自然而然地认为冯国璋仍在故意摆阵势，不准备和他见面，于是当即就命令车夫掉转车头，愤然打道回府。

战而不宣

冯段之间越闹越僵，冯国璋也开始像他的前任黎元洪那样，频频对院方动用否决权。

刘建藩等人宣布独立后，段祺瑞以国务院的名义下令予以讨伐。可是命令送到总统府盖印时，冯国璋却以大事化小、小事化了为由拒绝盖印。

冯国璋不盖印，段祺瑞也没办法，结果湖南那边已经打得昏天黑地，这边北京政府的讨伐令仍未颁布，段内阁也因此被外界讥刺为"对外宣而不战，对内战而不宣"。

及至南北战争爆发，段内阁下令罢免以两广巡阅使陆荣廷为首的西南三军头，冯国璋又拒绝盖印，理由还是原来大事化小的那一套。

冯国璋闹起别扭，比黎元洪更麻烦，因为"泥菩萨"其实没有什么强硬资本，冯国璋却有着不小的本钱，这就是从北洋系中逐渐分化出来的直系。

北洋系形成于小站练兵时期，还在其发展扩张过程中，内部就因权力之争而初步形成派系，只是在袁世凯的统驭下，派系现象受到了压制。后来袁氏称帝，尽管北洋系中的相当一部分军人已不完全听命于袁，但仍不至于公开分裂。

北洋系的加速分化是从袁世凯暴毙以后开始的，最终形成了直皖两大系统——冯国璋出生于直隶省（今河北省），以他为首的北洋军人集团称为直系；段祺瑞出生于安徽省，以他为首的北洋军人集团便称为皖系。

当时的江苏督军李纯、江西督军陈光远、湖北督军王占元号称"长江三督"，三人皆为直系的骨干分子，他们在长江下游联成一气，成为冯国璋在京的有力后盾。

南方联军誓师出征的当天，"长江三督"就联合提出解决南北问题的四项意见，不仅主张停止湖南战争、撤换傅良佐，而且还要求改组内阁、整理皖系倪嗣冲等部。

"长江三督"的意见一发表，即遭到皖系的强烈反弹。一部分皖系激进派以硬对硬，甚至酝酿要发动政变，以对付站在幕后的冯国璋。从1917年10月下旬起，北京谣言四起，都说在京的北洋军人要软禁总统。

毕竟自己身处京城，这样的迹象和谣言不免令冯国璋感到害怕。他这才做出让步，勉强同意罢免广东督军陈炳焜，但仍将罢免陆荣廷等其他二人的命令留下不发。

罢免陆荣廷本是段内阁罢免令的重点，冯国璋却来了个避重就轻，段祺瑞对此很不满。他又重新拟令，将陆荣廷调职来京，并催促冯国璋盖印。

见段祺瑞紧盯不放，冯国璋只好将命令交印铸局盖印后予以发表。可是到了晚上，他又后悔做出了这一决定，派人把命令从印铸局追了回来。

第二天，段祺瑞未见到总统命令发表，一问才知道冯国璋居然将命令追了回去，不由大为光火，当即声色俱厉地对冯国璋进行质问：为什么讲好发表的命令还要变卦？总统岂能出尔反尔？

冯国璋被问得理屈词穷，哑口无言，待段祺瑞走后，就无可奈何地把命令重新送至印铸局。

此时南北两军正在湘南交战，北军略占优势，已先后攻下衡山等地；而在四川境内，川军刘存厚部也在段祺瑞的支持下，击败了入川的黔军、滇军。段祺瑞不断收到捷报，自认为拿下西南已指日可待，于是便决定接受梁启超的建议，援引"临时约法"中的有关条例成立临时参议院。

临时参议院为代立法机关，有权修改"国会组织法"及"两院议员选举法"，并根据新法召集新国会。冯国璋是旧国会选举出来的总统，如果是新国会进行选举，变数就增大了许多。

亲段势力本身也有要推倒冯国璋的意图，他们内部有两种意见，"政变倒冯"是其中之一，但段祺瑞并不同意这么做。除了"政变倒冯"，另一种意见就是"合法驱冯"，成立临时参议院无疑为"合法驱冯"提供了一条便捷之路，这让冯国璋大感威胁。

俗语说得好，狗急了就要跳墙。冯国璋在北洋三杰中又被喻为"狗"，在此内外交困之际，他也想到了一招。

幸灾乐祸

1917 年 11 月 14 日，正在湖南指挥作战的两位北洋军师长王汝贤、范国璋突然在前线发出主张停战议和的通电，提出他们不愿为"政客利用"。通电发出的当天，二人即率部撤出战斗，由衡山向长沙方向退却。

王汝贤、范国璋是直隶人，其所部官兵也多出于直隶，他们虽没有正式归入直系，但和直系渊源很深，王、范平时也多看冯国璋脸色行事。二人做此惊人之举，当然不像通电中所说的那么简单，事实上，他们恰恰乐于被"政客利用"，只不过利用他们的"政客"不是段，而是冯罢了——秘密指使他们停战的，正是冯国璋的女婿陈之骥。

傅良佐是个缺乏应变能力的人，一看到前线通电便手足无措，当晚就和新任湖南省长携带印信，乘坐轮船一同仓皇逃出了长沙。在此之前，段祺瑞为了支持傅良佐督湘，还从山西调来商震一个混成旅赴湘作战。由于商震和王、范没有直接联络，傅良佐又不通知，所以导致晋军要撤的时候都撤不下来，最后近乎全军覆没。

王、范通电到京后，冯国璋表现得幸灾乐祸，连声说："快快送院，快快送院。"别人问他："湖南问题闹大了怎么办？"冯国璋没好气地答道："我有什么办法？有责任内阁。"又有人问："王汝贤、范国璋擅自通电停战，此风殊不可长，总统以为如何？"冯国璋仍然是那句话："问责任内阁。"

这些话传到段祺瑞耳朵里，他气呼呼地说："问我，我只有一个办法，辞职！"

段祺瑞说到做到，当即递上辞呈。第二天，他又发出了一份言辞痛切的电报，称为"铣电"。在"铣电"中，段祺瑞认为北洋系是如今中国的正统势力，无北洋即无中国，与此同时，他责备直系军人不顾大局，"启阋墙之争"，使西南"收渔人之利"，而西南却正好施离间计来破坏北洋团结，即"始以北方攻北方，继以南方攻北方，终至于灭国亡种而后快"。

对于"铣电"，冯国璋倒也没什么感觉，按他本意，最好是立马批准辞呈，让对方滚蛋了事。可就在段祺瑞发出"铣电"的当天，总统府的日籍军事顾问青木宣纯即奉命来访，转达寺内内阁的意向，说："欧战在紧张进行，中国内阁不宜有所变更。"日本驻华公使林权助也警告说："倘因中国内阁变动引起纠纷，日本难以坐视。"

即便在北洋系内部，冯国璋也面临着不小阻力。身处北洋元老地位的徐世昌就认为，"铣电"说的不是没有道理，段祺瑞于此时辞职，一定会引起北洋分裂，切不可行。

处于内外压力之下，冯国璋只得暂时放弃立即罢免段祺瑞的念头。他一面对段祺瑞进行再三挽留，一面装模作样地通电申斥王汝贤、范国璋，说这两个人"不顾羞耻"，把"军人面皮丧尽"。

段祺瑞随后收回辞呈，通电各省督军表示愿意继续任事。正当众人都以为府院之争已暂告平息时，在冯国璋的秘示下，"长江三督"又掀起更大风浪，他们联名要求撤兵停战，与西南方面和平解决问题，并声明愿做调停人。

"长江三督"的联名通电对段祺瑞的政治主张和威望造成了很大打击。为争取主动，段祺瑞立即下令免除傅良佐督军一职，其职务由王汝贤代行，所有长沙地方治安也均由王汝贤、范国璋完全负责。

王、范擅自在前线撤兵停战，不仅没有受到军纪国法的处分，反而还要加官晋爵，这在段祺瑞的带兵史上是从来没有过的，可是为了稳定湖南局势，他又不得不做出违心之举。

尽管如此，冯国璋还是没有要善罢甘休的意思。他除了趁机解除段祺瑞陆军总长的兼职，由王士珍继任其遗缺外，还要求严惩傅良佐。段祺瑞虽然有意袒护傅良佐，但在自己也深陷困境的情况下，也不敢公开包庇，只得同意将傅良佐交付军法会审。

不过段祺瑞随后又提出一项意见，指出傅良佐名义上是湖南督军，其实只是个光杆司令，军权操于王汝贤、范国璋之手——王、范公然发表通电主张议和，又擅自撤兵，傅良佐赤手空拳，焉能在长沙继续坐镇下去，除了逃走还能有什么办法？

段祺瑞的结论是，傅良佐擅离职守，固然应当惩办；但追根溯源，王、范应负更大的责任，必须彻底追究。

心照不宣

段祺瑞长年在政治场上摸爬滚打，岂是可以任人揉捏的。沿着他所提出的意见，就会涉及很多极为复杂的内幕。比如王、范通电议和究竟是自作主张还是奉有政府的命令？若是前者，王、范作为军人，在发电之前就应该知道后果有多严重，所以这种可能性并不大；若是后者，到底是谁代表政府下的命令？

负责傅案的人初步查了一下。段祺瑞是国务总理兼陆军总长，但国务院和陆军部可以断言没有下过命令，这样颁发命令的人就只可能是冯国璋了。

按照法律，一旦确证冯国璋曾向王、范下达过明令，那么不仅王、范可以不负责任，傅良佐也能够得以完全脱罪。退一步说，即便搜集不到冯下达明令的确切证据，作为总统，他最低限度也应该出席军事法庭作证。

不管是哪一种结果，对段祺瑞而言都是有利的。可真要彻查下去，伤及国家体面不说，在南北分裂的形势下，北京政府估计也存在不了几天了，所以不到万不得已，段祺瑞不会走到这一步，冯国璋更是避之唯恐不及。

冯段心照不宣，谁都不再提及军法会审傅良佐的事了。具体经办的人见状，自然也不敢继续深入。于是乎，这桩公案就遵循北京官僚圈子里的"潜规则"，先是雷声大，雨点小，"只听楼梯响，不见人下来"，接着就不了了之了。

段祺瑞罢免傅良佐，容忍王汝贤、范国璋，为的是让后面这二位能够将功折罪，卖把力气将南方联军逐出湖南。可是王、范自恃有冯国璋撑腰，对此并不领情，只是一味想与南军谈和；更有意思的是，南军对王、范的谈和请求也不领情，上来照旧是一顿猛揍。

王、范慌忙抵挡，但他们麾下的北洋军早就因谈和而失去了斗志，稍一开仗便纷纷溃散。王、范见势不妙，也只好双双逃走。不久，南军便长驱直入，控制了长沙。

面对被直系搅得一团乱麻的湖南局势，作为负全责的总理，段祺瑞自感责无旁贷。这天，国务院秘书长张志潭到总统府盖印，盖印的时候便转述段祺瑞的话，说段祺瑞深悔用人不当，准备"引咎辞职"。冯国璋听后，只是简简单单地回答了一个"噢"字，没有丝毫慰留的表示。

非但如此，过了三五天之后，张志潭又来盖印，冯国璋竟然问他："总理还不辞职吗？"此语一出，连一旁的恽宝惠都感到总统问得实在有些冒昧。因为不管冯段之间有什么仇什么怨，段祺瑞毕竟还是一个责任内阁的总理，在总统还没有找到继任人选之前，怎么能够任由总理递交辞呈呢？

恽宝惠怕张志潭感到难堪，但从段祺瑞到张志潭，显然对冯国璋的态度都早有准备。当着冯国璋的面，张志潭表情严肃地回答道："辞呈就上来！"

辞呈果然很快就送了过来。这时冯国璋才意识到段祺瑞的替代人选还空缺着，于是加紧物色。

他首先想到的新总理是职业外交家陆徵祥，为此亲自坐着汽车前去拜访，请陆徵祥出面组阁，但却遭到了拒绝。

接下来，冯国璋又请熊希龄和王士珍一同来府商谈组阁问题。熊希龄在袁世凯时代曾出任总理，可他也无心再续前缘，并且郑重声明："我是决不做冯妇的！"王士珍跟着开了句玩笑："你不做冯妇，我倒可以做冯道！"

熊希龄马上笑容满面地说："聘老（王士珍字聘卿）既然愿意做冯道，这件事还不好办吗？"

王士珍发现对方误会了自己的意思，急忙微笑着一再向熊拱手作揖，表示只是玩笑话，没有做总理的打算。

此后，冯国璋单独对王士珍进行劝说，请他顾念多年交情，勉强出面组阁。王士珍则说自己和段祺瑞也是几十年的交情，怎好卖友？

不管冯国璋如何苦口婆心，王士珍始终予以婉拒。事实上，为了顾及和段祺瑞的那"几十年的交情"，他甚至连陆军总长一职也称病不肯就任。

一圈人问过来，最后冯国璋找到了外交总长汪大燮。汪大燮正在生病，也不太愿意跳此火坑，为了摆脱冯国璋的苦求，他便在病榻上提出了一个就任条件：只做几天总理，只签署两个公文。

汪大燮以为这样古怪无比的条件会令对方死心，未料冯国璋一口答应下来。

冯国璋的这些情况都传到了国务院。看到"四哥"逐走自己的心情竟然比原来的黎元洪还要急切，段祺瑞的脸上无论如何都挂不住了。他马上赶到总统府面请辞职，冯国璋又假意请他荐贤。段祺瑞推荐的也是汪大燮，并表示愿意亲往劝驾。

1917 年 11 月 22 日，冯国璋下令准予段祺瑞辞职，派汪大燮代理国务总理。

操盘手

汪大燮只肯做一个星期的过渡总理，在这一个星期里天天催请冯国璋发表继任人选。

冯国璋不能自食其言，只好再请王士珍出来相助。王士珍还是不肯，但答应帮他物色人选，问题是王士珍所物色的人选都是冯曾经请过的人，自然依旧是竹篮打水一场空。

冯国璋急了，对王士珍说："总理问题且先放下，请看我的老面子，先就任陆军总长吧！"

王士珍一听这话，就像要杀了他似的，头摇得更厉害了。

已经辞职的段祺瑞得知情况后，为免冯国璋下不了台，遂登门拜访王士珍，请他以北洋团体为重，先就任陆军总长。王士珍不肯就职，担心的就是老段有想法，现在老段已经表了态，他也就答应先到陆军部看几天大门再说。

冯国璋这边趁热打铁，把王士珍单独请到家里，要他以陆军总长的名义兼署国务总理，并且对他说："老聘（冯国璋对王士珍的爱称），你还能看我的笑话吗？"

王士珍见冯国璋实在没有别的人好请，也只好勉为其难地应承下来。

王士珍兼署国务总理后，府院倒是异常和谐，因为主意全是冯国璋拿，他说要和平统一就和平统一，要交好西南就交好西南。唯一一次闹得不愉快，是冯国璋派人去联系陆荣廷，可是又让国务院负责报销这笔"交际费"。

王士珍认为冯国璋太过吝啬，为此难得地大光其火，说："这件事（指出任总理）还不为的是他，我又不贪图什么！我一天到晚狗颠屁股垂儿似的，我为的是谁？这一点钱，他还不往外拿？"

后来有人提醒说盐务署有一笔按月送来的机密费，可以用于报销，王士珍也就不再和冯国璋计较了。

王士珍如此迁就冯国璋，是抱定了给老朋友帮忙的态度，但冯国璋的逐段之举却大大惹恼了另一个老朋友的部下，这个人就是徐树铮。

徐树铮一生死忠于段祺瑞，段祺瑞辞去国务总理，他马上也跟着辞去了陆军次长一职，之后便成为皖系在幕后行动的主要操盘手。

日本政府因在华利益与段内阁息息相关，所以对段祺瑞辞职一事极为关切。日方代表特地询问徐树铮：为什么段辞职，各省没有进行挽留？

如果照实说，寺内内阁和西原很可能会对段的实力感到疑虑，进而放弃对他的援助。徐树铮回答得很巧妙："这是以退为进。"

日方疑虑顿消，并表示寺内内阁对华方针不变，仍认定段祺瑞、徐世昌"为中国政局之中心，遇事力尽友谊援助"。为此，日本政府停止或减少了对西南军事力量和其他势力的援助，集中财力、物力，对段祺瑞及其皖系予以全力支持。

实际上，徐树铮对"各省没有进行挽留"的真实原因非常清楚。冯国璋、王士珍、段祺瑞同被称为"北洋三杰"，王士珍的政治倾向基本上与冯国璋一致，也就是说，三杰里面有两个人主张"和平"，只有段祺瑞一个人要求使用"武力"，再加上傅良佐事件和"长江三督"的影响，这才导致各省督军无法在拥段上形成一致的步调。

总结前一阶段的得失，显然段祺瑞在声誉和威望上已经失分不少。徐树铮接下来采取的做法，和现代社会中西方政客们竞选期间的伎俩相仿，那就是开动舆论机器，不遗余力地对段的竞争对手进行攻击和丑化，以期把对方的形象分打压下去，至少不能居于段之上。

徐树铮在北京城内和各省安插了许多眼线，随时收集掌握冯、王的言论行动，同时集合段派的谋臣策士，如曾毓隽、叶恭绰等人，在天津租界里终日开会，针对这些言论行动展开攻击。

虽然民国报界并非娱乐至死，但花边新闻同样为当时的读者所喜闻乐见，政客们若运用得当，其火力和杀伤力甚至远超正规的社论报道。徐树铮便经常亲自操刀，写一些这样的东西，然后在报纸上发表。

在"徐氏花边"中，王士珍被指为"认贼作父"，里面抖的自然都是他忠于清室以及与张勋复辟有染的料。这还不算猛的，相比之下，最让人喷饭的是"总统卖鱼"。

反击

冯国璋爱财，乃是北京政治圈内众所周知的一件事。据说他有一次饭后散步，看到中南海的池塘里养着很多漂亮的鱼，就问随从："这都是些什么鱼啊？"

随从回答说什么鱼都有，最近放进去的是袁世凯执政时期，由河南进贡的黄河大鲤鱼。这些鱼全部为珍稀品种，最令人称奇的是，自明朝嘉靖年间开始，明清两代的帝王后妃搞放生活动，被放生的鱼的鱼鳍上都拴有作为标志的金牌、银牌或铜环。

冯国璋听了不由脱口而出："嗯，不错，把这些鱼卖了肯定能得不少钱吧！"

随从以为他只是开玩笑。不料这位总统真的动了卖鱼的念头，过后即开价十万出卖中南海的捕捞权，最后以八万元成交。一时间，北京的饭馆里都开始出现并竞卖"总统鱼"。

徐树铮将"认贼作父"、"总统卖鱼"等直接作为文章标题，并放大成头号字在报上刊登，在吸引读者眼球的同时，对冯、王的声誉进行极力贬损。

除了冯国璋、王士珍，被徐树铮列入黑名单的还有"长江三督"中的江苏督军李纯，因其对冯国璋跟得最紧，"和平统一"的调子也唱得最高最响。

徐树铮在报纸上把李纯骂得狗血喷头，甚至说李纯是北洋的叛徒。有一次李纯要召集各省议会代表到南京开会，以"协商和平"，徐树铮便让京师警察厅具呈，以违法为由请求取缔，同时通知各省督军不许参议会派代表前往参加。

在报上损人固然带劲，但更有效的显然还是让北洋军人们直接站队发言。北洋以杂牌居多，皖系或亲皖军人又主要集中于杂牌，如安徽督军倪嗣冲、浙江督军杨善德等。这些杂牌督军早已响应段的号召主战，可是他们在实力和声势上仍远不及那些嫡系将领。

当时的北洋嫡系部队一共有六个师，这六个师实际都是由清末的北洋六镇演化而来。第一师原为"京旗镇"，驻于北京，既然段已下台，当然就指望不上了。第二、第四、第六师的师长即"长江三督"，徐树铮判断第四师师长陈光远、第六师师长李纯都是铁杆直系，无法拉拢，只有第二师师长王占元因身在湖北，如果被南军逼紧了，出于自身利益考虑，倒还可能转过头来跟皖系一道主战。

剩下来的两个师中，第六师师长曹锟身兼直隶督军，本身属于直系，不过徐树铮认为可以拉也应该拉。原因是曹锟与皖系也一直保持着良好关系，号称直、皖二系的两栖督军。另一方面，第六师近在直隶，兵力又最多，可以随时威胁中央。若把这部分力量用上，让他们到前线去攻城略地，胜了，皖系沾光；败了，反正不是皖系的嫡系部队，对皖系而言，也不至于伤筋动骨。

为了拉住曹锟，徐树铮亲自跑到天津对其进行游说。他先对曹锟许诺，说明只要曹锟肯站在主战派一方，不久召集新国会时，一定想办法捧他为副总统。接着又举反证，指出如果曹锟想站到主和派一边，则不会再有出风头的运气，因为"长江三督"以李纯为首，早就在主和上拔了头筹。如果南北和平真的实现，李纯的政治地位必然提高，而曹锟却必然一无所得。

曹锟听后大为动心，于是立即单独发表"马电"，主张以南军首先退出长沙作为南北议和的条件。

六个师中的第五师师长张怀芝驻于山东，虽然该师战斗力并不强，但是资格老，而且听从段祺瑞，让他跟着走没有问题。

1917年12月2日，在曹锟和张怀芝的主持下，全国七省三区的督军和都统代表在天津举行督军团会议。这次会议除"长江三督"未派人到会外，几乎囊括了北洋系所能控制的各个省区，其规模和声势之大，不亚于过去的徐州会议。

天津会议是主战派的大联合，也是皖系对冯国璋和"长江三督"的一次有力反击，而冯国璋在这种反击面前又几乎找不到什么抵御的借口——说好要"和平统一"，可是南军却仍旧没有要与北军立即实现"和平"的迹象，不仅湖南方面的南军已攻至岳州附近，而且入川的滇黔军也攻克了重庆，吴光新已被迫弃城东下。

冯国璋曾责成李纯与陆荣廷接洽，主张南北军在湖南先行停战。陆荣廷倒是答应了，但南方联军中的湘桂军还想夺回岳州。岳州为湘北门户，驻守岳州的北军又属湖北督军王占元的部队，王占元当然也不肯轻舍。

冯国璋派人携自己的亲笔信到天津，要求天津会议本着"有备无患，先礼后兵"的精神进行，然而主战派已在会上占据绝对优势，一致要求组织强大兵力讨伐南方。

冯国璋被南军和主战派夹在中间，真是苦不堪言，有一次忍不住对女婿陈之骥说："瞧瞧我都被他们弄到这个地步了，想想黎黄陂（黎元洪），也真难为他了！"

不是总理的总理

出于形势所迫，冯国璋只得把段祺瑞和王士珍一并请到总统府商议解决办法。段祺瑞表示除下讨伐令外，别无他法，这本在冯国璋的意料之中。他找王士珍前来，就是想一道说服段祺瑞，以抵制天津会议的压力，可是没想到王士珍也变得一筹莫展，乃至说出了"如须作战，不如请芝泉（段祺瑞）出来主持为好"这样令他大失所望的话。

这时不仅国内形势波诡云谲，国外的"一战"也出现了变数。眼看德、奥将败，原在东线与德国作战的俄国突然爆发革命，新生的苏维埃政权与德国单独媾和，退出了"一战"。这不仅意味着德国减除了来自东线的威胁，而且当时还有一种猜测认为，它很可能会从苏俄那里得到援助和支持。

如此一来，对于协约国方面还能不能取胜，北京政府内部又产生了新的争论，有人认为参战乃失策之举，身为总统的冯国璋也有些胆战心惊。

为了应付可能发生的与苏俄的大规模战争，冯国璋决定设立参战督办处，并打算由段祺瑞负责。当征询段祺瑞的意见时，段祺瑞未有任何犹豫或为难之色。他先是让冯国璋坚定信心："俄国虽然撤兵回家革命，但参加协约国的已经有十九个国家，德势已孤，寡不敌众，结果必败。"接着又慨然表示："我决不推卸责任，总统不要怕，参战督战办令一下，我决不推让，立刻走马上任。"

1917年12月18日，冯国璋任命段祺瑞为参战督办，段芝贵为陆军总长。同一天，他还下达了一道手令，规定以后参战事务均交参战督办处理，不必呈送府院。

冯国璋的算盘打得很精明，他是要一箭双雕，一方面让段祺瑞去替他应付棘手的外战，另一方面又要把段的权力限制在对外问题上。可是最后实际上是弄巧成拙——参战督办并不隶属于内阁，段祺瑞的一切决定都可以直接发交有关各部办理，对内可以发号施令调动军队，对外则可以凭借这个机构直接取得外援。

冯国璋自己要搞的参战督办，结果却让段祺瑞重新掌握了国内的军政大权。段祺瑞虽然已辞去了本兼各职，但自此以后，凡国内重大事务特别是南北问题，他都要不断予以过问，成了不是总理的总理。

1918年1月中旬，正在陆军部任职的陈文远奉命到前线视察。此前冯国璋、王士珍已让谭延闿回任湖南督军兼省长，希望谭能够收拾残局，阻止事态继续扩大，但谭延闿却无意回任，而湘桂联军更是乘胜追击，不肯罢手。

陈文远到湖北时，湘桂联军距岳州已只有几十里路。为了解前线的真实情况，他冒着危险亲自去了一趟岳州。可是下火车后，什么人也找不到，于是陈文远只好在城内草草巡视了一番，结果发现驻城部队虽然不少，可大多为从前线溃退下来的部队，其中既有王汝贤、范国璋的残部，也有山西商震的一部分败兵。这些残兵败将无一例外地都无精打采、狼狈万状。

陈文远不敢在岳州逗留，连忙又乘车返回武昌。一见到湖北督军王占元，他就直言相告："我看前方军事危急得很，而且士气颓丧，岳州恐怕也难久守。岳州一丢，（北军）在湖南就站不住了，战事立刻会扩展到湖北省来。你还不赶紧想办法吗？"

王占元皱着眉头对陈文远说："我有什么办法呢？我的力量单薄得很，要想守住湖北都不容易。"

见王占元尚未完全认识到事态的严重性，陈文远想了一下说："我在岳州匆匆看了一下，人心已经慌乱到了极点，地方上经过这场战事，真是糜烂不堪了。我看再经过十年，也不容易恢复元气吧。"

王占元一听这才慌了，急忙请求和陈文远联合拍个电报到北京，申述地方危急的情形，请立即派队伍前来，以安定人心。

王占元虽为"长江三督"之一，但正如徐树铮所分析的那样，火如果烧到他的家门口，就不可能再装腔作势地"主和"了。王占元的请求正中陈文远下怀，他当即表示同意，并立刻拟了一份电稿，让人发往北京。

葫芦里到底要卖什么药

陈文远在湖北也没有再停留，随即就动身回京。一下车，顾不得回家休息，就先到总统府，把所见到的情况和与王占元的谈话内容向冯国璋进行了详细汇报。他结合所见所闻，极力强调湖南乃南北之枢纽，现在南军即将完全占领湖南，而湖北也岌岌可危，如果政府再不出兵，将来形势恐怕很难乐观。

冯国璋已经看过电报内容，见连王占元都要求派兵，自然不能再重复"先礼后兵"之类的托词。只见他无奈地摇了摇头，说："我本来一向主张和平，不愿国内再见战事，免得生灵涂炭，但南方既然坚持用兵，那也就说不得了，只好用武力周旋周旋。"

冯国璋让陈文远去找段祺瑞："请他从速布置军事行动吧。你告诉他，就说我说的，马上准备派军队到湖南去。"

陈文远立刻赶到段公馆，向段祺瑞转达了冯国璋的意见。段祺瑞听后说："早就应该如此。国家不用武力统一，各省都不听命中央，那还成什么国家！"

段祺瑞以为冯国璋已下定了对南方用兵的决心，但总统府依旧未能出台"讨伐令"。冯国璋如此犹豫不决，是因为他知道南北全面战争一旦重开，直、桂两系的联盟势必要被打破，而他的政治影响力也将大大降低。

几天之后，岳州被湘军占领，北军全部撤离湖南省境。消息传来，北京政府大为震惊，冯国璋也更加心慌意乱。情急之下，他向徐世昌求教，徐世昌便出主意让他主动邀请段祺瑞商议对策。

由于对冯国璋迟迟不肯下达"讨伐令"很不满意，在被冯国璋请到总统府后，段祺瑞只是冷冷地坐在那里，什么话也不说，问他意见，他也只说了句："我没有什么好说的，该讲的都讲过了。"

冯国璋这时忽然站起身来，开始大骂南军，说南军欺人太甚，不把北洋派当回事，是可忍，孰不可忍之类，其态度之慷慨激烈，倒仿佛他一直"主战"，而在座的段祺瑞、徐世昌一直"主和"，并且已经挡了他主战的道路似的。

段、徐和冯国璋在北洋系里共事二十多年，从来也没见过对方这种样子，二人顿时被弄得莫名其妙。

骂完南军，冯国璋宣布："为了团结和巩固北洋派，我决定亲自出征，不挫败南方的气焰决不罢休！"

理由很正当，但就和不明白他为什么要大骂南军一样，段、徐仍然不知道冯国璋今天的葫芦里到底要卖什么药——兵都还没出一个，大总统就先御驾亲征？

徐世昌滑头，来了个"未置可否"，只有段祺瑞很认真地劝冯国璋不必亲自出征，可是冯国璋态度固执，非要亲自出征不可。

接着，冯国璋又把王士珍内阁单独召至春耦斋，宣布要"南巡"，不过理由又与先前有所不同："我这次到南方去，主要是为了征询南方他们几个人（即'长江三督'）对于和、战问题的意见，往返最多不过七天。"

说完之后，他用眼神向众人扫视了一遍，意思是征询一下有没有什么不同意见。

自总理王士珍以下，大家起先都沉默地坐着，谁也没有什么表示。就这么沉默了一两分钟，内务总长钱能训才说了一句："总统还是不要轻动为好。"

当时盛传徐树铮已和奉天的张作霖拉上关系，准备进兵北京，发动政变。钱能训担心，如果奉军真的进关"称兵犯阙"，冯国璋出京城容易，回来可就难了。

冯国璋似乎完全没有这些顾虑，他紧接着钱能训的话说道："现在非我亲自走一趟不能解决。"

冯国璋的行动计划就这么定了下来。不过从他离京开始，"御驾亲征"的说法便不攻自破——前线在两湖，出征该走京汉线，但冯走的却是津浦线！

冯国璋在临行通电上为他的南下提供了另一种由头，所谓"南行巡阅"。可是他一路上行色匆匆，既未下车巡视，也没有检阅军队，所谓"南巡"被证明根本不是事实。

不是"亲征"，不是"南巡"，只剩下了他对内阁所说的理由，即征询"长江三督"的和、战意见。然而若认真推敲，这种话更是欺人之谈，因为谁都知道"长江三督"都是附和其意见的主和派，即便湖北督军王占元因面临自身地盘被夺的威胁，不得不向京城请兵，但基本政治倾向还是反对对西南用兵。

试问，大家本来就属于同一个阵营，冯国璋还有什么和、战问题需要向他们征询呢？

此路不通

有人说，冯国璋在出发之时，不仅专门挑选了一旅精兵护卫，还携带子弹两百余箱，辎重数十车。这一传言后来被证明不是事实，冯国璋南下，只带了一个姨太太和很少几个随行人员。

纵使轻装简从，但在冯国璋走后，连总统府的人都纷纷议论，说这次总统到了南京之后，如果看到北方情况对他不利，他就会暂时留在南京不回来了。

总统府的人站在冯国璋的角度，仅仅认为是主战派或奉军可能入关的压力，逼得冯只好逃离京城。段祺瑞分析后，则判断冯国璋不是逃离这么简单，他其实是在用"南巡"的手法，继续维护其主和政策，甚至于在脱离主战派的包围之后，还会宣布总统蒙难，并以南京为临时行辕，反过来联合南军对皖系进行讨伐。

段祺瑞赶紧密令安徽督军倪嗣冲予以阻止。冯国璋的专车还没到蚌埠，倪嗣冲就命令车站将信号旗落下，铁道岔开，使火车不得行进。等专车到达后，他又登车将冯国璋强劝下车，迎入自己的督署。

双方坐定，倪嗣冲问冯国璋为什么要南下。冯国璋回答说："我离开南京已经半年，想念同人，要去慰劳他们，并与秀山（李纯的字）有事相商。"

对冯国璋的这番说辞，倪嗣冲早已有备："我已打电话给秀山了。北京是国家首都，各国使节都住在那里，大总统不能离开北京，我劝大总统还是回去。"

冯国璋哪里肯听，执意要等李纯来接他，而李纯早就接到了冯国璋要来南京的电报，可是他打心底里其实也不希望冯国璋来南京。

李纯虽然向以冯国璋的忠实信徒自居，但如果冯国璋真的以大总统的身份长居南京，便无异于在他的旁边安上了一个什么事都要过问的"婆婆"。对他来说，由"媳妇"升"婆婆"比较容易接受，再由"婆婆"降为"媳妇"，那就太难熬了。

李纯遂以生病为托词，派自己的参谋长作为代表由南京赶到蚌埠，与倪嗣冲等人一道劝冯回京。

李纯方面都这么说，证明"此路不通"，冯国璋只得怅然北返。临登车时，他气得发牢骚说："要论咱们北洋的资格，其实还轮不到我。谁叫你们当初把我拥戴出来呢？既然把我拥上了台，又都不听我的，叫我怎么办呢？"

倪嗣冲马上回敬道："我们拥护你，是希望你给我们当家做主。现在你却一点担子也不肯担！"

倪嗣冲说这句话的时候已经是声色俱厉，态度很不礼貌。冯国璋下不来台，便又愤愤地说："哼，项城（袁世凯）在世的时候，你们再也不敢这样。"

此话不说犹可，一说倪嗣冲更加气不打一处来。他是当年最忠于袁世凯的督军之一，也是首先上表称臣劝进的所谓"洪宪余孽"。就在袁世凯最后召开御前会议，徐世昌、段祺瑞都劝袁世凯急速取消帝制的时候，倪嗣冲还坚持说："君主政体，中国行之数千年。何物小丑，敢以取消为要挟？臣誓死扫荡群丑而后已。"

冯国璋对袁世凯的背叛，恰恰就是导致袁世凯垮台的直接因素之一。今天冯国璋突然提起袁世凯，倪嗣冲被触及旧恨，顿时便朝对方开起了连珠炮："袁大总统在时他能给大家做主。可是他要做皇帝，当年若不是你带头反对，他的皇帝早已上当了，何至于气死呢！话又说回来了，他要不死，大总统也轮不到你呀！"

冯国璋被数落得哑口无言，只得忍气吞声地回北京去了。他这一趟南下不仅没有成功，而且还搞得威信扫地，至此，只要他一出台倾向于和谈的政策便立即遭到官员们的反对。面对这一尴尬局面，连素以和事佬著称的国务总理王士珍也一筹莫展，不知如何是好。

无奈之下，冯国璋只能向段祺瑞和主战派做出全面妥协。1918 年 1 月 30 日，他终于下达了他几个月来曾用各种方法加以回避的"讨伐令"。曹锟、张怀芝、张敬尧等奉令率部南下，对南军"痛予惩办"。

第七章

没有硝烟的战争

在迫使冯国璋下达了"讨伐令"后，冯段关系也没有变得更好，原因是冯国璋仍然处处埋设伏笔。比如，"讨伐令"并非出自大总统命令，而是使用了"参陆办公处"的名义，这么做就是为了保留他自己讲和的余地。徐树铮对此大加讥讽，说："什么参陆办公处，那不过是听值员司抽烟喝茶歇歇腿的午朝门罢了，怎么可以下命令指挥军队呢？岂不是天大笑话！"

又比如，北军南下要假道江西，江西督军陈光远偏偏拒绝假道。段祺瑞亲赴总统府，要求对陈光远予以惩戒，冯国璋则说要惩戒陈光远也可以，但前提是必须先对傅良佐有个说法。冯段为此大吵一顿，彼此间都不惜恶语相向。

最让段祺瑞感到生气的莫过于对冯玉祥事件的处理。在讨伐张勋时，段派重新起用冯玉祥，冯玉祥也响应段祺瑞的号召，参加了讨伐战役。按照道理，冯玉祥似乎应该站在皖系这一边，但在冯国璋、李纯的笼络下，冯玉祥却投向直系，而后又在南军发动进攻时，拒绝服从段祺瑞的作战命令。

段祺瑞要求冯国璋下令将冯玉祥调至福建，其本意是让冯部远离比较敏感的长江地域。冯国璋调倒是调了，可调冯玉祥去的地方却不是福建，而恰恰是最为敏感的湖北。

就在北军杀向两湖，南北大战一触即发之际，冯玉祥突然在武穴发出主和通电。武穴地处鄂皖赣三省交界处，军事地位十分重要，冯部的这一行动自然也影响到了北军的南进计划。

大礼

虽然冯国璋并未直接指使冯玉祥阻挠"讨伐"，但他在发出"讨伐令"后仍与西南方面保持着秘密联系，却是不争的事实。当时悻宝惠已出任国务院秘书长，有一次他到总统府去盖印，恰巧看到内务总长钱能训正一手拿着一支毛笔，另一只手捧着个水烟袋，在那里摇头晃脑地低声吟诵，就好像旧时私塾里的学生在写文章一样。总统府秘书长张一麐则站在钱能训身旁，嘴里不停地和他一起推敲着几个字。

恽宝惠走近一看，原来这两个人看的是一篇由张一麐拟写、冯国璋具名的发给西南方面的密电稿。

恽、张、钱都属冯派，但钱是总统府外的人，一般情况下，冯国璋不会也不敢请府外的人来斟酌这样的密电稿，钱亦不例外。现在出现这种情况，据恽宝惠估计，一定是冯国璋认为密电关系重要，乃至于对秘书长的水平都有些信不过，所以才把长于文笔的钱能训找来帮忙。

冯国璋与直系明里暗里的小动作，使得段祺瑞的"武力统一"计划在重启后再次陷入步履维艰的状态：在两湖，冯玉祥的武穴通电直接导致张怀芝的两万人马被迫滞留九江，其余各部官兵的情绪也大受影响；在四川，川督刘存厚在滇军的压力下，已经表示要与西南一致。

冯国璋既然已经下达了"讨伐令"，段祺瑞要想从根本上扭转眼前的不利局势，就只好依靠他自身的军事实力了。

段祺瑞虽然已实际掌握军权，可以调遣国内部队，但由于北洋系内部派系分化严重，使得军权也成了被稀释的军权。具体来说，对于皖系或亲皖力量，段祺瑞是调得动的。问题是像张怀芝、倪嗣冲这样的部队，不是战斗力不强，就是凑数的杂牌，这也使得皖系尽管看上去人多势众，其实真正能打仗、敢打仗，可以派用场的却不多。段祺瑞对此有很清醒的认识。"讨伐令"下达之前，他在与徐世昌、徐树铮讨论时，就认为要制止直系与南方和谈，单靠皖系是不行的。

皖系不行，"两栖督军"曹锟等人倒是很能打，并且已杀上两湖前线。可人家毕竟属于直系，上阵时都怀着自己的小九九，不可能完全听你调遣。

这时徐树铮提出，应该加速实现"借奉打直"和打击南方各派的计划。

分化后的北洋除出现直皖两大系统外，还形成了游离于两大势力之间的若干小集团，奉天巡按使张作霖的奉系即为其中之一。

奉系虽为北洋旁系，但这个集团的发展势头不错，隐隐然已有赶追直皖的势头。徐树铮和张作霖的参谋长杨宇霆在士官学校期间即为好友。徐是七期，杨是八期，二人给外界的印象都是"大言不惭，狂妄过人"，彼此也特别气味相投。徐树铮通过杨宇霆了解到张作霖久有向关内扩张之志，便想对这部分力量加以利用。

徐树铮主张引奉军入关，并分别将其驻扎于京汉、津浦两线以助战，这也是奉军入关和在北京发生政变传言的原始出处。不过他的这一主张起初并没有得到段祺瑞的同意，因为段祺瑞深知请神容易送神难，一旦奉军入关，再要让奉军退回关外绝非易事。

现在眼看形势恶化，段祺瑞在无计可施的情况下，也只能饮鸩止渴，放手一搏。徐树铮随即前往东北，亲自实施"借奉打直"方案。

张作霖乃胡子出身，生就的也是胡子脾气，上他的山头如果不带点礼物、给点甜头，人家凭什么要白白给你卖力？

这笔礼物从何送起呢？段祺瑞在辞去总理前，曾订有中日军械借款协定。冯国璋便利用该协定向日本借款购买了一批军械，其中光是步枪就有两万七千余支。

段祺瑞事先对此一无所知，冯国璋也未与其商量。依照冯国璋的安排，这批军械准备用来扩张自己的个人势力，即将直系的两个旅扩编为两个师。不料此事不仅为徐树铮所侦悉，而且他还探听到了军械运抵秦皇岛的日期。

徐树铮于是决定劫械。他知道段祺瑞不会同意，所以在没有进行请示的情况下，就与杨宇霆商量好了行动步骤，并交给对方一张他在任陆军次长时所留下的盖有陆军部关防印的空白公文。

杨宇霆拿着公文，以要用于南征为由，率部在秦皇岛截留了军械。军械一到手，徐、杨就进行了瓜分，其中奉军获得的枪支就有一万七千余支。有"大礼"在手，徐树铮这才大大方方地到沈阳会晤张作霖。

奉军当时只有三个师，而且所有武器装备都很陈旧，张作霖久欲扩军，只是苦无军械。徐树铮送给他的这批军械枪炮齐全，已足够编成六七个混成旅。兴奋之余，他一口答应派奉军入关南征，并按照徐树铮提出的条件，授其以统帅权——在随后成立的关内奉军总司令部名单上，张作霖本人自任总司令，徐树铮为副司令，但可代行总司令的一切职权，入关的奉军也由徐树铮直接指挥。

教猱升木

一个离职的陆军次长，公然盗用关防，与人合谋劫取枪械，还在无中央正式任命的情况下当了奉军副司令，此事在北京政治圈中传为奇谈。徐树铮胆子之大，令北洋系内部全都为之咋舌不已，段祺瑞听闻后也很吃惊，对左右说："又铮（徐树铮的字）闯祸了！"

众所周知，徐树铮乃段之心腹。徐树铮闯了祸，段祺瑞不得不帮他擦屁股，于是一边给徐树铮发电报，责备他"违法乱纪"，一边向张作霖下命令，要求将扣留的军械运回北京。

张作霖哪里肯将到嘴的肥肉再吐出来，他复电说奉军本来就要兴兵对南方进行"讨伐"，正打算筹措军械呢，现在中央主动把枪械送来了，正好！

徐树铮则致电陆军总长段芝贵，说明此事与段祺瑞无关，并要他转告段祺瑞，说张作霖扣留这批军械，将用于编练入关的奉军，对主战派是有利的。

后来有一天，徐树铮和曾毓隽都在段祺瑞那里，段祺瑞便又提起了这件事，认为徐树铮劫械是"教猱升木"。

"教猱升木"乃中国的一句古语。猱者，猴也，教猴子爬树。也就是教唆坏人干坏事的意思。段祺瑞话里有话，他认为徐树铮是以枪械为诱饵，引诱奉军入关，属于一种不道德的政治行为。

徐树铮马上说："那么'长江三督'之'升木'（暗指主和）又是谁教的呢？"段祺瑞顿时语塞。

冯国璋得报后，固然心疼丢失的枪械，但与劫械案相比，奉军入关才是真正要他性命的大事。

徐树铮到沈阳本是秘密行动，但世上没有不透风的墙，京城内早就传得沸沸扬扬。对徐树铮此番用意也是说法颇多，有说他要助张作霖复辟的，有说要助张作霖倒冯的。冯国璋听到后，急忙派人给徐树铮发电报，要他"回京息谣"。

徐树铮回了封电报，大意是："一不复辟，二不倒冯。"

冯国璋再让段祺瑞召徐树铮回京。段祺瑞无法推辞，便照他的意思给徐树铮发了电报。徐树铮回电云："国事日亟，匹夫有责，树铮只知有国家，他非所知，一时不等即回，异日当赴师门领责。"

1918 年 2 月中下旬，奉军一部开进关内，分驻于秦皇岛等地。2 月 26 日，冯国璋在总统府召集紧急会议，商讨如何对付奉军入关。会上，他质问段祺瑞："这次奉军出兵入关，事前既未奉命，也未呈报，居心何在？"段祺瑞回答说不知道。

冯国璋又接着大声问道："前任陆军次长徐树铮到奉天做何勾结？"段祺瑞更难以作答。

冯国璋开这个会是想要段祺瑞叫张作霖撤兵，可奉军原本就是段祺瑞召来的，他本人即便不同意劫械，却也不反对奉军入关。这种情况下，你让他怎么叫张作霖撤兵呢？

退一步说，就算他老段出于引狼入室的顾虑，肯去跟张作霖说，事到如今，那张作霖也要愿意听啊！

奉军继续源源不断地进关，其中有一支队伍甚至开到京津线上的廊坊，且人不解装，马不卸鞍，戒备森严。

京城形势一下子变得紧张起来，随之谣言四起，议论纷纷。冯国璋赶紧给张作霖直接发去电报，问对方用意何在。张作霖复电言称要"保护总统"。

冯国璋跟着就又发去一份电报，说政府既没有命令，北方也没有战事，我这个总统要你保护什么？他同时以边防重要为由，命令张作霖召还入关部队。

张作霖不再加以掩饰，他直言奉军入关，执行的是北京政府的"讨伐令"，部队一到南方战场，就会归曹锟、张怀芝节制。接着，徐树铮通电就任奉军副司令，并开始指挥关内奉军为前线的直鲁两军建造运输桥。

至此，奉军进关的秘密水落石出。国务总理王士珍一看主战派竟然摆出了这样的阵势，便再也无心给冯段之争当垫背了。他让国务院秘书长恽宝惠替他拟了一个请假的呈文，并且叫恽宝惠代他呈递。之后也不向冯国璋打招呼，便换上便衣，悄然挂冠而去。

恽宝惠原以为冯国璋会因为这一突发事件而惊诧，或至少在脸上露出各种复杂的表情。可是奇怪的是，当冯国璋看完王士珍的呈文后，却并未有任何诧异之色。只见他很自如地在呈文上批了几个字，意思是请假照准，由内务总长钱能训暂行兼代。

等恽宝惠办好命令，送到钱能训的家里请他副署时，钱同样干脆得很，拿过命令就在后面写上了"钱能训"三个字。

在恽宝惠看来，这是冯派在主战派的猛烈打击之下，已毫无还手之力的一种表现。事实也正是如此，王士珍逃至天津后，即提出正式辞职，并写了一封信给冯段二位老友，发誓今后决不回京任职。紧接着，冯国璋又在段祺瑞等人的压力下，公布了"国会组织法"等条例，这就意味着一旦时机成熟，段祺瑞就可以通过新国会的选举登上总统的宝座，冯国璋连自己屁股下的那把交椅都岌岌可危了。

众望所归

面对着皖系在军事、政治上双管齐下，冯国璋所能做的除了服软还是服软。他不得不亲自登门拜访段祺瑞，邀其出来组阁，后来见段祺瑞一再婉言谢绝，又请徐世昌出面相劝。

段祺瑞不是不想出山，但他知道冯国璋并非真心希望他再次组阁，另外，他还听从了曹锟的建议，认为如果急于出山，可能会导致主和派的李纯"惊而致变"，从而影响前线部队的士气。

段祺瑞和主战派能够恢复主动地位，奉军自然立了首功。利用徐树铮送来的"大礼"，张作霖一共新编了六个混成旅，其中四个旅暂驻于关外，只有两个旅即刻开入关内。此时段祺瑞虽然只有一个参战督办的名义，但对国内部队的组建拥有核准权，奉军这六个混成旅最后也要到他那里备案。

张作霖的报告送上来以后，段祺瑞估计张作霖不愿意把所有新编部队都放入关内，就按照这一实际情况，在正式文件上批示将关外的四个旅划归张作霖指挥，关内的两个旅划归徐树铮指挥。

看到报告，徐树铮认为入关和归他指挥的奉军太少，起码应该关内关外一半对一半。由于文件已经段祺瑞批示，他不能怪自己的幕主，便把火发到了张作霖身上。

曾毓隽为息事宁人，就劝他说，何必计较一旅之得失，我代你筹措两百万元，给你补充一个旅的人马怎么样？

徐树铮依旧觉得不公平，认为被张作霖这个"胡子"狠狠宰了一刀。曾毓隽见状要做和事佬，便在天津宴请张作霖、徐树铮，杨宇霆也奉陪末座。

酒喝到一半，徐树铮忽然对张作霖说："大哥你现在既有地盘，又有兵力，可你不要逞强！我现在固然兵力单薄，不能打败你，然而如果实在不行，我将来总有一天要带日本兵打你。"

徐树铮的一番话引得满座失色。张作霖的态度却非常冷静，他急忙举杯对徐树铮说："老弟何至于此，我的兵不就是你的兵吗？干杯，干杯！"

曾毓隽作为东道主非常尴尬，第二天便告诉了段祺瑞。段祺瑞听了只是摇头："又铮到处树敌，亦徒呼奈何？"

剑走偏锋向来就是徐树铮的风格，此举固然有得罪张作霖之虞，可是也把话说到了明处，而且恰恰暗合了张作霖的做事方式。之后张作霖把关外的那四个旅也全都派入了关内，其中两个旅用于江西，两个旅用于湖南，其余两个旅归参战督办处统辖。

奉军的全力加盟，使得北军在兵力使用上更加游刃有余。1918年3月18日，曹锟所部由第三师师长吴佩孚指挥，一举攻克岳州，南方联军沿粤汉铁路南逃。主战派由此声势大振，"长江三督"也不敢再唱反调了。第二天，曹锟领衔联合包括"长江三督"在内的十九省区的督军、都统致电段祺瑞，请其立即出山组阁。电文中称，在此"国家不幸，变乱迭生"的环境下，朝野上下"咸以声望素著、中外信仰者，非公（指段祺瑞）莫属"。

同一天，北洋元老徐世昌告诫冯国璋："非段复出，恐有兵变。"日本公使林权助连连会晤有关人士，催段复出，他还特地让人转告段祺瑞，要段拿出政治勇气，不要再推辞了。

就像曾在三造共和中展示过的那样，段祺瑞再次以众望所归的姿态出现在世人面前，而冯国璋却几乎成了和黎元洪一样的陪衬，以至于没有谁会把稳定局势的希望放在他的身上。

从接到联合电文那一刻起，冯国璋这个既倒霉又可怜的代大总统就已彻底认输。在再次敦请段祺瑞接受组阁大命时，他指天发誓愿与段祺瑞同生死、共患难，同时还自动承认了向院方完全交权的各项条件，就差没跪下来哀求了。

见此情景，段祺瑞方才答应出任内阁总理，不久又组成了由清一色皖系政客所组成的新内阁。

段祺瑞上台时，政府"财政困窘，朝不谋夕"，这也是王士珍要挂冠而去、冯国璋要再三再四地请段帮其收拾局面的原因之一，而要在短时间内缓解北京政府的财政状况，段内阁所能采取的又只能是老办法，即向日本借款。

西原借款

"一战"期间，日本财政界为了制止金融混乱，调剂物价平衡，其首脑人物正极力鼓励向国外投资，以便减少国内筹码的过度集中。第一笔交通银行借款实际就带有一定的投资放债性质。西原还曾经主张，所有对华借款均应由中日实业家先行协商妥定，然后再交双方外交部承认。

可是西原和寺内内阁真正想要的，其实不是一笔笔地做这种落袋为安的短线小生意，他们要做的是中长线大生意，是扶植段祺瑞并助其成功。西原就亲口对章宗祥说过，寺内渴望中国有一个坚强的人能够担负统一中国的重任，而这个人就是段祺瑞。

看好并支持段祺瑞执政，确实是寺内的真实意愿。此后尽管中国政坛潮起潮落，变幻不定，南北军政界也不断有新的强人出现，有的声势还盖过段祺瑞，然而寺内直到下台之前，从来也没有对段以外的任何人加以顾盼和周旋，真可以算得上非常彻底且毫不动摇。

对段祺瑞的借款请求，寺内内阁几乎来者不拒。从 1917 年至 1918 年，仅西原就一共经手了八笔对华借款，它们被统称为"西原借款"。有一次，西原在一天之内就借出三笔，每笔都有两千万日元。"西原借款"前后总计达到一亿四千五百万日元，但它还只占段祺瑞对日借款的一部分，有人统计，其总额一共达到了五亿日元（也有资料认为接近四亿日元）。这些借款表面上系由台湾银行、朝鲜银行和日本兴业银行承借，但实际上都是由日本政府从国库预备金内拨出的钱。

为掩人耳目，借款大部分以交通、银行、铁路、林矿、电信等名目签约。"西原借款"中的八笔借款有五笔都假借了办交通事业的名义，其数额达到九千万日元。其操作过程，一般是经办的中国交通部先收钱，然后再"借"给财政部，用于弥补各项军政开支的缺口。

叶恭绰身为交通次长，认为钱是用交通部的名义借来的，还本付息是交通部的责任，因此主张将借款留在交通部专款专用，以便今后"业务发展，盈利增加，还有归还的希望"。他亲自去见段祺瑞，提出："这样的借款在经济上毫无计划，借来的钱随手用掉，将来怎样还本付息？"

段祺瑞对此并没有什么表示，只是说："财政部当有统筹的办法。"

财政部是用钱的部门，哪有什么统筹或赚钱的办法。叶恭绰断言："西原借款本利都将落空。"

段祺瑞不是糊涂虫，对这些都是很清楚的。事实上，他开始打算借的时候就没打算还，经常跟身边人说的是："咱们对日本，也就是利用一时。这些借款，谁打算还它呀？到时候，一瞪眼完了。"

段祺瑞之所以敢于"一瞪眼完了"，是因为包括"西原借款"在内的所有日本借款本身存在可以利用的漏洞。它们的借款条件很低，都是以电线、森林等有名无实的东西作为抵押品，等于是空头支票，就算中国政府最后不还款，日本债权方面对于约定担保品也无法进行处分——电线、森林之类的根本就无法变现！

事实上，中国政府后来真正还清的借款只有一笔，那就是"西原借款"中的第一笔交通银行借款，其余都变成了"烂账"。按照借款合同，日方全部是实足交款，未取回扣和佣金，后来又连本利都未能够收回，从这个角度上讲，相当于日本政府是在用自己国库的钱支付中国政府的开支，中方确实是占了大便宜。

寺内内阁乐于如此赔本赚吆喝似的不断借钱给中国政府，最主要的条件还是要看到段祺瑞"有所作为"，换句话说，就是希望段内阁能够持之不懈地对南方用兵，以完成南北统一。在商定新一笔借款时，日方明确告诉段内阁，称此次借款是认定北京政府尚有统一能力，若北京政府不能戡平"粤乱"（指护法战争），则西南尚有"伪政府"（指护法军政府）存在，即使条件谈妥，借款也不能交付。

负责经办对日借款的"亲日派"曹汝霖曾提出一个观点：没有列强实力作为

后盾，谁也不能统一中国。段祺瑞对这一观点是赞同的，他也认为，自己要完成南北统一，暂时不能不借助于日本的力量。

段内阁和寺内内阁尽管出发点大不相同，但在促成中国统一这一目标上，却能达成惊人的一致。段祺瑞因此主张"内政方针不能不随外交为转移"。他对皖督倪嗣冲表示："粤乱不平，则政府无由存在，故无论如何困难，必先戡定粤省，一息尚存，此志不渝！"

段祺瑞通令各省，称北军为"国军"，南军为"敌军"，不许再用南军、北军字样，同时要求"所有前敌将帅，仍当振励士气，迅赴事机"。已经回到北京的徐树铮也公开声称，此番不打到广州，决不罢休。

在组阁后的第四天，徐树铮与段祺瑞商定了新的用兵计划，准备乘攻占岳州的余威，以直军为主力肃清湘东的南军，同时抽调鲁军、浙军、赣军、奉军"援闽、攻粤、入川"。

1918 年 4 月中旬，北军虽在湖南打了一些胜仗，但在湘东连续失利，不少师旅溃不成军，有的旅伤亡过半，有的师只剩下数百人。为挽救湘东失利所带来的被动局面，段祺瑞断然决定"南巡"。

这次"南巡"责任重大，不仅要振奋前线士气，还要对李纯等"长江三督"进行协调，而就在段祺瑞乘轮赴宁，即将与李纯会晤的途中，却差点因此遭遇不测。

昏招

当时段祺瑞乘坐的是"楚育舰"，一部分随员乘坐的是"楚材舰"。在行至汉口刘家庙附近时，适值招商局的"江宽号"客轮开来。"楚育舰"速度快，已经开过去了，"楚材舰"则与"江宽号"撞个正着，前者的船头碰着了后者的船腰，两船都几乎沉没。

当年袁世凯复辟帝制时，段祺瑞的义子罗凤阁曾被人收买，欲行刺段，后又中途悔悟并离开了段公馆。袁世凯死后，段祺瑞原谅了他，他也重新到陆军部办公，这次随段南下，他正好就坐在"楚材舰"上。

发现兵舰可能要沉没，罗凤阁和一个姓杨的团长急忙坐上救生船，之后他拔出佩刀，要砍断救生船的缆索。可是没想到忙中出错，只砍了一边的缆索，救生船直吊起来，把罗、杨抛入江中，二人都因此被淹死了。

对义子死于非命，段祺瑞极为惋惜，难过伤心了好几天。不过这次"南巡"确实成果不小，除了暂时安抚住李纯等人外，段祺瑞还在汉口召集督军会议，对作战行动重新做出部署。

会议决定对广东、四川只预定作战方案，如果西南"再肆反抗"，才发动进攻。湖南则成为北军需要肃清的重点，曹锟、张怀芝、张敬尧被责成共同作战，以克复衡阳、衡山。

会议一结束，吴佩孚即率部沿铁路直趋长沙，南方联军望风披靡，纷纷向湘南撤退。随后，吴佩孚与张敬尧会师于长沙，张怀芝进入醴陵，包括奉军在内的其他部队也都相继开入了湖南。南方联军总司令谭浩明见势不妙，赶紧逃往广西桂林。南方联军自行瓦解，其中的粤、桂军各回本省，湘军则退集粤桂边境。

虽然在汉口会议上宣布要放弃"攻粤、入川"计划，但段祺瑞内心里其实并没有放弃这一目标，因为只有"攻粤、入川"，才能最终完成他的统一设想。回京后，段祺瑞在向冯国璋详述南下经过时，仍强调："北军应以攻粤为优先。"

接到攻湘胜利的消息，段祺瑞喜不自胜，他当即给曹锟发去急电，要曹锟转令吴佩孚继续追击湘军，直捣"两粤"（即两广）。按照这一电令，吴佩孚率部相继攻克衡阳、衡山，但随后却按兵不动，不再向南进攻。

事情还得先从吴佩孚的上司曹锟身上讲起。徐树铮引奉军入关，奉军首先进入的地域是直隶，而直隶又是曹锟的地盘，这就已经让曹锟感到了不安。接着冯国璋又暗地通知他，说段祺瑞、徐树铮要升他为两湖检阅使兼湖南督军，徐树铮自己则出任直隶督军。曹锟听后，认为段、徐是在对他施行明升暗降、调虎离山之计，于是慌忙从武汉跑回保定。等徐树铮闻讯赶到武汉向他做解释时，已经迟了一步，曹锟在当天上午就动身北上了。

徐树铮对此很不高兴，慨叹："曹三（曹锟在家排行第三）目光短浅，放着大功（指在南北战争中建功）不就，真是坐失良机！"曹锟却仍对徐树铮那不知真假的"夺位之举"耿耿于怀，说："这小子太损了，要把我这摊连锅端哪。"

　　曹锟是北洋督军中的第一号实力人物，又是主战派大将。他若有个风吹草动，将对主战派造成极大打击。段、徐只能做出让步，段祺瑞为此还请求总统府特授曹锟勋一位，授一等大绶宝光嘉禾章。

　　可是段祺瑞的这一笼络手段并未让曹锟感到满足，后者仍然一个劲儿地请辞和请假，这又反过来令段祺瑞和徐树铮感到对方有了异心。奉段祺瑞之命，徐树铮亲自到汉口劝阻曹锟不要辞职或请假，他同时在汉口做出新的部署，把南下奉军的两个旅编为一个支队开往前线，名为增援，听候曹锟的调遣，实际是对曹锟所部的行动进行监视。

　　正是由于不再信任曹锟、吴佩孚，段祺瑞在给曹锟发急电，要求吴佩孚继续追击湘军的同时，又任命皖系的张敬尧为湖南督军兼省长。

　　曹锟本身是直隶督军，他当然可以不在乎一个湖南督军，吴佩孚则不然。就实际情况而言，攻湘最卖力气、战功最大的是吴佩孚，张敬尧在湘东曾多次败给湘军，这个败军之将能够进入长沙只不过是借了吴佩孚的光。如果论功行赏，新任湘督应该是吴佩孚，而不是张敬尧。

　　看到湘督居然落到了他很看不起的张敬尧头上，吴佩孚极为愤慨，认为段祺瑞只是把自己当成了一个为他卖命的走狗，常说："做走狗，也不是这样做法！"段祺瑞催促他乘胜前进，直捣粤桂，他就偏偏置之不理，按兵不动。

　　另外，吴佩孚和冯国璋还有一段渊源。曹锟早在率部南征之前，就任命吴佩孚为第三师师长。当时有人也想夺这一职位，便向总统府写匿名信控告吴佩孚。冯国璋先找人打听了一下吴佩孚的品行，然后就表示谁也不能撤吴佩孚，要坚决保住他的师长位置。

　　吴佩孚得知后自然对冯国璋感恩戴德，现在见段祺瑞这样"不辨贤愚"，就更增加了对冯国璋的好感。冯国璋主和，这是尽人皆知的事，于是吴佩孚也拥护冯国璋的主张，不但不再向南进攻，还与湘军往来接洽，商定南北两军各守原有阵地，互不侵犯。

　　发现湖南战场陷入停滞，段祺瑞马上明白自己出了昏招。他赶紧设法补救，派徐树铮赴湘南前线，对吴佩孚重点拉拢。孰料此举非但没有收到预期效果，反而适得其反，曹锟闻讯后认为徐树铮是在收买自己的部下、拆自己的台，对此极为不满。在未经段祺瑞批准的情况下，他就又擅自跑到天津"养病"去了，临走时还带走了司令部的全部人马。

至于吴佩孚，到底是个品行经过冯国璋考查的人。他毕生所坚持的军人品质之一，就是在任何情况下都不背叛有恩于自己的上司，无论是冯国璋还是曹锟。徐树铮在他身上同样一无所获。

"买卖"

由直系带头，前线官兵厌战情绪高涨，北军将领们也纷纷开始出现懈怠情绪。曹锟前脚一走，山东督军张怀芝后脚就跟着溜之乎也，抛给段祺瑞的理由是"湘赣两省无须检阅"，他得"回鲁剿匪"。

见北军各部都在溜号，刚当上湘督的张敬尧不免心慌意乱，居然也发来电报，要求暂行停战，与南军议和。老段复电狠狠训斥了他一番，严令无中央命令，不许停战议和。

张敬尧是本系人马，段祺瑞可以对他进行训斥约束，不准其停战议和，但张部实力有限，难堪大任。除去自己的皖系，段祺瑞能依仗的便只有奉系了。段祺瑞、徐树铮打算在汉口设立奉军前敌总指挥部，将关内奉军全部投入湖南战场，继续对南军作战。

问题是奉军既不是他老段的，也不是小徐的，归根到底，它属于张作霖所有。在其他北军纷纷后退或作壁上观的情况下，张作霖又岂肯拿自己的资本去给皖系做赌注？

曹锟、张怀芝不听约束，奉军不为所用，眼看统一南北的梦想又将有化为泡影的可能，段祺瑞致电徐树铮，发出声声叹息："此次顿挫，实出意外。"

在南北战争进行的同时，京城内另一场没有硝烟的战争也正进入高潮，这就是新国会选举。

冯国璋自入京就任以来，其身份始终是代理大总统，而非正式总统。其间，段祺瑞成立了临时参议院，这一机构的成立，在为主战派"合法驱冯"提供便捷之路的同时，也让冯国璋看到了扶正成为正式大总统的机会。在段祺瑞辞职下台之后，冯国璋便密嘱手下帮其提早策划和准备。

冯幕人员对宪法、国会选举这一套缺乏研究，最后经人推荐，把财政总长王克敏叫到大总统府，让他负责经办这宗"买卖"。

王克敏起初听到让他办这件事很高兴，但回家后仔细一想，认为此事还得慎重。原因是冯国璋爱财吝啬是有名的，如果到时耍滑头，要他王克敏在财政部或银行先行借垫活动费用，那自己就亏大了。

王克敏拿定主意，只有冯国璋肯自掏腰包，才答应帮忙。于是他第二天就邀总统府秘书长张一麐同见冯国璋，并且一开口便提出此事需款两百万元。

冯国璋听后被吓了一大跳，过了一会儿才勉强说道："现有南京汇来的利息四十万元，先拿去用吧。"

冯国璋一边把四十万元的支票亲手交到王克敏手里，一边郑重地对他说道："此事须办得有把握。"

经费被缩水到了两折，还要办得有把握，王克敏真是无语了，同时也庆幸自己有先见之明。他迅速把支票移交给宪法研究会，让研究会负责打理，之后便向冯幕人员声明："只此一次，下次不管！"

研究会具体打理的人系山西商人出身，凡事都要精打细算，又得知经费是总统从自己腰包里抠出来的，更加不敢怠慢。他把四十万元分派给各省在京的旧国会议员，让这些人回籍"办理"选举——每人发给交际费及路费两千元，以能当选为限，若不能当选，原款还得退回。

此时旧国会已被解散了将近一年，议员们潦倒京城，经济上都十分拮据。听到这一办法后，许多人都不愿回籍"办理"，怕万一冯国璋不能当选，会还不起这笔债务。

冯国璋虽花了代价，做了准备，但他对新国会选举显然缺乏信心，所以才视"国会组织法"等条例的出台为威胁。事实上，冯国璋运作政治的水平和技能，确实不能与段祺瑞、徐树铮相提并论，宪法研究会也绝非安福系的对手。

安福系的称谓始于临时参议院开会期间。当时徐树铮让同样出自段派的王揖唐在北京西城安福胡同租了一座较为宽大的四合院，作为亲段议员经常聚会之所，名为梁宅。

聚会梁宅的议员既无组织，亦无领导，只是大家在夜间无事的时候，随便在里面坐坐。当时人也不多，或三五人，或十余人，彼此闲谈。闲谈的内容虽然有时也涉及政治问题，但没有任何会议形式，仅仅是同人之间交换政见、联络感情而已。

后来知道梁宅的人日渐增多，便添设了娱乐设施，像棋类、麻将牌什么的、应有尽有。这样，梁宅又兼有俱乐部的性质。

大势已去

梁宅真正热闹起来，是在临时参议院将要结束之时。因为大家都知道，"国会组织法"等条例必将公布，有关未来新国会选举的事情已成为中心话题。

这时徐树铮计划帮助段祺瑞成立政党，以便在新国会选举中取得优势。他让曾组织过政党的王揖唐负责筹划。王揖唐就在一次聚会中提出，将来要到各地方"经营"选举，就必须成立一个正式的政治组织，方好号召。

民初因党争激烈，政党二字在社会上的名声并不好。大家都觉得取名某某党派不妥，但"梁宅"又是叫熟了的名称，好像也不太合适。于是有人提议说，这个梁宅不是在安福胡同吗，安国福民，名字不仅脱俗别致，还含有吉祥之意，不如就称为安福俱乐部吧。

与会者一致同意，梁宅就此摇身一变，成了安福俱乐部，也即后来轰动一时的安福系。

安福系在本质上与政党也有很大区别，它既无党纲，又无政策，说到底仍相当于一个议员招待所，只是大家每月都固定接受着徐树铮、王揖唐的津贴和招待。最早安福系的列名议员也很少，不过数十人而已，但这数十名议员各省皆有，新国会选举一开始，他们就各回本省，代表安福系"经营"选举。

与第一届国会相比，新国会选举有了很大不同。第一届国会议员选举时，辛亥革命刚刚胜利不久，政治势力和金钱对选举不是说完全没有影响，但影响还不是太大。当时能够操纵选举的，也主要是省议会和县议会，选出来的议员一般都是当地士绅或有名望人士。

到新国会选举时，政治势力和金钱已经完全渗入选举之中。冯国璋紧紧巴巴掏出来的那四十万元根本就不够用，段祺瑞花在竞选上的钱只多不少，不过这些都没有要他本人操心，交通系和徐树铮早早就把经费都筹措好了。

此外，对选举的操纵力量，也从地方上升到了中央。冯国璋及其幕僚直到选举开始都搞不清如何运作，只知道把钱扔给宪法研究会，而宪法研究会也是把经费分配出去就算了事。安福系则不是这样，徐树铮、王揖唐全都如临大敌，直接在中央坐镇指挥，徐树铮还亲自拟定候选人名单，并指挥地方长官对选举进行干预。

在具体选举方法上，安福系采取的是"分区包办"法。比如山东省被划分为四个选区，每个选区发给选举费一万五千元，由山东督军责成四个道尹（民国时隶属于省长的地方官员），按徐树铮所圈定的名单"选举"。在湖南，王揖唐派他的侄儿督阵，将大量伪票投入票箱，使得原定候选人全部"当选"。

当然也不是所有的省份都容易操纵。黑龙江即为一例，该省分两个选区，分别为龙江道选区和绥兰道选区。担任绥兰道选区监督的道尹是与直系有关的人，这就对安福系操纵选举造成了很大障碍。徐树铮采取的办法是，在选举前夕便以国务院名义，调该道尹进京咨询。在其离开黑龙江省期间，另择听话的人代理职务。

其实，如果撇开其中过多的弄虚作假及舞弊成分，安福系的竞选不可谓不认真，其认真程度甚至与西方社会的那些竞选班子有一拼。在这样强大的对手面前，宪法研究会等班子简直如同渣渣一般——黑龙江省的选举结果出来了，二十多员议员，被安福系全锅端！

黑龙江省一省如此，其他省份亦大同小异，即便在冯国璋的老巢江苏，安福系亦大获全胜。

宪法研究会败北，冯国璋的那四十万支票也没能要回来，这让他始终耿耿于怀，直到临终时还对自己的长子说："王克敏这小子骗去了我四十万元……"

新国会尚未组成，冯国璋已知大势已去，便一再向外界宣布自己不再参加总统竞选。

这时段祺瑞也正在考虑总统的人选问题。皖系内部已经有人主张举段为总统，他们的理由是本系在选举中费尽气力，自然就应该选举自己的首领当总统，而且想要搞政治，最好还是亲自去搞，不能假手他人。

就当时的情势来说，段祺瑞只要参加总统竞选，就一定能选上。可是他考虑到，北洋系已分裂为直皖两系，冯国璋身为直系首领，如举段而不举冯，势必导致直奉两系的分化趋势更为严重。

在皖系内部，也有人推举徐世昌为总统。徐世昌是北洋元老，与皖直两系都有渊源，以徐代冯，无人可以反对，直系也能够接受。段祺瑞本人决定采纳这一意见。

考虑成熟后，段祺瑞就登门拜访冯国璋，这也是他再次组阁以来第一次拜访总统。冯国璋对此早有心理准备，在段祺瑞摊牌之后，他马上表示愿将总统让给徐世昌。

段祺瑞又对他说："四哥愿屈尊退当副总统，芝泉亦无异议。"

中国人向来都习惯了能上不能下，"退当副总统"哪里是"四哥"能够接受的。冯国璋摆了摆手，说："算啦，我已决定息影林泉。"接着他又带着疑惑的神情问段祺瑞："芝泉你呢？"

冯国璋显然对段祺瑞是否留任总理的事非常关心。段祺瑞知道，如果冯国璋选择彻底离开政坛，则他的总理也不能再当了，否则难以平息冯国璋及其直系的怨愤。于是他连忙说："芝泉亦不当总理。"

此语一出，二人相视而笑。

重新摆一副棋局

段祺瑞以为自己不当总理，与冯相约共同下野，就可以对冯有个交代，但他想错了，对冯而言，失去总统宝座的"创伤"岂是这么容易就可以抚平的？

段祺瑞走后，冯国璋恨恨地对身边的亲信说："国璋在北洋军政界混了几十载，倘竟使老段得志，真是枉活一世！"

冯国璋要反击、要报复，竞选场上做不到的，他得从别的地方再找补回来。老段对什么念念不忘？毫无疑问还是南北统一，是主战政策。既然如此，那他冯国璋就要继续推动主和，让老段不能"得志"，而这正是他和直系的优势所在。

当初冯国璋被迫下达"讨伐令"，但冯玉祥一个武穴通电，便让段祺瑞及其主战派陷入了困境。这一事件的直接幕后策划者是李纯，跑到冯玉祥那里指使他发通电的则是陆建章，冯国璋就是要用陆建章来重新摆一副棋局。

陆建章在清末时在段祺瑞手下任协统，由于他脾气傲上，和段祺瑞常闹意见。有一次二人又发生冲突，段祺瑞气愤之余，罚他下跪，陆建章受此屈辱，一怒而辞去了协统之职。

到了袁世凯执政时期，陆建章着实红过一阵，并曾作为袁的心腹出任陕西将军。不久，护国战争爆发，陆建章被逐出陕西，从此失意于政坛。等到段祺瑞掌权，陆建章不甘寂寞，欲顺着段祺瑞这架梯子图谋复出，可是段祺瑞对他印象不好，也没给他机会，这让陆建章非常不满，便常仗着老北洋人的资格，倚老卖老地大骂段祺瑞。

冯国璋与段祺瑞，一个主和，一个主战，府院双方明争暗斗。陆建章毫不犹豫地加入了拥冯反段的行列，开始南下北上地为主和派穿针引线。

冯玉祥原为陆建章的部下，陆建章对其极为器重，不仅将冯玉祥从营长一路提拔到旅长，还将自己太太的侄女许配给冯，与冯结成了姻亲。因为这层关系，陆建章特地跑到湖北，鼓动冯玉祥发出武穴通电，从而打响了反段主和的第一炮。

离开武穴后，陆建章潜往南京，住在其子陆承武的家里，与主和派首领之一、江苏督军李纯秘密往来。李纯送给他十万元，派他到上海活动，以反对北京政府对南方用兵为名，与孙中山派来的南方代表进行接触和联络。

这么一圈跑下来，陆建章已是名声在外，直皖两系都对他不敢小觑。获知督军团即将在天津举行会议，冯国璋便暗中授意陆承武把他父亲从上海请到天津，准备让这位主和派的"运动专家"说服各方，使得督军团会议全面有利于主和，从而给老段一个下马威。

陆建章由沪回津本是一次秘密行动，但民国新闻自由，记者无孔不入。他刚在天津码头下船，就被记者发现了，第二天陆建章到天津的消息已经刊登在报纸上。

当时奉军司令部就设在天津的河北造币厂内。徐树铮的副官长首先看到这一消息，急忙向任奉军副司令的徐树铮报告。徐树铮一听就知道了陆建章所为何来，遂让副官长与陆建章联系一下，说想约对方谈谈。

副官长遵命给陆建章打了电话。陆建章还以为徐树铮不知道自己来津的目的，而且他也想见一见徐树铮，借以观察段派动静，便反过来约请徐树铮到自己的住所来晤谈。

徐树铮听后答复说，因为公务特别忙，无暇分身，只好请"老伯"到云贵会馆一聚。云贵会馆是奉军司令部在津办事处所在地，陆建章的儿媳就劝公公不要前往，免生意外。

陆建章的儿子陆承武与徐树铮是士官学校的同学，陆建章的这个儿媳也就是陆承武的太太，与徐树铮的太太也是同学。此前，由陆承武介绍，陆建章已与徐树铮见过多次，每次见面，徐树铮都是一口一个"老伯"，以晚辈自居，态度很是恭敬。

另一方面，徐树铮虽然已跻身武将之列，可是平时给人的印象都是文质彬彬，一副儒雅气度。这些都让陆建章觉得，尽管双方政见不同，但徐树铮这个"晚辈儒将"还不至于会拿他这个"老伯"怎么样，儿媳妇的担心纯属多虑。

真小人

这天上午 9 点，陆建章依约前往云贵会馆。他出门时意态悠闲，行若无事，身边仅带有随从一人。二人起先套的是马车，马车行至一座桥头，站岗警察一看陆建章身份不一般，急忙举手敬礼，谁知就在他一举手的瞬间，一股风将他的帽子吹落于马前。受了惊的马回身便跑，赶车人也约束不住，最后马一直跑到了陆建章的家门口才停下来。

按照旧时代的说法，这就跟大风吹断了军营旗杆一样，乃不祥之兆，可是已经答应徐树铮要赴约，总不可能因为一个听上去颇为荒唐的理由就取消约定，那岂不让知晓内情的人笑掉大牙？

陆建章从马车上下来后犹豫了一会儿，才让家人打电话给汽车行，把汽车叫来后重新坐车前往云贵会馆。

到云贵会馆门口时，早有保安队吹着接官号列队迎接，奉军参谋长杨宇霆也已亲自站在门口恭候。随即杨宇霆便将陆建章迎入客厅，随从则被安排到了传达室。

在客厅里，陆建章并没有见到徐树铮，他急忙问杨宇霆："徐司令上哪儿去啦？"杨宇霆回答说徐树铮正在外面开会，很快就会回来，请他稍等片刻。

陆建章这才放下心。时近中午，杨宇霆陪着他吃了午饭。就在快吃完饭的时候，忽然听到外面喊"徐司令回来了"。

少顷，徐树铮直入饭厅。见到陆建章，依旧还像原来那样恭敬谦逊，先问"老伯安好"，再问"吃得合适吗"。

寒暄一番后，徐树铮让陆建章到后花园花厅内休息，说自己随后就来。陆建章以为花厅僻静，便于谈心，因此没有产生一点怀疑。

两个长袍马褂的人领着陆建章进后花园。进了后花园，陆建章却没有看到有什么厅屋，更不用说花厅了，这才知道大事不好。

领陆进花园的其中一人这时说道："送大帅升天！"陆建章悔之莫及，不由哀叹了一声："我不值得死在一个小孩子手中……"话音尚未落地，即被一枪毙命。

徐树铮诱杀陆建章，就跟策划劫械案一样，都是先斩后奏，段祺瑞事先完全不知情。当有人将徐树铮设计扣留陆建章的情况向他报告，并请求对陆建章从宽发落时，段祺瑞听了还很诧异，说："这件事我一点也不知道，你赶紧回天津，告诉他们不要这样胡来。"

那人走了之后不久，徐树铮的副官长就从天津打来长途电话，向曾毓隽报告了陆建章被杀的消息。曾毓隽急忙转报段祺瑞，段祺瑞听闻后惊讶万状，瞪目半晌才说出话来："又铮闯的祸太大了！现在这样吧，你先到总统面前，探听他的口气如何。你就当成我还不知道这件事。"

当曾毓隽跑到总统府的时候，冯国璋也已经得到了消息。不等曾毓隽开口，他就先问道："你是为了又铮的事情来的吗？"

曾毓隽赶紧回答："是。我来请示总统，这事该怎么办？"

冯国璋愤愤地说："又铮在芝泉（段祺瑞）左右，一向为所欲为，今天这事未免太荒唐了。说好是责任内阁，你回去告诉芝泉，他怎么办，我就怎么用印好了。"

徐树铮诱杀陆建章一案发生后，有两个人同时给外界留下了可怕的印象。

一个自然是徐树铮。他与陆建章的儿子儿媳皆为留日同学，彼此相处也很好，然而仅仅因为政争，竟然就六亲不认、先发制人。其下手之狠辣干脆与不计后果，实在令人侧目。

另一个则是冯玉祥。陆建章于他有知遇之恩，又是至亲，可是在诱杀案发生后，他不但绝口不提此案，表现得像一个没事人一样，而且还主动向段祺瑞和主战派示好，自告奋勇要前往福建打广东。

如果说在这幕大戏中徐树铮扮了一回真小人，那冯玉祥的角色无疑就是伪君子。事实上，他们后来的种种言行作为，也恰如其分地验证了人们对他们的这一印象。

徐树铮的做法在北洋系内部引起了强烈不满，连段芝贵都发出了"相煎何急"的感慨。段祺瑞也觉得徐树铮行事太过分，以至于说了好几个"该死"，然而事实已成，又不得不予以迁就。

徐树铮一干掉陆建章，就让人将事先草拟好的一份致国务院、陆军部的电报发了出来，同时，又给时任国务院秘书长的方枢打电话，要方枢拟就一道命令，革去陆建章的军职、勋位、勋章。

方枢只得照此办理，并在命令上照本宣科，写上"兹据副司令徐树铮电称，陆建章由沪到津，来营煽惑，当场拿获枪决"等词句。

风向突变

虽然冯国璋已经声明怎么盖印都可以，但方枢拿来请他盖印的这道命令仍让他觉得难以容忍。他把眼光停留在命令上有两三分钟，似乎在凝神注视，但同时又像在思索着什么，之后脸上慢慢地露出了不以为然的神情。

冯国璋一面用手指着命令，一面转过脸对方枢说："陆朗斋（陆建章的字）

就是有一百个该死，徐树铮也不是能够枪毙他的人，况且徐树铮这个副司令，到底是谁给的他？所以我认为这个命令可以不下，你们再斟酌斟酌吧！"

在冯国璋说这些话时，方枢只是默默地坐在那里，脸上没有任何表情。在冯国璋说完之后，他仍然一言不发，如同木雕泥塑一般。

大概觉得像这样的僵局就算再坚持个八分钟十分钟，也不会再有什么好结果，冯国璋就随手把"陆令"放到一边，接着再看其他还没有看过的命令。最后，他把所有命令全部看完了，已从国务院回到总统府的恽宝惠也全部盖好了印，并且一件一件递还给了方枢。

就在这时，冯国璋又把"陆令"重新拿在手上，翻过来倒过去地足足看了三四遍。说是在看，其实倒不如说是还在思索什么，终于，他似乎下定了"由你们去造吧"的决心，带着极不满意的表情将"陆令"往恽宝惠面前一推，意思是可以盖印了。

等恽宝惠把印盖好，交还给方枢时，方枢仍是一言不发地收拾着所有命令。完了，他向冯国璋鞠一躬，便退出了春耦斋。

方枢走后，冯国璋才愤愤地对恽宝惠说："你看，这有多么荒唐！徐树铮这么胡闹，难道芝泉（段祺瑞）就一点儿也不管吗？"

从劫械案到诱杀案，段祺瑞对徐树铮确实一路纵容下来。这固然是因为小徐在他心目中独一无二，即便闯下天大的祸，也愿意替对方背下黑锅，但同时也不得不承认，徐树铮如此冒天下之大不韪，归根结底还是为他老段着想。

如同劫械案后改变了主和派的被动局面一样，诱杀案也使得随后召开的天津督军会议风向突变。本来与会者已倾向于主和，只要陆建章再放一把火，就足以让会场变成主和派的专场表演。可是陆建章的人头落地，把好些人都给吓坏了。

陆建章是袁世凯武卫右军（即小站练兵的基本部队）的老人，曾经做过陕西督军，生前虽已无实权，但还是上将衔的陆军中将。可是说杀就杀了，死后还要革去军职、勋位、勋章。主和还是主战，不就是张嘴表个态吗，多大的事啊，犯得着触这个霉头？

连冯玉祥都做了缩头乌龟，更没有谁愿意逆势而动。于是会议基调立刻由主和转向主战，众人不仅一致同意徐世昌为下届总统，还一致赞同继续对南方用兵，这里面既包括原来的主战大将张作霖、倪嗣冲，也加入了曹锟、张怀芝。

要继续南征得有人领衔挂帅。几个重量级的人物，张作霖、倪嗣冲都不愿离开自己的地盘南下，曹锟指盼着当副总统，也不肯走，只有张怀芝因为在回到山东时，督军位置已被别人抢走，所以乐于向南找地盘。

1918 年 6 月 20 日，北京政府连发数道命令，特派张怀芝为援粤军总司令、吴佩孚为副司令。一周后，段祺瑞下令湘南、湘东各部队开始总攻，恍惚间，他似乎又看到了南北统一的希望。

可是事与愿违，张怀芝在北洋系中资格虽老，却实在不是一个惯于征战的良将。相比之下，吴佩孚在军事上颇有韬略，且已成为北军中的第一号杀手，然而他又偏偏不买段祺瑞的账。

为了使吴佩孚能够为己所用，老段可谓想尽了办法，使尽了招数。发动总攻之前，他以总理和北洋元老的身份，破例屈尊直接打长途电话给吴佩孚表示慰问，接着又授予吴佩孚"孚威将军"的称号。

"将军"本身是个代表荣誉的虚衔，一般情况下只有督军一级的人物下台后才能被授予。吴佩孚仅仅是个师长，既未下台，又无督军资格，竟然能获得这样的头衔，民国创建以来从无此先例可循，由此足见段祺瑞对他的重视和拉拢。

问题是，吴佩孚虽为北洋新秀，但在自命不凡、刚愎自用方面，却与段祺瑞这个老前辈绝对有一拼，更主要的是他只效忠于冯国璋、曹锟，段祺瑞待他再好、恩宠再多，也休想让他改换门庭。

7 月 3 日，吴佩孚公然派代表参加衡阳各界人士召开的罢兵息战大会。在他的影响下，冯玉祥也在湖南常德宣布停战，整个湖南战局由此急剧动摇。

反手一巴掌

面对这一情况，段祺瑞急忙授意再次在天津举行督军团会议，以商讨应对之策。会上督军们在口头上仍坚持要南征，当谈到谁来当前锋时，大家都公推奉军。与会的张作霖一听，马上表示自己只愿当各军的预备队。

各军在前面耗实力，奉军在后面捡现成便宜。其他督军没有一个会犯傻到连这点小心眼都看不出，于是都不乐意了。

与会者吵吵闹闹，始终没有找到一个肯当先锋的人选。不过大家有一点倒是相当一致，就是向北京政府索要军饷。

督军团倒也不是完全在借机要挟政府，自古以来，打仗都不能没有军饷，这跟吃不上草料的马没法跑路是一个道理。于是段内阁又在钱的问题上动起了脑筋。

其实在段祺瑞重新组阁前后，北京政府可以说就是依靠着对日借款而维持下来的。即便这样，一旦遇到计划外的大笔开支，仍然不敷使用，比如这次天津会议，督军团一开口就是一千五百万元。为此，西原提出了一个以"币制借款"为准备金，在中国国内发行"金本位纸币"的设想。

当西原征求时任交通次长的叶恭绰的意见时，叶恭绰问他："实行金本位，是不是需要铸造金币？"

西原回答："不必，可以日本金圆做准备。"

叶恭绰认为这就是个问题，因为日本并不是一个产金国家，自己也缺乏生金，以日本金圆做准备并不可靠，同时从中国这一方面来说，"若不造金的硬币，那金纸币所代表的是什么呢"？

接着他又向西原提了一堆"纯技术"问题：例如若以日本金圆做准备，国际比价怎样定法？中国金币和日本金圆的比价又怎样定法？

西原是政治幕僚，不是财政专家或经济学家、银行家，顿时被问得哑口无言。

不过西原的设想还是得到了新交通系首领、时任交通总长兼财政总长曹汝霖的赞同。曹汝霖遂向段祺瑞建议实行币制改革，其主要措施是成立币制局发行金币券（即西原所说的"金本位纸币"），数额为两亿四千万元，同时向朝鲜银行借款八千万元为三分之一的准备金。

有了这两亿四千万元，段祺瑞自然就不愁给督军团发军饷了。他接受曹汝霖的建议，随后就让人拟制金币券发行条例，交冯国璋公布施行。

不料金币券条例公布后，立即遭到了四国银行团的反对，四国银行团认为中国要搞币制改革必须事先征得它的同意，不能单独进行。日本迫于西方国家的压力，宣布对于"币制借款"暂时不做考虑，同时将西原撤回了国内。

因为夭折的"币制借款"，一直以来北京政府都在向日本秘密借款的事也被报界披露出来，一家通讯社还发表了"二万万亡国大借款"的消息。消息一出，顿时举国哗然，人们对于"二十一条"的遗恨被重新勾起，抗议浪潮此起彼伏，对段内阁乃至段本人的声誉造成了极大的损害。

一波未平，一波又起。张作霖这次参加天津督军团会议，无意中发现一个惊人的秘密：从段祺瑞重新组阁起，徐树铮一共代领奉军军饷 550 万元，但奉军只收到 180 万元。

少掉的那 370 万元到哪儿去啦？原来都被徐树铮拿去"经营"国会选举和编练"参战军"了。

事情还不仅限于此。六个新编奉军旅有两个旅归参战督办处统辖，徐树铮把这两个旅的旅长位置都给了他的士官同学。有人便向张作霖告状，说徐树铮挖了奉军的部队，"徐、杨（杨宇霆）合谋，内外结成一气，并将部队挖去两个旅，而杨另有所图，乃大患也。"

真是不查不知道，一查吓一跳，虽然徐树铮曾送来一份"大礼"，可账算到最后，自己竟然吃了一个更大的暗亏。张作霖气得直跳脚，他先去段祺瑞面前告状，段祺瑞却很诧异地对他说："他是副司令，你不在，当然由他行使职权。不然，何必设这么一个副司令呢？"

张作霖被驳得哑口无言，只好又直接把徐树铮找来算账。以为真相败露后，对方会惊慌失措乃至讨饶，没料到徐树铮竟然也表现得理直气壮，毫无愧疚之感。

在徐树铮看来，自己对奉军和他老张算是不错了。奉军自入关之后，就不断地向他要饷，而他不得不为此到处张罗，最紧张的时候曾派人分赴江、浙筹款。可是饷项发了，奉军却又不积极作战。这使他感到奉军实际不起作用，反而成了一个只知要钱的包袱。

二人大吵一通，张作霖吼道："从现在起，你就不再是副司令了！"随后，张作霖将徐树铮、杨宇霆双双免职。六个新编旅除归参战督办处统辖的那两个外，全部收回。本来他还想向徐树铮索要少掉的那些军饷，经段祺瑞从中说情方才作罢。

就在后院火光遍地的当口，前线也出现了更加不令人省心的情况。1918 年 8 月 7 日，吴佩孚发表了致李纯的"阳电"。在电文中，他公开打出议和的旗号，痛斥皖系主战派的"武力统一"政策，指责其"耗资数千万、糜烂十数省"，"实亡国之政策也"。

"阳电"如同一篇讨段檄文，对段祺瑞的痛骂程度甚至超过了西南方面和"长江三督"。

8 月 21 日，吴佩孚又联合冯玉祥等十五人通电全国，再次呼吁停战，并要求冯国璋以大总统身份"颁布通体一国罢战之明令"。

对于吴佩孚等人的呼吁，冯国璋当然不便直接答复，但西南方面和"长江三督"都纷纷响应起来，对段内阁造成了极大压力。

面对吴佩孚咄咄逼人的电报战，段祺瑞起初保持沉默，想借助于调解，与吴佩孚达成谅解。尔后见对方的势头越来越猛，只好用老师和长辈的口吻发电斥责吴佩孚，说："师长职位卑小，不应对时局妄发议论。"同时又退而及己："尔从吾多年，教育或有未周，予当自责。"

段祺瑞自称老师，吴佩孚却不想给这位"老师"留面子。他在复电中称，他之所以要通电主和，其实就是仿照了"我师"当年通电宣布共和的例子——都是您老教育我这么做的，您现在就别再自怨自艾了。

吴佩孚的反手一巴掌，直接就把段祺瑞的军事指挥权威给扇掉了。8 月 31 日，段祺瑞被迫宣布暂停对南方用兵，他的武力统一政策再次以失败而告终。

一切包在我徐某身上

在军事失败的同时，皖系在政治上却打了个大胜仗。在新组成的国会内，共有议员 800 多人，时称"八百罗汉"，其中安福系就占到 230 多人，名正言顺地成为新国会第一大派系。管理安福系的王揖唐当选为众议院议长，交通系首领梁士诒当选为参议院议长。

如果说在旧国会里，国民党足以呼风唤雨，新国会则被烙上了很明显的段派印记，时人干脆称之为"安福国会"。

徐树铮虽然在"安福国会"中并没有位置，但却有很强的号召力。在北洋系中，徐世昌、段祺瑞、冯国璋、王士珍都属于具备政治眼光的元勋级人物，他们以下，不是袁世凯小站练兵时期的骨干，就是北洋系军官学校培养出来的学生。这些"近亲繁殖"的北洋系官员，即使进过军事学堂的，说到底也只是一介武夫，不懂什么政治。他们之间虽然常因争权夺利发生矛盾，但多数仅出于意气之争，很少经过缜密的考虑。

徐树铮非"近亲繁殖"的北洋军人，所以他在北洋系中一直被称作"外来户"。他这个"外来户"自命文武兼资，除了军人身份外，同时也具有政治家的特质。在当时的北洋军人中，像他这样有个人的政治理想和一套具体办法的，可以说绝无仅有。风头正劲的吴佩孚虽然也是秀才，且以文采自负，然而要讲起政治，却远不如徐树铮。

另一方面，徐树铮内心向以文人为尊，看不起一般粗野少文的武人同僚，唯对社会上公认的那些文坛名家推崇优礼。比如小说翻译家林纾就曾被徐树铮请到自己创办的成达中学担任教职。

因此之故，段派嫡系军人能够接近徐树铮，但和他并不亲近，倒是那些文人幕僚能够和徐树铮亲近。像曾毓隽、王揖唐、梁鸿志这些人，本身也都是一些自命不凡之人，然而对徐树铮都极为倾倒。他们尚且如此，国会中的一般议员就更不用说了。

毫不夸张地说，徐树铮就是安福系和"安福国会"中的天王巨星。很多议员想尽办法要接近徐树铮，哪怕从中得到一言半语也引以为荣。他们打听到徐树铮每个周六的晚上都要在家里举行会议，于是便纷纷在这天晚上拥进徐宅。

徐树铮有时需要在会上与段幕的其他幕僚们商议要政，不方便让这些议员参加，可又不好意思下逐客令，于是只好暗地里将例会由星期六改为星期二，并特地关照王揖唐，让他转告议员们："没事不要瞎跑！"

接下来要搞总统选举。在段祺瑞放弃当总统的前提下，徐树铮同样把徐世昌作为心目中的新总统人选。

徐世昌在清末时中过进士，是袁世凯生前所说的"三个半翰林"中的一个。与少时就考中秀才的徐树铮一样，徐世昌是个"读书种子"，徐树铮对此老很是佩服，而他对徐树铮也很欣赏，常约徐树铮前去吟诗作文。二人一老一少，堪称惺惺相惜，时人称之为大徐、小徐。

徐世昌之前的政界职位是袁世凯时代的国务卿，后来再未当过一官半职，对于过一过总统瘾的诱惑很难拒绝。当段祺瑞派人征求其意见时，他立即表示可以勉为其难："既然大家说非我不可，我也不妨卖卖老面子。"

不过徐世昌又向来自命清高，以淡漠于功名利禄的形象示人，所以他还有话在先："倘若叫我出来奔走竞选，那种钻营觅缝的事我是不屑为的。"

听说老徐肯出来，只是尚有一些顾虑，小徐随后便去劝驾。他先说了一番"斯人不出，如苍生何"之类的话，接着把胸口一拍："只要鞠老（徐世昌号鞠人或菊人）肯出山，一切包在我徐某身上。"

为了帮助徐世昌竞选，徐树铮动用了安福系的全部资源。安福系的内部组织其实较为简单，如果把它比喻成一家商店，则徐树铮相当于商店老板，王揖唐相当于外柜掌柜。安福系的经费由徐树铮这个"商店老板"提供，但"外柜掌柜"无权随意开支，因为徐树铮又另外找人当了"内柜掌柜"，一切支出都必须经"内柜掌柜"核定。

在安福系列名的议员每月可得到一张三百元的支票津贴，支票上还盖有"任重致远"的图章。最早议员较少，后来新国会组成，列名议员急剧增加，一个月光议员津贴就是一个不小的数字，这些都需要徐树铮提供。

在被张作霖撤掉奉军副司令一职后，挪用奉军军饷已经不可能了，但徐树铮有新办法。随着段祺瑞组阁，他也复任陆军次长。当时各部队"吃空饷"之风盛行，徐树铮就派员到部队点名，按实有人数发饷，多余之款由陆军部截留，谓之"截旷"。陆军部每个月都有一笔为数甚巨的"截旷"，徐树铮也就每个月都从中取出款项，作为议员津贴。

王揖唐是段祺瑞的同乡，也是一个能文能武、自命不凡的人物。在段幕之中，除了徐树铮，就数他的脾气最大。可是他在徐树铮面前也没有多少讨价还价的余地，更别说贪污津贴了。

后来王揖唐被委任为南北和议代表，对安福系无法兼顾，有时就不能按时发放津贴。随之而来就有议员告发他克扣津贴，听到这个消息后，议员们全都群集于曾毓隽家中，嚷嚷着要讨一个说法。

徐树铮闻讯，急忙将发津贴以及竞选的具体事宜转付曾毓隽，此后安福系便由徐树铮、曾毓隽共同负责，议员也再未有过异议。

竞选过程非常繁杂，这也是老徐望而却步的一个重要原因。曾毓隽每天吃完晚饭，只小睡片刻，就要驱车前往安福胡同。其间，人事纠纷，政局问题，纷至沓来，足以令曾毓隽应接不暇。

曾毓隽忙，徐树铮也不闲着，他尽管不管具体琐碎事务，可是大政方针全都需要他来拿主意、定调子。那些天里，一直到晚上 10 点左右，梁宅仍然是车马盈门，高朋满座，至午夜始散，乃是常事。

揖让一堂

安福系应该算是当时北方政坛最好的竞选班子了，但在听取"班子"的报告后，段祺瑞认为还不妥当，必须先向各省督军疏通好，才能确保没有阻力。

督军之中，比较成问题的是"两栖督军"曹锟。此君一向在冯国璋、段祺瑞，主战派、主和派之间摆来摆去，政治态度不太坚定。

可是曹锟也有个"小辫子"被徐树铮抓在手上，那就是想做副总统。徐树铮说："曹三（曹锟）有什么了不起，许他个副总统，他就摇着尾巴跟我们走了。"

以前为了让曹锟投向主战派一方，徐树铮已经用过这一招，结果曹锟成了最激烈的主战派。如今故技复施，居然也一样有效，曹锟马上同意拥护徐世昌。

搞定了曹锟，段祺瑞仍唯恐有失。他亲自出马，以巡游长江为名，和各省督军挨个秘密交换意见。在全都得到满意答复后，他才放下心来。

1918 年 9 月 4 日，"安福国会"举行总统选举，到会议员 436 人，徐世昌以425 票当选为新一届总统。

当选总统后，徐世昌还半真半假地一再表示退让。于是乎，各省督军捧场，议员竭诚拥戴，议会电催就职，真的呈现出了一幅"斯人不出，如苍生何"的画面。看到这一情景，徐世昌才应允就任总统职。

总统为国家元首，老徐竟然不费半点气力就唾手而得，可以说全赖段祺瑞、徐树铮之功。他自己也深知这一点，所以一边为了"谢票"，忙着给议员们赠送亲笔所书的对联及签名照片；一边表示，他当大总统只能一次，下次大总统必须由芝泉（段祺瑞）来干。

10 月 10 日，在新旧总统交接典礼上，冯国璋向徐世昌正式交出了权力。当天，段祺瑞遵守约定，辞去总理职务，并声明以后专任参战督办，不再过问国内的兵戎之事。

冯国璋虽然被形势所逼，只能跟段祺瑞共同演出一幕"揖让一堂"的剧目，但他内心其实既不甘心失去总统职位，同时对段祺瑞的相携退出也不完全领情。

典礼一结束，在新任大总统徐世昌的特别交代下，冯国璋仍得以坐着总统专用的汽车返回私宅。这时他对随同的幕僚们说了一句真心话："这一回，咱们是栽给芝泉（段祺瑞）了。歇两天，将来再看咱们的！"

徐世昌上台后，为了安慰冯国璋，特准其仍节制北洋军的两个师。冯国璋后来又从家乡去北京，表面是处理两师争陆军部军饷事宜，实际是想联络直系，欲图东山再起。不过这次他倒没忘记到段公馆做客，并且跟老段打上四圈麻将。

以冯国璋不甘寂寞的心态，假以时日，未尝不能大显身手，再和段祺瑞上演新一轮府院之争。可惜的是他已力不从心，两个月后就因病在北京的私宅内去世了。

冯国璋死后，段祺瑞赶赴冯宅吊唁。他到的时候，冯国璋还没有入殓，于是便径直走到冯国璋的遗体跟前，把盖在冯身上的"盖帘"掀了起来。

眼前的冯国璋已经不会言动，那一声亲亲热热的"四哥"更是显得无比遥远和陌生——

"四哥快来！"

"你们看，芝泉这个粗！芝泉这个粗！"

……

如果这段对话没有发生，或许兄弟俩就不会在残酷的政治场上将彼此伤害得遍体鳞伤了吧。

没有人知道段祺瑞那向来毫无表情的严肃面容背后，会不会也有几许酸楚和悔意。人们只看到，他在端详冯国璋的面容之后，便把"盖帘"放下，转身离开了。

后来，冯家收到了一副段祺瑞亲拟的挽联，挽词是："正拟同舟共济；何期分道扬镳"。

打仗第一名

在段祺瑞辞职下野前，他派出了一支部队远赴西伯利亚作战。

此时"一战"已进入尾声，但鉴于俄国爆发革命并与德国单独媾和，协约国方面仍认为东线战场有重新恢复的必要。由于英法两国本身都深陷于西线战场，抽不出足够的兵力前往东线，于是它们便号召其他成员国尽量派遣军队前往远东，以对白俄军队进行支援，这一出兵行动在历史上被称为"西伯利亚干涉"。

尽管赴欧华工无论在前线还是后方都奋勇当先，早已成为协约国作战链中必不可少的一个重要环节，可是一些协约国成员仍然心理上不平衡，认为中国参战较晚，牺牲和贡献较小，然而却同样可以参与战后的利益分配，属于"投机取巧捡了个大便宜"。

此次干涉行动发生于远东，自然不能继续让中国"白捡便宜"。英国驻华公使、日本驻华公使先后出面对中国外交部进行劝说："中国虽加入协约国对德、奥宣战，但并未出兵参战，恐在和会中难以取得与其他战胜国同样的条件。应出兵海参崴，会同协约国围攻俄国革命党，借以取得和会中有利地位。"

一方面是考虑以后在和会上讨价还价；另一方面也考虑到"西伯利亚干涉"对协约国最终取胜所具有的意义，段祺瑞深感确有出兵的必要。可是如果让各省督军派兵吧，还在对德宣战之前，他们就都表现出了怕到欧洲打仗送命的态度，特别是非嫡系的直系、奉系，更别指望。一旦向他们提出派兵的要求，准是又要编出各种各样的理由加以拒绝或推迟出征，而在军饷方面照例还会狮子大开口。

求人不如求己。段祺瑞当时可以直接控制的北洋正规军不多，驻防南苑的陆军第九师为其中之一。他于是下令从第九师中抽出第三十三混成团，以该混成团为主组建中国陆军第一支队（以下简称中国支队），立即开赴海参崴作战，同时前往海参崴的还有包括"海容舰"在内的两艘军舰。

中国支队以第三十三混成团的三个步兵营为主，外加一个骑兵连、一个机关枪连和两个炮兵连等特种部队。组编完成后，官兵由支队司令、原第三十三混成团团长宋焕章率领，从北京出发，经沈阳、哈尔滨进入俄境。

协约国派往西伯利亚的部队数量不一。英法以联合军的形式参与，在海参崴也不过只驻了一个营，另外配土耳其的一个旅供其指挥，才不至于显得过于寒酸。出兵最多的是日本，据说出动了七个师团，仅在伯利就有两个师团。相比之下，中国派出的兵力不算多，但也不是最少。

"西伯利亚干涉"期间，苏俄正忙于内战，无心和协约国发生大规模正面冲突。在远东对干涉军进行牵制的主要是苏俄游击队，当时称为"穷党"。

这些穿便衣持枪的"穷党"昼伏夜出，出没无常，而且几乎到处都是。与他们作战，各国干涉军并不如想象的那样占有优势，但中国支队却表现优良，居然被评为"打仗第一名"。时隔一年，当第九师师长魏宗翰等人前往海参崴慰问官兵时，英法联军某上校司令还特地发表讲话，盛赞中国军队的作战能力，并希望合作到底。

第九师系由袁世凯时期的模范团扩编而成，在北洋军中本就属于第一流精锐部队。中国人在近代总被老外欺负，为了能够在此次国外军事行动中不辱国格，陆军部又对中国支队进行了精心组编和训练，所以无论武器装备还是人员素质都已是优中选优——装备在干涉军中被评列为第二名，军纪方面则高居榜首。

中国军队的军纪能保持得这么好，以至于连"穷党"都引为"好朋友"，除了支队官兵本身素质较高外，与后勤充足也有着莫大关联。

阴影

中国支队归陆军部直辖，出发前，所有官兵均由陆军部制发上中等黄呢子制服。在支队开拔的同时，陆军部即在长春设立总兵站，从沈阳、哈尔滨到支队司令部所在的俄境双城子，也均设有分兵站。

魏宗翰等人到海参崴慰问的一次，仅带去的慰问品就计有：在南苑宰杀的大黄牛两头、在北京城内所烙的约一万斤面的山东大锅饼、在上海买的美丽牌香烟和毛巾、在长春总兵站购买的两千斤白干酒等。所有这些慰问品，把一节铁闷罐车都装得满满的。

除了后勤充裕外，中国支队自进入俄境起，行动就很谨慎，不仅从上至下保持着良好军纪，不扰民不滋事，而且夜间也从不出动，只有白天才会在防地附近巡查。

巡查时免不了遇到"穷党"。"穷党"远远看到是中国军队，便会用俄语大声呼喊："中国人和我们是好朋友！我们不打你们，你们也不要打我们！"

中国兵听到后，立即从远处放一排枪过去，"穷党"也不还击，就全都躲开了。不管"穷党"究竟出于什么样的想法和考虑，总之中国支队可以在基本不打硬仗、不受损失的情况下，把防务完成得很好，这就是"打仗第一名"。

其他协约国特别是投重兵于西线的欧美国家，对干涉行动要么力不从心，要么不够重视。美军的装备最好，但是派来作战的士兵素质很差，一听到枪声就往回跑，而且不敢到村庄里去，以至于让美军获得了"打仗最差"的评价。日军大概是协约国中对"西伯利亚干涉"最为重视，也最花力气的，可同时也是投入产出比最糟糕的。

西伯利亚气候寒冷，缺少青菜，作为亚洲人，对这种生活非常不习惯。日军又向来不重视后勤，士兵的待遇很低，这无异于雪上加霜，导致他们的军纪之坏在参战国中排第一。

"穷党"不打中国人，但对日本人非常痛恨，打得非常凶。日军兵营常常遭到"穷党"夜袭，部队一营一连地被围攻缴械，损失很大。

中国支队主要负责分担海参崴以东铁路附近的防务，另抽出一个骑兵连到伯利归日军指挥。到伯利去的那个骑兵连遇到了和主力几乎一模一样的情况，即"穷党"只要望见中国国旗就会大喊："我们是好朋友，谁也不能打谁。"

由于和日军一道行动，骑兵连很怕被"穷党"看成是日军，行军时都不愿和他们衔接在一起，总是或前或后地保持着一定距离，因而蒙受的损失也不大。

中国支队和华工赴欧一样，都是在国力弱小的情况下，竭力争取国际地位的一种努力。与当地华侨接触时间一长，他们能切身感受到华侨们对故国那种希望和失望并存的复杂心境。

"威海卫华工营"的华工在法国见到过一个中国女子。这名中国女子是北京西郊海淀人，是八国联军攻占北京时被掳到法国来的。八国联军攻进北京，不仅北京城被糟蹋得不成样子，就连距离北京城十五里的海淀也未能幸免。她那一年才十八岁，家里开一家香烛店，结果香烛店被焚毁，一家人都被杀光了，只有她因被一名法国军官掳走而侥幸活了下来。

华工见到这名女子时，她还不到四十岁，独自经营着一家杂货店。她有两子三女，因为"一战"爆发，两个儿子都参军上了战场，只有三个女儿陪伴在身边。母女四人见到中国人都分外亲热，总是用酒和咖啡招待他们，并借以打听国内的情况，尤其是她家乡海淀的情况。

有一次被问到法国人待她们怎样时，女子说，周围熟悉的人都很敬重她们，只是一提到"中国人"这三个字，就显得不够尊重。为此，她感慨地说："这是祖国太乱太弱之故。"

女子的法国丈夫在五年前去世了。去世之前，夫妻之间感情很好，丈夫曾教她法文、算学和地理，所以她能看法文报纸，也了解国际大事。这时"一战"已经结束，协约国在巴黎召开和平会议，时称"巴黎和会"。她在法国的报纸上看到，法国总理克里孟梭竟然在和会上说："中国不过是一个地理名词。"这句话让她备感伤心。

中国参加"一战"，乃至加入"西伯利亚干涉"，其原始动机都是要获得参与巴黎和会的机会，并在和会上争取失去的权益。如今该付出的付出了，也得到了参加和会的资格，可是克里孟梭的那句话却分明已经给中国的和会之旅罩上了一层沉重的阴影。

第八章

莫负荒沙万里行

徐世昌就任总统后，即授命钱能训组阁。1918 年 12 月 1 日，中国政府应协约国之邀，派出代表团参加巴黎和会。

当时海上交通困难，欧亚航线班轮稀少，代表团必须先出山海关，经东北、朝鲜到日本，然后再从日本登轮去巴黎。可是在离开日本登轮时，代表团团长、外交部长陆徵祥却发现丢了一个公文箱，里面装的是中国关于东北、山东、蒙古、西藏等问题的绝密外交文件。

陆徵祥是中国第一代职业外交家，但是也有人认为他不是一个合格的外交人才，只不过是"大礼官的材料"。现在这种评价似乎又得到了进一步确证，加上陆徵祥又是"中日民四条约"的签字者，引得国内舆论对其更加不满。

陆徵祥出国后，外交次长陈箓代行部务。陈箓资历甚浅，社会声望不高，被认为也不足以应付局势。于是在梁启超等人的建议下，徐世昌便在总统府另外设置了一个外交委员会，用以制定和会的相应政策。

中国代表团到巴黎不久就遭遇了困境——日本代表依据"一战"初期与英、俄、法、意达成的谅解，向和会递交提案，要求由日本继承德国在山东的权益。日本代表同时声明，如不照此案解决，日本将拒绝签和约。

火烧赵家楼

日本人一撒娇，主导和会的大国立即做出让步。1919 年 4 月 30 日，美英法三巨头拟定《凡尔赛条约》三条款，决定将德国在山东所夺取的权利全部让与日本。

中国对于恢复山东主权的要求理所当然遭到了拒绝。在这种情况下，陆徵祥也考虑过不签和约，将来与德国直接进行交涉，可是他又对此没有把握，于是便致电北京征求意见。

外交委员会召开紧急会议进行商讨，商讨的结果是不签约。随后外交委员会委员长汪大燮、事务长林长民前往总统府，将拒签电稿呈交徐世昌。徐世昌看完表示同意，遂令国务院将电稿拍发给代表团。

可是国务院的意见却与外交委员会相左，第二天就密电代表团签约。国务院电报处正好有一个林长民的同乡，他发现后便偷偷地跑去把这一情况告诉了林长民。

汪大燮、林长民闻讯大怒。汪大燮命令即刻结束会务，并亲自写下辞呈送交徐世昌。林长民则密电正在法国的梁启超，请他通知巴黎的中国留学生，组织起来对签约进行反对。

做完这些后，汪大燮仍觉得声势不够，尤其是作为总统的徐世昌面对他的辞呈未再做任何表态，说明其意见已与国务院一致。

正在感到焦虑，有人对他说："北大学生本要游行，何不去告诉蔡先生？"

蔡先生指的是北大校长蔡元培。他已经获悉了巴黎和会拒绝中国要求的消息，为此召集学生代表，指出这是国家存亡的关键时刻，号召奋起救国。学生代表们于是决定举行游行示威运动，日期定于5月7日的"国耻纪念日"——正是在四年前的这一天，日本政府向中国发出了关于"二十一条"的最后通牒。

汪大燮听后，即坐马车前往蔡宅，将政府主张签约的事告诉了他。蔡元培于当晚在自己家中召集学生代表开会，会议决定将游行日期提早三天进行。

5月4日下午，北京大学联合北京各高等学校学生，云集于天安门附近举行示威游行，近代史上有名的五四运动开始了。

在钱能训内阁中，大部分阁员为段内阁的旧人，其中的交通总长曹汝霖、币制局总裁陆宗舆、驻日公使章宗祥，都曾是对日借款的经手人，游行学生同时要求对这三人进行惩办。

撇开曹、章不谈，段祺瑞对陆宗舆的印象其实并不好。他有一次曾说陆不是一个好人，别人问为什么，他的回答倒也颇有趣味：一打牌，就能测出来了。

陆宗舆是段公馆牌桌上的常客。打麻将的时候，别人都把票子放在桌上，他却把钱放在自己衣袋里，等到输了，才慢吞吞地一个子儿一个子儿摸出来。段祺瑞以牌品论人品，觉得陆宗舆很不男人。

等到陆宗舆遭到声讨，有人就问段祺瑞："陆既是坏人，老总（指段祺瑞）过去为什么要重用他呢？"段祺瑞的回答颇有些耐人寻味："项城（袁世凯）重用他，我未曾重用他。"

对段祺瑞而言，向日本借款是利用日本人，反正以后也没打算偿还，而帮他办理这桩事的政府要员，其作用也仅限于此，所以算不上是重用。

某种程度上，曹汝霖、陆宗舆、章宗祥只是做了段祺瑞其实并不想做，但又不得不做的一件事。现在段祺瑞下了台，他们还在台上，也就活该要倒霉了。

五四运动爆发时，传说曹、陆、章三人正在曹家开会，学生们便直接冲向了曹汝霖的住宅赵家楼。

曹汝霖和寄住在他家的章宗祥见学生来势汹汹，急忙四处躲藏。学生破门而入后，没找到人，刚好看到有一箱火油，便纵火焚烧赵家楼。章宗祥见屋内火起，急忙从藏身处逃出，不料与学生撞个正着。学生以为他是曹汝霖，立即一拥而上，饱以老拳。章宗祥顿时被打得遍体鳞伤，不省人事。

据说当时赵家楼内有几十个武装警察，但看到学生冲进来后根本不敢阻止。直到学生纵火，军警赶来灭火，才逮捕了36名来不及逃散的学生。

这就是五四运动的开篇"火烧赵家楼"。在此之前，蔡元培曾让学生代表转告学生，要求游行过程中严守秩序。"火烧赵家楼"之后，他一面递交辞呈，一面与其他大学的校长一起前往警察总监处具保，要求释放被捕学生。

由于释放要求未能得到满足，国民外交协会决定在5月7日到中央公园召开国民大会。国民外交协会与外交委员会同时成立，当时为的就是与外交委员会相互呼应。该协会共有会员百余人，其中有不少各大学的学生和西南代表。

5月7日晨，外交协会秘书梁秋水从中央公园门口路过时，发现园门已经关闭，门外有十余个武装警察，架着机枪。显然，政府已经掌握开会的消息并预先做了防备。

梁秋水到会所后，又有三十余个武装警察进来，把院子都占满了。问他们所为何来，对方称奉卫戍司令部警察总厅命令，禁止协会在公园开会，若不遵命就逮捕会员，封闭会所。

梁秋水马上问他们："司令部和警察厅是日本机关，还是中国机关？"

警察们老实作答："是中国机关。"

又问："诸位薪饷是日本的钱，还是中国的钱？"

答："是中国的钱。"

再问："诸位知道我们今天为什么要去公园开会？"

"不知道。"

来者不怕，怕者不来

原来你们还不知道！梁秋水就告诉他们协议开会是为了反对签订和约。他接着侃侃而谈："不料当局反来禁止我们开会，这明明是帮助日本压迫我们……诸位都是中国人，如果都是好汉，请快快与我们同去开会。"

警察们都没话说了。梁秋水遂请他们进屋休息，抽烟喝茶。

坐了一会儿，为首的头目突然想到上峰那里难以交差，便赶紧对梁秋水说："我告诉你真话，会员可不逮捕，会所可不封闭，但公园万不可去，如去一定死人如麻。"

梁秋水毫不退让："俗话说得好，来者不怕，怕者不来。"这时会员已来了一百多人，他指着这些会员说："自来送死的越来越多了。"

警察头目口中的"死人如麻"不过吓唬吓唬人，哪里敢真的开枪。见相持许久，协会的人仍难以搞定，他只得央求梁秋水帮他想个办法，好让他对上面有所交代。

梁秋水沉吟了一下说："如果我们今天不去公园开会，那今天必须先把被捕的学生释放。"警察头目听了便向上司打电话，反反复复打了几次后，他终于告诉梁秋水："长官同意梁先生的办法。"

既然问题已经解决，警察也就散掉了。外交协会的会员们随即整队向天安门进发——说好不在公园开会，也没说不到街上游行。

在新华门前，会员们与刚刚被释放的学生相遇。大家合兵一处，沿路一边高呼"反对巴黎和约"，一边散发传单，至下午四五点钟方散。

五四运动不仅没有就此停步，而且呈现出愈演愈烈的势头。除北京学生继续上街游行示威外，上海、南京等地还实施了大规模的罢工、罢市和抵制日货行动。

1919 年 6 月 3 日，北京政府被迫罢免曹汝霖、陆宗舆、章宗祥。一周后，徐世昌向国会提出辞呈，虽然未获批准，但其不堪重压之态已显露无遗。

尽管如此，府院双方仍认定签约为正确选择。徐世昌在递交辞呈的同时，就通电各省主张签约。6 月 23 日，国务院也再次给代表团发电，指示可以签约。

6 月 28 日是和会规定要签约的日子。当天，巴黎中国留学生包围了代表团寓所。

就算是留学生们不包围寓所，代表团也未必敢签约。五四运动的消息早已传到巴黎，各处要求拒签的电文更是如雪花般一封接一封。其中外交协会连去三电，第三电的全文赫然为："公果敢签者，请公不必生还！"外交协会的电文尚不算最凶最猛，后面喊打喊杀的还有的是。

代表团中除团长陆徵祥有"好好先生"之称外，其他如顾维钧等，都堪称人精中的人精，他们即便专为个人着想，又岂肯背负签约责任，来蹈曹汝霖、陆宗舆、章宗祥之覆辙？

好了，反正现在寓所已被学生包围，想去凡尔赛宫签约也不可能了。大家于是索性哪儿都不去，只向巴黎各报社发去一个正式声明，历述前后原因经过。声明最后说："中国代表团为正义，为国家，只有不签约，以待世界舆论之裁判。"

五四运动的汹涌浪潮非但挡住了和会签约，还震垮了内阁。总理钱能训早在 5 月就一再向徐世昌请辞，但因为国际国内都处于多事之秋，更换内阁不易，所以一直拖到 6 月，徐世昌才接受其辞呈，派龚心湛暂代。

就在这时，北京政府突然接到中央驻库伦都护使陈毅的报告，说外蒙古已有回归中国之意。

直到清末，外蒙古仍在中国的疆域范围之内，其北端与俄国贝加尔省相接壤，共立有中俄国界标牌九十六处。辛亥革命后不久，外蒙古活佛哲布尊丹巴受沙俄政府的唆使，才宣布外蒙古独立，其后便一切听命于沙俄。

民国建立后，北京政府坚决不承认外蒙古独立。为了解决这一分歧，中国、俄国、外蒙古三方进行了多轮曲折复杂的谈判，最终签订"中俄蒙协约"。根据协约，外蒙古承认中国的宗主权，俄国承认外蒙古为中国领土的一部分，但协约又规定外蒙古对内拥有充分的自主权。这就意味着外蒙古仍未脱离俄国的势力范围，中俄两国在外蒙古也都分别驻扎着军队。

从那时候起，中国政府一直在为外蒙古撤治准备条件。袁世凯为了显示国家威信和实力，还特地从国内挑选人高马大的骑兵作为驻军。这些驻军全部配发黄呢军服和新式武器，军纪也很好，颇受驻地百姓的欢迎。

最大的障碍仍是俄国，然而十月革命的爆发却自动为中国消除了这一障碍——原驻外蒙古的沙俄军队陆续撤回国内，闹革命的苏维埃政权又因忙于内战而无力兼顾外蒙古。

随着俄国在外蒙古的统治暂时陷入真空，一部分外蒙古王公担心日本乘虚而入，便联系陈毅，表示愿意撤治（撤销自治），重新回归中国。

一段佳话

徐树铮时任西北边防筹备处处长，得知外蒙古的情况后，立即提出"西北筹边大纲"十条，要求派兵充实边防，并建议由大总统特任"西北筹边使"一名，以节制西北边境部队，兼兴办垦务，开发西北。

徐世昌对徐树铮的想法很感兴趣。他对徐树铮说，外蒙古问题复杂，如果处理不善，势必影响国家主权，甚至引起外交干涉，所以非有雄才大略的人物，不足以胜任此艰巨任务。言下之意，徐树铮本人就是解决外蒙古问题的不二人选。

徐世昌说到做到，随后就向国会提出了"西北筹边使"官制案。按照官制案，西北筹边使拥有非常大的权限，可以负责热河、察哈尔、绥远、甘肃、新疆、内外蒙古等地的边防。

当时各省地盘都已被捷足先登者染足，西北地大物博，大有可为，而且外界又都知道了老徐有意让小徐担任西北筹边使的消息，因此官制案一经提出，便招致了各派疑忌。首先跳出来反对的是直系，该系议员指责政府在因人设官，摆明就是让徐树铮控制西北。他们还对已与徐树铮闹翻的张作霖进行挑拨，说徐树铮经营西北是在为吞并东北打基础。张作霖愤怒之下，授意东三省六十余名议员投票反对。

虽然国会内的反对声浪很高，但安福系毕竟占有绝对优势，所以官制案仍勉强得以通过。

官制案一过，徐世昌即特派徐树铮为西北筹边使，之后又任命他为西北边防军总司令，准其招募军队。

昨天小徐不遗余力地拥护老徐当元首，今天老徐不避嫌疑地将小徐扶上马，怎么看都像是一段佳话。可是世上的佳话，真正经得起推敲的向来不多，这段忘年交的故事也是如此。

徐树铮诚然是徐世昌上台的最大推手，但当徐世昌做了总统之后，最感到担心和忧虑的人物，也恰恰是这个他曾经倍加欣赏的"小文友"。

原因自然还是徐树铮那顺我者昌、逆我者亡式的"真小人"性格。他为了给徐世昌竞选创造条件，曾经向曹锟许了一个副总统的空头支票。可是等到徐世昌正式当选总统，他又生怕选出曹锟会造成第二个冯国璋，从而在北洋系内部与段祺瑞捣乱。

为了避免这一情况的发生，徐树铮暗中操纵"安福国会"，以到会议员不足法定人数的方式，致使副总统选举流产，曹锟也因此空欢喜一场。

接着，徐树铮又把矛头对准了原国务总理钱能训。钱能训是冯国璋的旧人，与西南方面有联系，热衷于南北和议。徐树铮对他甚为不满，经常策动"安福国会"和各省督军与之为难。

由于擅长呼风唤雨，徐树铮还得了一个绰号"小扇子"。可想而知，有一个能量如此之大的"刺儿头"长在身边，徐世昌的心情会如何。事实上，他晚上连觉都睡不踏实，巴不得赶紧找个理由把对方调出京城，外蒙古问题正好为他提供了这一机会。

不管徐世昌到底打着怎样的肚皮官司，反正徐树铮已经大权在握。面对眼前"建功边疆"的蓝图，他兴奋不已，跃跃欲试。

由徐树铮任总司令的西北边防军其前身为"参战军"，也就是准备用于"一战"的军队。它和远赴西伯利亚的中国支队一样，最初的经费都来自"西原借款"中的"参战借款"。"参战借款"一共两千万元，这里要用，那里也要用，并不怎么够开销。

还在中国支队派出之前，交通部次长叶恭绰有一次去见段祺瑞，对他说："现在既然已经参战，无论多少总得派点军队参加。不知已做了怎样的计划？"段祺瑞回答："他们（指徐树铮等幕僚）的意思想出一万兵。"

叶恭绰马上又问道："出一万兵，准备了多少钱呢？"

段祺瑞提到有"参战借款"。叶恭绰不以为然："从中国到欧洲，要走许多的路程，花许多的时间，什么时候能够回来也不知道。两千元供应一个兵恐怕不够吧？"

什么叫作"两千元供应一个兵"？叶恭绰当着段祺瑞的面算了一笔账：两千万元的"参战借款"，出一万兵，每个兵身上只能摊到两千元。

段祺瑞听了再也作声不得。

独树一帜

段祺瑞尚在头疼钱的问题，"一战"就结束了，参战督办和刚刚成立的"参战军"也相应改为边防督办、边防军。边防军和西北边防军其实并不是一个概念，边防军其实已突破"参战军"的范畴，除西北边防军外，它还包括陆军第九师等其他段氏嫡系部队。西北边防军则是单纯由"参战军"扩展出来的部队，由徐树铮直接指挥，其费用也主要靠徐树铮个人从皖督倪嗣冲、陕督陈树藩等人那里"化缘"。

西北边防军在习惯上又被称为西北军。这是民国时期最早以西北军冠名的军队，共辖三师四旅，其中第一、第二混成旅就是徐树铮任奉军副司令时，归属于参战督办处的那两支奉军旅，算是从张作霖手里挖过来的。第三、第四混成旅系按徐世昌的命令招募，这两个旅的招募区被指定为皖南，由于招募期间得到了倪嗣冲的竭力协助，所以用很短的时间便募得满额。

西北军为清一色的日式装备，步枪、机枪是"三八式"，山炮是"大正六年式"，其他如交通通信等设备也都来自日本。就当时的情况而言，这些装备在全国各军队中都处于拔尖地位。

除了一流的装备，西北军还拥有一流的军官素质——各旅军官以正规军校出身者居多，单纯行伍出身的军官为数较少。

在旧的北洋系四分五裂之后，能够完全听从段祺瑞调遣的北洋精锐部队已经不多了，这使得他和徐树铮吃尽了苦头，行事也多受掣肘。西北军类似于当年袁世凯的模范团，是自直、皖对立以来，段、徐所创建和直接指挥的第一支嫡系武装，而且底子又是如此之好，所以二人都对它格外重视。

按照段祺瑞的吩咐，徐树铮以洛阳为据点，对西北军展开了极具自身特色的军事训练。

正志中学（后曾改名为成达中学）是首都师范大学附属中学的前身。这所具有百年历史文化积淀的名校，乃徐树铮一手创建，建校款项就是当年经袁世凯特批，他从美国军火商那里拿到的佣金。学校建成后，徐树铮担任了首任校长，并亲自制订教学计划，遴选教员，林纾等文化名家都曾被他请为教员。在此期间，徐树铮还有过将正志中学改成大学的计划。北洋系军人中虽不乏尊师重教者，但能做到像他这样认真的，却极其罕有。

更令人称奇的是，徐树铮的办学模式也与众不同。当时的普通中学一般都不设军事操，在课程设置上，古文也已被放到相对次要的位置。徐树铮则主张"中学为体，西学为用"，正志中学的学生必须练军事操、读古文，缺一不可。他还常向学生讲话，号召学生学好本领，将来好征服日本，一雪自甲午以来的国耻。

军队同样被徐树铮灌注了这样的个人理想。他希望自己的部下"上马能击贼，下马作露布"，既会拿枪杆，又会拿笔杆。为此，他规定西北军的所有军官都必须读《孙子兵法》《管子》《孟子》《战国策》等古书，且每两周或一个月必须写作文一篇。作文题目由徐树铮拟定，不限体裁，不限字数，文言白话均可，篇幅亦可长可短。写好之后，徐树铮不假人手，亲自批改。文章写得好的，还能得到纸、笔、墨盒等奖励。

与军官不同，士兵的文化程度一般较低，刚刚招募进来的甚至大多不识字。徐树铮对士兵的"扫盲教育"抓得很紧，经过"扫盲"，一年之内，士兵中能读白话报及写家书的，不在少数。

民初军队的士兵训练，均注重操场上老一套的制式训练，拔慢步往往被看得非常重要。徐树铮对这些形式化的东西不太在意，他在意的是野外演习和实弹射击，对官兵的体力训练，如器械体操、刺枪、劈剑、负重跑步和负重超越障碍物等，尤要求严格。

在军队的公文格式直至军纪方面，徐树铮也做了一些革新。他发现有些公文格式非常烦琐，有时公文的正文才两三句话，废话却有一大堆，不仅费事无用，而且容易将办公文的人和看公文的人都弄糊涂。徐树铮通令予以废除，之后公文就变得简便清楚多了。

对士兵的体罚，曾盛行于民初各军队。当时军队里还特制了一种责打士兵的专用军棍，名之为"黑红棍"。徐树铮下令废除"黑红棍"，并严禁体罚和打骂士兵。士兵犯错需要处罚，一律只关禁闭。

这些改革现在看来似乎微不足道，但就当时的情况而言，却极具轰动效应，尤其不体罚士兵这一条，一般军队是难以做到的。

骑虎难下

人尚未去西北，就已经弄得这么风生水起，免不了遭到反对派的忌恨和各方面的猜疑。民国是个相对开放的时代，英杰们大多脱不开风流二字。徐树铮平生以"醒握天下权，醉卧美人膝"自命，在政治舞台上叱咤风云的同时，也从未忘情于声色。他是京城八大胡同的常客，曾经娶过一个妓女，且对之十分宠爱。当了西北筹边使后，又同时娶了两个妓女，只是这两个妓女都不像前一个那么得宠。于是乎，八大胡同就纷纷传说："徐树铮娶这两个人，不为自己，是为了蒙古王子，他想唱一出昭君和番呢！"

就在徐树铮厉兵秣马、积极准备之际，外蒙古的撤治问题也有了新的进展。经过多次谈判，1919 年 8 月 4 日，王公们在库伦召开大会，与陈毅商定了撤治的两条原则，即"恢复前清旧制"以及由王公总揽政权。

陈毅随后将交涉情形电告北京政府。龚心湛内阁讨论后，对达成的两条原则无意见，但提出应该走一下程序，也就是先让外蒙古王公以全体人员的名义呈请恢复前清旧制，然后再由政府与之具体磋商条件。

接到北京的训令，陈毅却没有照办，只是敷衍说，外蒙古希望先以非正式协商的方式谈妥各项条件，否则便不能安心撤治。

外蒙古高层由王公和喇嘛共同构成，但在撤治过程中，陈毅一直是与王公打交道，从未与喇嘛直接接触。自库伦大会起，撤治的商谈过程以及达成的条款均系秘密进行，俄国及喇嘛都毫不知情。

对于喇嘛，陈毅的想法比较一厢情愿，他是希望让王公去说服喇嘛，再通过喇嘛去说服活佛。王公们答应去对喇嘛进行说服，对于说服的结果，他们提供给陈毅的信息也非常乐观。陈毅信以为真，他给北京政府发去电报："至于喇嘛方面，王公既愿，彼必无词。且活佛亦久向中央，殊无可虑。"

9月26日，他再电北京："喇嘛方面，经王公竭力疏通，亦全体通过，册封一事……复经回禀活佛，亦奉允许。"

10月1日，陈毅派秘书黄成垿将与王公磋商好的条件草案送往北京，这就是"外蒙古善后条例"，共六十三条款，也可简称"六十三条"。此时陈毅认为已经大功告成，不愿让徐树铮介入，于是就在黄成垿由库伦动身时，嘱咐他避免见到徐树铮，以免让徐树铮知道此事后分去自己的功劳。

黄成垿到京时，徐树铮尚在北京。黄成垿按照陈毅所嘱，尽量避免与之见面。徐树铮是何等样人，平时眼观六路，耳听八方，黄成垿来京的消息又岂能躲过他的视线？但因为黄成垿没有主动来联系，暂时也就未予理会。

陈毅没有想到，王公们给他提供的有关疏通喇嘛成功的消息居然全是假消息。就在他派黄成垿进京的同一天，活佛哲布尊丹巴给徐世昌写了一封亲笔信，对"六十三条"表示明确反对。

陈毅在办理撤治过程中的一大错误，就是先与王公议定条件而非先请撤治，这使得他和王公在事发后骑虎难下，连回旋的余地都失去了。这时，他才想到徐树铮的作用和价值，于是便在黄成垿到京的六七天后，赶紧给徐树铮发去一封电报："黄成垿有秘密要务赴京，到时祈面晤。"

陈毅既要徐树铮派兵来库伦助助声势，又不希望他本人涉入撤治事务，这导致黄成垿在见徐树铮时，始终吞吞吐吐，闪烁其词。徐树铮问他到底有什么"秘密要务"，他就掩饰说只是因为个人私事要请假去奉天，奉陈毅之命顺道来北京催队伍。

徐树铮一听，便知道其中一定另有玄机，当下也不点破，就笑着把黄成垿打发走了。

陈毅让黄成垿"催队伍"，至少说明事不宜迟，应立即动身。10月23日，徐树铮由北京启程，急赴库伦。

出发前一天，他去谒见徐世昌，谈到自己还没有见过撤治的条件草案。徐世昌马上让他去向国务院秘书厅调卷，这一调来的卷宗正是陈毅派黄成垿送来的"六十三条"，上面还有外交部所加的签注。在徐世昌的允许下，徐树铮得以携带此卷北行。

在决定自己入蒙的同时，徐树铮命令西北军第三混成旅由宣化徒步前往多伦，然后再在那里乘汽车前往库伦——自出任西北筹边使以来，他就未雨绸缪，购买了80辆大型卡车，作为日后运兵之用。与之相应，西北军里校、尉一级军官都有一个与其他军队不同的技能要求，即必须学会开汽车、火车以及掌握车辆调度等知识。

在那个时代，80辆大型卡车是个惊人的数字，让军官普遍学会开车也殊为少见，由此亦可见徐氏的远见卓识和非同凡响的气魄。

鲁班面前弄斧头

从多伦至库伦约有两千里路，途中多沙碛，尽管徐树铮事先已在路途上设立交通站、开凿水井，但仍时时会遇到缺乏饮水的困难。这样的话，就算以汽车输送，预计也得五到六天。为了保持军容的整肃，徐树铮又特别多加了一天，规定七日之内到达，他自己的座车则与先头部队一道前行。

10月29日，徐树铮一行到达叨林，此地距库伦尚有140里。他忽然下令停车，并通过电话，与驻库伦的日本武官松井中佐的办事处取得了联系。

徐树铮早在留学日本期间就会说一口流利的日语，与日本人对话用不着翻译。当松井本人亲自接电话时，徐树铮先报出了自己的姓名和使命，然后开门见山地说："根据我派驻库伦的办事人员报称，贵国派驻库伦的武装部队多达两千余人，请问是否真有此事？"

日本在库伦的驻兵是100余人，徐树铮也已经侦察到了这一情报。他故意夸大其词，只是想诈一诈松井，让他自己承认日本有驻兵在库伦。

松井不知是计，果然急忙申辩道："你这一情报是不确实的，我这里实在仅驻了 120 人的武装部队呀！"

徐树铮听罢哈哈大笑，"我并非准备与你们对垒作战，你们的驻军数目多少都与我无关！我所要问的是，你依据中日两国何项条约，公然在中国领土内的库伦驻军？"

松井这才明白徐树铮说话的用意所在，可要否认也来不及了，他支吾半天，才为自己找到理由："这是我国政府因为库伦地方不靖，怕外交人员的生命得不到保障，才派来少数军队，以策万全，并无其他用意。"

松井"鲁班面前弄斧头"，真是越辩越乱，越乱漏洞越多。两国之间，即便派再少的军队到对方国去，也必须根据事实，征得对方国的同意才行。松井的回答牛头不对马嘴，已经明显越轨。

徐树铮见状也不再跟他客气，遂严正告知松井："你们现在驻军库伦，既无条约依据，又未得到中国政府同意，显然是违法行为。"

他要求松井必须在三小时之内，将驻兵的武器送缴中方驻库伦的办事处，"倘若超过了时限，则我所率的部队进入库伦时，如双方发生冲突，其一切责任须由阁下负之。"

松井理屈词穷，喉咙里好像有十五个虫子在爬。他又生怕徐树铮真的带来了大批军队，到时无法应付，于是赶紧说："阁下的要求未免太苛，而且也非我的权责所能答复，必须假以五天时限，等向政府请示后再做答复。"

徐树铮听出松井已有惧意，不过是想借此再拖延一点时间而已。他当即用斩钉截铁的语气说："此事的根本错误，系出于日方，阁下是代表日本政府的负责人，当然有责任替政府认错，并且也有责任改正这种错误。现在就请你拿出'负责'的勇气，做一肯定的答复吧！"

松井顿时被噎得脸上七青八黄，一句完整的话也说不出来，只是嘴巴对着话筒，一个劲地用干咳进行掩饰。

眼看已经把日本武官唬得腿肚子都转了筋，徐树铮也顺势给他留下一个台阶，说："我们之间的谈话，就此告一段落。我现在就命令我的部队，将行程向后展延一个小时，希望你在这段时间里，和我的办事处长解决此一问题。我只凭我的办事处长一个电话决定行止。"

说完之后，不等松井回话，他就将话筒一挂，扬长而去。

不到半个小时，库伦办事处的电话来了："日本武官松井已将驻库伦军队 120 人的武器，全部缴来。"徐树铮这才下令车队继续向库伦开进。

吓退日本人之后，接下来还得对蒙古人进行心理战。在挥军开入库伦之前，徐树铮做了特别的布置，他要求每一辆卡车限载二十名官兵，每名士兵都将所携武器尽量显露在外，以此给人造成器械鲜明、军容甚盛的印象。

卡车进入库伦市区后，又特意绕着几条繁华街巷徐徐前行，接着才开往库伦西郊的红城军营。

进入军营，士兵一律不下车，而是在军官的监视下，俯伏于车厢之内，加上车身以巨幅帆布覆盖，车外根本看不到车内有人。这些车子在营房内稍事停留，即开到离库伦不远的地方，重新混入新来的兵车行列之内，一同进入库伦市区。

如此来来往往，把库伦城的外蒙古人看得眼花缭乱，不知道西北军究竟来了多少人马。

奉若神明

红城军营乃袁世凯当政时下令修建的驻军区域。这座军营规模很大，能够容得下足足五个师。徐树铮只带来了一个旅，虽然西北军混成旅的编制名额比一般部队要多，但也只有八千多人，无法住满营房。徐树铮的设计是，每个连应入住容纳一个团的营房，即便营房内人不多，但营房门口必须布满哨兵，并严禁当地人接近营区。

外蒙古人不知真相，看到后以为每座营房都住满了人。这样粗略估计下来，进入库伦的西北军至少不下五万人，与进城时的气派完全对应。

此时日本驻兵的缴械事件已经传遍全城，令一般外蒙古人对徐树铮更是奉若神明。

外蒙古人其实并不好骗，徐树铮抵达库伦后，就发现他们的性格中有多疑的一面。这让徐树铮想到，如果今后在谈判交涉时使用翻译，不但会失去原意，还很容易导致误会。为此，他在到库伦的第三天就请来一名蒙古语翻译，向对方学习蒙古语。他还特地关照左右："在我学习蒙古文之时，非有特别重要事故，概不会客。"

徐树铮在京时就对蒙古语有所留意，加上他天资极高，所以仅花了两周时间"恶补"，就已经能大致掌握蒙古语。后来与外蒙古高层的谈判交涉，他都是自己说蒙古语，而不用翻译。

除了学说蒙古语外，徐树铮还对外蒙古高层的情况做了详细了解。

外蒙古有自己独特的官僚政治体制，其高层分为两派，其中王公称为黑派，喇嘛称为格鲁派。在前清时，外蒙古实行政教分离，黑派王公治政，格鲁派喇嘛管教，各有所司。自宣布独立起，活佛哲布尊丹巴成为政教合一的领袖。哲布尊丹巴信赖喇嘛，于是在沙俄的支持下，格鲁派喇嘛便得以全面把持政权，黑派王公则受到了排斥。

概而言之，王公一派提出撤治，其真正目的并不是要归附中央，而是想趁着俄国内乱，无力兼顾外蒙古之机，摧毁喇嘛秉政的政治法律依据，以夺回他们手中失去的权力。

在掌握这些内幕后，徐树铮认为陈毅抛开喇嘛，只以王公为唯一交涉对象的做法是不对的。道理很简单，撤治是王公的一致意愿，没必要再做什么工作，现在的阻力全部来自喇嘛，他们为了维护既得权位，对王公所提出的撤治倡议必然抱有本能的敌意。

格鲁派喇嘛不可忽视，除了他们实际把持政权外，还在于宗教对于外蒙古的政治和世俗生活有着无可替代的影响力。在这里，即便是王公，若不借宗教之力，也"不能行其权"。

徐树铮得出结论，外蒙古撤治之关键不在王公，而在喇嘛。他明确表示："活佛强制之力尚在，纵全数王公迫请，而活佛不应，终无如何。故喇嘛一流人物，未可过于抛荒。"

接着，徐树铮又发现，陈毅自鸣得意的"六十三条"也存在很大问题。

陈毅非常希望达成撤治，以建成不世之功，但他却不知道要巧妙地利用王公与喇嘛之间的矛盾，以达成政治上收回外蒙古主权的目的，而只是很呆板地和王公代表商讨办法，结果导致"六十三条"简直就是他在帮蒙古王公向北京政府"争取"自治，而不是"撤销"自治。

在前往库伦的路途中，徐树铮一路上对"六十三条"进行研究，已经弄清了其中的利弊所在。一到库伦，他就找陈毅商量此事，但陈毅把徐树铮招来库伦，不过是想借重一下西北军的声威，其实根本不想让徐树铮插手自己一手经营的撤治交涉。

自此以后，只要徐树铮一谈到与撤治有关的事，陈毅就刻意回避，其态度和黄成垿类似。另一方面，他又继续钻牛角尖，在哲布尊丹巴已经公开表明反对意见后，索性和王公们抛开喇嘛、活佛，单独实施撤治行动。10 月底，王公具名递送了一件请求撤治的呈文，由陈毅电达北京。

在格鲁派喇嘛看来，王公们一意孤行地向北京递送撤治呈文，无异于在自治政府内部发动政变，他们岂能容忍。于是，格鲁派的态度变得比黑派还要强硬，双方剑拔弩张，气氛十分紧张。

与此同时，哲布尊丹巴又特派地位仅次于他的嘉亨尊活佛前往北京，送来他致徐世昌的第二封亲笔信，继续表态不承认"六十三条"。嘉亨尊莅京后，为了向北京政府施加压力，还"意欲请美使援助"。俄、法等国闻讯后，也闻风而动，分别就喇嘛入京一事向中方提出了问讯。

此时靳云鹏已继龚心湛组阁。意识到外蒙古局势不断恶化，徐树铮直接致电新任国务总理靳云鹏，一针见血地指出，"六十三条"有"七不可"，若完全依据该条例行事，即便撤治成功，外蒙古也将由王公总揽政权，中央无法行使完全主权，撤治云云不过是徒托空言而已。他同时要求待他召集筹边会议研究后，再决定下一步策略。

徐树铮不上书还好，这一上书，事情却变得更复杂了。

水火不容

靳云鹏、徐树铮同为段祺瑞的幕僚出身，也是段幕中被公认为最有才能，同时也最受段祺瑞赏识的两个人。靳云鹏虽然天资不如徐树铮，但做事特别勤奋卖力，加之出道较早，名位一直在徐树铮之上，所以被新闻界封为段幕四大金刚第一名（另三人依次为徐树铮、曲同丰、傅良佐）。

靳、徐之间一向都互不买账。在靳云鹏看来，自己从小兵做起，一步一个脚印，不像徐树铮原先一天兵都没当过，只是因为留洋回来就做了军官。同时，他在徐树铮之前就受到了段祺瑞的提携，因此理所当然地视徐为后生晚辈。

徐树铮则以能文能武自豪，认为靳云鹏出身行伍，虽然说不上是目不识丁，但也只不过粗通文字而已。他内心里看不起靳云鹏，也根本没有靳云鹏所期望的那种对"前辈"的敬畏感，平时有了分歧便照吵不误，不肯给对方留一丝情面。

段祺瑞固然对徐、靳都很赏识，但如果一定要他从中选一个最欣赏最亲近的，无疑仍是徐树铮。

与靳云鹏和段祺瑞的关系在师友之间不同，徐树铮是段祺瑞真正的嫡系门生。朋友虽近，总不如学生可靠。更重要的是，徐树铮只忠于段祺瑞，政治关系较简单，靳云鹏却关系复杂，他和冯国璋做过同学同事，和曹锟是把兄弟，和张作霖是儿女亲家，也就是说，几乎和所有的当朝权势人物都有瓜葛。因此，段祺瑞对靳云鹏就不可能做到完全信赖，在对待二人的态度中，也不免有偏徐而抑靳的趋向。

靳云鹏的功利心和虚荣心都很强。段祺瑞的这一态度毫无疑问对他造成了很大刺激，使其更加由妒生恨。

早在讨伐张勋期间，段祺瑞将幕僚人员做了一个分工，让靳云鹏在天津负责策划，徐树铮、曾毓隽到外省进行联络。徐树铮因为有事来津找段祺瑞商量，正好段祺瑞不在，徐树铮没进屋就离开了。

靳云鹏知道后，以为徐树铮是来找自己碴儿或到段祺瑞面前告自己状的，于是马上跑到办公室门外，对着徐树铮的背影怒目而视，并且用山东土话大骂道："徐树铮你奶奶个腿儿，你鬼鬼祟祟地干什么？你来查谁呀！你管得着吗？婊子的儿，整天价不干人事，出坏主意，你是人做的吗？王八蛋！"

徐树铮不屑与之对骂，便假装没听见他那些不堪入耳的话，加快脚步离开了。

早在段祺瑞做国务总理时，徐、靳的矛盾就已由暗斗走向表面化，靳云鹏常常被气得请假不来办公。段祺瑞知道后，便授意吴光新、曲同丰等人进行调解，但二人关系并未得到根本改善。之后段祺瑞改变方法，转派靳云鹏代表他出外做联络工作，一方面利用靳云鹏各方面关系较广的优势，另一方面也希望借此减少靳、徐之间的摩擦。

可是这样一来，靳云鹏却认为段祺瑞是有意对他疏远，反而对徐树铮更加怀恨在心。

徐、靳虽然一开始就不和，但争斗还不算激烈，围绕着究竟该由谁来出任西北边防军总司令一职，双方才逐渐变得水火不容。

靳云鹏是督办处督练，徐树铮是督办处参谋长，按照这个职位设置，靳在徐之上，有统辖边防军的权力，他似乎更有理由出任西北边防军总司令。可是在段派嫡系军人这个圈子里，多数人都认为靳云鹏人品卑鄙，很看不起他，就是边防军的三个师长，也都跟他不对付，尤以第一师师长曲同丰为甚。

辛亥革命前，靳云鹏在昆明任第十九镇总参议。十九镇统制是钟麟同，靳云鹏与之不睦，曾陷害过钟麟同。当时曲同丰也在十九镇任协统，和钟麟同关系很深。因为这段过节儿，他每谈及靳云鹏便咬牙切齿。

靳云鹏是三个师长的直接领导人，后者距离段祺瑞还隔着一层。可是师长们的心目中都只有段祺瑞，并不把靳云鹏放在眼里，有些事情甚至还会直接去向段祺瑞请示。这样靳云鹏就被悬在中间，成了一块挂名的招牌。

靳名位较高但难得众心，徐能够服众却职务不够，双方各有优势短长，又互不相让，令段祺瑞一时也难以决断，西北边防军总司令一职也就只好长久地空缺在那里。直至徐世昌用徐树铮为西北边防军总司令、靳云鹏为国务总理，这桩悬案才算了结。

靳云鹏与徐树铮有宿怨，不愿看到对方建功，所以尽管外交部也支持徐树铮对"六十三条"的看法，但他仍给徐树铮泼去了一盆冷水。

徐树铮主张不应按王公要求撤治，靳云鹏就说内阁已经如此决定，不可出尔反尔，自损威信，至于后果如何，等办理后再说，纵有不便，再行取消也没有损失。他还直接否决了开会进行研究的提议，认为筹边会议只可在边防范围内讨论问题，而外蒙古撤销自治案，已经交给陈毅专办，不必他人越俎代庖。

徐树铮对靳云鹏的指示置若罔闻，他致电国务院："撤治但求成功，何分畛域？"

以徐树铮的性格，只要他认为做得对而且能做好的事，必然一往无前，天王老子也挡不住，更别说靳云鹏的指示了。在给徐世昌的另一封电文中，他声明自己从抵达库伦之日起，没有做错过任何一件事，"自问无负于政府，无负于道义……树铮只重国事，决不以荣枯毁誉介意"。

美男计

徐树铮是一个能力极强的人，事事能把握问题重点。相反，陈毅则言过其实，志大才疏，用徐树铮批评他的话来说，是"心思不能沉细，自觉明于万里，其实蔽于目前"。

1919 年 11 月 10 日，当徐树铮再次找陈毅谈"六十三条"时，陈毅还是吞吞吐吐，顾左右而言其他。这使得徐树铮意识到，陈毅已经被自己制造的假象困住，走不出去了。如果这时候他撒手不管，不但撤治一事必将成为镜中花、水中月，中国政府在外交、政治上也将面临非常棘手的局面，后果不堪设想。

对于徐树铮而言，撒手不管其实是最轻松也最安全的，不单政府那里完全可以卸责，也不会造成与陈毅的关系紧张。可是，"听取国家损威失重，非树铮所忍出也"。

将在外，君命有所不受。徐树铮不顾政府明令，毅然决然地从陈毅手中抢过了交涉权，他同时向国务院立下军令状，誓言他将不用一刀一枪，在三五天之内就完成交涉。假如不能成功，甘愿"息影南归"，待陈毅办结之日，再去负荆请罪。

11 月 11 日，徐树铮召集筹边会议，对撤治事宜进行磋商。会上，针对陈毅交涉失败的症结所在，他提出了两条新的交涉原则：主权原则，撤治后政权应收归政府，不能政府收其名，王公收其实；策略原则，交涉对象以王公为主改为以喇嘛为主。

自抵达库伦以来，徐树铮一直在观察喇嘛高层的态度。喇嘛高层共有四位显要，徐树铮经过接触发现，担任外蒙古自治政府总理兼内务总长的巴特玛多尔济乃掌握政府实权的核心人物。他由此认定巴特玛多尔济是一个必须极力争取的突破口，"撤治之事多向此人身上加工，定可得手"。

拿定了主意，徐树铮便主攻巴特玛多尔济，对其"结之以信，感之以情"，同时又对症下药，尽量满足对方个人的要求。

外蒙古宣布独立后，活佛拥有王爵册封权，结果造成了封王过多、册封不公的弊端。在喇嘛高层的四位显要中，巴特玛多尔济年纪最大、权位最重，可是其他三人都封了亲王，而他偏偏只有王衔，没有实际被封。他对此耿耿于怀，在与徐树铮的交谈中，他答应会去劝活佛撤治，同时提出希望事成之后，中央能够册封他为亲王。

徐树铮听后，当即向他许诺，表示一旦撤治完成，马上由中央加封他为亲王，"王衔立可册真，并其弟皆双俸"。

与巴特玛多尔济谈话的第二天清晨，徐树铮一个人独坐默思，考虑如果得不到他想要的答复，应该怎么办。

西北军到达库伦后，陈毅曾向徐树铮建议应对喇嘛一派示威。徐树铮不同意，他认为边事与兵事的道理相通，不外"恩威并施"四字，若一味示威炫武，效果可能适得其反，并不足取。

在徐树铮看来，外蒙古人性格多疑，初期不能太过示威，过威则不易近，所以一定要先结之以恩，也就是采取怀柔政策。结恩之后，时间一长，可能又会被蒙人轻视，在这样的情况下才能"威以折之"。徐树铮料定，蒙古人无实力，必然因惧而就范。接着再待之以恩，以结其心。

徐树铮精通古史，视这种恩威并施之法为当年诸葛亮七擒七纵的运用。蒙古版的"七擒七纵"看上去有些麻烦，但这是攻心为上，确保外蒙古不勾结外援，转而听命于俄国或日本的长远之计。

现在"恩"已经施给了巴特玛多尔济，假如活佛一时劝说不了，巴特玛多尔济又因此产生了畏难情绪，徐树铮就打算示"威"了——自然活佛是不能动的，但包括巴特玛多尔济在内的四位喇嘛高层都能动，到时可以给四人定个"不能善辅活佛"的罪名，假装予以拘禁，以逼迫他们再对活佛施压。

徐树铮正在一个人想着心思，巴特玛多尔济忽然匆匆前来。据他说，昨晚分别后，他连夜拜见活佛哲布尊丹巴，劝其取消自治，并痛陈利害，为此还哭了鼻子。在他反复劝说下，哲布尊丹巴已口头同意撤治。

在此之前，徐树铮已在活佛身上下了不少功夫。筹边使署总务厅厅长王荫泰是徐树铮身边的红人，同时还是个美少年。他和一位活跃于库伦社交场的蒙古贵妇好上了，二人传出了罗曼史，而这位贵妇其实是活佛哲布尊丹巴的弟媳妇，由于她能常常接近活佛，所以在政治上很有力量。

徐树铮得知后，就让王荫泰施展"美男计"，通过活佛的弟媳妇对活佛进行游说。活佛最后能够同意撤治，据说主要还是来自这位弟媳妇的劝告。

鸿门宴

活佛同意，还不能够一锤定音，因为秉政的是格鲁派喇嘛。涉及他们的权利，必须还要讨价还价，且不说时间会拖得很长，就算最终达成协议，也极可能是一个喇嘛版的"六十三条"。

巴特玛多尔济是个城府极深的老狐狸，他能这么爽快地把消息告诉徐树铮，本身也有施缓兵之计的目的。徐树铮将计就计，对巴特玛多尔济说今晚就和他一起去与活佛面商撤治的办法。为了打消对方的顾虑，徐树铮还担保这一定会是一个春风拂面似的谈话过程，"决不令活佛有失体面，或喇嘛王公有何不均"。

巴特玛多尔济称谢而去，临行时又再三让徐树铮保密，说待撤治成功后再发布消息，告诉他人云云。

这一分别，二人在心里都偷偷地笑了。巴特玛多尔济笑，是以为自己既借徐树铮之手排挤了黑派王公，又落得一个册封亲王的好事。徐树铮笑，则是因为他可以擒贼先擒王，沿着这一突破口实施穷追猛打了。

1919 年 11 月 14 日，徐树铮风风火火地闯入巴特玛多尔济的寓所，要对方履行约定，和他一道去敦促活佛率众请求撤治，并且要求把具体撤治的条例完全简化，一切详细办法待撤治完成后再另行商定。

徐树铮的这一说法与"春风拂面"已经完全不同，就是一个霸王硬上弓的做派。巴特玛多尔济见势不好，只得以各种各样的理由加以推诿。

　　徐树铮顿时变了脸，他声色俱厉，放出了"祸蒙之罪，不在活佛而在喇嘛"这样的狠话，接着又恶狠狠地表示他可以将撤治的日期再宽限一天，但事情必须在第二天晚上解决，否则就不用谈了——他会马上逮捕活佛，巴特玛多尔济本人也别想跑，"执事虽老，亦当随行"。

　　巴特玛多尔济哪里料得到白天态度还温婉亲切、彬彬有礼的这位汉家大将会突然变脸，而且变得如此彻底冷酷，当场被惊得目瞪口呆。在徐树铮的逼迫下，第二天他赶紧召集喇嘛王公全体会议，决定先由自治政府的各部部长在自请撤治的呈文上签名盖印，然后再让活佛率众向北京政府送上呈文。

　　王公们仗着与陈毅有交情，托陈毅来央求徐树铮，答应日内一定把事情办妥，请他当晚不要再苦苦相逼。徐树铮缓了口气，说如果这样的话，今晚就算了，但一定要从速办理，不得再迟延。

　　会议还没结束，巴特玛多尔济就匆匆忙忙地要赶回寓所。众人问他为何如此匆忙，他可怜巴巴地回答说，昨天"徐公"（徐树铮）限定今晚六点和他碰面，不敢不早点在家里等着。

　　徐树铮见到巴特玛多尔济后，又换了一副脸孔，还因昨天晚上的态度向巴特玛多尔济道了歉。

　　徐树铮对外蒙古人的"狂暴"举动令陈毅都不太适应，觉得太过分，还是应该采用怀柔政策为好。徐树铮给他的回答是：只有非常之人，才能立非常之功，也才能做出非常之举。

　　陈毅听后颇不以为然，但交涉权既然已经被徐树铮夺了过去，他觉得多说也无益。

　　11 月 16 日晚，徐树铮邀陈毅小聚。二人放量痛饮，徐树铮的酒量很厉害，把陈毅灌得酩酊大醉，昏昏睡去。一觉醒来，徐树铮告诉他，活佛哲布尊丹巴已经在给中央政府的呈文上签了字。

　　陈毅听了大吃一惊。原来徐树铮唯恐夜长梦多，等不及让活佛再考虑考虑。就在他和陈毅举杯痛饮的同一时间，他办了一桌"鸿门宴"，令参谋将哲布尊丹巴等人请来吃饭，席间就有言在先：活佛不在呈文上签字，今晚谁也不能走！

　　对撤治而言，这是最关键的一天，陈毅和王公交涉了十多个月而未果的撤治问题，就在这一天以极其干净利落或者说"霸道"的方式解决了。

非常之功

11月17日，外蒙古自治政府将自愿撤治的呈文分别送交都护使陈毅、筹边使徐树铮，请求代转呈送北京政府。北京政府收到呈文后，徐世昌即以大总统身份发布明令，宣布取消外蒙古自治，同时废除相应的中俄条约。

外蒙古取消自治，是当时震惊中外的一件大事。徐树铮10月29日到库伦，11月17日尘埃落定，在短短的18天时间里，他不用一枪一弹，不费一兵一卒，仅凭"恩威并施"手段的运用，就得以大功告成，使外蒙古重归中华版图，确实是"非常之人，立非常之功"。

至此，徐树铮完成了一生之中最为得意也最为重要的一次壮举。11月24日，他载誉回京，向政府述职。各方面的贺电贺函已如雪片一般飞来，皖系内部自然是击掌相庆。梁士诒贺函云："冒雪北征，保国安边，苦心远识，令人倾倒。"连孙中山也来电祝贺，称自清末以来，割地丧权之事不绝，中国已久无汉代陈汤、班超、傅介子那样能出塞为国建立殊勋的人物。徐树铮在短时间内就建此奇功，足以与上述这些古代人杰比肩称雄。

在当时南北对立的情况下，孙中山的这一表态引起了某些国民党人的抗议。孙中山不改初衷，批复道："徐收回蒙古，功实过于傅介子、陈汤，公论自不可没。"

对徐树铮建功塞外，最为高兴的恐怕还得数"老幕主"段祺瑞了。老段出面希望徐世昌、靳云鹏论功行赏，将靳云鹏所兼的陆军总长授予徐树铮。

对于徐树铮的功劳，徐、靳自然也都赞不绝口，但段祺瑞此议一出，不仅靳云鹏不愿意，表示"碍难照办"，徐世昌也不赞同。徐世昌认为，国务院里如果插入了徐树铮，内阁恐怕将从此多事，不会有一天安静日子。现在府院之间尚无什么冲突，若因此生出什么事来就不好办了。

徐树铮本人倒不一定特别想进内阁，但他提出，既叫他负责西北边防，那么所有西北各省都应划归他统一管辖。靳云鹏一听，更不乐意了，说这等于割裂中央政权，形成国家中的国家，比广东独立的形势还要糟。

徐世昌说得更实际："小徐是援清朝开国时左将军的旧例，要把自己的地位凌驾于各省督军之上，可是要叫他们（各省督军）头上再戴一顶帽子，他们未必肯干吧。"

虽然徐树铮的要求未能得到满足，但他在西北特别是外蒙古的地位已无可动摇。国务院决定裁撤库伦都护使署，原都护使陈毅奉调回京，改任豫威将军，外蒙古事务交由筹边使署全权处理。

不久，徐世昌又特派徐树铮为册封专使，负责到外蒙古主持活佛的册封典礼。出使之前，段祺瑞亲率政府官员、议员百余人在故宫保和殿举行了欢送大会。

重返外蒙古，紧张和忙碌已被轻松所代替，但心情却更为激动。上一次徐树铮随身所带的是"六十三条"，这次则是一本《汉书》。

徐树铮的诗文水平很高，自称填词海内第一，其诗句"美人颜色千丝发，大将功名十万骑"在当时广为人知，而它也恰好可以作为《汉书》的题记——如同孙中山所列举的那样，这本古书所记载的汉代，乃是中华民族历史上最伟大最雄健的时代之一，其间涌现出了太多的勇士和外交家，傅介子、张骞、陈汤、班超……他们出使西域，安定边陲，言必信，行必果，其事迹至今读来仍令人血脉贲张。

徐树铮走一路，看一路，吟一路，途经驿站时，心潮澎湃，夜不能寐，便忍不住披衣下床，在驿馆墙上题写七律一首，开头第一句便是："冲寒才觉铁衣轻，莫负荒沙万里行。"

徐树铮顶风冒雪，风尘仆仆地再次回到库伦。外蒙古军民出郊十里，夹道相迎。进入库伦城后，大街小巷已经全都挂上了民国的五色国旗。

1920年元旦，徐树铮在库伦佛宫主持册封大典，典礼十分隆重。据蒙古人说，乃千年未有之盛举。当徐树铮将册封令与七狮金印交到活佛哲布尊丹巴手中时，整个库伦城一片欢呼之声。

当天，北京政府明令授徐树铮勋二位。志得意满之余，徐树铮决心施展抱负，悉心筹谋治理外蒙古，并进一步争取蒙古人的信任。

心病

外蒙古的贸易主要掌握在山西人手里。晋商很善于做生意，他们常常利用赊账方式来引诱蒙古人，就是不要现款交易而容许他们把自己喜欢的东西先买去，只规定在一个时间段必须归还。蒙古人因为不用现款即可拿到所喜欢的东西，于是就放开量地买，需要的买，不需要的也买，晋商因此在外蒙古生意鼎盛。

蒙古人不用货币，都是实物交易，晋商就趁机以此蒙骗他们。比如，价格议定是 100 头羊，到年底偿还时，晋商就牵走 140 头羊。蒙古人不解，问为什么要多牵走 40 头羊呢？晋商回答说："羊要生小羊啊！当时的 100 头羊，现在多生 40 头，不是很公道吗？"

这话当然是极不合理的，难道 100 头羊不需要喂养？而且不到一年，就要增加 40 头羊的利息，也实在太黑了一点。

蒙古人虽然多疑，可是本质非常老实，听了晋商的话还觉得挺有道理，就任他们牵走了 140 头羊。

徐树铮认为这样欺负蒙古人不行，他一面要求蒙古人不得赊欠，以免今后背负重利；一面勒令晋商等从内地来的商人诚实经营，即便蒙古人有赊欠的情况，也不许到付账时索取额外的羊。

徐树铮同时注重改善外蒙古当地的经济和生活状况。他设立边蒙银行，发行以骆驼队为图案的钞票，又从德国聘来一位教授进行调查，拟定了逐步开发外蒙古地下资源的计划。

外蒙古市场上原来几乎没有蔬菜。发现这个问题后，徐树铮便在可以种蔬菜的地方引种天津大白菜。两年以后，大白菜即成了当地的大众食品。

徐树铮本来还有一个规模更大、更能保证外蒙古长治久安的计划，这就是移民塞边。

至 1920 年，西北军已扩充至五个混成旅（新成立的第五混成旅只有一团新兵，实际仍为四个混成旅）。按照徐树铮的设想，五个混成旅将分别驻守外蒙古的五个地区，这五个地区又分为五个道尹驻在区，以混成旅旅长兼道尹。道尹以下再设县，每县驻一个营，营长兼县长。

至于士兵，他不仅将分给每人一份土地，还会从内地挑选适龄女子，送至外蒙古与士兵结婚，从而使得西北军的士兵逐渐成为当地的居民。

移民塞边的计划听起来不错，但需要一定的经济物质作为保障。外蒙古地方贫瘠，西北军若整军常驻于此，仅饷械一项就难以筹措。先前徐树铮之所以要求统辖西北各省，就是想解决这一问题。

如何生财成了徐树铮的一块心病，他只好仍回北京打主意。这次，段祺瑞把靳云鹏和徐树铮一同找来，对西北军的军饷、驻地问题进行会商。段祺瑞本来也有自己的想法，但他很快就被徐树铮说服，表示赞同按徐树铮的计划行事。于是徐树铮就按边防督办的名义，照计划拟了一份文件，交给靳云鹏批阅。

靳云鹏说容我考虑考虑，就把文件留下了，之后再无回音。

徐树铮很不痛快，就又去找总统徐世昌。徐世昌是清末时的老官僚，在宦海浮沉多年，早就掌握了一套被人叫作"琉璃球"的办法，也就是遇到不想办的事时，就给你来个模棱两可，不着边际。

徐树铮固然才气高、能力强，可同时也具有恃才傲物，不太善于和人打交道的性格特点。见徐世昌也对他如此敷衍，一生气便脱口而出："当年不是树铮多事，到处奔走，总统今天还在辉县（徐世昌的隐居地）享清福呢，何至为国事操心，这样大的年纪，还要着这份儿急！"

徐世昌听出徐树铮在拿话讽刺他，不由面红耳赤，忙期期艾艾地解释道："这是边防军的事，不是西北边防军的事（意指徐树铮越俎代庖，使用了段祺瑞的职权）。你这样把持，要把翼卿（靳云鹏的字）搁在哪儿呀？"

"段爷那里已经说好了，没有问题，我可以完全负责。"徐树铮一顶上了牛便不肯再退下来，"总理和陆军部有点故意留难，我才来麻烦总统。如果都不负责，将来还怎么办事呢？"

见徐树铮抬出"段爷"，徐世昌拉下了脸："你找督办说去吧。"

徐树铮闻言一跺脚："也好，反正势在必行。总统和总理既然对国家大事不敢负责，难怪国会方面辄有烦言了。"

众所周知，徐树铮对"安福国会"的操纵能力，因此这句话在徐世昌听来分外刺耳，那意思分明就是在说，我小徐能把你老徐扶上台，就有本事把你赶下台。

徐世昌尽管很有涵养，但徐树铮一走，还是忍不住大发脾气，说："是可忍，孰不可忍，徐树铮也太目中无人了！"

六卦先生

在靳云鹏、徐世昌面前，徐树铮成了一个最不受欢迎的客人，即便有段祺瑞帮着他说话，但最终仍是毫无所得，而徐树铮又不是一个甘于逆来顺受、委曲求全的人，你越对他这样，他越要设法组织反击。

自此以后，国会和段派阁员便在徐树铮的策动下，处处与靳、徐作对。徐树铮本人见着靳、徐，表面上虽还不失礼貌，然而也不再掩饰其咄咄逼人的气势。据接近徐世昌的人说，他到后来一见徐树铮就感觉如芒刺在背，有好几次还被气得老泪横流、放声痛哭。

段祺瑞、徐树铮在把徐世昌推上总统宝座之前，总以为他好说话，是个和王士珍差不多类型的人。徐世昌上台后，起初看上去也确实有一种超然于直皖两系之外的样子，对两系表现得不偏不倚，当时有报纸还说他采用的是两面手法，常以"徐娘"、"秋波"来挪揄这位大总统。

可是段、徐都弄错了一点，徐世昌绝不是王士珍，不仅不是，而且他要么不与人争斗，一旦展开手段，绝对够招惹他的人喝上两壶。最早看透此老的人，恰恰是被视为大老粗的皖督倪嗣冲。在徐世昌做了总统之后，他有一天对曾毓隽和吴光新说："你们还记得'六卦先生'的外号吗？昏天黑地的日子就在眼前了。"

八卦少了乾坤两卦，所以称为六卦。乾为天，坤为地，少了天地，便只能昏天黑地了。徐世昌的外号就是"六卦先生"！清末时，大部分北洋人都知道徐世昌的这个外号，也知道他政治手腕极其高明——你想，袁世凯在小站练兵时代的军师，是容易对付的吗？

无论是段祺瑞、徐树铮，还是曾毓隽、吴光新，都不可能不清楚徐世昌原来是怎样的一个人。只是因为在袁世凯死后，徐世昌一直未在政府内从事任何职务，最多以元老身份和居间调和者的角色出现，才让人慢慢淡忘了他曾经的峥嵘，居然把他跟真正淡漠处世的王士珍混同起来。

徐世昌处心积虑准备对付徐树铮。与徐树铮把劲儿使在明处不同，他是从暗处发力，而且所用招数，还是偷师了"徐树铮手法"。

过去徐树铮与黎元洪斗，与冯国璋斗，最惯用的手法就是借力打力，即用外来力量向对手施压，或发联名电报，或开督军团会议。徐世昌深悉直皖两系的矛盾，他要效法这一套，利用直系的外力来拔去身上的芒刺。

冯国璋下台后，直系已经形成了以曹锟、吴佩孚为首的新核心。曹锟早在南北战争期间就与徐树铮之间结下了旧怨，加上徐树铮许诺他可以当副总统，结果总统选出，副总统却流产了，曹锟情知上当，对徐树铮更加不满。

吴佩孚则是因为没当上湘督，对段祺瑞一肚子意见，后来听说段祺瑞的一切举措都由徐树铮所策划，便也把一腔怒火都集中到了徐树铮身上。

徐树铮此后出了一个险招。他打听到吴佩孚下面的旅长张学颜可以利用，便秘密电召其进京，指示机宜，让张学颜设法取吴佩孚而代之。不料事机不密，东窗事发，吴佩孚虽然出于稳固军心等目的，仅将张学颜予以遣散，而未将事情闹大，但自此以后便视徐树铮为眼中钉、肉中刺，必欲除之而后快。

这时吴佩孚因能征惯战而在北方将领中显得分外醒目，逐渐在曹锟面前有了左右一切的力量。靳云鹏和吴佩孚是山东同乡，又有师生关系，还在政治上经常帮助吴佩孚，于是他便因此成为徐世昌借力打力策略的一个主要实施者。

除了与徐树铮之间势不两立外，靳云鹏其实对段祺瑞也有了不小的意见。段祺瑞在国务总理任上三进三退，但始终担任边防督办（以前为参战督办），而靳云鹏即便在组阁之后，也还兼任边防军教练处处长一职。加上他们之间固有的师生关系，段祺瑞在靳云鹏面前便仍以老上司自居，将靳看成下属，经常向靳批转有"交靳核办"字样的文件。

靳云鹏是个喜欢揽权的人，你叫他光有总理的名义，却不能实际当家做主，心里怎么可能会舒服？可是不舒服归不舒服，靳云鹏内阁除他自个儿外，段派人物几乎包办了各部部长的席位，这些人皆唯段祺瑞马首是瞻，靳云鹏在内阁里差不多就是个光杆司令。

靳云鹏虽想摆脱故主，背着段祺瑞另搞一套，但出台的相关措施要么在阁议时通不过，要么被阁员们提前透露给了段祺瑞。

一个师生关系，把段、靳套得很紧。靳云鹏身为现任国务总理，在段祺瑞面前却还得守学生规矩，毕恭毕敬，而老段也始终把他当小学生一样看待，不太讲究什么礼数。有一次，得知靳云鹏向外界透露了"参战军"的秘密军费来源，段祺瑞立即把靳云鹏叫过去加以斥责，警告他"不要挟外援以自重"。

靳云鹏不敢公开反对"太上总理"，便处处拿徐树铮来借题发挥，经常对外表示徐树铮如何嚣张、如何跋扈，其主张又是如何荒谬，态度是如何固执。当然，最主要的是对他本人的攻击和"陷害"。

靳、徐逐渐发展到了见面不说话的地步。在一次会见客人时，靳云鹏直言不讳地说："徐树铮在老总（段祺瑞）左右极力离间我和老总的关系，并百般陷害我，我要用拳头对付他。"

清君侧

靳云鹏的"拳头"就是尚远在湖南的吴佩孚。在靳云鹏的暗中鼓动和指使下，吴佩孚接受了西南方面六十万元的运动费，随后便以"前方经济困穷，官兵苦不堪言"为由，一再致电北京政府，请求撤防北归。

吴部如果一撤，湘南空虚，南军必然乘虚而入。同时在吴部撤至北方后，直系兵力猛增，对京师也是一个威胁。皖系的西北军当时主要布防于北方，并无多余兵力接替湖南前线。作为暂时缓和之计，有人建议干脆改西北军为京师警备队，仍由靳云鹏指挥，归陆军部直辖，徐树铮则率其中的两旅南下援湘。

这一建议马上遭到曹锟、吴佩孚的反对，徐世昌、靳云鹏便以也此为由，对建议不予采纳。

段祺瑞起先想要用拖的办法来阻止吴部北上，后来见拖不下去，又计划撤换动摇于直皖两系之间的河南督军赵倜，改派吴光新继任，并令吴光新部移师河南。

河南居南北要冲，京汉线纵贯其间，乃吴佩孚所部北返的必经之所。如果段祺瑞的这一计划能够实现，就可以成功阻止吴部北返。

徐世昌、靳云鹏盼星星盼月亮似的期待吴佩孚北上"勤王"，自然不能同意段祺瑞的做法。徐世昌首先拒绝罢免赵倜，声称："罢赵用吴，激起反动，我决不为。"靳云鹏也采取消极抵制态度，说："赵周人（时任河南督军赵倜，字周人）在河南干得好好的，我怎么能够无缘无故换掉他呢？"

由于段祺瑞事先已跟靳云鹏打过招呼，所以靳云鹏的这一态度大出段派意料，一些段祺瑞的部下便公开讲，靳云鹏已经背叛了段督办（段祺瑞）。

在徐、靳的坚持下，段祺瑞被迫做出让步，同意将河南易督一事推迟办理，而这一事件所产生的严重后果，就是反而将赵倜逼上了梁山——这位豫督本来还想在直皖两系之间左右逢源，现在见段祺瑞要撤他又没撤得掉，遂马上改变中立态度，通电"保境自存"，实际倒向了直系一边。

见吴佩孚执意北返，赵倜又要大开绿灯，段祺瑞急了，他干脆直接以北京政府的名义，要求曹锟阻止吴部撤防，同时又以陆军部的名义对吴佩孚下达命令：在中央未有明令之前，不得擅自行动。

曹锟、吴佩孚在已得到徐、靳鼓励和默许的前提下，选择了对任何北京政府命令都置之不理。经鄂督王占元、豫督赵倜及其曹锟本人安排，平汉铁路的火车几乎全部被集中起来，专门用于运送吴部北上。

看到吴佩孚撤离湖南，张敬尧开始还松了口气，以为再无人跟他抢湘督这把交椅了。孰料吴部前脚一走，湘军后脚就杀了过来。

张敬尧其人成事不足，败事有余，相当于皖系里面的一颗老鼠屎。他的部队军纪极坏，督湘期间，不仅个人巧取豪夺，兄弟姐妹也横行霸道，湘民早就对他恨之入骨。湘军虽然仅有一万余人，三千余杆子弹奇缺的旧枪，但在当地百姓的支援下，照样将号称"十万大军"的张部打得落花流水。

张敬尧急忙向北京告急，然而徐世昌在抛给他一句"大事化小，小事化了"后，便听任其被南军所痛击。到张敬尧兵败退入鄂境，他却又板起脸来，下令将张敬尧撤职查办，张部残余也被鄂督王占元或改编节制，或缴械遣返。

张敬尧虽然治军无方、名声很臭，但话又说回来，在皖系之中，他也已经算是一员骁将了。他的垮台及所部被解决，使皖系失去了一支重要的军事力量。有人甚至认为，直系北返及张敬尧被逐，"实为直皖战争的起点"。

吴佩孚在率部到达北方后，即将部队分别进驻于郑州至保定一线的各军事要地。接着，在接见记者时，他又进一步挑明了北上的真正目的，那就是要"清君侧"，"远小人"：打倒徐树铮，推倒"安福系"。

段祺瑞当时还没考虑到直皖战争那么远，但张敬尧痛失三湘，已经验证了他先前关于南军将会乘机长驱直入的担忧，他对吴佩孚不听命令、擅自撤离湘境北返感到异常愤慨，而吴佩孚所谓的"清君侧"、"远小人"，则更让他感到匪夷所思。他对曾毓隽说："徐树铮并未见任何发端或举动，而吴佩孚自由行动，政府不加惩戒，如是还有黑白之分吗？"

段祺瑞极力促请徐世昌、靳云鹏下令，要求将曹锟、吴佩孚予以革职拿问，并提出如果继续置之不理，听任这二人违法乱纪，政府将不成其为政府，威信必然扫地以尽。

要是以前听到这些话，徐世昌可能还不得不嗯嗯啊啊地应付，如今可不同了，"勤王之师"就在眼前，还怕你老段不成？

太上总统

徐世昌的嘴脸如此，有人又告诉段祺瑞，说其实吴佩孚就是徐大总统引来的，为的是重整直系旗鼓，对抗皖系的军人势力。段祺瑞听了大为惊讶，他认为他从推举徐世昌当总统之日起，一直强调地方必须服从中央，不说全都是为徐世昌着想吧，客观上总是有利于总统巩固自己的地位和权威。他实在想不通，徐世昌为什么要反过来把矛头对准自己。

段祺瑞对左右说："我推重此公（指徐世昌），他这么做，跟自己掐自己的喉咙有什么区别？"

徐世昌在选择让靳云鹏组阁时，曾征求过段祺瑞的意见，可以这么说，没有段祺瑞，靳云鹏不可能当到总理。可是令段祺瑞郁闷的是，靳云鹏居然和徐世昌保持一致，也对他采取了阳奉阴违、消极抵制的态度。

一个是看好并支持的总统，一个是得意学生兼心腹亲信，段祺瑞绝难想到有一天这两人会如此对待他。一气之下，他表示此后"不管闲事"，随后搬出京城，住到京郊的团河去了。

团河是清代皇帝打猎时的行宫，行宫内只有一个大殿可住。段祺瑞就住在大殿内，副官用木框钉上白细布，将大殿间隔出卧室、餐厅、客厅、浴室以及打牌下围棋的大小房间。大殿两旁还各有一排平房，主要由随从及卫队人员休息居住。

除西北军外，驻于南苑的第九师、第十五师也都属于段祺瑞的边防军部队。南苑跟团河仅七八里路，段祺瑞住进团河后，魏宗翰和第十五师师长刘询便都移至团河办公住宿，这样平时既能陪着段祺瑞打打麻将散散心，也可以给失意的老段壮一壮声威。

靳云鹏虽然早已与段祺瑞貌合神离，并且站到徐世昌方面一起暗中倒段，但在表面上仍需维持与段的师友关系。在段祺瑞到团河的第三天下午，他就赶来谒段。

段祺瑞正在同魏宗翰、刘询等人打麻将，听说靳云鹏到了客厅，便没好气地来了一句："他来找我干什么，这个地方也归他管吗？"说完照样打牌，但是鼻子已经有些歪了。

半个小时过后，负责禀报的副官怕段祺瑞忘了，又特意提醒他："靳总理还在客厅内等着见总理（指段祺瑞）呢。"段祺瑞还是置之不理，说："叫他等着吧！他愿意等，怨谁呀？"

四圈牌打完，魏宗翰劝说道："靳总理等了很久啦！他既是来了，总理还是见见他为好。他是总理的学生，有什么话不可以和他说呢？"

刘询也跟着从旁解劝。段祺瑞这才勉强踱到客厅，他一进门就厉声对靳云鹏说："你来干什么？这个地方你也要管吗？"

靳云鹏站起身，赔着笑脸道："我怕老师在这里住不方便，特来看望。"

段祺瑞听罢，哼了一声："你心里还有我吗？你应该想一想，你和谁近哪，不要上人家的当！"

"师恩天高地厚，此生难忘。"靳云鹏忙解释说，"我和各方面礼尚往来，还不是为了老师领袖群伦的地位，以便联络大家都来拥护老师。我没有别的意思，流言止于智者，请老师勿信小人离间的话。"

段祺瑞并没有被他的巧舌如簧所迷惑，而是直奔主题："你是陆军总长（靳任总理兼陆军总长），吴佩孚的第三师归陆军部直辖。他不听节制，力图破坏中央的统一政策。你先之以放纵，继之以包庇，法纪荡然，风气日坏。试问，中央的威信何在？我的领袖地位（指北洋领袖）何在？"

靳云鹏既不肯照段祺瑞的意思做，却也不敢当着面顶撞自己的老师兼老上司，只得默默聆听，之后便告辞而去。

靳云鹏走后，徐树铮来见段祺瑞，知道靳云鹏曾经来过，他立即对段祺瑞说："靳云鹏通敌有据，老师姑息养奸，此人不除，必有后患，老师悔无及矣。"

段祺瑞知道徐、靳早已势同水火，他生怕徐树铮做出过激举动，连忙予以制止："你不要胡闹，没有你的事。"

段祺瑞虽然对靳云鹏十分失望，但实际还将他当成自己的学生，而他这种做法，恰恰又进一步刺伤和惹怒了靳云鹏——想想看，一个堂堂的国务总理，大老远巴巴地去看望一个人，结果愣是让对方晾在客厅里一晾就是半天，见了面还要挨一顿训斥，该是一种什么样的心情？

如果去看望的这个人是现任总统倒还罢了，问题是他现在只不过是一个督办，一个"前前总理"！

在靳云鹏看来，段祺瑞岂止是自居"太上总理"，简直已经升级到了"太上总统"。他回去后越想越气，遂命令秘书处替他草拟辞呈，决心用掼乌纱帽的方式来挽回一点丢掉的面子。

正式递交辞呈之前，靳云鹏再次前去谒见段祺瑞，自称有病不能办事，只好辞职让贤。段祺瑞听了丝毫没有慰留之意，他冷笑一声道："你果然有病，暂时休息休息，倒也无所谓。只不过，将来你可不能说是有人排挤你，让你干不下去，被迫辞职的啊！"

靳云鹏本意是要将老段一军，不料反而自讨没趣。他憋了一肚子气，回家就把辞呈交给了徐世昌。徐世昌正要用靳反皖，哪里肯放其离去，在极力慰留的同时，他还对靳云鹏说了一句妙语："见怪不怪，其怪自败，理他做什么？"

靳云鹏一连交了四个辞呈，徐世昌才勉强准假十天，其职务暂由海军总长萨镇冰代理。

靳云鹏对反皖确实非常关键，他在写辞呈的同时，就暗中通电吴佩孚，告知了这件事。他这里辞呈一递，那边吴佩孚马上以追悼阵亡将士的名义，在保定召集各省师旅长开会，准备掀起新的风暴。

第九章 / 悔青了肠子

在徐、靳一手挑起的新直皖冲突中，直军仅仅是先过河的卒子，在它后面，赫然还有一个以"三督为重"的十三省反皖同盟。

"三督"分别是直督曹锟、奉督张作霖、苏督李纯。以曹锟、李纯为代表的直系素来都是皖系的冤家对头，张作霖和他的奉系本是徐树铮为皖系拉来的盟友，可惜的是，在上次南北战争结束之前，张、徐就闹翻了。在和奉军分家时，徐树铮除留下两个旅作为"参战军"乃至日后西北军的家底外，又把奉军的服装、粮秣拿去不少。在徐树铮想来，张作霖乃大碗喝酒、大口吃肉的草莽英雄，一定有些江湖豪气，不会在这些方面和他斤斤针较，殊不知张乃"光棍眼里不揉沙子"，一点一滴都会记在账上，徐树铮此举只是加深了二人的矛盾而已。

其后徐树铮出任"西北筹边使"，令张作霖对他有了防范之心。靳云鹏与张作霖是儿女亲家，一向过从甚密，便趁此机会对张作霖吹风，说徐树铮在西北发展势力，意在由西蒙直捣东蒙，夺取被奉军视为后路的吉、黑两省。张作霖听后，对徐树铮的敌意更甚，也由此成为反皖同盟中的重要一员。

债务

包括张作霖在内，十三省反皖同盟的形成过程，本身就可以看成是段祺瑞、徐树铮为他们曾经的成功所必须付出的代价和必定要偿还的"债务"。

赵倜就不提了，他在反皖同盟尚只有七省时加入，七省同盟一下子成了八省同盟。尔后反皖同盟的雪球之所以越滚越大，则多与徐树铮有关。

段祺瑞几度出任国务总理兼陆军总长。就全国各地的督军来说，有关请饷、领械、编制队伍……几乎没有哪一件事不要通过陆军部，而这一切都必须徐树铮答应才能算数——如果直接向段祺瑞请示，他总是说："找又铮去。"

徐树铮这个关口不通过，就意味着什么事也办不成；而只要徐树铮一点头，即使段祺瑞不知道，也能如愿以偿。无形之中，徐树铮不知为自己树了多少敌。

徐树铮在具备过人能力的同时，也有气量褊狭、不能容人的一面，有人评价他"成见太深，自信太强"，可谓入木三分。因为这一性格缺陷，他又额外得罪了许多人，甚至有很多将领、政客本属于段幕或打算投段，也被他逼得只好另找出路，加入了反皖同盟的行列。

张志潭在段幕中也是一个很重要的文人幕僚。冯国璋当总统时，他曾担任国务院秘书长。段祺瑞继王士珍之后重任国务总理，遂又任命张志潭为院秘书长，明令已经发表，张志潭也已到院接事。那时徐树铮正在天津，一个电话就把张志潭叫过去，当面把他训了一顿，说："上次你当秘书长，不听我的话，这一次你不用到任了。"

张志潭解释说昨天已经到任，可是徐树铮却让他马上呈请辞职。张志潭知道惹不起徐树铮，只好当面写了一个辞呈交上来，说："我暂时不回北京了，请你代我交了吧。"

徐树铮立即收下辞呈，并发电报给段祺瑞，说张志潭乃是张国淦的死党，和总统府互通声气，决不可以当秘书长，"我已叫他呈请辞职了"。

张国淦就是黎元洪时代的那个"千年和事佬"，其实也不能算是总统府方面的人，只是徐树铮对他抱有成见而已。段祺瑞对徐树铮的说法本不以为然，但他在公事上很少有不依着徐树铮的，听说张志潭的辞呈也交了，就没太当一回事，说："不让他来就不让他来吧。"

张志潭虽然是自己递交的辞呈，可是刚刚到任一天就辞职，还得另换别人接替，总是说不过去，于是段祺瑞就安排了秘书方枢暂代。方枢亲眼见到了前任秘书长的悲剧，从此以后就是徐树铮让他做什么就做什么。徐树铮诱杀陆建章后，方枢即奉其命以政府名义写了枪决令，一丝一毫都没敢犹豫。

徐树铮如此行事，效率固然高了，但也极容易给自己制造仇家和设置定时炸弹。张志潭就是这样一个"定时炸弹"，由于对徐树铮怀恨在心，他就倒向靳云鹏，平时常将皖系内部的情报透露给各省督军，对反皖同盟的捏和起到了一定作用。

还有想主动投段而不成的。比如吴光新下面曾有一个叫李炳之的混成旅长，因为和吴光新闹矛盾，辞职不干了。他是段祺瑞的学生，于是就来找段谋事，段祺瑞表示同意，批了一个"交陆军部任用"。徐树铮看到批文，随手写上"此人无大用处"，就把李炳之的事给搁浅了。后来还是靳云鹏派他为将军府参军，他才找到差事。所谓"此处不留爷，自有留爷处"，李炳之很快也走到曹、吴那边去了。

吴佩孚保定集会，其实就是十三省反皖同盟的一次大示威，在会上，他们向皖系提出了一系列条件，要求予以满足，其中核心的两条是解散安福国会以及罢免徐树铮。

消息传出，京师震恐。徐世昌虽然暗中支持反皖，但他本人就是经安福国会选举产生的，可以说无安福系，他就当不上大总统，而且这时西北军第一师又与吴佩孚的直军第一旅形成对峙，气氛相当紧张，战火已是一触即发。

拨了半天火，却发现火有可能会烧到自己，徐世昌心里有些发毛了。他赶紧给曹锟、张作霖、李纯下达电令，要三督入京共商大计，实际是希望说和各方，以便不让事端越出自己可控制的范围。

收到徐世昌的命令，李纯称病告假，曹锟则推说要抚慰归来的部队，不能轻离保定，最后欣然赴约的只有张作霖一个。1920 年 6 月 19 日，张作霖打着"调停时局"的旗号，在卫队的前呼后拥下，乘专车抵达北京。

对张作霖来京的目的，徐树铮看得很清楚，他认定靳云鹏与曹锟、张作霖早就"狼狈为奸"了，现在张作霖名为调停，实质是要暗中窥探段祺瑞的动静以及袒护曹锟。

徐树铮急忙到团河找魏宗翰商量，并且提出了自己的方案：张作霖肯定要来团河见"老总"，十五师可就近派兵埋伏在团河附近，将张作霖截住和扣留在团河。

按照徐树铮的设想，如果扣张成功，既能断绝曹、张的联合，又可以使曹知所警惧，俯首听命。

魏宗翰却觉得徐树铮过虑了。在他看来，张作霖虽然与徐树铮已经撕破了脸，但和"老总"并没有到这种程度。

对等条件

就私人感情而言，张、段其实一直相处得不错。从前张作霖每次来京，都要到段公馆和段祺瑞打牌，而段祺瑞对他同样是另眼相看。段祺瑞有严禁收礼的家规，即使是徐树铮、曾毓隽、靳云鹏这样关系相对亲密的部属幕僚也不例外。每年段祺瑞过生日，众人要表示表示，亦只能自行集资，每人拿出三五元钱交给段公馆的厨师，预备两桌酒席，凑一个热闹。若说有超出这个范围的，就是曾毓隽、靳云鹏还曾送过几盆花，给府内作为点缀。

段祺瑞对张作霖的另眼相看之处在于，张作霖每年春节都会送来黄羊、人参等一大堆关外特产，段祺瑞先是不收，张作霖的副官再三请他赏收，他才勉强收两条江鱼，而这对于段祺瑞来说，已经是给了莫大的交情和面子了。

还有一个例子。几年前张作霖进京和段祺瑞谈话，正好段祺瑞六岁的小女儿由女仆领着到后院闲逛，逛着逛着，小女孩儿自己跑进客厅，来到了段祺瑞身边。段祺瑞便指着张作霖对她说："这是张督军，你来见见。"

论辈分，段祺瑞要高出张作霖一辈，所以张作霖马上对小女孩儿说："你叫我张大哥。"边说边从口袋里掏出一沓钞票："这是一点见面礼，你拿去买糖吃。"

段祺瑞没有按通常的习惯拒收，而是对他女儿说："你留着买点东西吃吧！谢谢你张大哥！"

如此种种，都足以说明老段非常看重和张作霖的关系，为此不惜打破自己所定的规矩，为其网开一面；而张作霖一直以来给段祺瑞和除徐树铮外的皖系人员的印象是，他也很重视维护与老段的关系，并没有像徐树铮所说的那样，已经与曹锟"狼狈为奸"。

参与"西伯利亚干涉"的"中国支队"属于魏宗翰的部队，在魏宗翰前往海参崴慰问"中国支队"时，直皖矛盾已经尖锐化。段祺瑞便命令魏宗翰借慰问之机，在路过沈阳时观察张作霖对曹锟的态度。

魏宗翰到沈阳后，张作霖一再向他表示尊重段祺瑞，拥护段祺瑞的武力统一政策，也决不会偏袒曹锟。张作霖还说直皖系相争是两虎相斗，大者伤小者亡，对北洋实力俱有损伤，至必要时，如果段祺瑞同意，他愿以中立的资格出头调解。

离开沈阳时，张作霖的部将吴俊升到站为魏宗翰送行，并赠送两麻袋高粱米，礼数非常周全。接着魏宗翰车抵锦州，驻防锦州的张作霖之子、旅长张学良不仅亲率官兵到车站列队致敬，还亲自上车对魏宗翰说："我父亲要我来给魏老伯请安。"

张学良走后，魏宗翰对部属们说："现在看到张学良对我的态度，更可以相信他父亲的话了。"

慰问之旅令段祺瑞、魏宗翰对张作霖不偏不倚和愿意调解的立场均深信不疑，因此魏宗翰不同意扣留张作霖，他向徐树铮表示："我看张作霖能维持其中立地位。"

徐树铮仍然坚持说："张作霖见利忘义，狡诈多端，绝不可靠。"魏宗翰见状认为事情太大，他不能做主，必须请示段祺瑞。第十五师师长刘询也同意魏宗翰的意见。

段祺瑞性情耿直，对人对事喜欢直言不讳，向来不主张采取阴谋暗杀的手段。即便他事先知道张作霖与己为敌，也只会当面指斥对方，而不会想到扣留对方作为人质。这也是徐树铮先找魏宗翰，而不是直接向段祺瑞建议的原因。

稍后当徐树铮不得不去请示段祺瑞时，段祺瑞果然不同意。他还责备徐树铮："各方树敌，非厚道载福之道，应当力戒。"

第二天上午10点，张作霖即在北京谒见徐世昌，随后驱车到团河拜访段祺瑞。

张作霖此行表面是奉总统之命，调停直皖争执，看上去不偏不倚，其实屁股是完全坐在直系这边的。他在谈话中表示，只要段祺瑞接受反皖同盟条件中的三项，就可以不解散国会。这三项分别是：取消中日密约、拥护靳总理以及撤换徐树铮。

对三项条件，段祺瑞一一进行了权衡。他在当国务总理时虽然向日本借了很多款，但并没有什么密约，吴佩孚所谓的"取消中日密约"，与他一贯的高调相符，其实质不过是要以此对皖系进行要挟和攻击罢了。既然原本就没有密约，取消当然也没有任何问题。

在段祺瑞看来，靳云鹏完全是自愿辞职，也没有谁对其进行逼迫。他对张作霖说："靳翼青（靳云鹏的字）是真心真意要辞职，何必非为难他不可？换个别人，也可以商量。"

三条之中，唯有撤换徐树铮，让段祺瑞觉得难以接受。在段祺瑞看来，徐树铮各方面都做得很好，最近又取消了外蒙古自治，提高了中央威信，怎么会没有功反而有过呢？他实在想不通有什么理由要撤换徐树铮。

段祺瑞最后对张作霖说，可以开去徐树铮西北筹边使一职，改任其为远威将军，留在北京办事，只不过他还有一个对等条件，只有这个条件满足了，他才会全部做出妥协。

分赃

靳云鹏为什么要背叛皖系，从段祺瑞当时的理解，似乎只是靳想抛师弃友，另立门户，他还不知道靳云鹏其实就是吴佩孚北返的主要促成者。

因为不了解吴北返的内幕，段祺瑞就把吴佩孚认作了祸首。他认为，要不要撤换徐树铮，要不要挽留靳云鹏，中央自有权衡，你吴佩孚一个小小师长，怎么可以在外面越俎代庖，过问中央大计？此风一开，以后中央政府威信何在？

这个不知天高地厚的家伙挑战中央权威早非一日，段祺瑞还清楚地记得，自己的南北统一之梦是怎样终结于此人之手的，甚至于若没有吴佩孚从中搅局，他很有可能不会那么快就结束总理生涯，皖系也不至于出现在这种局面。

段祺瑞列出的对等条件相当于同归于尽："如果一定要罢免徐树铮，必须同时罢免吴佩孚！"

吴佩孚是直系和反皖同盟的当红炸子鸡，怎么可能拿掉？张作霖只好姑妄听之，但他心里很清楚，段祺瑞就是不愿撤换徐树铮罢了。

张作霖与段祺瑞谈了一个小时后即离开团河。路上正好碰上来团河的徐树铮，徐树铮随身只带了一个副官，看到张作霖的车队，他首先下车，接着张作霖也下了车。

二人握手寒暄，徐树铮说："大哥你见着老总了吗？"张作霖答："已见着，很好。"各自应付一下后即上车分头而行。

张作霖来团河算得上是戒备森严，除他自己的专车外，身后还跟着两辆汽车，车上满载穿灰布大褂、暗藏手枪的卫士，张作霖的部将汤玉麟据说能双手打枪且可命中飞鸟，此次也化装成卫士随行。段祺瑞的卫队在团河大殿两旁架着机枪，本来只是例行的警卫措施，但传出去，外界就以为张作霖在团河遇险而且成功脱逃了。

虽然都是子虚乌有的事，但当张作霖驱车到达保定时，仍被曹锟、吴佩孚当成了从敌营中逃出来的英雄。晚上，曹锟为张作霖准备了盛大的欢迎宴会，十三省代表尽皆与席，张作霖则被推为首席。

席间吴佩孚发言最多，而且照例还是旁若无人式的高谈阔论，他说道："内忧外患，都是安福祸国，小徐擅专！"

张作霖坐在上面，却是越听越别扭——现在大家都是关起门来说体己话，又不是约见记者或发电报稿，用得着这么装正经吗？难道你敢说你反皖不是因为老段不让你做湘督，而纯粹是忧国忧民？再者说了，十三省代表皆在，你上司曹锟也在，哪里轮得到你在这里大话欺人？

张作霖从奉天老远跑来，可不是为了听人给他讲课，而是来"分赃"的！先前他听说吴佩孚如何如何了得，但一见面却印象很差。

众所周知，吴佩孚是曹锟的主心骨，直系实际上由吴佩孚说了算。张作霖也不好把自己的不快直接表露出来，于是他就趁吴佩孚信口狂言之际，侧过脸去问曹锟："三爷，咱只问你一句话，边防军人数比你多、兵器比你好。这个仗，你能打吗？"

曹锟朝吴佩孚望了一眼，才断然答道："能打！"

"你有把握？"张作霖又追问了一句。

"三爷"还是望着吴佩孚："子玉（吴佩孚的字）说有把握，那就是有把握了。"

张作霖马上打断吴佩孚的发言，先让他坐下，然后才对曹锟说："既有把握，那就得打。咱们这会儿别讲大道理，先商议该开什么条件。"

张作霖知道曹锟等人绝不会认同段祺瑞的"同归于尽"，便弃之不谈，只让众人自开价码。一帮人顿时都来了兴致，价码也越抬越高，甚至商议要"杀徐树铮，毙段祺瑞"。吴佩孚认为仅此还不够，于是决定第二天继续开会。

第二天议决了七条办法，"杀徐树铮，毙段祺瑞"因为与会者自己也觉得做得太绝，最终没有被包括在这七条之中，而代之以"罢黜徐树铮"。在此之前，张勋因复辟失败之恨，也要求加入反段阵营，并曾托张作霖帮他官复原职，张作霖临时想到这一节，便又提议把"开复张勋原官"加进去，作为办法中的第八条。

张作霖认为八条办法跟自己的设想很接近，会议结束后，他满意地对曹锟等人说："吴佩孚这小子真不错，我一定帮忙。"

我还怕他吗

大概没有一个调停人会像张作霖这样，不"调停"还好，一"调停"，曹锟方面的条件反而变得比保定会议时更加苛刻了。当张作霖带着八条办法再回团河找段祺瑞时，段祺瑞自然很不高兴，他表示除其中的靳云鹏复职以及撤换曾毓隽等内阁三总长两项不成问题外，余者皆予以严词拒绝。

张作霖立刻摆出了一副为难的样子，说："不解散安福俱乐部，不撤换王揖唐，不罢免徐树铮（八条办法中的核心三项），曹吴是不肯罢休的，吴佩孚在保定会议上早已有声明在先。"

"吴佩孚不过是一个师长罢了，居然要挟罢免边防大员，这还成什么体统！"不提吴佩孚便罢，一提吴佩孚，段祺瑞分外激动，"他（指吴佩孚）要不服，大可以和我兵戎相见，决一雌雄。我还怕他吗？"

张作霖悻悻地说如果段祺瑞不能答应八条办法，他就不能再负调停人的责任了，但会永保中立以固边疆。临行时，他还声言日后如果还有需要他奔走之处，仍愿遵命办理。

张作霖随即辞出。段祺瑞送至殿门，目视其上车后才返回。

张作霖到北京向徐世昌告辞，准备回转关外。徐世昌赶紧拉住他，恳请他再到保定去和曹、吴做最后的接洽。

张作霖给徐世昌这个面子，便又到保定去了一趟。曹、吴一听段祺瑞不肯就范，态度也同样强硬："不解散安福部，不撤换王揖唐，还可以通融。如不罢免小徐，决不能承认。"

吴佩孚自命文武兼资，一向不可一世，也从来不曾真正把段祺瑞这样的"老朽"放在眼里。他说："老段要和我们兵戎相见吗？他倚仗有日本的后台，想凭借日本的势力吓唬我们，我们堂堂中国男儿，是他吓不倒的。我们正准备在疆场上和他见面呢，看看到底谁是孬种。"

张作霖最反感吴佩孚喋喋不休的书生腔调。虽然曹、吴都信誓旦旦地向他保证过，不打则已，一打必赢，可要真打起来，孰胜孰败还是件说不准的事，毕竟西北军的装备和官兵素质摆在那里，谁也不是吃素的。

为了赶紧回去调兵遣将，做好应付大战的准备，张作霖以调停失败为由，匆匆返回奉天去了。

对于兵戎相见，吴佩孚早有准备，可是段祺瑞却没有做好充分的计划和准备。他之前竭力阻止吴佩孚北返，也主要是考虑南军会乘虚而入，根本没有想到吴佩孚敢于直接发难，总是说："人不犯我，我不犯人。"

吴佩孚与徐树铮一样都是秀才出身，平时以吟诗作对为能事，就在他率部从湖南撤防经过武昌时，曾写了一首五言古诗，其中有两句是："不图辇毂下，妖孽乱京畿。"

西北军参谋长张藻宸在报上读到了吴佩孚的这首诗，反复吟诵之后，不由倒吸了一口凉气。他对自己的同事说："吴佩孚这次回师北上，显然是向我们宣战。何以我们一点准备也没有？"这位同事的回答相当乐观："他敢与段先生作战，准叫他死无葬身之地。"

等到调停失败，段祺瑞认识到直皖大战已经难以避免，吴佩孚随时将指挥直军由保定北指，这才发现周围形势是何等严峻，而皖系的军事实力也远非原来估计的那么强大。

皖系内部对此也议论纷纷，傅良佐来找曾毓隽商谈，说战则两败俱伤，张作霖对"老总"的私人感情还不坏，如果让"老总"开口，示意张作霖入关武装调停，或者能挽救危局。

曾毓隽听了，便和傅良佐一起星夜乘汽车赶到团河，向段祺瑞说明了他们的想法。此时段祺瑞对张作霖尚抱有幻想，听了觉得不无道理，起码也是一个向直系施加压力的办法。当下，他就写了封亲笔信，用边防督办处的名义，请张作霖入关共商军事，其中也就隐含了请张武装调停之意。

曾毓隽受命拿着信去奉天，车到秦皇岛，段祺瑞就又发来急电，下令沿途截住曾毓隽并让他赶紧回京。原来徐树铮反对这一提议，认为张作霖当初调停直皖时，就声明必须满足八条办法，如今要他帮忙，条件也只会多不会少。

很快，报纸上出现的一条爆炸性消息，让段祺瑞终于明白了寄望于张作霖有多么荒谬——曹锟、张作霖、李纯三督联衔发表通电，宣布徐树铮六大罪状，即"祸国殃国、卖国媚外、把持政柄、破坏大局、以下杀上、以奴欺主"。在通电中，三督声称一定要"谨厉戒行"，"扫清君侧"。

看了通电，段祺瑞才恍然大悟："张雨亭（张作霖的字）分明是跟曹、吴沆瀣一气，通谋倒皖，甚恨自家瞎了眼，还把他当调停人看待！"

此风万不可长

三督明着只是"清君侧"，但矛头所向，毫无疑问都是段祺瑞及其皖系。到了这个时候，皖系其实已无退路，要么迎战，要么被清算，可是皖系内部仍然和战不定，甚至有些胆小的人还想抛出徐树铮作为牺牲品，以为满足直奉的胃口后就可以万事皆安，只是碍于段祺瑞不敢直接说出来而已。

徐树铮从来都不是一个肯在压力下低头的人。他约齐段芝贵、曲同丰、刘询三名将领，说直皖一战无法避免，战败则罢；若战胜，从直系手中夺过来的直鲁豫三省就是你们的。

三将一听，顿时来了劲头。徐树铮便带着他们去见段祺瑞，表示自愿率兵与吴佩孚一战。

段祺瑞原先就怕将领们不愿打，看到众人都这么积极主动，便立刻应允下来。当天，他在团河召集紧急会议，进行作战准备，皖系的文武将领尽皆与会。

为了进一步提振皖系内部的士气，彰显"大安徽主义"、"北洋正统"，段祺瑞还特地请来毅军统帅姜桂题列席。

姜桂题是安徽人，在当时仍在世的北洋将领中，数他资望最高，其麾下的毅军在清末民国均赫赫有名。段祺瑞对他也非常尊重，平时见着姜桂题，照例都要含笑问一声："老嫂子可好？"

段祺瑞一向非常严肃，无论对谁都是板着面孔，很少露出笑容，更不会说什么玩笑话。如此亲昵的表现，对他来说绝对是非同寻常的。

姜桂题早年是条汉子，战场上勇猛无比，段祺瑞以为把这位"从长矛子杀到机关炮"的老帅请来，可以让部将们更加热血沸腾，孰料会议却差点儿被他给搅和黄了。

姜桂题是站在徐世昌一边的，他先前仗着老资格，曾跑到保定找曹锟调解直皖之争，结果人家根本就不搭理他。老头儿一肚子闷气和表达欲，正没地方发泄呢，段祺瑞恰好为他提供了这么一个场所。

在段祺瑞说完开场白后，他摆出北洋元老的姿态，对段祺瑞说："吴佩孚年纪轻，不懂事，有什么地方得罪了你，叫他赔个不是好了。何至于劳动国家的军队，对内开起仗来，让老百姓受罪？"

段祺瑞听了哭笑不得，只好保持缄默。姜桂题还不依不饶地继续追问："芝泉，你真要打吴佩孚吗？"

"真要打！"

姜桂题冷笑一声，又问道："你打得过他吗？"

"打得过！"

姜桂题大概认为段祺瑞也和曹锟一样，不愿自己调解，于是居然开始倚老卖老地当众挖苦起段祺瑞："这年头的小孩子，可比我们老一辈的厉害多啦！芝泉，你不时常说民国是你首创的吗（指建立共和）？你打胜了吴佩孚，中华民国还可以靠你。万一你败了呢，你叫中华民国靠谁呀？"

就在段祺瑞忍无可忍，几乎就要发作的时候，姜桂题却又突然板起面孔，扭头骂起了徐树铮："什么坏事，都是你这个小把戏闹出来了！"

徐树铮不敢说什么，段祺瑞忙为他解围："不管怎样，又铮总是帮着我的。"

姜桂题年纪一大把，还挺敏感，一听就来了火，认为段祺瑞语带双关，是说他不是自己人。当下他勃然色变，站起身就走，一边走一边气呼呼地说："那你把我请来做什么？"

对把这个姜老爷子请到会场，段祺瑞简直悔青了肠子，然而更让他悔青肠子的恐怕还是当初推举徐世昌为总统的决定。

在发现直、奉两系已经联手向皖系发出挑战之后，徐世昌决定公开偏向直系。1920 年 7 月 4 日，他首先拿徐树铮开刀，发布命令，特任徐树铮为有职无权的远威将军，同时免去其西北筹边使、西北边防军总司令职务，西北军也着即裁撤，所部由陆军部接收办理。

段祺瑞对徐世昌的这道命令极其气愤。他赶到总统府，当面质问徐世昌："又铮有功不赏，还免他的职，岂不令人寒心？"又说："将领不受约束，妄干国政，此风万不可长。"

总统命令已经下达，质问也是多余的。面对直系咄咄逼人的攻势，主动发起反击成了段祺瑞的必然选择。7 月 8 日，段祺瑞在京召开紧急会议，政府阁员及军政首脑百余人参加会议，会上发表了声讨曹锟、吴佩孚等人的通电，实际上是一次讨伐曹、吴的誓师大会。

会前一小时，曹锟派亲信持其亲笔信来谒见段祺瑞，大意是承认错误，并将约束和处罚吴佩孚云云。看了亲笔信，段幕中的大多数人都认为这只是曹锟的缓兵之计，万万不能相信。后来的事实也证明确实如此。

开步走也走到天津了

按照紧急会议的决议，由段祺瑞领衔发出呈文，请总统徐世昌下令对曹锟、曹瑛（曹锟的弟弟，亦为直军将领）、吴佩孚革职拿办。

段祺瑞拿着呈文再赴总统府。徐世昌见对方动了真格的，急忙说："老大哥何必这样生气，又铮的筹边使本来和筹边署办有些叠床架屋，罢免他不过是掩人耳目罢了。等到风头过去，就可以另行安插。请他在总统府委屈一下，闲散一两个月，似乎也没有什么妨碍。"

徐世昌已经把屁股挪到了直系一边，说一千道一万就是不肯罢免曹、吴。他说："曹、吴克复长沙，久戍湘南，全国舆论都加以称赞。如果有功不赏，还免除他二人的职务，恐怕会遭到全国舆论的反对，而且可能引起曹、吴等人的巨变，那就小不忍则乱大谋了。"

要说功，徐树铮收复外蒙古之功是当时没有人能与之相比的，连孙中山都致电祝贺，你免他的职，怎么就知道全国舆论不会反对？段祺瑞当然不服。

至于曹、吴巨变，此前两天，段祺瑞已对西北军第一、第三两师及陆军第十五师发出动员令，让各部开往保定，准备对吴佩孚作战——要打就打，谁怕谁来？

段祺瑞愤愤退出总统府，返回团河。由于过分激动，有人看到他"两颧发红，精神颇有错乱之象"。他随后派人告诉徐世昌，说徐树铮被免职一事，他可以不再过问，但曹、吴擅自撤防北返之罪，不能不问。如果徐世昌依然故我，他段祺瑞为维护国家纲纪，"必兴问罪之师"。

迫于压力，徐世昌只得下达明令：吴佩孚撤职，交陆军部依法惩办，其第三师原系中央直辖军队，由陆军部接收整顿；曹锟督率无方，革职留任，以观后效。

自吴佩孚擅自北返而可以不受政府任何制裁之后，北京政府的权威和命令都已大大贬值。曹、吴对政府的免职令丝毫不予理会，吴佩孚则不仅不交卸军队，反而继续统兵北进，而段祺瑞也已改边防军为定国军，自任总司令，做出了"讨伐"的姿态。

7月12日，曹锟联络张作霖、李纯、王占元等人联名发出通电，说段祺瑞是在"施一网打尽之计"，表示"迫不得已，唯有秣马厉兵"。第二天，张作霖又另外发通电进行响应，决定"派兵入关，扶危定乱"。

徐世昌引吴部北上，是要利用直皖矛盾巩固权位，他没料到挑起的火会越烧越大，最终呈蔓延之势。眼看着自己不但不能左右逢源，而且连总统宝座都可能保不住了，徐世昌赶紧又发布一道命令，要各军一律退驻原防。可是这道命令为时过晚，在戏幕已经完全拉开之后，还要不要演、如何演，都跟他没有任何关系了。

按照先前在团河会议上的部署，在正面作战的皖军分为东西两路，东路在京奉铁路沿线，总指挥为徐树铮，对面直军为曹瑛所部。

归徐树铮指挥的是原驻廊坊的西北军第二混成旅。徐树铮练兵，本来就比较重视实战训练，第二旅的旅长宋子扬及以下一批军官均来自冯玉祥的第十六混成旅，而冯玉祥的练兵方式又与徐树铮比较像，所以该旅对演习、射击和体力训练就抓得更紧一些，在西北军的四个旅中，第二旅的声誉也最好。

徐树铮到前线指挥，问宋子扬对战事有没有信心，宋子扬当即表示："这没问题，司令下命令，开步走也走到天津了。"

直皖战争在 7 月 14 日正式打响。东路开始相当顺利，第二旅于黎明起对直军所驻守的杨村发动进攻，不到两个小时，即将杨村攻下。接着又向前追击，部队在玉米地中捡得军衣，军衣上系着白领章，另外还捡到了两支三八式步枪。这都是奉军的军装样式和他们惯用的枪支，徐树铮这才知道，奉军也已经加入了对他们的作战，为谨慎起见，遂命令第二旅暂时停止前进。

段祺瑞在派徐树铮指挥东路的同时，另授命段芝贵指挥西路作战。可是这一任命实际上是段祺瑞不善用将的一个典型佐证。

段芝贵更确切地说，只是一个以应酬见长的官僚，而非合格的战将。他虽然也毕业于天津武备学堂，但在校的学习成绩非常一般，以后又长期混迹于宦海，精力主要都用在对付人上面了，他对于军事学简直可以说是完全不懂，并且严重缺乏带兵经验。

水平不高，倘若认真一些，没准还勤能补拙。可段芝贵又不是一个对自己有要求的人，他平日最注重的便是"享受"二字。

据说段芝贵每天都要更换衣服数次，出门时副官一定要随身带着一大包衣裳备用，而他的副官也以衣饰华丽著称。与穿衣服相比，更讲究的是，段芝贵到哪儿都得带着他的御用厨师，非这位御用厨师做的菜就入不了口。

御用厨师姓李，老被段芝贵这么"惯"着，脾气便上来了。有一次段芝贵在屋内骂他，他也回骂。段芝贵气得将他逐出了段府，可是李厨师一走，段芝贵就因此吃不饱了，于是又将李厨师请回。如是者三，以后段芝贵在屋内小声骂，李厨师就在院内毫不客气地大声回骂，段芝贵还拿他没有办法。

别的总指挥上阵，随其左右的都是幕僚卫队。段芝贵当然也带着幕僚卫队，但对他而言，李御厨和拎着一大包备用衣服的副官或许更让他挂心。为此，他还特地准备了配有餐车及头、二、三等俱全的七节专车一列，上面满载洋酒、罐头、火腿、板鸭、纸烟。知道的明白他是去指挥打仗，不知道的还以为他是到哪里去度假呢。

偏偏他阵亡了

战争开始后，段芝贵除了偶尔看一看战报外，就是终日打牌。先前张作霖为了麻痹他，曾邀其推牌九。段芝贵赢了四十万元，但张作霖当场没付钱，只在事后派人送来公债票四十万。公债票折合现款连二十万都没有，段芝贵在打牌时便经常唠叨，说张作霖"输不起别来呀，太小气了"。

主帅如此，前方会部署成什么样可想而知。在西路参与作战的主要是边防军第一师和陆军第十五师，作为主力的第一师对作战基本无准备无计划，部队不但出发时忙乱，开火后同样如此，各部队全部自由行动，以至于开战几天后，营军需官都还未弄清团部在什么地方，更不必说旅部和师部了。皖军的军需本来相当充裕，但第一师连个补给机构都未成立，也没有指派统一指挥后方的负责人。

所幸第一团团长王兴文主动挑起了重担。王兴文原在保定军校讲授战术课程，很有心得，是北洋军中有名的战术专家，而且他指挥作战时也能身先士卒，颇得士兵拥戴。

战事初起时，王兴文用骑兵在前冲锋，炮兵随后掩护，向直军发起了极为猛烈的攻势。第一师的下级军官多为军校学生，虽然缺乏作战经验，但经徐树铮训练整顿后，却颇有一股初生牛犊不畏虎的气势。第一师师长曲同丰自己对此也颇为满意，对人说："边防军的连排长都是拿戥子称过的，一个个服从命令，勇敢善战，都是好样的。"

直军被打得望风披靡，各部相继后退，溃逃中又被皖军俘去了一个整营。身为前敌总指挥的段芝贵闻讯乐得手舞足蹈，当晚就在作为指挥部的专车上开怀畅饮。

西路战场位于京汉路沿线，直皖两军的主力都集中于这一路，双方都势在必争。吴佩孚见战况不利，亲自率领参谋人员和生力军到前线迎敌，并使用集中火力的战术，对皖军正面发起猛攻。

北方夏天是多雨的季节，直皖开战后几乎天天下雨。北方的道路又多半是凹形，像沟一样，田在上面，路在下面，一下雨道路就成了天然排水沟。直军久在南方，对这样的大雨泥泞满不在乎，照样冒雨赤脚作战，皖军却都穿着雨衣，脚下还怕打滑，战斗力因此大打折扣。

在直军的猛攻之下，王兴文的骑炮组合很快就垮了下来，皖军被迫败退至高碑店，攻势转为了守势。

战场上的吴佩孚确实名不虚传，他紧接着又发起夜袭，双方战斗激烈，王兴文也在激战中被直军的炮弹击中身亡。

第一师的团营长大部分是旧军官，他们具备旧军官的一般特点，即平时爱财，战时怕死。王兴文是一个例外，他一死，直接影响了第一师的士气。师长曲同丰事后哀叹："只有一个王兴文真不含糊，偏偏他阵亡了。"

段芝贵位于琉璃河车站的指挥部也遭到了直军的迂回攻击。发现直军袭来，以师长身份任段芝贵参谋长的魏宗瀚惊慌失措，段芝贵则吓得躺在专车的地毯上，连续大喊："不要乱打枪啊！"

专车急急后退，事后才知道抄袭指挥部的其实仅有直军一个连。

在直军进行迂回时，与第一师并肩作战的陆军第十五师不仅按兵不动，而且还向第一师的炮兵阵地开了炮！

第十五师的前身是冯国璋在南京成立的一个混成旅，士兵多为冯国璋的同乡，军官也与冯非亲即故。冯国璋死后，刘询率部投段，才被编为了第十五师。

直皖战前，有人认为第十五师官兵与直系关系太深，让他们与直军作战恐怕不妥。段祺瑞就派魏宗瀚、陈文运去见刘询，问他部下是否靠得住，刘询极力保证没有问题。魏宗瀚等人为了坚其心志，便又对他说："事完了，你接曹三爷的事吧！"

刘询自己发誓效忠，又有让他做直督的许诺，段祺瑞深信第十五师不至于发生问题，便放心地将该部部署到了主战场。

战争开始后，刘询倒真没什么大问题，有问题的是他对部下是否可靠所打的包票。有人说，曹锟曾派人用二百万元的高价收买刘询，刘询不为所动。于是曹锟又派人收买齐宝善、张国溶，一共花了一百二十万元。这种说法未必可信，但齐、张与直系早有联系却是不争的事实。尤其张国溶为人较有心计，战前还曾去过保定多次。

总而言之，第十五师一部在齐、张的策动下倒戈了，这一突然倒戈给西路皖军造成了沉重打击。除了指挥部因此遇袭外，第一师也遭到直军和倒戈部队的夹击，师长曲同丰连同师部都被直军所俘虏。

没有办法的办法

外界对段祺瑞不善用将的批评，并非仅从直皖战争开始，南北战争时的傅良佐、张敬尧、吴光新都可以说是很失败的例子。

与傅、张相比，吴光新要强上一些。他的学识相当不错，可以说是文武全才，但为人脾气古怪，对部下高高在上，同时还不能与士卒同甘共苦，带领军队其实是不太适宜的。段祺瑞将他用在南方战场上也始终没有成功过，皖系多有人对此表示不满。

有一次，陕督陈树藩就趁着打牌的机会脱口而出："老师（指段祺瑞，陈树藩曾是他的学生）一生许多事都误于吴三爷（即指吴光新）。"段祺瑞便说："小学生又在乱说，小学生又在乱说。"段祺瑞用笑话来解嘲，一方面是承认吴光新不免让自己失望，但另一方面也有袒护和不肯认错的意味。

随着张敬尧早早折戟，皖系在南方所能依恃的就只剩下了吴光新。吴光新时任长江警备总司令，辖有第二十师及暂编一师，约一万多人。随着直皖战起，吴部可随时出兵河南，攻袭直军后路。直系方面于是由鄂督王占元出面，邀请吴光新到武昌赴宴。

环境已经如此复杂微妙，这宴岂是好赴的？吴光新的一些亲信部下极力劝吴光新不要去，恐有意外，吴光新却骄傲自大，不但不听，反而责备他们过于胆小。

第二天，王占元又来电话催请。"胆大"的吴光新带着随从和马弁乘着"楚材舰"过江登岸，上岸后转乘马车直入王占元的官署，随后便被王占元扣个正着。时人讽之："方为座上客，即做阶下囚。"

以扣押人质的办法来擒贼先擒王，本是徐树铮向段祺瑞所献之计，老段没有用，结果别人倒先用了。吴光新被扣之后，其部投鼠忌器，均不敢轻举妄动，王占元则趁机派各师旅分途急进，采取分别包围和解决的办法，将吴光新所部或缴械解散，或接收改编。

战事进行到此，皖军虽然在西路和南方都落得了个大败的结局，但直军还远不能说已经完全奠定胜局，因为在其他方面，胜的不是直奉军而是皖军——

徐树铮所指挥的东路部队已进入追击阶段，所部距天津仅三十里；边防军第三师在与直军接触后，节节胜利，距保定已不足百里；山东方面的边防军第二师已前进至河北省境内，自此以北，直军只有旧巡防军一旅，可以说是毫无战斗力。

即便是西路，也不是没有办法转败为胜。比如第一师除师长曲同丰及师部被俘外，全师的人员武器均未受到多大损失，可以说是全师而退。第十五师损失较大一些，但该师本来也没有对皖军作战起到什么积极作用，何况魏宗瀚的第九师还尚未投入，完全可以弥补第十五师的战损。

就当时的全面战事来说，皖军不仅没有失败，而且极占优势。如果段祺瑞能够迅速赶到前方，对西路败退部队进行督促整理，必能军威复振，反败为胜不是没有可能。

实际上，皖军的情况使得他们比直军更适宜于持久战。战前安福系为皖军讨伐直军提供了大笔军费，仅在团河会议上，就筹集了五六千万元。战争结束后，直军缴获到的皖军给养之多，令他们也感到无比吃惊：麻袋装着现洋，每五万块一麻袋，不计其数；五十多门各种大炮堆放在地上，炮衣都还没有取下；步枪子弹遍地都是，谁也不知道确切数字。

战争才打了几天而已，如果打它几个月甚至半年，皖军就算熬，也能把直军给熬垮掉。不过，这一切的前提是段祺瑞还愿意把战争继续下去。

段祺瑞军人出身，政治上主张武力统一，然而他基本的思想基础却是儒、佛观念，并以此作为分析事物的标准。从这一角度出发，段祺瑞一向都认为，北洋军无论直皖，都是一家人，是他这个北洋领袖的部下学生，伤了谁都痛心。他"讨伐"直系也是被逼出来的，是没有办法的办法，为的只是除去曹、吴这两个北洋的"害群之马"。

直皖战争爆发前，有人曾主张派飞机去保定轰炸曹锟居住地及其他重地。段祺瑞坚决不同意，说不服从中央命令的，只有曹、吴二人，不能殃及无辜。

段祺瑞发起直皖战争，要的是速胜，这样才有可能在达到目的的同时，将双方的损失降到最低，然而事与愿违。现在倘若他不想速败，就要抱着不惜玉石俱焚的决心与直军死磕，而这又与他最初的愿望和想法背道而驰。

就饶他一条命吧

据参与直皖战争的人说，这场战争其实打得非常简单，就像举行一场秋操一样，只有西路最初一战和高碑店一战比较激烈一些。可就这样，战争也暴露出了其残酷的一面。除了王兴文等官兵阵亡外，西路皖军在溃退时又发生过惨剧——因为山洪暴发，第十五师及琉璃河车站的溃兵聚集桥上，拥挤难行，正好段芝贵的专车倒行过桥，桥上的很多士兵不是被专车轧死，就是掉进河里淹死。

可想而知，当段祺瑞知道这些情况后，不可能无动于衷。就在他犹豫不决之际，傅良佐奉徐世昌之命前来对他进行劝说，让他主动通电下野，并下令皖军停止作战。

傅良佐虽然还在段祺瑞左右，但和张志潭一样，早已经成了靳云鹏的人。段派嫡系军人多对靳云鹏不屑，傅良佐原本也站在徐树铮一边，他到湖南做督军，就是出自徐树铮的推荐。及至傅良佐擅离职守，从湖南逃回，徐树铮每次与他见面，都要数落他："不中用，太丢人。"傅良佐因羞转恨，便也转附了靳云鹏。

徐世昌、靳云鹏一体，傅良佐实际上就是他们的说客。只是让段下野的话，如果直接出自徐、靳之口，段祺瑞未必会听，出自傅良佐这个"贤侄"之口，效果就不一样了。

通过傅良佐，徐世昌给段祺瑞传达了一个信息：你的定国军总司令系各军拥戴，和你本人无关，只要你肯通电下野，我作为总统，可以保证你本人和部下的安全。

有了徐世昌的这一保证，段祺瑞决定以自己下野的方式，为直皖战争画上句号。1920 年 7 月 19 日，他发表通电，声明辞去本兼各职，同时解除定国军名义，命令前方各将领即刻停止进攻，并立即退归原防。

因为这一个通电，事前大张旗鼓的直皖大战，不出五天就以直系的胜利结束了。可是段祺瑞想的又实在太理想化了，他的对手不是西方绅士，即便老段已经放下了枪，他们也没有半点要罢手的意思。

在直军占领琉璃河车站之后，王士珍等北洋元老前去求见吴佩孚，打算替双方和解。吴佩孚表面上对这些元老极尽恭维谦和之态，说："让元老们屈尊前来，怎么办，怎么好？我一定尊重元老们的意见。"

他的部下们则在一旁气势汹汹地大骂段祺瑞，说段祺瑞"扣押直军兵饷，借债卖国扩军"。这些人还说："我们是回防，并没有侵犯别人，他（指段祺瑞）却派队伍来打我们。现在打败了，派几位来了，早干什么去了！那不行。边防军一个也不能留，都得缴械，非把老段抓着，讲讲理不行。"

其实这就是吴佩孚事前布置好的一出戏，意在表示不是他吴佩孚得势不饶人，而是段祺瑞已犯了直军将士的众怒，不打不行。王士珍等人见状只好辞去，临上火车时，他们还恳求吴佩孚："等两天吧，不要前进了。我们一定有办法，让你们消得下气去。"

王士珍等人所乘的火车刚刚开走，吴佩孚立即下令所有部队继续追击，只以暂时不入北京为限。

在段祺瑞发出下野通电后，皖军各部都已受命停止作战，徐树铮、曾毓隽、段芝贵等将领幕僚也已先后逃回北京。他们在京唯一能躲的地方也就是东交民巷的外国使馆区了。公使团曾经公开表示不干涉中国内政，不收留亡命徒，但日本使馆顾念段祺瑞执政期间与日本政府的关系一直较好，所以还是破例为他们提供了藏身之处。

段祺瑞也可以去东交民巷，但他不愿在这个时候乞求日本人庇护，从而进一步坐实曹、吴等人对他"卖国"的指控，于是便坚持不肯离开府学胡同的住宅一步。

见直军仍不肯罢手，段祺瑞只得又引咎自劾，写了一篇呈文，然后拿着呈文去见徐世昌，表示愿一人承当战争责任。

虽然直奉大战也不在徐世昌的期望范围之内，可是看到曾经不可一世的老段居然落到如此地步，徐世昌还是从里到外地觉得畅快。看完段祺瑞的呈文后，他付之一笑，末了不忘奚落对方一句："早知如此，何必当初！"

徐世昌随后派靳云鹏、张怀芝赴津与曹、吴商议如何了局。双方见面后，曹、吴对于段祺瑞、徐树铮尚有余愤，说一定要将二人处死，以绝后患。靳云鹏自然巴不得徐树铮人头落地，但对自己的老师毕竟还是有感情的，因此竭力替段祺瑞说情。

曹、吴也知道段祺瑞在北洋的威望，若真的对段下手，难免引起非议，对直系本身也不利。吴佩孚于是笑一笑说："老段不肯逃走，还像是一个人，就饶他一条命吧！"

曹锟、张作霖和吴佩孚商量下来，向徐世昌提了一大堆条件，除战前的那些以外，又加上了惩办以段祺瑞、徐树铮为首的安福系成员、取消边防军和西北边防军以及直奉军永驻京畿等更为苛刻的条款。

对这些条件，徐世昌都表示基本同意，只有对于严办段祺瑞一项，他密电曹、张、吴，要求加以通融。

十祸首

1920 年 7 月 21 日，直奉两军开入北京城，入城的头一件事便是对安福系成员悬赏缉拿。当天下午，段公馆遭到包围，段祺瑞的卫队被缴械遣散，仅留下二十名看门管事的家人。段祺瑞一时羞愤莫名，拔出手枪就要自杀，幸被家人夺下手枪，才未自杀成功。

此后，段祺瑞不逃不走，坐在家里静候直奉两军对他的处置，而且从早到晚一言不发，无论谁跟他说话，均以摇头作答。

7 月下旬，徐世昌先是撤销对曹锟、吴佩孚的处分令，接着批准免去了段祺瑞边防督办等本兼各职。段祺瑞对此早有心理准备，让他感到难以接受的是，徐世昌还发布了"安福系十祸首通缉令"，下令对徐树铮、曾毓隽、段芝贵等十人予以惩办和通缉。这是让段祺瑞感到非常难堪的一件事，也意味着徐世昌完全背弃了他在战争结束前对段的承诺。

次年姜桂题去世，尽管这老爷子曾站在徐世昌一边给过段祺瑞难堪，但段祺瑞仍以老友身份前去吊丧。在乘车去姜宅的途中，他忽然长叹一声，对同车的曾毓隽感慨地说："姜桂题死了，我应当去挥泪哭老友。可是徐菊人（徐世昌号菊人）如果万一有这么一天，我恐怕没有眼泪哭他。"后来有一次，他更对人说道："菊人的人品实不足道，他要是死了，我连挽联都不会送！"

段祺瑞过去很少开口讲感情色彩如此浓厚的话，即便在与冯国璋闹矛盾时也是如此，足见他对徐世昌上台后的所作所为有多么痛心疾首。

"十祸首通缉令"发布的当天，北京城内的军警、便衣就倾巢出动，在各城门、要道以及东交民巷的出入口设置岗哨，十个人的相片则贴得到处都是，相片旁边还规定了多少不等，多至三万、少则三千的拿获赏格。徐树铮排在"十祸首"的第一名，赏格也是最高的，一旦拿获到案，即赏大洋三万元，徐世昌、靳云鹏及直奉系对他的仇视，可见一斑。

在通缉令发布之前，事先得到风声的这十个人就已逃遁，其中除一人进入华俄道胜银行外，其余均向日本公使馆要求政治避难，并先后被送进了日本公使馆护卫队兵营。他们都曾是政府要员，手头不缺钱，进入日本兵营后，物质生活上并不差，曾毓隽和段芝贵还每人花三千元钱，在兵营里盖了一座楼房，段芝贵住楼上，曾毓隽住楼下。

唯一让他们感到痛苦的就是不能自由出入。在他们进入日本兵营后，北京外交部即向日本公使馆交涉引渡。日本公使馆拒绝引渡，但在照会中答应将断绝"祸首"的对外交往及一切政治活动。

"祸首"都是搞政治的，对一个政客而言，没有什么比限制从事政治活动更让他们难受的了。徐树铮首先表现出强烈不满，认为这种在太阳旗下避难的生活将可能遥遥无期，形同软禁一般，必须想办法逃出去。

日本的民族特性之一是崇拜强者，哪怕这个强者曾是他们的对手，或战胜过他们。徐树铮曾在"莫负荒沙万里行"的过程中，将驻库伦的日军逐出库伦，可很多日本人恰恰对他的才干和学问非常仰慕。日本天津驻屯军司令部军需部门有一个叫小野寺的尉官就是如此，他与"祸首"中的一个人认识，从这个人口中知道徐树铮有出逃的意图，便马上让对方将他引荐给徐树铮，并自愿全力相助。

在研究出逃计划时，徐树铮曾问曾毓隽："你看这样办稳当吗？"曾毓隽老实回答：有些冒险——谁都知道徐树铮与北京现政府和直奉结怨之深，如果被抓到，别人尚可活命，他绝难幸免。

徐树铮想了想说："我们避居日本兵营，终非长久之计。过分的冒险固然不可，但为了家国事，一点不肯冒险也是不行的。我决定拼它一下！"

按照计划，徐树铮藏入了一只大号柳条行李箱。小野寺在这只事先买好的行李箱里垫了靠垫被褥，又在箱子上凿了许多气孔，上面用毛笔写一行大字"大日本帝国陆军用品"，借以掩饰。

小野寺利用日本兵夜间换防的机会，带着这只"随身行李"，在当天夜间离开东交民巷，上了前往天津的列车。当时中国政府对外国人来往车站的行李是无权检查的，小野寺因此一路畅通无阻。

徐树铮在途中吃了不少苦头，前后几个小时蜷曲在箱子里，手脚都麻木了。到天津时，他自己爬不出来，得好几个人把他搀扶出来，又替他按摩揉捏了半天，才得以行动自如。

小野寺将徐树铮偷运出兵营是他自己的行为，事前并未得到上级同意，为此他被调回国内，并受到革职处分。第二天，日本使馆被迫以照会的方式，将徐树铮已经逃亡的事实通知了中国政府。

徐树铮是第一个逃离日本兵营的，其逃离过程也最为惊险和曲折。以后随着政局发生变化，其他人也先后以各种方式离开北京，前往天津或上海的租界地。

折戟沉沙

直皖战争结束后，接下来基本就是一个直奉为刀俎、皖系为鱼肉的过程。皖系军队全部遭到改编或缴械遣散，无一幸免——"边防军一个也不能留"其实就是吴佩孚自己的心声，他在战争中已经看到了边防军的潜力，又怎么可能再听任这样一支军队存在下去？

西北边防军因为徐树铮的关系，更被直奉认为势必除之。徐世昌下令撤销西北筹边使官制及西北边防军，至此，西北军在编制上寿终正寝，其存在时间仅仅只有一年零七个月。张作霖本来还想把被徐树铮"挖"去的那两个旅要回去，但两旅坚持"愿再战不愿缴械，愿改编不愿归奉军"。张作霖见状，便将枪支收走，人员一律遣返原籍。

西北军第三混成旅系徐树铮当初带到外蒙古去的驻军。该旅留在国内的部分率先被缴械遣散，只有在外蒙古的主力被暂时保留。在徐树铮失势之后，原库伦都护使陈毅已重回外蒙古掌权，此人认为徐树铮抢了他在外蒙古撤治上的功劳，对徐树铮及其西北军一直抱有妒恨之意，这时便落井下石，上书北京政府，要求将第三混成旅"调回内地遣散，以去疑窦"。

北京政府不是不想调第三旅，奈何外蒙古形势发生了新的变化，白俄军队趁中原动荡、无力兼顾外蒙古之机，欲谋夺库伦。发现库伦战事迫在眉睫，北京政府只得对第三旅暂缓内调，将其改为陆军第二十五混成旅，直属陆军部。

这支塞外孤军遭到了白俄军队的大举进攻。旅长褚其祥连电北京告急，并派参谋长及库伦中国商会会长赴京求援。可是求援人员刚刚到京，库伦就已经失守。在白俄的胁迫下，外蒙古活佛哲布尊丹巴再次宣布"独立"。

退出库伦的第三旅分途退向祖国，其中退往张家口的全部因冻饿死于途中，褚其祥所率另外一部被苏联红军解除武装，次年，他与几个中级军官由苏军押送，经海参崴遣返回国。在此之前，苏联红军已击破白俄军队，占领库伦，并在库伦成立了由苏联扶持的"蒙古人民政府"。

在徐树铮二返外蒙古途中所作的那首七律上，有一句这样写道："中原鼎沸谁孤愤，大海回澜作夜声。"相隔徐树铮和西北军出塞仅仅两年，他们做出的努力、建下的功业，就被"中原鼎沸"给覆盖得无影无踪了。

就在褚其祥旅折戟沉沙的那一年，原被派往海参崴参加"西伯利亚干涉"的"中国支队"也撤回了国内。那时他们所属的陆军第九师已被直系改编，师长也换了人。这支同样曾经立声名于外的功勋部队一样落到了无人问津的地步，只得在他们所暂驻的吉林牡丹江"就地落草"，接受吉林督军的改编。

往前推一年，1920年春，那时直皖战争尚未爆发。服务于"一战"的"威海卫华工营"准备启程回国，许多华工前去向那位出生于北京西郊海淀，如今已定居于法国的女子辞行。大家问她想不想回中国，女子说："怎么不想？做梦也在想！不过一年多来，我向许多同胞问了国内的情况，倒使我迟疑起来。祖国太乱了，人民太苦了，简直是一个公共的殖民地。以后再看吧！"

临别时，女子的眼眶里全是泪水，她一边哭，一边拉着同胞的手说："我多么盼望祖国统一、独立和富强啊！"

这个希望转瞬就成了泡影。回国后的华工也有很多人被迫卷入直皖战争，他们没有死于"一战",却死在了内战之中。那位在华工营中具有很高威信的"先生"就是其中之一。他的华工朋友和他通了几次信,但直皖战争后去信几次都无回信,可知一定是已经战死了。

中国嗜于内斗的"传统",仿佛再一次让人们看到了它骨子里的无可救药!

内斗就像一个在屋内开设的大赌场。在直皖战争的这一局里,皖系是个大输家,"十祸首通缉令"中的十个人都是输家中的一员。照理说,通缉名单上的人应该是最惨的,但实际上不是。傅良佐因为投靠徐世昌、靳云鹏,并替徐世昌劝说段祺瑞通电下野的"功劳",而受到庇护,没有被通缉。他认为自己不会有什么事,不料曹、吴却不想饶过他,不久他就被直军给逮捕了。

这个倒霉劲儿!早知如此,还不如跑日本使馆寻求政治避难了。傅良佐被抓后,家人行贿二十万元,对方仍不肯放人,令傅良佐又气又恨。过了一年多,郁郁寡欢的傅良佐患了精神病,这才得以保外就医,但回家不到两个月就死了。

原段幕人员中,只有靳云鹏算得上是赢家。直皖战争结束后,他成了各方面都能接受的大红人,1920 年 8 月,他再度组阁,风风光光地做了总理。

官场极品

靳云鹏组阁后,即前往府学胡同面见段祺瑞。又一次见到恩师,靳云鹏的心情颇为复杂,其中既有得意,但也不乏歉疚之情,而段祺瑞只是冷冷地看了他一眼,然后说:"我现在当了老百姓了!你来找我干什么?"

靳云鹏低着头说:"我没有想到局面会演变到这个样子,我很关心老师的生活。学生有不对的地方,还得请老师原谅!"说到这里,他扑通跪倒在地,向段祺瑞请罪。

这一跪把段祺瑞的心跪软了。他长叹一声:"唉,你起来!用不着这个样。事已至此,责备你还有什么用呢?"

等靳云鹏起身后,段祺瑞又接着说:"你愚而自用,没有我,你能站得住吗?"

靳云鹏不答,只是告诉段祺瑞,自己今后将保证他的安全并负责一切生活费用,然后便告辞而去。

过了不久，吴佩孚进京，也来与段祺瑞见面。不过他穿的是便衣，而且随身只带了一名副官和两名卫兵。段祺瑞并不因为对方掌握着生杀大权而变得低声下气，他厉声对吴佩孚说："你来了好极了，我在家里等着你呢，你看着办吧！"

段祺瑞在台上时，吴佩孚恨之入骨，现在成了平民百姓，吴佩孚反而很钦佩对方的勇气和骨气。他一口一个学生，说："学生久违教诲，不知我师起居饮食如何，时以为念。"

段祺瑞见状，脸色才稍微缓和了一些，对吴佩孚说自从歇在家里后，睡眠的时间多了，胃口也比以前好，"方知清闲是福"。

吴佩孚书生意气，在直皖战争前和战争中对段祺瑞及皖系极尽攻击之能事，其攻击的重点之一就是说段以出卖国家主权为代价，向日本大量借款，借以自肥。这里面本身就有很多道听途说、人云亦云的东西，比如有说段祺瑞在合肥老家广置田产，又在东北边境圈占了荒地二十万公顷；还有说他在很多官僚企业中都占有数目不小的股份；等等。

吴佩孚入京后也调查过。一调查就会明白，这些传说与事实相去甚远。实际上，段祺瑞在合肥既无房产也无土地，而且他向来不做生意，所谓圈地占股份皆为无稽之谈。再深入下去，还能发现段祺瑞简直堪称"官场极品"——他不建别墅、庄园，不收贿赂、礼品，不抽鸦片，不打茶围（即过去的逛妓院），更不徇情卖官鬻爵。

在当时的军人、官僚、政客中，能做到段祺瑞这种样子，是比较少见的。吴佩孚本身在军人中也算廉洁自律的典范，在段祺瑞已对直系不存在严重威胁的情况下，他很自然地产生出了敬意。

吴佩孚对段祺瑞说："老师总兵符国政很久，因不事家人生产，故素无积蓄。学生本'束脩以上'（即学生向老师馈赠礼物）之意，愿随时为老师家居提供需要。"

段祺瑞婉拒了吴佩孚的好意，吴佩孚随即辞去。之后曹锟、张作霖也先后到京，他们虽未登段公馆的门，但却派人持"沐恩"字样的名帖，联名给段祺瑞送来了一桌燕翅酒席。段祺瑞无法推托，只得收下，并给了来使一百元赏钱。

客气都是表面的，说到底，新的掌权者们对段祺瑞这个"老百姓"还不是很放心。段祺瑞自己也很清楚这一点，他知道北京是不能久待了，于是便携全家搬到了天津。

段祺瑞在任时不贪不占，平时段公馆的日常开支主要由陆军部之类的政府机关负担，比如他家里吃的粮食就是到陆军部去领。又比如，段祺瑞常请棋手来陪他下棋，当然不能叫人家白陪，所以按月还要送给棋手干薪。干薪少则八十，多则一百，加起来每月也在一千元以上，这笔开支同样是由陆军部出。

以往即便下野，段公馆的费用总还是能够得到基本保证。这次不同，一方面，段祺瑞身上什么职务都没有了；另一方面，他又谢绝了靳云鹏、吴佩孚等人的资助。在全家人都只能单纯依靠以往积蓄维持的情况下，段祺瑞不得不紧缩开支，家里辞退了一些男女用人，棋手也不能再请那么多了。

一门学问

段祺瑞生活简朴，四季穿的都是布制衣服，只有以前去国务院上班，或遇到参加大典，才会穿军服或礼服。他在家里时经常是一件长衫，头上再戴一顶没有帽疙瘩的瓜皮帽，别人看见，绝对想不到这是权倾朝野、赫赫有名的北洋领袖。

从前做总理或督办时，段公馆请有一流的厨房大师傅，其做菜的手艺比当时北京有名的大饭店，例如东兴楼、福寿堂的还要高，厨房内也是山珍海味，应有尽有。可是这些只有段祺瑞陪客人用餐时才用得上，他自己吃东西其实非常简单，一般都是粗茶淡饭。他还有一个习惯，吃山芋经常连皮一块儿吃，他的妻妾吃山芋是要剥皮的，唯独在他面前吃则不敢剥皮。

要说段祺瑞个人有什么大一些的开支，也就是打麻将时会有输赢，以及下棋要给棋手送干薪了。段祺瑞非常喜欢下围棋，但他的部下僚属多不擅长此道，这是他得从社会上另请棋手陪他下棋的原因所在。退居天津后，尽管家里经济状况已大不如前，请的棋手也因此减去不少，但每天还是有人来陪他下棋。

段家所请的棋手为清一色高手，其中甚至包括顶尖级的，比如有"昭和棋圣"之称的吴清源和民国围棋大师顾水如。吴清源进入段公馆时只有十一岁，但已经展现出了极高的棋艺。段祺瑞非常喜欢他，常让他陪着下棋，给的干薪也是最高的，即每月一百元。顾水如是吴清源的老师，他当时就已经独步北方棋坛，自然更受段祺瑞的青睐，顾水如也因此曾被延入段幕，并在南北议和时担任了北方代表。

段祺瑞爱下棋，但他自己的水平并不是很高。到段公馆对局的人为照顾他的面子，总是要让他三分。段祺瑞赢了就非常高兴，要求再来一盘。一旦输了，也像普通人一样沮丧不已，或者推盘而去，或者将棋子一扔，说："不下了，不下了！"他一生气鼻子就歪，输了棋鼻子更歪。

高手们的棋艺都比段祺瑞高，如何跟他对局就成了一门学问——陪他下棋，一定要输给他，但一般情况下，只能输一两个子。若输多了，他又会认为你是"屎棋"，瞧不起你，并且以后再也不会跟你做棋友了。

顾水如是名声在外的围棋国手，他要既做到每战必败，但同时还不能明显让步，使段祺瑞有所察觉，则更加困难，可以说，绝对不比战胜一个同段位的棋手来得轻松。

顾水如为此费尽了心机。他的办法是操纵局中棋形的发展变化，一方面使己方在没有过于明显破绽的情况下，走向自然崩溃；另一方面又因势利导，使段祺瑞在落子时顺流而下，自然而然地走出杀着，从而一举歼灭他的大棋。

见自己的大棋被歼灭，顾水如还要故作悔恨状，检讨棋局得失，并"诚恳"地请段祺瑞指出其谬误所在。这样，就可以让段祺瑞"赢"得更为踏实放心。

段祺瑞下野后，把好胜心更多地转移到了围棋上，弈必求胜，负则大怒。顾水如很能理解老段的心境，他决定换个玩法，于是便以段祺瑞棋力上升，双方棋力不及为由，要求让子。

最初段让顾两子，顾屡败，又让三子，还是败，直至让到了四子。之后顾水如就不敢再要求段祺瑞让了，因为知道再让，老段就要生出疑心。

让四子后，顾水如不像以前那样一味"输"了，而是先互有胜负，再旗鼓相当。段祺瑞认为自己已让对方四子，对于平局乃至输局也就不会那么介怀。

段祺瑞不介意，别人介意，特别是棋坛的专业人士，他们觉得莫名惊诧：亘古迄今，哪有国手被让四子的？你顾水如这种水平，还能被称作国手吗？

大家坚持要顾水如将败局复盘，以便分析一下到底是怎么回事。顾水如不得已，只好勉强复了两盘。在他复盘时，围观者笑声不断，到顾水如设计棋形变化的"引人入胜"之处时，就几乎没有一个人不捧腹大笑了。

段祺瑞棋艺不高，他的长子段宏业的棋却下得特别好，已达国手水准，连顾水如在让其三子之后，轻易也下不赢他。可是，段宏业除了棋下得好外便一无是处，而且吃喝嫖赌抽大烟，五毒俱全，简直就是一个乃父的反面。段祺瑞一提他这个儿子就很生气。

段宏业有时也跟他老子下棋。大多数情况下，他会毫不手软，把老段杀个片甲不留。这时候，段祺瑞总是把棋盘一推，指着段宏业的鼻子大骂："你这小子，什么都不懂，就会胡下棋！"

偶尔段祺瑞也会赢，但赢了棋的老段仍然可以把儿子骂个狗血淋头："下棋是雕虫小技，你连这方面也不行，真是没用！"

段宏业：……

牺牲品

到天津之后，段祺瑞生活上的另一个显著变化，是开始每日吃斋念佛。在他看来，这是对过去自己作为军人，动刀子指挥杀人的一种反省。

为此，段祺瑞还专门在家里辟了一间佛堂，每天早晨起来就焚香诵经，作为照例的功课，以后这种习惯始终没有改变。吃素也是这样，他晚年因夏天贪吃西瓜而闹肚子，最后又发展为胃溃疡，病情持续加重。他的侄子和医生都希望能开荤，以便增加营养、增强体质。段祺瑞誓言："人可死，荤绝不能开！"未几，果不治身亡。

虽然吃斋念佛，但像老段这种吃了一辈子政治饭的人，要完全做到四大皆空是比较困难的——就算他自己看破红尘，以徐树铮、曾毓隽等人为首的学生、旧部们也不让。

这些学生、旧部有时会来天津看望段祺瑞，他们常说现在国内遍地烽火，生灵涂炭，长此以往，国将不国。今日要收拾这盘残棋，让老百姓过个太平日子，还得老师东山再起不可。

每逢听到这样的话，段祺瑞虽然嘴上不会说什么，但他那严肃的脸上总是多少会露出一丝笑容，显然这些话他还是很听得进去的。

就当时国内的形势而言，段祺瑞的学生、旧部们并没有夸大其词。内战的祸根仍然出在军人直接用武力干政之上，事情还得从直皖战争结束时的"分赃"说起。在直皖战争中，奉军参战兵力不多，出的力也很少，但他们却机缘巧合，得以接收了大批皖军军械，"西北军新购之器械，大多数为奉所得"，这自然令直系感到眼红和心理不平衡。接着划分地盘，直系得到了鄂豫陕赣皖五省地盘，而奉系只拿到一个较为贫瘠的热河，于是奉系又不忿起来。

"分赃"主要由曹锟约张作霖密谈。最初吴佩孚也在座，他一向喜欢说话，一战而胜皖系之后更是扬扬得意、高谈阔论。张作霖非常厌恶他，便冷冷地对曹锟说："三哥，今天这个会，是咱们两个人的会，别人不能参加。如果说师长也能参加，我们奉军也有几个师长呢！"

吴佩孚听后脸色大变，一句话没说就气愤地走了出去。事后他对自己的幕僚说："他张胡子不要觉得自己不错，赶明儿叫他认识认识我这个师长！我不打到沈阳，决不姓吴！"

直奉相争，首先被拖出来开刀的牺牲品却是靳云鹏内阁。段祺瑞离京之前对靳云鹏说的"没有我，你能站得住吗"，那可绝不是气话，而是大实话——靳云鹏始终没有搞清楚，一手把他培养起来的段祺瑞对他具有什么样的意义。事实是，段祺瑞一失败，靳云鹏对于直奉乃至徐世昌来说就失去了重要性，他在中国政治舞台上也就可有可无了。

组阁不久，靳云鹏就被一度逢迎他的直奉夹在了中间，和徐世昌也有了矛盾，整个人如履薄冰，其处境之难远甚于直皖战前。

靳云鹏内阁中直系势力较盛，内务、交通、财政三总长均为直系阁员。在他们的推动下，国务院通过了任命吴佩孚为两湖巡阅使的决定。张作霖一直对吴佩孚表示轻蔑和不屑，这一任命引起了他极大的愤怒。不久，他便亲自来京，指责直系阁员不配留在内阁之中，并且要求内阁改组。在他和徐世昌的夹击之下，靳云鹏内阁被迫宣布总辞职。

靳云鹏自此再未有机会重返政坛。若干年后，段祺瑞在上海病逝，灵柩运回北京安葬，靳云鹏也到浦口迎灵。在专车上，大家鄙视靳云鹏过去背叛了段祺瑞，全车没有一个人和他讲话，甚至卧铺都没为他安排。靳云鹏自感无趣，便临时下了车，自己重新买票换车返京。

赶走靳云鹏后，根据张作霖的推荐，徐世昌又授命梁士诒组成了新内阁。梁士诒是旧交通系的首领，而新旧交通系原先都是皖系中的重要组成部分。梁内阁一成立，即对直皖战后被通缉的皖系成员予以赦免，同时在军饷分配上，采取了厚奉而薄直的政策。

梁内阁此举又大大惹恼了吴佩孚。正好梁内阁当时应允日本公使，同意向日本借款以赎回胶济铁路，吴佩孚便利用民情，以这件事为靶子，对梁士诒进行猛烈攻击，称他是中国当代的李完用（朝鲜亲日派首脑，被作为"卖国贼"的代名词）、张邦昌。

梁士诒自然要为自己的行动辩解，双方展开了激烈的电报战。其间，各省的直系督军们也纷纷通电传檄，为吴佩孚摇旗呐喊。张作霖既为梁内阁的推荐和支持者，也只得出面为梁辩护，指责吴佩孚只会唱高调、说大话，对梁内阁"不加谅解，肆意讥弹"，"不问是非，辄加攻击"。

吴佩孚本就看张作霖不顺眼，手痒痒得想要揍他，张作霖自投罗网，被他一把揪住，其通电宣称："若有袒护梁氏者，即为吾人之公敌，当誓杀尽，以除国贼。"

未几，梁士诒被迫宣布请假，由外交总长颜惠庆代理总理。张作霖脸面大失，一边表示"万万不能使自己所拥护之人被斥去位"，一边以"捍护京畿，拥护梁阁"为口号，拥兵入关，讨伐直系。

1922年4月29日，直奉战争爆发。战前，包括徐世昌在内的一些人还以为奉军兵强马壮，剽悍善战，若对直系战而胜之，不啻为一张新的护身符，可是没想到奉军只是徒有其表，很快就被吴佩孚打得一败涂地，败出关外。

生不见面，死不吊祭

经过直奉战争，北京政权由直奉共同挟持变成了直系一家独霸，而曹、吴根本就不把徐世昌这个总统放在眼里。

欲用曹、吴，竟为曹、吴所用，这是徐世昌在使用"借力打力"之计前，打破脑袋都想不到的，不由得"废然自伤，有拒虎进狼之叹"。为了与直系求得彼此相安，他特地让人带话给曹锟："自此以后，公欲如何便如何，我无成见。"

可惜事到如今，有没有成见都不重要了，人家甚至都不想再让你发表任何意见。曹锟一直以来都有一个"总统梦"，他表面答应徐世昌的请求，暗地里却以徐世昌是"安福国会"所选总统，所以是非法总统为由，对其进行逼宫。

一天之内，曹锟的部下三次发电报到总统府，问徐世昌走没走，一副打破砂锅问到底，一直问到问死你的劲头。

徐世昌心里顿时凉了半截儿，知道不走不成了。他发出请柬，遍邀各国公使来吃饭，席间从容自若，神情与平日无异。吃完饭，他悄悄告诉一同赴宴的汪大燮："我将去位，车站已经备好车了。"汪大燮愕然，随即便一个个地跟公使们打招呼，请他们送总统登车。

直奉战争结束后不到两个月，徐世昌就以通电辞职的方式结束了自己的政治生命，此后便退隐天津租界以书画自娱。

想想政治权力这东西也真是够可怕的。任职总统之前，徐世昌与段祺瑞的关系，虽然比不上冯国璋与段祺瑞那么亲密，但也算是很多年的老友，要不然段祺瑞不会全力推举他上台。至于他和徐树铮，若没这档子事，也仍然会成为诗酒唱和的一对忘年交。可就因为要保住总统的权位，徐世昌与老朋友、小朋友全部反目成仇，并结结实实地坑了他们一把。

如果这样能够真正达到目的，倒也罢了，悲哀的是，临到头来，还被别人窝窝囊囊地赶下了台。更悲哀的是，即便已经同是天涯沦落人，徐世昌、段祺瑞仍旧不相往来。段祺瑞病死上海后，其灵柩经过天津。徐世昌就在天津家中，然而既未往吊，也没有派人到北平致祭，对段来了个"生不见面，死不吊祭"。

虽然段祺瑞曾恨恨地说过，要是徐世昌死在他前面，不会流一滴眼泪，也不会写挽联，但依段的性格及一贯的做事方式来说，这么说不过是气话，他应该不会真的这么做。负责护送段祺瑞灵柩的魏宗瀚为此感慨地说："若徐先死，段必不如是。徐之逊段者如此。"

从来觉得悲哀的不过都是局外人,局内的可没有一个肯主动申请离开。早在直奉失和时,段祺瑞即派段芝贵到东北联络张作霖,又派徐树铮到南方交好孙中山,从而初步结成了共同反直的三角同盟。

经过直皖战争,皖系一蹶不振,连皖督倪嗣冲都被解职,到天津做了寓公,皖系势力仅剩下浙江督军卢永祥一根独苗。当时上海在卢永祥的直辖范围之内,也是段派嫡系残余的唯一根据地。

卢永祥是山东人,清末时曾为段祺瑞旧部。他性格耿介,与段祺瑞颇多相似之处,平生也最为崇拜段祺瑞,堪称老段的超级粉丝。曹锟虽说也做过卢永祥的上级,但卢永祥极鄙视曹锟的为人,所以即便在直系势力已如日中天的情况下,仍拒绝合作。早在直奉战前,他就已通电宣布浙江省自治,不接受北京政府的控制。

吴佩孚原为卢永祥的部下,他曾派代表持亲笔函秘密到杭州谒见卢永祥要求合作,并以副总统之位相诱。卢永祥不为所动,他轻描淡写地说了一句:"子玉(吴佩孚的字)到现在还记得我?"最后连信也没有回,只是对那名代表说:"请转达子玉,保全我的人格。"

就地域势力而言,孙中山、段祺瑞、张作霖三角同盟实际就是粤、浙、奉的三角同盟。在这个同盟中,段系的曾毓隽、吴光新在奉天活动,徐树铮则往返于上海、杭州,为卢永祥出谋划策、整顿军队。

由于段派势力已形同瓦解,卢永祥颇有独木难支之势。于是在直奉战争结束后,徐树铮又秘密潜入福建,打算策动福建督军李厚基独立,以与浙江相呼应。

李厚基系由段祺瑞一手提拔,又是徐树铮的表兄,徐树铮认为策动应该不成问题。不料李厚基却不敢以一隅之地与直系相抗,他不仅一口回绝,而且还怕徐树铮久留福建会给他惹来是非,准备即日将其礼送出境。

徐树铮费尽唇舌,也不能打动李厚基,最后急了,对李厚基说:"别看我徐某现在没有一兵一卒,但是我管教你在福建待不下去!"

猪仔议员

此时因陈炯明背叛孙中山,拥护孙中山的许崇智被挤出广东,来闽进行活动。

徐树铮和许崇智是士官同学，就乘机和他取得联络，同时争取了驻兵于福建的老部下王永泉。

在徐树铮的谋划下，许崇智、王永泉合力夹攻省城福州。李厚基在福州没有什么兵力，只得仓皇逃走。几天之后，徐树铮与许、王会师福州，随即发出通电成立制置府，军队称为建国军，他自任建国军总司令，同时尊奉孙中山、段祺瑞"二老"为领袖。

就像对李厚基说的那样，徐树铮未费一兵一卒，即在南方为皖系打响了第一炮。消息传出，皖系人马大为兴奋，并都把重振本系的希望寄托在徐树铮身上。段祺瑞更是点头称许，说："还是又铮有办法！"

发现皖系在福建竖起了反旗，直系立即以北京政府的名义调兵进剿。面对大兵压境，已当了闽督的王永泉十分恐慌，便不顾徐树铮对他多年的栽培，翻脸逼其离开了福建。至此，皖系想在南方另搞一个局面的计划只能付诸东流。

尽管徐树铮功败垂成，但反直三角同盟却越走越近。1923年更成为三方联系最为频繁的一年。当年6月，粤、奉、皖三方代表齐集广州，商讨反直事宜，标志着反直活动逐步走向公开、激烈。

从这时候开始，已经沉默了三年的段祺瑞又重新成为国内政治旋涡中的重要人物，各省各方纷纷派人前来天津，征求他对时局的意见和看法。他自己也积极加入到反直浪潮中，不但频频对外发表意见，还在反直问题上采取了一系列行动。

曹锟是个缺乏政治远见的人。外面反直声浪已经如此之大，他却认为自己实现"总统梦"的时机已到，要通过选举正式成为总统。段祺瑞则针锋相对，他从浙督卢永祥那里拿到一百万元活动经费，准备设法使曹锟的这一希望落空。

这一百万元经费的用法是，通过亲皖系的国会议员章士钊、杨永泰等人在参众两院进行活动，以旅费三百元、每月生活费三百元为代价，策动议员们从北京、天津转移到上海，从而达到使国会无法召开，总统也无法当选的目的。

此时北京新国会的议员人数和"安福国会"时相仿，还是八百多人。面对诱惑，"八百罗汉"中领款者竟达七百多人。钱花出去后，段祺瑞以为大功告成，不料曹锟搞贿选，亮出了每张选票五千元到一万元不等的"赏额"。议员们听说后眼都红了，当下又纷纷潜回北京参加投票，使得曹锟如愿以偿。

想当初，徐树铮"办竞选"时，也是金钱开道、花样百出，但操作者毕竟还要掩人耳目、用点技巧。曹锟选举则是连起码的节操都不要了，直接拿钱砸——除选票明码标价外，每个议员出席大选还有"出席费"五百元，带病出席者另加医药费二百元。就这样，大选时人数还凑不够，又决定凡临时出席者另发五千元。

民国以降，议员的政治品格和操守真是一茬不如一茬，与曹锟选举相比，袁世凯时代的那些议员简直可以说是品德高尚了。也因此，这一届的"八百罗汉"特别让国人看不起，称之为"猪仔议员"。

曹锟过于明目张胆的贿选立即激起了国内舆论的激烈反弹，也为三角同盟提供了反直的最好理由。段祺瑞在天津以通电和向记者发表谈话的方式加以谴责；卢永祥作为段的追随者，也紧跟着发表"豪电"，主张各省派代表开联席会议商讨国是。

"豪电"得到全国各省的响应，孙中山、张作霖等人都纷纷派代表到上海召开联席会议，上海俨然已由皖系根据地转变为反直根据地。

始终不肯和直系合作的卢永祥成了曹、吴的眼中钉，必欲拔之而后快。他们借口反对卢永祥扩充军队，调兵自江苏、安徽、江西、福建四面向浙、沪进行压迫，从而挑起了江浙战争。

为了履行三角同盟的义务，广东出兵北伐，张作霖也分兵三路入关。北伐军因受后方的陈炯明和广州商团的牵制，不能全力以赴，所以战果不大，决定战争胜负的主要还是直奉两军，所以这场战争也被称为第二次直奉战争。

奉军在经历第一次直奉战争的失败后，接受日本援助，实行了"整军经武"，战斗力大增。关键时刻，直系将领冯玉祥又接受孙中山的革命主张及段祺瑞的游说，在战场上突然倒戈，进而挥师入京，通过发动政变将曹锟幽禁起来。

吴佩孚腹背受敌，就算再能战也已回天乏术，十几万大军顷刻土崩瓦解，吴佩孚的总司令部及其残部则被围困于天津。奉军还准备进一步占领塘沽，切断天津至塘沽入海的交通，果真如此，吴佩孚必成瓮中之鳖，插翅难逃。

最有希望振兴北洋的人

眼见覆亡在即，吴佩孚在天津东站给段祺瑞打了个电话，说："我打算把军队开进天津各国租界，好引起外国插手干涉。"

段祺瑞回答："你是最优秀的军人，为什么要惹出国际问题呢？我看你先休息几天吧！"

吴佩孚听了连声说："老师，我遵命。"

虽然段祺瑞的身份还是个老百姓，既无实权也不掌军队，但作为皖系领袖、三角同盟的首领之一，说话是有分量的。同时，吴佩孚了解段祺瑞的品格，知道对方绝不会做出落井下石的事，所以才会在极其危险的情况下独独求救于他。

段祺瑞随即联系奉军，使得奉军同意暂缓向塘沽前进。吴佩孚趁此机会率数千士兵，乘船由塘沽浮海南下。临走时，他的粮食、弹药都留在火车上无法携带，于是便在火车上贴了一张纸条，上面写着"移交段督办"。

段府家人听说这件事后议论纷纷。有人说："吴小鬼（吴佩孚）无路可走了，要求老头儿给援助一下。老头儿眼看吴小鬼要掉在井里头，就小辫儿提一提，指给他一条明路。"还有人说："上次直皖战争，老头儿失败了。吴佩孚通缉别人，但没损伤老头儿一根毫毛，所以这时候老头儿也不能不关照他一下。"

曹、吴在第二次直皖战争被赶下了政治舞台。对于推翻曹、吴，三角同盟和冯玉祥能够达成完全一致，可他们也只有在这一点的认识上才是相同的。对于推翻曹、吴之后如何设立中央政府，以及如何解决国家重大问题，则各有各的主张和打算，而且根本无法调和。

张作霖和冯玉祥的目的是要各自独霸一方，扩充地盘，也就是说，不会直接担任政府和国家的元首，但同时，他们又都想尽可能插手中央、控制中央。张、冯既有如此打算，有资格入主中央的便只剩下了孙中山和段祺瑞了，拥段拥孙也因此成为各方所必须面对的尖锐问题。

还在战前，汪精卫、廖仲恺、许崇智等粤方代表就曾来到上海，与皖方代表商谈孙、段日后在政府中的安排。粤方主张，如果孙任大总统，段就应该做国务总理；或者段任大总统，孙任总理亦可。

皖方赞成由孙任大总统，段任国务总理，但也向对方恳切表示，这一方案必须得到张作霖的同意。汪精卫听后即赴沈阳，与张作霖进行商谈，张作霖直截了当地告诉他：奉方拥段。

张作霖对于拥段的态度可以说是铁定不移的，完全一面倒。在当时尚在世的北洋元老中，王士珍做了名士，徐世昌重新退隐，唯段祺瑞仍具备相当的政治影响力和号召力，可以让卢永祥、徐树铮等人为其鞍前马后，万死不辞。虽然因为徐树铮的缘故，奉皖曾经反目，但张氏父子和奉军一般高级将领对段祺瑞始终都很尊敬，并把他视为最有希望振兴北洋的人。

孙中山与张作霖的历史关系，则远不能与张、段相提并论，而且孙中山的个人魅力主要局限于南方和国民党内部，北洋则自袁世凯起就不把他放在眼里。奉军私下一般都称孙中山为"大炮"，说他只会吹牛放炮而实质上没有什么了不起。虽然也有人说他是百足之虫，死而不僵，未可轻视，但这不过是说孙代表着一种时代思潮，把他当作一个可以远交的朋友而已。

从张作霖那里得到如此明确且不留余地的答复之后，汪精卫大失所望。他在辞归路经天津时，又特地去拜会段祺瑞。按汪精卫的算盘，最好能够让段祺瑞有自知之明，急流勇退，这样张作霖没有选择余地，便只好拥孙。不料见到段祺瑞本人之后，汪精卫更失望了。

段祺瑞时年不到六十岁，只比孙中山大一岁，作为一个需要积累阅历和经验的政治家而言，正是年富力强的当打之年，加上反直派多有拥戴，外面请他复出的呼声又此起彼伏，使得他本人早已做好了出山大干一场的准备。当与汪精卫谈话时，老段不仅没有流露出一点要继续退隐的想法，而且言谈间还大有舍我其谁之意。

什么是真统一

在第二次直皖战争中，段祺瑞确实发挥出了他举足轻重的作用。卢永祥在浙江的作战固然引爆全局，而冯玉祥的倒戈也与他有着直接关联。为促冯倒戈，段祺瑞事前派亲信携其亲笔函见冯，提出"不赞成内战，并希望冯对贿选有以自处"。除亲笔函外，他还设法筹集十万大洋，转送给冯玉祥，作为临时倒戈的代价。

不过在拥孙还是拥段的问题上，冯玉祥的态度一度较为微妙。据说那时冯玉祥已读过三民主义的书籍，而且很感兴趣，他对孙中山也不止一次地表示过敬仰，而在北洋系中，冯玉祥又基本属于思想"异类"，与段祺瑞、张作霖打交道时不免感到势孤，如果能够与孙中山互相呼应和支持，自然对他是有利的。

由于冯玉祥有拥孙的可能，所以曾有消息说张作霖、冯玉祥已发电报到广东，请孙中山到北京主持一切，然而不久这一消息就被证明纯属误传。

冯玉祥倒戈后，以他为后盾的摄政内阁只是一个过渡。冯玉祥练兵尚有一手，但搞政治是其最大的短板，时人评价他将政变后的北京政局弄得"似革命非革命，似依法非依法"。同时，他又被直系视为叛徒，直系长江各省均予以通电讨伐。面对这一严峻形势，冯玉祥等人乃联名拥段为"国民军大元帅"，欲借助其声望来减轻自身所受压力，

蛰居四年，终于要出山了。这本是段祺瑞一直以来所期待的，然而当命运的大门即将向自己开启时，他又不由得踌躇起来。最主要的担心，就是不知道各省对他的态度究竟如何——几年前，当他辞去督办下野时，人们可是弹冠相庆，如果这回贸然出山，再遭各方反对，那岂不是自讨没趣，这老脸可往哪里搁？

段祺瑞于是对冯玉祥等人的拥戴既不表示接受，也不加以推辞，既不说来京，也不说不来，只是表示："此时将自重，必等各省一致拥戴，然后出山。"

战事稍定，段祺瑞就发电报给冯玉祥，让他速来天津商议国是。冯玉祥到天津的第二天，张作霖也到了天津，奉军两个师还先行在津驻扎。

冯玉祥到天津后，立即发现段、张均完全无意于孙，而奉军又咄咄逼人，连自己从吴佩孚手中收编的一些部队也被奉军给缴了械，这使得冯玉祥不仅完全打消了拥孙的念头，而且被迫对张作霖唯唯诺诺，装出一副全无成见的样子。

张作霖在战争中击败吴佩孚，其气势就跟以前的吴佩孚一样，恨不能立马扫平天下。在天津会议上，他甚至主张继续派兵南下，从而一举扫清直系在长江流域的实力。冯玉祥同样想借机到南方抢占地盘，于是也表示赞成。

武力统一曾经是段祺瑞一贯坚持的政治理念，如果是放在过去，他还恨不得

敦促奉、冯两军昼夜南下呢，可是现在他自己已对这一理念产生了怀疑和动摇。

曾经对段祺瑞武力统一政策批评很厉害的一个人，是著名政治活动家章士钊。章士钊认为，武力统一乃是"欲以一派势力消除它派势力"，是"不知国家根本组织之道"。在他看来，一个社会必定会有各种各样的势力，它们利益不同、情感不同，自然意见和希望也不同。国家要做的事，是调和、容纳这些势力，"使之得相安"，倘若强行以武力消灭以达成所谓的统一，那是假统一，是注定要失败的。

那什么是真统一呢？章士钊忠告段祺瑞："真统一者，乃在国家意志之统一而不在独夫之专擅也。"

退居天津前，段祺瑞对章士钊的批评，要么没有注意到，要么就是当成了书生之见，压根儿没放在心上。他真正感觉到这些批评言之有理，是在退隐静思，细细回味那些经历过的失败之后。

就在息影的第三年，段祺瑞很感慨地说："曹（曹锟）、张（张作霖）、吴（吴佩孚）皆我提拔出来。我扶植他们长大，可是后来却又全部打起我来了。我致力于武力政策，结果如此，现在觉悟了。"

段祺瑞终于明白，如果单纯靠武力统一，打掉一批老的实力军头，又会养成一批新的实力军头，到最后免不了还是一场空。

因为有了这样的新认识，段祺瑞不同意张、冯的用兵主张。他认为，曹、吴在长江各省的势力还很大，困兽不可穷追，一穷追，对方就会合力死斗，到那时候就不好办了。

段祺瑞提出，只要长江各省能"竭诚赞助统一"，同时又不再支持曹、吴，就不应继续用兵。张作霖、冯玉祥听了，觉得长江各省"合力死斗"的情况未必就不会发生，于是也都不得不在原则上同意段祺瑞的意见。

第十章 / 手无寸铁

1924 年 11 月 15 日，按照天津会议的决定，张作霖、冯玉祥等人发出通电，拥戴段祺瑞出任中华民国临时执政。

拥戴电文一出，各省皆通电响应。北方直奉两系自不待言，由于段祺瑞不再坚持武力统一，而转向与冯国璋相似的"调和统一"政策，长江流域的直系方面，甚至包括西南方面也都不再反对段氏登台。段祺瑞如愿以偿地成为各省一致拥戴的中心人物。

段祺瑞即将担任执政一事，在让段派欢欣鼓舞的同时，还顺便让段祺瑞曾经的"灵魂"摆脱了困境。原来江浙战争爆发时，徐树铮一直协助卢永祥作战，无奈寡不敌众——苏、皖、赣、闽四省的直军本来就已经很多，后来山东、河南、湖北的直军又源源南下增援，浙沪军孤悬华东一隅，不久就败下阵来。

兵败之后，卢永祥由上海乘轮船逃往日本，一部分浙军残部由徐树铮安排，撤至上海闸北。徐树铮为了鼓舞部队的士气，带着一笔钱，同上海大亨杜月笙等人一道前去慰问。慰问结束，在返回位于公共租界的家中时，闻讯赶来的巡捕房拦车进行检查。当时车上还有一大袋地图，巡捕房即以在租界内从事军事活动，危害租界治安为由予以逮捕，被拘捕的还有同车的杜月笙等人。

杜月笙等很快就被取保释放，徐树铮被羁押了一天一夜，经疏通方得以取保回家，但仍被巡捕房派人监视居住。

徐树铮不怕被租界拘留或监视，他怕就怕被引渡给直系，为此，他提出愿意出国游历，以换取租界将其释放。

一百八十度的大转弯

在徐树铮被监视居住期间，一名日本驻上海的中佐武官不知道是不是也跟天津的那个小野寺一样，属于徐树铮的"铁粉"。他主动找到徐树铮的朋友，共同商议营救徐树铮的办法。当时日本人出入徐宅可以不受限制，这名武官提出，可以先让徐树铮化装成日本人，然后自己再进入徐宅把他带出来。

朋友如实向徐树铮转达了日本武官的计划。徐树铮说这些鸡鸣狗盗的事，我不干了，也不想再同日本人瞎胡闹，我决计出国，其他什么都不想。

通过这几天的闭门静思，徐树铮把先前从政的经验教训都重新过滤了一遍。在他看来，"老总"（段祺瑞）几次当国，对于外交方面都过分地依赖日本，光讲"中日亲善"，在其身边的日本通如曹汝霖、王揖唐等人也数不胜数，而接近英美的却没有几个人。

徐树铮还清楚地记得，有一次英国人来拜访段祺瑞，急切间找不到懂英语的人。他刚好在那里，虽然对英语不精，但也能应付一二，这才化解了尴尬。

段祺瑞在下台之前，皖系实力那么强盛，为什么反而还会败于直系之手？徐树铮认为与外交政策有很大关系，由于外交政策所出现的偏差，导致直系得到英美的支持，政治声誉上升；而段派和皖系却被对日借款等问题所连累，一再受到社会舆论的抨击。他对朋友说："一意拉拢日本，其他列强尤其是英美当然眼红，所以直系的曹、吴便成为奇货可居了。我们这次所受的挫折和侮辱不就是明证吗？"

徐树铮苦思之后得出结论：处在新的国际局势之下，要想搞政治就要竭力多争取日本以外的其他国家。他这次就准备趁机会去趟欧洲，认真了解一下欧美国家的政治经济以及军事情况，有机会还要和各国的政治家加强接触，以便对"将来老总出山"能够有所帮助。

获得租界当局的许可后，徐树铮搭乘外轮离开了上海。外轮中途需要在香港暂停，香港总督府得知徐树铮在船上，怕得罪直系，因此早早就派人在码头守候并声明拒绝徐树铮上岸。

就在徐树铮窘迫万状、不知所措的时候，到了下午，香港总督府的态度突然又来了个一百八十度的大转弯，他们派员持请柬登船，邀请徐树铮到总督府参加当天的晚宴。

总督府所以前倨后恭，就是因为收到了英国驻华公使从北京发来的电报：段

327

祺瑞已被拥戴为中华民国临时执政！

获知徐树铮正在香港，按照段祺瑞的本意，是不想让他出国的，但徐树铮决心已定，于是段祺瑞就委派他为欧美考察专使，让他名正言顺地踏上了出国考察之旅。

徐树铮的出国，虽然使重新组成的段幕少了一位中坚分子，但一位能人的新近加入，多少弥补了这一缺憾，此人就是建议段祺瑞实施"调和统一"的章士钊。章士钊因能文善思，早已蜚声南北，而且他这时的政治见解和理想已完全为段祺瑞所接受，二人再次见面，可谓一见倾心。

进入组阁和构建班底阶段，段祺瑞在天津本宅设立了办事处，任命章士钊为秘书长，让他和长子段宏业共同负责处理相关事务以及接待八方来客。

自段出山的消息传出后，办事处门前即冠盖如云，来此奔走的政客人山人海，络绎不绝。段祺瑞上了年纪，吃不消喧闹纠缠，便深居楼上，楼下则由章士钊和段宏业负责接待，无论何方人物，必须经二人同意，才能上楼晋见段祺瑞。

章士钊深感段祺瑞的知遇之恩，办事非常尽心尽力。为了能够随时与段祺瑞商讨有关问题，应付各方面的关系，他干脆搬到段宅，住在楼下，晚上就与段宏业共宿一榻。

在徐树铮缺席的情况下，章士钊部分代替了他的角色，成为段祺瑞新的军师。不用大总统或大元帅，而以"临时执政"的名义主政，即为章士钊的主张。之所以要采用这一制度设计，主要还是吸取了以往"府院之争"迭起的教训，于是索性将总统、总理的权力合二为一，全部收归"临时执政"所有。

章士钊被段祺瑞采纳的另一个建议，是查办参与贿选的国会议员。查办名声已经臭到家的"猪仔议员"名正言顺，不会遇到什么阻力，同时由于原国会议员大部分都参与了贿选，剩下的拒贿议员不足法定人数，无法开会，这样就可以使"临时执政"在理政时不至于受到国会的过多牵制。

在认为准备就绪之后，段祺瑞决定启程进京。1924 年 11 月 24 日，他与作为临时过渡性质的摄政内阁完成交接，正式在京就任临时执政。

现实是残酷的

有章士钊所做的前期设计和铺垫，乍看起来，临时执政似乎已经具有了可以不受任何方面掣肘的大权，完全能够按照自己的设想大干一番。段祺瑞也曾雄心勃勃地对幕僚们表示，自己将对政府做"根本改革"：政府用人将重才而不重党阀派系，外交取独立态度，财政要治本，不借外债。总之，就是要使国内实现不分派系的大统一，国际上则不再依赖于任何列强。

然而设想是美好的，现实却是残酷的。经历直皖战争和江浙战争，皖系的军事实力已丧失殆尽，"最后的堡垒"卢永祥也成了无兵无勇之人，段祺瑞所能依恃的仅为一批文人政客和官员，可以说是"手无寸铁"。

没有本系实力作为后盾，就算是有再精妙的制度设计，也无法按个人意志行使权力。最早让段祺瑞体会到这一点的，是对章士钊的任用。作为段幕现阶段的首席幕僚，章士钊在天津时即为段祺瑞的秘书长，到京后，段祺瑞已内定他为执政府秘书长。岂料张作霖力荐段祺瑞的另一个幕僚梁鸿志出任该职，段祺瑞拗他不过，只好改委章士钊为司法总长。虽说章士钊精通法律，当司法总长也算是专业对口，但毕竟非原来所愿。

不仅张作霖对中央事务有插手欲，冯玉祥也同样不遑多让。就在段祺瑞抵京的当天，冯玉祥对他手下的重要将领说："段已到京，张雨亭（张作霖的字）再到京，即是段、张、冯三大头，若说不干涉政事是不可能的，就是段大元帅（'国民军大元帅'，用以指段）出山，也是个木头人。"

当时的报纸什么都敢登。北京报纸就刊登了一幅漫画，在图上的三杆步枪交叉架上，有一顶写着"临时执政"字样的军帽，意思就是说段祺瑞是由冯、奉、直三大军事势力捧上台的，他不但不能得罪冯玉祥、张作霖，连长江各省直系的脸色也要看。

面对尴尬的处境，段祺瑞的部下幕僚们开始从最初的兴奋中清醒过来。某日，段祺瑞与曾毓隽谈论局势，曾毓隽表现得情绪悲观，他认为段祺瑞能够上台执政，只是因为推翻曹、吴后群龙无首，冯玉祥、张作霖拿他作为"暂时之马首"，并非真心拥护，而且冯、张也是暂时互相利用对方，必定难以长久合作。

段祺瑞见状说："云沛（曾毓隽的字），你不应当对国家事采取如此消极的态度。"

曾毓隽说他并非消极，而是觉得担心，感到"老总"在如此形势下急于上台，好比是一张两条腿的桌子，一推便倒。

段祺瑞也没想到入京之后所遇到的困难会这么大，但他素来不以困难为惧，想想青少年时代靠"一块钱起家"，动辄徒步跋涉千里，现在再难，会比那时候更难吗？

正好手里拿着一只茶杯，段祺瑞就当场以茶杯为喻："此杯固是锯合而成者。我握之掌中，可暂不碎，若我放手，便落地碎矣。"

看到老段仍以"救世主"般的心态在做事，曾毓隽忍不住脱口而出："杯不由我碎，待碎时由我全之，则反易耳。"

段祺瑞毕竟早已不是一个靠热血和青春闯荡江湖的少年，他不能不承认曾毓隽说的是对的，也就是说，他作为名义上的国家元首，不但要面对重重困难，还要承担随时可能"杯碎"的责任，而他实际上根本没有能力保证"茶杯"不"落地碎矣"。

这么一想，真不如冷眼旁观，然后从容收拾时局来得轻省便宜啊！可是开弓没有回头箭，以前做总理时，还能跟总统要要性子、撂撂挑子，现在总不能自己挂冠跑回天津去吧。

迟疑半晌，段祺瑞对曾毓隽说："你说得很对，那么你的意思是怎样呢？"

段祺瑞是想问曾毓隽有何补救之策。曾毓隽的建议是加强与南方的合作。当时的南方势力之中，除西南的滇唐（唐继尧）、蜀刘（刘湘）外，就数东南的孙中山声势最大，同时段、孙又曾同为反直三角同盟，因此曾毓隽建议段祺瑞迎孙中山北上，与之共商国是。

以段祺瑞之老到，并非不知孙氏之潜力。在与孙结成同盟时，他就曾评价说："中山可称中国之绝色人物，确守一定主张，始终不渝，此余所以深悦与之携手也。"

后来曹、吴败走，有人主张开国三大元老同时入京，开国是会议。所谓开国三大元老，孙中山、段祺瑞、黎元洪是也。段祺瑞当时也接受了这一建议，并向冯玉祥解释："中山西南领袖，吾们与雨亭（张作霖）偏向北方，故统一西南事，应征取中山意见，吾迟迟入京以此。"

曾毓隽说段祺瑞"急于上台"，其实是指他没有能够坚持这一主张，把联孙进行到底——在被拥戴将成为临时执政后，为了进一步取得长江各省的支持，段祺瑞在事先未与孙中山商量的情况下，就单方面发布了宣布政见的"马电"，令孙中山大为不满。

接着，梁鸿志、段宏业等人又怂恿段祺瑞先入京，并且说："先入关者王，主人也；中山后至，宾也，何必候孙？"段祺瑞听信了他们的话，放弃等待孙中山，先一步到京就职，这就意味着段祺瑞一人执政之局替代了"三元老方案"。孙中山当时已即将抵达上海，听到这一消息后，只好绕道日本，推迟入京。

话不投机

对曾毓隽重提的联孙话题，段祺瑞深以为然，遂再次派人敦请孙中山早日入京。1924 年 12 月 31 日，已在途中身染重病的孙中山应邀扶病入京。第二天，段祺瑞在北京召开善后会议，同时电邀孙中山、黎元洪以及在京的国民党人参加。

按照"三元老方案"，应该是先开国是会议，再讨论就职，现在段祺瑞却是以执政的身份主持会议，而且孙中山随后对会议所提出的修改意见，也未被段祺瑞所接受。孙中山对此表示强烈不满，除他自己拒绝与会外，同时命令国民党人一律不参加会议。黎元洪和西南要人也都以拒绝与会作为抵制。

因为到会人数不足，善后会议被迫拖了两周时间才召开第一次正式会议。虽然段祺瑞的执政地位通过这次会议获得了法律依据，但他的两大愿望都落空了，既不能与国民党顺利合作，也无法取得西南诸侯的支持。

抛去西南方面不谈，孙、段其实从根子上就无法融合。孙中山是革命领袖，他的那套三民主义及其三大政策，与整个北洋系都格格不入。段祺瑞作为北洋领袖，本身就自有一套，当然更无法接受和吸收孙中山所提出的东西。

自孙、段以下，情形也是如此：一般段派人员基于南北成见，对国民党人不能推诚相见，而国民党人对段政府同样猜疑加指责，始终不能信任。

随孙中山一同进京的汪精卫曾到段公馆与段祺瑞见面，但却话不投机，越说越拧。双方不但不能解决任何问题，还弄得很不痛快。

也许求同存异的唯一办法，就是双方领袖能够坐下来面对面地认真地谈一谈，但自孙中山到京后，孙、段始终未能正式会晤。某次，有人问随孙中山一同进京的汪精卫："先生（孙中山）北来，老段有没有拜会过先生？"汪精卫回答："这个契弟（汪的口头禅，用以指代他所不喜欢的人）怎会来看先生的！"

其实汪精卫说的并不是真话。自孙中山来京后，段祺瑞曾多次要亲访孙中山，以交流意见，但都被汪精卫等人挡驾。国民党人倒也不是故意为难老段，而是在京名医在对孙中山的病情进行会诊后，一致认为病人应完全静养，严禁会客。平时能够与孙中山见面的仅汪精卫、孙夫人宋庆龄等少数人，连许多国民党元老都被迫打消了同孙中山会面的念头。

1925 年 3 月 12 日，孙中山病逝于北京。虽然政见不合，但段祺瑞总体来说对孙中山是尊重的，当孙中山逝世的消息传来时，他正在出席国务会议，听闻后立即宣布散会，除派人到孙中山行辕吊唁外，还批准内务部所议，对孙中山采用国葬的方式下葬。

反而在京的国民党中执委认为在广东有己方的政府，不能承认北京政府所做的决定，因而拒绝国葬，只同意采用国民葬礼。

到了孙中山发丧公祭的日子，根据原定安排，段祺瑞本来要亲临吊奠，他也已经穿好大礼服，准备登车前往。这时京师警察总监朱深来段公馆报告，说他刚刚由设祭的中央公园赶来，并且说他已侦听到，国民党人将在段祺瑞设祭时施以非常手段。

曾毓隽正好也在段祺瑞身边，他不相信朱深所说，认为太过离奇，不足为信。朱深赌咒发誓他所说的都是事实，乃至于声泪俱下。其他人见状都站到了朱深一边——且不说朱深吃的是警察饭，没有确凿证据，不会在这么重要的事情上撒谎。即从早期国民党人的处事风格来看，刺杀乃其家常便饭，未必就不会有国民党人因孙氏的去世而迁怒于段，从而做出极端之事。

当然，也很有可能朱深只是神经过敏。可是试问，段祺瑞若真的去主祭，谁能确保他绝对安全？谁都不能，曾毓隽亦不例外。

段祺瑞患足痛症已有四五年之久，严重时，即便用大量的麻醉剂也无法减轻疼痛，必须将两脚放在装满冷水甚至冰水的桶内泡上半个小时，方可减轻疼痛。当是与段比较熟悉的军政界人士经常看到的一幕。

就在公祭前两天，段祺瑞又正好足痛症发作，于是他便以腿脚肿胀，不能穿鞋为由，临时改派内务总长龚心湛主祭。汪精卫、李烈钧等国民党人本就对段政府心存种种误会，见此情景，更令他们大发雷霆，认为段祺瑞是有意托故不来参加。李烈钧公开大骂段祺瑞，说是"死总理吓倒了活执政"，前来主祭的龚心湛也被禁止从中路进入灵堂。

段祺瑞失去了与国民党恢复情感联系的最后一次机会。至此，段政府与国民党的关系完全破裂，国民党表示坚决不会再与段合作。与之相应，广东国民党政府决定仍由胡汉民代行大元帅职权，继续为北伐进行准备。

金法郎案

在无法与国民党合作的前提下，段祺瑞不得不独自与张作霖、冯玉祥周旋。尽管他没有什么自己的力量，看似高居朝堂之上，其实只相当于中国古代历史上的周天子、汉献帝，但他本人却决不以此自居，一旦进入执政的角色，仍然坚持按自己的想法办事，甚至遇到与张、冯相抵触的地方，也照旧敢于函电相责。

在段祺瑞的心目中，张作霖是胡子出身，冯玉祥在他做统制时还是一名小兵，这二人虽然手下兵多将广、势力强大，但要坐下来跟他谈治国理政，都还差得远哩！

与每一次上台执政一样，段祺瑞首先要解决的仍然是钱的问题。当时各省税收尽为地方截留，分文不上缴中央，就算是中央政府名义上可以过问的京畿地区，有油水的地方也尽为冯、奉两军所得，而这两军还要反过来向中央索取军饷，其中尤以奉军索取最急。

段祺瑞在召开善后会议时曾提出财政案，希望通过立法使地方能分一杯羹给中央，但因遭到各省代表的反对而被迫搁置。此时，中国因参加"一战"而得以停付庚子赔款的"红利"早已结束，中央得到的关税、盐税在偿还庚子赔款后便无余款，而军政及教育等各项费用却都积欠颇多。

过去段政府用于缓解类似危机的主要办法是对日借款，可是现在这一套路已经不灵了——"西原借款"除第一笔外，全都本利无归，日本政府在不得已的情况下，只好发行债券归还银行。同时，寺内在任时所谓的"中日亲善"也没能实现，反日浪潮在中国国内呈风起云涌之势。日本国内舆论认为寺内内阁是赔了夫人又折兵，对此大为不满。

虽然段祺瑞执政后亲自写信给时任日本首相田中义一，希望日本继续给予经济援助，但田中为免重蹈"西原借款"的覆辙而遭受本国舆论的攻击，对段祺瑞的这封信始终未予答复。

眼见北京政府的财政濒临绝境，段祺瑞不能不寄望于加快解决"金法郎案"（当时也称金佛郎案）。金法郎案是法国提出的一种还款办法。中国原来都是以法郎向法国偿还赔款，但是一战后，法国金融混乱，发生了通货膨胀，法郎跌价严重，已不能维持其票面价格。

法国政府认为，如果还按老办法还款，他们吃亏了，于是便希望中国在还款时以"金法郎"代替贬值的法郎。所谓"金法郎"并不是实有货币，只是确保法郎不贬值的一种虚拟货币。

法国是庚子赔款的大户，约占总数的百分之十五。如果中国政府按照金法郎计算还款，须多付整整八千多万元！这当然是中国所不情愿的。

西方人谈判时，习惯胡萝卜与大棒一道上，在提出金法郎案的同时，法国表示可以将部分还款退还中国，其中一部分用于中法合办教育及慈善事业，另一部分用于恢复一战期间倒闭的中法实业银行。后面这家银行曾吸收了中国的大量私人存款，如果恢复，历年存款自然就可以兑现了。

由于很多政府要员都在中法实业银行有存款，所以历届政府中都有人为此奔走说项。1922年7月，由曹、吴控制的北京政府以照会回复法国公使，表示赞同金法郎案。消息传出，遭到举国一致反对，在舆论压力下，北京政府只得决议否认以金法郎偿付赔偿款。

你这边否认了不要紧，那边却已答应人家了。这关系到国际信用问题，而在国际社会中，信用问题通常又非常重要，乃是国与国交往的第一法则。徐树铮在自己所著的《建国铨真·邦交章》中曾写道："抱信者，事可许人，许之，勿待苛求。不可许，至死勿许也……"

觉得不能赞同对方的提议，便死也不要答应；一旦答应了，则最好不要中途反悔，否则就得承担相应的后果。法国认为中国出尔反尔，遂通过总税务司、英国人安格联，按金法郎所应折算的赔款数，将 1922 年 12 月 1 日以后的中国关余、盐余（即关税、盐税扣除庚子赔款后的所余款项）尽数扣留，不准中国政府提用。

除此之外，法国还以批准"九国公约"作为交换条件，声明若中国一天不批准金法郎案，他们就一天不批准相关协定。

到 1923 年上半年，曹锟希望能够退回被安格联扣留的款项，遂打算依照法国要求解决金法郎案，结果引起国内舆论鼎沸。北京政府不敢触犯众怒，金法郎案遂再次成为悬案。

段祺瑞在天津时也曾以在野身份通电反对金法郎案，但等他上台，解决金法郎案已成了执政府摆脱困境的唯一途径。他对财政总长李思浩说："你如再不办（金法郎案），连执政府的日常开支也没法应付了。"

我一定要做

同样是解决金法郎案，曹锟时代仅仅为了用于救急，至于佣金损失如何，债权债务关系怎样，都未仔细考虑。李思浩领衔的财政部则专门成立了"金法郎案研究委员会"，把有关该案的一切文卷、资料都调齐了。委员会悉心研究修订解决大纲，对所有细节问题都进行了认真推敲。过后，解决大纲又被送交司法部逐条审查，以确定没有违法之处。

专家们认为，虽然改用金法郎赔款之后，国家要遭受一定损失，但法国已决定将其中的部分退款退还中国，这样一算，损失并不是太大。最重要的还是从长远来看，中方得大于失。在曹锟时代，关税问题因时机未至尚谈不到，而临时执政政府在成立伊始，各国外交使团就已同意中国提前召开关税会议，只等法国批准"九国公约"。换句话说，一俟法国松口，中方即可提高海关附加税，乃"虚损而收实利"。

当时正在法国考察的徐树铮根据自己的认识，也认为解决金法郎案恰在其时，遂连续发电报给段祺瑞和李思浩，极力主张速办。

这些都成为段祺瑞敢于顶着反对声浪办理悬案，并把自己与曹锟划分开来的重要依据。

一切手续都弄好了，就剩下身为财政总长的李思浩签署交办了。段祺瑞连发七道手谕加以催促，但李思浩那边一直都没有什么动静，为此，段祺瑞找到李思浩，声色俱厉地对他说："你是怎么回事，老把金佛郎案拖着不办？"

李思浩回答："执政一定了解这件事办了以后的后果。思浩身败名裂，乃至送掉性命，毫不足惜，但今天有不少人正找机会要为难中央、为难执政。因此，不能不再三考虑。"

段祺瑞听了，这才稍稍收起怒容，但还是严肃地对李思浩说："你我相交多年，你还没有摸着我的脾气？我这个人，不是那么患得患失的。我一定要做（这件事），不要说因此丢了官、丢了地位在所不惜，就是送了性命，我也是不顾的。有我负责，你快去办吧！"

与李思浩谈过之后，段祺瑞仍不放心，他召来曾毓隽说："你去问赞侯（李思浩的字），他对金佛郎案敢办不敢办。他若不敢办，我叫别人办或你来办。"曾毓隽赶紧安慰道："老总不要急，我明天和赞侯研究研究。"

第二天，曾毓隽往访李思浩。得知来意，李思浩不禁诉起了苦："不是我不敢办，而是此案相当复杂，牵连面较广，不能不周密考虑和多方联系。请四哥（指曾毓隽）帮我办好吗？"曾毓隽说："只要力所能及，我一定协助。"

直系北京政府两次向法方表示赞同金法郎案，又两次反悔，如今再与法方交涉，细节方面的操作就比原来更复杂，而且很容易节外生枝。李思浩了解到国民党人李石曾和法国政府关系较深，同时也是解决金法郎案的支持者，便想请李石曾出面协助他与法国公使沟通。

李思浩和李石曾不太熟，乘此机会，他问曾毓隽能否代为联系。曾毓隽痛快地答应下来。

曾毓隽其实和李石曾也不熟。经过打听，李石曾在民初时曾患伤寒，中西医皆束手无策，后请来京城名医陆仲安才得以妙手回春，李、陆由此来往甚密。恰好曾毓隽与陆仲安早就相识，经陆仲安介绍，曾毓隽见到李石曾，二人晤谈多次，李石曾欣然同意相助。有李石曾从旁协助，李思浩迅速与法方谈妥了双方的操作细节。

对内方面，由于国会已无形解散，倒不用顾虑了，压力主要还是来自舆论界特别是上海舆论界的反对。当时正好上海商会会长虞洽卿来京有事相求于李思浩，李思浩就利用他在上海的关系，托其进行疏通。经虞洽卿打过招呼之后，上海舆论界的反对声音果然减弱了不少。

1925 年 4 月 12 日，中国外交部与法国公使完成签字、换文手续，从而达成了解决金法郎案的中法协定。

虽然此案一公布，段祺瑞执政府就再次成为众矢之的，被舆论特别是在野党口诛笔伐，但实事求是地说，处于众目睽睽之下的执政府对解决金法郎案还是十分慎重的，段派自段祺瑞、李思浩以下，也无一人敢于从此案中妄取分文。

得意之笔

当年 7 月，法国政府批准"九国公约"，中国召开关税特别会议的障碍至此得以解除。此前中国的关税是签订"辛丑条约"时所定，税率为值百抽五，这么低的税率不仅史无前例，而且为世界各国所未有，本身就带有如庚子赔款一样的侮辱和惩罚性质。

中国参加"一战"并成为战胜国后，中方代表在华盛顿会议上提出了关税自主问题，理由是战败国尚无协定关税特例，中国是战胜国，更不应受此约束。各国代表无词可驳，于是决定在"九国公约"生效后，中国可召集各国来参加关税特别会议。

如果说金法郎案背后是一片叫骂之声，关税会议在国内赢来的则多为叫好声和掌声，但国际舆论普遍都认为，没有金法郎案就没有关税会议，关税会议正是执政府解决金法郎案所换来的结果。在段祺瑞本人，则把解决金法郎案和召开关税会议作为自己政治生涯中的得意之笔，始终全力以赴。

在关税会议筹备期间，有一天段祺瑞在和曾毓隽谈及一些有关会议的主要问题时，曾毓隽不无忧虑地说道："关税会议各国未必能顺利通过，即使如愿以偿，内部纠纷势必甚于今日。"

段祺瑞甚为惊讶，立刻问他："何以见得？"

讨论自主关税，必然涉及近代中国一个很特殊的税收制度，即厘金制度。厘金最早产生于清末镇压太平天国运动时期，当时是为筹集兵饷所临时设置，后来便成了一种新税种。这是一种非常杂乱、无法度可守的税制，而且从清末开始，其中的很大一部分就为地方所自由处置，被认为是地方擅专和割据的经济基础。

各国要求中国将裁撤厘金与海关加税同时进行，即"裁厘加税"。曾毓隽所提到的"内部纠纷"就跟裁撤厘金有关，他对段祺瑞说："大家一向所争的是地盘，不完全集矢于中央，一旦决定裁厘加税，各地在争权夺利时，势必把矛头全部集中在老总一人身上。"

段祺瑞听了毫不犹豫地答道："我以国家利益为前提，内部纠纷可由内部解决。"

段祺瑞对关税会议寄予了无限期望，他认为开幕式关系到国家主权和财政税收，因此决定亲自出席，以示重视。为了听取各国代表的发言内容，他需要配备一个会多国语言的翻译。这种人才在国内非常稀缺，段祺瑞想到了被喻为"清末怪杰"的辜鸿铭，就让曾毓隽的叔父、时任执政府外交次长的曾宗鉴出面邀请。

曾宗鉴是辜鸿铭的学生。他认为由自己突然邀请老师担任翻译不够礼貌，还不如让曾毓隽代为约请。

曾毓隽是辜鸿铭的小辈，但与辜鸿铭却是忘年交，朋友说话反而比师生更好措辞。他也因此向段祺瑞建议："约他（指辜鸿铭）参加关税会议不难，不过最好给以高等顾问的名义，每月馈赠数百元的车马费。"

取得段祺瑞的同意后，曾毓隽第二天就前去拜访辜鸿铭。见面之后，他首先代段致意，随后拿出了高等顾问聘书和两个月共一千元的车马费。辜鸿铭为人非常机敏，不待曾毓隽开口说明来意和要求，就说："段执政想利用我当关税会议场中的喉舌吧？"

在得到曾毓隽的确认后，辜鸿铭答应得非常爽快："关税会议关系到国家主权问题，这是我义不容辞的，到时我一定参加。"

1925 年 10 月 26 日，关税特别会议在中南海居仁堂如期召开。除九国公约的参与国外，美国还介绍了瑞典、挪威、丹麦三国加入，从而由九国变成了十二国。段祺瑞亲自出席开幕式并致开幕词，辜鸿铭也随段祺瑞出现于会场。他身着长袍，套上大袖口的马褂，脑后拖一根辫子，神态怡然，随听随记随译，举止格外拉风，引起了会场上中外人士的一致注目。

开会第一天，中国政府即按普通品至奢侈品的不同规格，提出要加征值百抽五至值百抽三十的临时附加税。各国代表对中国的开价如此之高表示惊讶，认为已经超过"九国公约"的范围。经过谈判，中外商定在裁厘未实现之前，先设一个为期三年的过渡期，在此过渡期内，关税依照"九国公约"，对进口商店一律按普通品值百抽二点五，奢侈品值百抽五的办法征收附加税。

平衡木

关税会议的召开，令段祺瑞大为振奋，但是正如曾毓隽所言，与外交及加税相比，裁厘和解决国内纠纷才是真正让人头疼的难题。

在当时国内的政治版图上，虽然南北方的军政实力已呈现出明显的彼长此消之状，但国民党人还未能占据政治中心位置，加之民众有着尊崇正统的心理，作为段祺瑞执政基础的北洋系仍是解决中国政治问题的重心所在，即所谓"北洋为世所重，民党为俗所轻"。

如果北洋足够团结，其实占据两广的国民党和僻处西南一隅的滇唐蜀刘都不难对付。问题就在于北洋早已四分五裂，几次政治摩擦和军事冲突，说来说去削弱的都是北洋自身实力，特别是第二次直奉战争的爆发，对北洋内部而言可谓大伤元气。

站在执政的位置上，段祺瑞不可能有"杯碎时由我全之"的自由和从容，他要确保"杯暂不碎"，便只能使出浑身解数，尽力对北洋系进行整合。具体来说就是取消"安福系"，以"天下共主"的身份来平衡各派势力，避免北洋内部继续发生冲突。

各派之中，最感棘手的自然还是如何摆平冯玉祥和张作霖。作为当时最有实力的两个北洋派别，冯、奉两派不仅均力图左右中央政治，而且彼此之间矛盾尖锐——冯玉祥鄙视张作霖是"胡子"，张作霖则认定冯玉祥是个有野心、难相处的吕布之徒，双方争来夺去，互不相让。

如何对待冯、奉两派，段幕有两种截然不同的意见，而且也分成泾渭分明的两个派别，即所谓的"国舅派"和"太子派"。

"国舅"吴光新是段祺瑞的内弟，段公馆的家人称他为"吴小舅子"。"吴小舅子"性格蛮横、脾气大是有名的，嘴里经常不干不净，骂骂咧咧。俗话说，外甥多似舅，段宏业的脾气也很臭，家人们常说段宏业"跟他舅舅似的"。

段宏业是吴光新唯一的嫡亲外甥，可是说来也怪，舅老爷和大少爷的感情却极其恶劣，一对坏脾气更是针尖对麦芒，往往戳在那里互不相让，最后简直形同水火，二人见了面连话都不说。

段祺瑞虽然早年对段宏业这个宝贝儿子深恶痛绝，一向不给好脸色看，但年纪大了以后，不免也产生了常人的舐犊之情，隐隐然已视段宏业为自己的接班人。自天津筹备入京起，他授命段宏业在段幕中负起责任，便有加以培养之意。

被钦定为"太子"的段宏业也渐渐变得跋扈起来。在段幕内，一般人都称他为"大爷"，一般公事都要先向"大爷"请示，"大爷"同意之后，才能请示"执政"。

一位舅老爷，一位大爷，都是段祺瑞的至亲，手中都握有一定权力，偏偏又水火不容，于是段幕人员也无形中分成两派：一派以吴光新出面，称为"国舅派"，主张拉紧张作霖，打击冯玉祥；另一派拥护段宏业，称为"太子派"，主张联络冯玉祥，抑制张作霖。

两派都主张靠拢一方，排斥另一方，彼此观点极端对立，经常一见面就吵。有人觉得这种现象不太好，就请执政拿个主意，但段祺瑞却听之任之，对哪一派都不支持、不反对、不干涉。

段祺瑞自己对张作霖、冯玉祥的态度也很微妙。在张、冯之间，段祺瑞和张作霖的私人交情要更好一些。有一次，段宏业向他请示，说张学良要同他拜把子，结为盟兄弟，应如何回复。段祺瑞说："他的兵可以同你拜把子，他的儿子却不能同你拜把子。"

段祺瑞极重尊卑长幼之分，他自认比张作霖及其部下要大一辈，所以才让小儿女称张作霖为"张大哥"。按照他的观念，段宏业应与张作霖同辈，比张学良又大一辈，是不能拜把子的。不管段宏业在回复张学良时如何措辞，都有些伤感情，张家父子的脸色也极可能不太好看。有人分析，这与段宏业后来主张抑制张作霖不无关系。

换个角度想想，老段虽讲原则，但绝非食古不化，何况如果段宏业和张学良真的拜了把子，也不至于就会引起什么闲话，这只能说明段祺瑞对与张家距离过近本身就存在顾虑。

实际上，段祺瑞采取的是一种"平衡木"的办法——奉军实力最强，所以不能无冯，否则无以制张；国民军控制着京汉线，所以又不能无张，否则冯将无法驾驭，并对自己构成威胁。

倘若像"国舅派"或"太子派"所主张的那样，完全倾向于冯、张中的任何一方，则段祺瑞所苦心维持的这种平衡势必就要被打破，那对执政府而言可不是什么好事。段祺瑞深知其中玄机，所以他才会站在"不偏不倚"的立场之上，有意无意地利用"国舅派"、"太子派"达成目的，即以"国舅派"拉张，以"太子派"拉冯。

玩"平衡木"并不轻松，执政不到两个月，就有人拿段祺瑞与徐世昌对比，称他"已入十年东海境地"。冯玉祥曾在日记中写道："段公上台对军事不敢以命令式指挥……凡事均不好办。"连张作霖也讥讽段祺瑞的处境是"北京烤鸭"，两面受到烟熏火炙。

好在段祺瑞政治经验丰富，即便在如此艰难的处境之下，他仍得以把北洋各派放入自己的棋盘，并利用它们之间的矛盾进行制衡，从而促成或维持了各派的"均势"——甚至于长江、西南都成为段祺瑞的砝码，被他用来搞政治平衡。

一名奉军将领这样解释段祺瑞何以能做到这一点："段以北洋元老的资格，对于北洋军阀，无论哪一个，虽然都吸不住，却都罩得下。"所谓"吸不住"，自然是指段祺瑞缺乏派系实力，无法随心所欲地指挥调度各路兵马。所谓"罩得下"，是说在北洋这个圈子里，无论自居北洋正统的长江直系、从直系中分离出的冯玉祥，抑或力量强大但非北洋嫡系的奉张，还是向被视为"北洋远亲"的西南诸侯，暂时都只能接受段祺瑞，或至少是口头拥段。

群儿相斗

北洋内部的这种"均势"维持了将近一年，但是就在这一期间，局部的战争与冲突也时有发生，新的危机开始不断出现，并且显示出处理稍有不慎，就有可能牵一发而动全局的势头。

1925年10月，长江直系以孙传芳为总司令，组织浙闽苏皖赣五省联军，向奉军发起总攻击，浙奉战争爆发。此时，冯玉祥接受苏联援助，使得国民军的实力得到极大增强，于是便开始与孙传芳密商反奉计划，不久又与奉军将领郭松龄订约，建立起反奉同盟。

为了对付国民军，张作霖也抛去前嫌，与吴佩孚结成了直奉同盟。自此，各派大动干戈，段祺瑞苦心经营的"均势"再也无法维持下去了，"调和统一"更无从谈起。

归根结底，段祺瑞还是不具备整合北洋系的真正实力，也可以说，在袁世凯之后，能够被北洋各派始终公认的权势中心其实一直都没有形成过。

在这种情况下，段祺瑞的"均势"只能是权宜之计，而非长远之策。有人把他比喻成给一群儿孙分苹果的老妇，虽然想尽办法要做到公平合理，可是苹果再多，也就那么一篮子，何况还有大小酸甜之分，所以最后仍不免群儿相斗，甚至迁怒至他这个老妇。

"群儿"之中，最难打发的仍是自恃有拥戴之功的冯玉祥、张作霖。冯玉祥在执政府刚开局时，就因所获得不到满足而心生怨怼。张作霖更是气焰万丈，得寸进尺，得到河北地盘之后，又复要山东。

段祺瑞的侄子段宏纲长随段之左右，他和"太子派"的一些人进言，希望段祺瑞对张作霖的一些过分要求予以严词拒绝，如果拒绝不了，就立刻离京，通电下野，并且说不这样做将威信尽失，以后会越来越被动。

段祺瑞因为自身缺乏实力，做事已不像过去那样坚毅果断。虽然他认为段宏纲说得很对，但并未能坚持下去，在听了"国舅派"的另外一番劝说之后，仍任命奉系将领张宗昌为山东督军。

国民军方面对此非常恼怒，认为段厚于张而薄于冯，于是便把气都撒在段祺瑞身上。他们首先夺去北京治安军警权，接着便蓄意对段幕成员尤其是"国舅派"展开打击报复——在冯玉祥的授意下，冯的嫡系亲信、时任北京警备总司令兼警察总监的鹿钟麟先后下令逮捕了执政府总参议曾毓隽、司法院长姚震，财政总长李思浩见势不妙，赶紧避往东交民巷，陆军总长吴光新则借着到日本观操的名义，逃到天津去了。

此时执政府风雨飘摇，身为执政的段祺瑞已无能力保护自己的这些幕僚和部下，他只能尽全力阻止各方冲突的进一步加剧。

发现冯、奉已成剑拔弩张之势，他特派时任执政府秘书长的邓汉祥到各处接洽，劝阻冯玉祥等人不要用兵，但邓汉祥出去跑了一圈，结果是毫无所获。

邓汉祥回来后，将各方非打不可的情形详细告诉了段祺瑞，劝他以"电主张未能实现"为由通电自动下野。段祺瑞并不是一个恋栈之人，过去因总统不能接受他的意见，也曾多次愤而辞职。可是这次他却不能不恋栈了，原因就是关税会议尚无结论。

当时各国在会议上已原则承认中国关税自主，并决定在元旦裁厘实现后正式施行。尽管段祺瑞知道在自己任上要实现裁厘的目标已经非常渺茫，但仍想勉力一试。另外，半途因内乱弃职而去，他也担心这样会令中国在国际上丢脸。他对邓汉祥说："现在有五十几个国家的代表在北京开关税会议，我若毅然决然宣布下野，国际友人难免不责备我们对国家太不负责任。"

就在他心神不定的时候，他收到了一封从上海发来的电报，署名人是已经暌别很久的徐树铮。

能够有什么作用

徐树铮已经回来了。当初出国时，他对考察活动有着通盘考虑。他先是单人独骑到法国，接着又与在国内组织的考察团会合于巴黎。这个考察团的成员有一些是他亲自挑选的西北军旧部，异国相逢，令徐树铮非常高兴。

旧部们眼中的"又公"（对徐树铮的尊称），一头短发已呈灰白色，然而壮志未泯。他对待考察团就和培训西北军一样认真，早餐之后就给大家讲孟子。当时孔孟学说在中国国内除了一些遗老或学者外，已没有什么人提及。徐树铮坚持要这么做，源于他自己日益形成的治国理念：中国已"衰敝之极"，必须通过尊经来提高国人素养，除此之外，"别无返魂之药，足续垂绝之气"。

讲完孟子，他再指定当天考察的日程。按照徐树铮的要求，每个人在考察过程中都要记笔记，回来之后还要写日记，记述自己的所见所闻和感想，第二天再交由徐树铮批阅。

徐树铮的这种努力，与法国外交部司长柏里索的意见倒有合拍之处。柏里索当过袁世凯的顾问，他在中国时间很长，对中国国情也比较熟悉。他有一次对考察团的成员说："中国革命后，太无纲纪，不学无术者竟占据要津。中国不是无希望的，可惜在上者毫无治国之法。"

柏里索或许对徐树铮一行寄以希望，但大多数外国人却不这么看。当时中国派往外国的考察团太多了，说是考察团不如说是观光旅游团更为恰当。老外们看在眼里，便理所当然地认为徐树铮的考察团也是如此，"没目的，没计划，玩一趟回去，能够有什么作用？"

出面接待考察团的各国官员出于礼貌，当面总会说一些好话，比如"中国派遣专使得人"、"此次出洋考察，获益必多"，等等，可他们背后实际上都有一些类似的批评。至于各国民众和舆论，因为没有官员们这些顾虑，便往往直接采取讪笑和鄙视的态度。

有一次徐树铮穿着军服，带着考察团参观法国某菜市，结果引起了人们的注意。他们一边走一边听到法国人用讽刺的口吻说："你们不在自己国内好好练兵治国，却到这里来游荡、招摇过市干啥？"又有一次，巴黎中国使馆举行茶会，徐树铮好昆曲，便在赴会时唱了数首昆曲以助兴。不料德国报纸很快刊出巴黎通讯，说中国将军徐树铮不乘马观操、参观军港，却在茶会上高歌入云，沉湎于音乐……

外国人不理解、不认同，考察团成员其实大多也心不在焉。即使从前那些跟随徐树铮的西北军旧部，之所以能够相从出国，也有镀层金，以便将来回国后谋求个人名利的考虑，谁能料想得到徐树铮对于考察会来真的，还抓得这么严这么紧呢？

除了徐树铮本人外，考察团的大部分人都表现得心不在焉。早饭前听徐树铮讲孟子，有的人打瞌睡，有的人精神涣散听而不闻，到后来甚至有托故不到的。考察时规定要人人记笔记，但记的多少和质量，并无固定要求，于是便逐渐流于形式。一国考察结束，笔记就要收齐保存，以备日后整理，可是收与交都得不到严格执行，徐树铮发了脾气，这才交了上来。

考察团在考察时，徐树铮通过中国驻各国公使，特地请人做专题讲述。讲述者均为所在国高级官员或专家教授，按理这样的专题讲述是很有价值的，然而有些考察团成员纯粹是应付差事，不得不出席，其间不仅不能认真做记录，而且好几次还有昏昏欲睡的。讲述者虽然不好意思说什么，但对这种不礼貌的行为明显表现出了不高兴。

在国外的那段日子里，最令徐树铮感到沮丧的恐怕还是国人对他的态度。考察法国时，正值孙中山在京逝世，旅法同胞在巴黎开追悼大会，徐树铮特派留学生出身的林子峰等二人参加，却遭到了反对。中国留法学生还广发传单，对徐树铮及中国驻法公使陈箓大加攻击，称他们是"与帝国主义亲善之公使及北京军阀所派之代表"，林子峰等人被禁止上台讲话。

继先后对英国、瑞士、意大利进行考察后，徐树铮率考察团返回巴黎进行短期休息，并做赴德考察的准备。在意大利时，国内传来了上海大罢工、广州骚动、北京学生大游行乃至捣毁外交部的消息。这一系列事件显然与徐树铮"尊尚经训"、"以教养挽救中国"的理念有着极大冲突，也使他感到了深深不安。虽然他表面上似乎一直都很平静，但内心其实波动很大，有一天晚上忍不住在床上仰卧痛哭。

回到巴黎之后，徐树铮对随行诸人说："赴德考察日期，须视国内情形酌定。"

"卖国贼"

种种不顺，让考察团内人心浮动，林子峰等人相继辞职归国。考察团秘书翁之熹因为家里有事也微露辞意。翁之熹系徐树铮在西北军时期的幕僚，曾随他做"荒沙万里行"，一同出使过外蒙古库伦。考察期间，翁之熹奉命每天为徐树铮写起居注，徐树铮准备以此为基础，回国后写一本视察记，以便与他以前写的《建国铨真》相互印证。

徐树铮见翁之熹也想走，不由大怒，说："子峰可行，你不可行。若大家不想干，大家卷铺盖，我专使亦可不做了！"

林子峰回国前，徐树铮在巴黎皇家饭店为其饯行。饭店内灯红酒绿，一名红衣少女频频为客人起舞。徐树铮触景生情，即席写诗一首赠予翁之熹，诗中有"天涯风雨故人情"一句，劝对方打消辞意。

尽管徐树铮的赠诗令翁之熹颇为感动，但眼看着众人纷纷离去，在考察团内也几乎看不到什么出路，他仍然还是提出了辞呈。

翁之熹走后，徐树铮一行即动身前往德国。当时盛传徐树铮是奉北京政府之命与德国签订秘密条约，在德留学生对此极为愤怒。徐树铮到德国后，即打算召集留学生开会，以说明情况。

中国驻法公使陈篆一听，急忙劝止，说："留学生年纪轻，什么都不懂，到时一定会有不利于专使的举动。专使身处国外，只身无护卫，使馆内也缺乏保安人员，千万不可尝试。"

徐树铮回答："留学生读书必明理，我以理导之，有什么可怕的？"可是陈篆就是不肯让他出面，说着说着还跪下了。徐树铮见状，只得放弃了这一计划。

在德留学生听说徐树铮已到德国，立即包围了公使馆，要求陈篆交出"卖国贼"。陈篆不敢出来交涉，仅派门卫阻拦，说："公使赴宴未归。"

留学生们哪有这么好糊弄，立即做出要群殴的样子，把门卫和保安都给吓跑了。他们冲进公使馆，正要登楼，陈篆的夫人上前拦住，对他们说："公使不在楼上，你们想干什么？这里是我的寝室。"

众人愕然止步。突然有一个学生冒出惊人之语："今日之事，国家大事也，怎能以男女之嫌，而置国事于不问？"说着，居然就跑上前去，强行把陈夫人推到了门外。

学生们蜂拥而入，到处搜寻，最后在盥洗间把吓得哆哆嗦嗦的陈公使给找了出来。问他要徐树铮，陈箓可怜巴巴地说："现在我自顾不暇，还能包庇别人吗？徐树铮确实不在这里，而且我也不知道他去了哪里。"

有人出了个主意："请公使以电话把他召来，千万不要说我们在这里。"陈箓坚持说："确实不知道他在哪里，不过我可以担保徐树铮绝无卖国行为。"

相持了四五个小时，陈箓说得口干舌燥，而学生们仍无退意。在万不得已的情况下，陈箓提出："我立据担保如何？"

得到众人同意，陈箓执笔写道："陈箓谨以身家性命，担保徐树铮君此次来德，确无卖国行为。"写完之后，他还被迫在上面按了指印，众人这才散去。

徐树铮得知这件事，只得匆匆离开了德国。

考察团一共考察了十二个国家，最后一站是美国。当他们抵达美国的时候，中国国内政局已开始发生动荡，段祺瑞顾及徐树铮的安危，屡次发电报叫他暂缓回国。可是徐树铮觉得恰恰是这个时候，段祺瑞才更需要他出力，因此到美国不久，即取道日本回到了上海。

自江浙战争之后，江浙的局面已为孙传芳所完全控制。孙传芳是直系中的新兴力量，也是继吴佩孚之后最为善战的直系将领。虽然在江浙战争时，他曾与徐树铮为敌，但时过境迁，直系已对段祺瑞表示"拥戴"，反而奉、冯两方由过去的反直盟友变成了段的肘腋之患。

孙传芳与奉、冯都没有密切联系，而且他和徐树铮还是士官学校的同学。徐树铮便借着这层同学关系，与孙传芳进行联络，希望运用孙传芳的力量来改变段被奉、冯夹击的尴尬处境。

完成与孙传芳的联络，徐树铮就准备进京述职，同时把与孙传芳商量的一些办法提供给段祺瑞。可是接到他的电报，段祺瑞却马上复电劝止他来京，认为北京形势对他可能不利。

大摇大摆地回去

徐树铮没有听从段祺瑞的话，仍然决定先一步去天津，但当时的局势确实非常严重，尤其北方政局的动荡不安达到了极点。当他从上海出发时，所谓的"国奉战争"（也称"冯张战争"）已经爆发，冯玉祥与奉军李景林部在京津间发生激战。由于冯玉祥策动了郭松龄，战事很快向有利于冯的方向发展，徐树铮刚刚在天津下船，李景林就已溃败，张作霖则因为郭松龄之变而无力入关，京津一带遂完全为冯玉祥所控制。

得知徐树铮到了天津，段祺瑞连发函电和派人劝阻他入京。徐树铮在天津的亲友也都劝他这时候万万不能进京，有的亲友甚至为此痛哭流涕。他们把曾毓隽等人的事告诉徐树铮，以此证明北京局面确实非常危险复杂——曾毓隽、姚震皆为政府要员，冯玉祥却可以想抓就抓，遑论他人？你徐树铮进京简直是自投罗网！

不料徐树铮听后却用他那惯有的自傲自大的语气说道："我怎么能同云沛（曾毓隽的字）、赞侯（李思浩的字）比呢？段老总的事多半是坏在这两个人身上。"又说："我非去不可！我要看看老先生，也要让人们看看，我当年怎样出来的，现在还要怎样大摇大摆地回去。"

徐树铮如此胆大，其实还有着外人所不知道的内幕。宋子扬是徐树铮的士官同学，先后做过冯玉祥、徐树铮的部下。当徐树铮尚在欧洲的时候，宋子扬即以徐树铮的名义与冯联络，那时冯玉祥同张作霖的关系愈搞愈坏，但其力量还远不如奉军，于是便想利用宋子扬将徐树铮拉到自己这一边来，为此还特意对着宋子扬说了一些尽弃前嫌、重新合作之类的话。

宋子扬向徐树铮转述后，徐树铮信以为真。后来局势转变，冯玉祥得以控制京津，他自认为势力已成，于是立刻放弃了拉徐树铮的计划。可叹徐树铮未能看透这一点，因此对大家的劝阻才会置之不理。

宋子扬一来可能也被蒙在鼓里，二来又希望徐树铮能重掌大权，以便有所攀附，所以极力怂恿他进京。这时由于冯、奉战事的关系，京津铁路的交通尚未恢复，暂时只能乘汽车入京。由于公路要经过冯军占领区，徐树铮也怕路上遭到拦阻，宋子扬见状一拍胸脯："我有个旗子，可以在冯军占领区域通行无阻。"

徐树铮于是和宋子扬乘坐汽车，沿公路入京，果然一路上无人阻拦。当他远远地看见北京城楼时，心里非常高兴，不由用昆腔轻声哼了起来："大摇大摆，走进了古城！"

徐树铮一到北京，即去段公馆拜见段祺瑞。见到徐树铮，段祺瑞又惊又喜，二人"相对跪拜，抱头痛哭多时"。

段祺瑞问他为什么一再阻止，还要冒险入京。徐树铮回答时很动感情："怎能不来？以公论，我是奉派出国专使，回国多时，理应向政府述职。以私论，我与老先生分开这么长时间，也应该来问候起居。至于某系（指冯派）对我个人有何不利的说法，听之而已。"

老爷子只是担心徐树铮会有危险，能够见面当然非常开心。二人共进晚餐，不过吃完饭后，他仍然催徐树铮早早离京，免生意外，并指点怎么走才最安全："你要由西车站坐京汉车到郑州，再转陇海线回徐州。"

第二天，根据徐树铮的意见，执政府举行了专使觐见执政复命的典礼，随后徐树铮又向各部总长报告了出访情况。

听说徐树铮回京，以前的那些朋友都替他捏把汗，说："小徐真敢回来，好大胆子！"大家纷纷劝他多加小心，李思浩还派人请他到东交民巷见面，意思是劝他一道留在那里避难。

北京的紧张气氛也让徐树铮感到联冯可能并不成功，但他住了两天后，发现冯玉祥方面一直都没有什么动静，这反而使得他放下心来，对朋友们的善意未再多加考虑。在此后的六七天里，他除了和老朋友们聚会外，还到自己所创办的正志中学进行演讲，给学生们讲述旅欧观感。

有些热心的老友看到北京的环境对徐树铮实在不利，又劝他赶快离开。徐树铮则说："既来了，现在离新年只有两天，何不等元旦给老总拜年后再走呢！"

几位老友一再苦劝，段祺瑞也让他不要再等，徐树铮这才决定启程，并请执政府打电话给火车站准备专车。不过他没有按照段祺瑞指点的路线走，而是打算乘车去天津，因为在联冯不成的情况下，他已经约了友人在天津等他，准备转过头来商量如何联络奉张。

离开京城前，段幕的一群朋友给他饯行。听说徐树铮要坐火车去天津，当场有一些人表示反对。理由是徐树铮在京城已经耽搁了这么多天，又是典礼又是报告会的，冯玉祥所部不可能不知道，绝不会轻易放徐树铮离开。如果徐树铮要坐火车去天津，势必经过廊坊，廊坊现由冯玉祥的部下、察哈尔都统张之江率兵驻扎，到时恐怕后果难料。

这些朋友建议徐树铮还是谨慎从事，改乘飞机或乘汽车绕道去天津。徐树铮犹疑了一下说："我的专车已经备好，还会有什么问题吗？并且我现在还是专使的身份，他们怎能擅动呢？冯就是想和我为难作对，也绝对不能轻易动我。"

他让众人放心，说相信此行不会发生什么意外。听了他这一席话，也就没有人再说什么了。

当天下午，段祺瑞突然发现自己的书桌上有一张纸条，上写"树铮不可行，行必死"。他赶紧叫人送给徐树铮，徐树铮看了也只是一笑置之而已。

专车离开北京的时间大约是晚上9点，徐树铮上车后就在包房里睡着了。

借刀杀人

睡梦中的徐树铮尚不知道，其实从他由津入京的那一天起，就已经被鹿钟麟给牢牢盯上了。

鹿钟麟首先用了一招借刀杀人计，并特地怂恿陆建章的儿子陆承武为父报仇。杀父仇人不共戴天，陆承武自然不好推托说不去。鹿钟麟又从手枪队里拨了二十个兵给陆承武，让他率队在京城潜伏，伺机对徐树铮实施暗杀。

陆承武虽是毕业于士官学校的职业军人，其实却是个只会抽大烟的大烟鬼，根本没有胆量杀人。徐树铮在北京好多天，他都不敢下手，最后被逼得急了，只好提了个让鹿钟麟哭笑不得的建议：设法让徐树铮来警备司令部拜访鹿钟麟，再请鹿钟麟预先通知，然后他带人于司令部门前予以狙击。

且不说究竟该怎么把徐树铮骗来，若是在警备司令部将他杀了，那不摆明事情就是鹿钟麟干的了吗？还用得着你动手？鹿钟麟当然不能同意这样的馊主意，他对人说："陆承武连这点子事都办不到，亏他还带了这么多打手，真是'癞狗扶不上墙去'。"

得知徐树铮要乘车返津，鹿钟麟急命参谋处与丰台车站联系，得到的答复是："车已开过丰台，计时尚未到达廊坊。"于是他便向张之江下达追杀令。张之江听后认为："此事重大，不宜鲁莽。"鹿钟麟不由分说："这是命令！"

徐树铮的专车到达廊坊后，因为错车，停在了廊坊车站。张之江的参谋张钺早已率卫队在车站等候多时，他首先进入车厢，问哪一位姓徐。

徐树铮的秘书薛学海听成了问哪位姓薛，就走上前说是不是找我。张钺说不是找姓薛的，是找姓徐的。这时徐树铮也听见了，就穿着睡衣从包房里走出来，说我姓徐。张钺接着问了一声："您是徐专使吗？"徐树铮回答说："是。"

确认徐树铮的身份后，张钺说："司令请您到司令部去一趟，有几句话要和您谈谈。"徐树铮还没有意识到危险就在眼前，以为真的是张之江请他到司令部商议什么，于是就对张钺说自己这几天在北京太过疲劳，声音都哑了，谈话不方便，现在也不能下车。"我到津休息几日，随时可约定时间，或是我到这里来，或是请张都统（张之江）去天津都可以。"

冯玉祥的部队也叫西北军，但此西北军非彼西北军，该部官兵多为大老粗的士兵出身，缺乏修养。见徐树铮不愿下车，张钺立刻撕下面具，用手强拉了徐树铮一把，说："哪有这些说的，走！"徐树铮这才知道来者不善，连忙说："等我穿上衣服……"

张钺非常蛮横："还穿什么衣服！"命令士兵连拖带拉地将徐树铮架下了车。

徐树铮下车不久，薛学海等随从人员也被带下车，关进了路旁的一间小土房子里。那间小土房子连房顶都没有，天气又很冷，大家只好听天由命。

徐树铮被单独折磨了几个小时，据说先是用绳子绑勒，然后是几个士兵将门板压在他身上，站在上面跳……

天刚蒙蒙亮的时候，薛学海听见门外有说话的声音，似乎从门前走过了许多人。接着又听到有人"唉"地叹了口气，他立刻就辨别出这是徐树铮的声音。这些人走过去没多长时间，便传来了两声枪响，他们当时就知道"徐头"（部下们对徐树铮的称呼）完了——事后查明，徐树铮共中两枪，太阳穴和脑后各中一弹。

戎马书生终误我

鹿钟麟接到廊坊方面关于枪决徐树铮的电话后，立刻派人告知陆承武，要他于当夜赶往廊坊车站。陆承武在睡梦中被叫醒，得知徐树铮已被处决，他还懵懵懵懂懂地对来人说："还需要我去吗？"那人说："你不去怎么行？非去不可！"

陆承武不得已，只得连夜赶到廊坊，去扮演替父报仇的角色。按照设定好的戏码，薛学海等人被接到司令部。陆承武出面对众人讲话，说徐树铮是他杀父的仇人，他已经将徐树铮处死，这事和别人没有关系云云。

听到"徐头"果然已经被害，大家就用请求的口吻对一名军官说："现在徐专使已经死了。我们和他在一起共事多年，是不是可以看看他的尸首？"

军官同意了，众人被士兵带到一片松林里，在那里看到了躺在地上，已经死亡的徐树铮。随后他们又被带回司令部，军官语带威胁地对他们说："今天的事是私人的事，不跟大家为难。你们知道徐树铮是被陆承武杀死的就行了，别的不许多讲。"

薛学海等人还被逼着写了一个书面报告，说明与徐树铮的关系。第二天才被张之江派人送往天津。

徐树铮遇害时，千里之外他的一位老师梦到了他。这位老师是居住于南通的清末状元张謇，自号啬庵老人。徐树铮在动身前往平津前，曾专程到南通对他进行拜访。

在徐树铮心中，其实一直都潜藏着一个脱去戎装、专意于文章学问的想法。出国考察期间，他曾在伦敦参观英国文学泰斗约翰逊在世时常去的老酒店，还在约翰逊坐过的椅子上坐了坐。虽然徐树铮并未读过约翰逊的作品，但他对约翰逊生时穷愁困苦，死后却能以文豪的身份享受盛名，接受人们永久纪念这一点非常羡慕。

想到自己半生戎马，尽管有着显官厚爵，可是仆仆风尘之间，功业转眼就会化为云烟，将来也不知道有没有人能够记得自己的名字，徐树铮顿感失落。他一时兴起，便在老酒店的来宾簿上写了一篇短文，记述了自己的这一情结。

与先前奔波来去，大多带有强烈的功利色彩不同，徐树铮赴南通的目的较为单纯，就是想拜"状元"张謇为师，向他请教学问。在张謇的居所，徐树铮以后辈晚学的身份，一连数日向张謇虚心求教。张謇学问渊博，所谈时局学问，句句扼要，徐树铮佩服得五体投地，当场对张謇说："从今尔后，树铮将奉啬老（张謇）为师矣。"

徐树铮走后的一天，张謇突然在睡梦中听到徐树铮给他诵读一首诗。从梦中惊醒后，老先生还能记得诗句，遂赶紧披衣挑灯，根据记忆写了下来："与公生别几何时，明暗分途悔已迟。戎马书生终误我，江声澎湃恨谁知？"

张謇读罢黯然神伤，说："徐树铮必有事故，看他诗中有悲伤悔恨之意，莫非是来与我作魂梦之别的吗？"没多久噩耗传来，张謇遂作《满江红》一词致哀。

正所谓"戎马书生终误我"，徐树铮的不得善终其实早有迹象，当年他在处决陆建章后，外界就有了"杀人者人恒杀之"的评论。无独有偶，奉系的杨宇霆与徐树铮同有"小诸葛"之称，日后同样是死于非命，若就性格而言，杨、徐的取祸之道可能都在于锋芒太露，风必摧之。

可是在东瀛军界，徐树铮却能得到很多军人的欣赏和仰慕，尽管他本人对日本一直都有防范和敌视之心。

那些日本武官在未经上司允许的情况下，冒着违纪撤职的危险要援救他且不说。后来日军侵华，身为日本华北方面军最高指挥官的冈村宁次初到北平（即北京），就问徐树铮的后人有没有在京的。当时有人回答，徐的长子徐审义任法部秘书。冈村便说，故人之子应加照顾。不久，徐审义就得以升任伪教育总署文化局局长。

冈村和徐树铮实在谈不上什么故人，只能说，徐树铮在日本军人中的声名确实很不一般。这或许也是民族性格差异的一种表现吧。

断我股肱

段祺瑞很早就知道了徐树铮遇险的消息。原因是时任交通总长龚心湛为段派人物，当徐树铮的专车在廊坊被扣时，铁路局的段长第一时间就向龚心湛报了信。

段祺瑞听到消息后震惊莫名，可是又无计可施，只好抱着侥幸心理，想慢慢地找寻渠道，设法把徐树铮给解救出来。

然而不久之后，他就得到报告："专使下车，什么话也没有问，就被枪毙了。"

段祺瑞一生以沉稳老练著称，无论遇到多大的险情和困难，都有一种泰山崩于前而面不改色的镇定从容。可是这一报告却让他几乎晕了过去，他老泪纵横，痛哭失声："断我股肱！断我股肱！"随从段祺瑞多年的人都说："跟老头子这么久，还没有见过他这么伤心呢！"

悲伤之余，段祺瑞欲派人找回徐树铮的遗骸进行装殓，可是却没有人知道遗骸到底被埋在了哪里。过了几天，他忽然收到一封信，信是廊坊驻军司令部的一名姓洪的军医写来的，他自述原名段大槐，后归宗姓洪。清末时他曾在段祺瑞的江北提督衙门给幕府当差打杂，徐树铮教他读书写字，洪军医遂拜徐树铮为师，并在徐树铮的帮助下考进了天津军医学校。

洪军医说他代收了徐树铮的遗骸，将即日运至北京。原来张之江的部下处决徐树铮后，只是随便挖了个坑，将他的遗骸埋在了附近的野地里。

洪军医听到后便去向张之江请求说："我小时候在江北提督衙门里伺候做幕的师爷们，徐师爷看我不错，把我送到天津学医，这才有我的今天。他跟都统（指张之江）有什么仇恨，我不知道。念他过去待我有恩，可否容我给他收尸？"

张之江杀徐树铮不过是奉命行事，他跟徐树铮之间也没有什么大不了的个人恩怨，便也乐得做个顺水人情，于是就说："大丈夫恩怨分明，你收你的尸吧，我不拦你！"

得到张之江的允许，洪军医把徐树铮的尸体从泥土中刨出来，放进自备的一具薄木棺材，然后用驴车运到北京，停放在永定门外的土地祠里。

段祺瑞为徐树铮的遗骸重换了装裹和棺木，并亲撰"神道碑"，回顾了二人相与的过程，对徐树铮极尽褒扬。他还嘱咐自己的子孙后代，要求以后每年摆供祭祖时，必同时祭供徐树铮牌位。

在徐树铮被害的第二天，京津各报就都登出了陆承武的通电。这份通电实际上是鹿钟麟的北京警备司令部事先早就拟好的，在通电中，他们以陆承武的口吻指称是陆承武亲手杀死了徐树铮，"以雪国人之公愤，藉报杀父之深仇"。一般不晓内情的人都知道陆承武的父亲陆建章系徐树铮所杀，所以对于陆承武的举动也深信不疑。

段祺瑞则深知事情没有这么简单，"所谓仇者伪也"，他坚决主张明令缉凶。此前迫于各方特别是冯玉祥方面的压力，执政府已成立了国务院，内员多为亲国民军或与国民军方面有渊源的人。国务总理贾德耀是冯玉祥的把兄弟，又系冯玉祥一手推上台，看到段祺瑞所发的缉凶令后，执意不肯在上面副署，事情最后只能不了了之。

段祺瑞虽然暂时不得不忍气吞声，但经过这件事，他和冯玉祥之间的关系也就走向了彻底破裂。

徐树铮能够成为段祺瑞的"灵魂"，不仅是由于他的谋划和活动能力，更在于二人在政治理想上高度契合。段祺瑞曾亲自撰写《内感篇》一文，在这篇文章中，他分析道，国内的一般学人在游历欧美后，都想把西方的政治思想和制度立刻移植过来，就好像是拿别人的装饰物，来美化自家厅堂一样。殊不知上层建筑的东西绝非如此简单，毕竟西方人对他们的那一套早已习惯，而国人在此前的三千多年里，一直都有自己的历史和文明，如果一定要强行移植，只会带来东施效颦的结果。

段祺瑞与徐树铮一样，都认为中国的"立国要素"仍是传统的孔孟之道，是"老吾老以及人之老，幼吾幼以及人之幼"。由此出发，其治国之道可以用四个字来概括，即"纲纪为先"。

作为段幕后起的重量级幕僚，章士钊的政治理念与段祺瑞、徐树铮可谓如出一辙。他是一个"以农立国"论者，竭力主张恢复体现"农国"精神的中国传统文化，特别是儒家的礼教，并视礼教为拯救社会危机的对症良药。

可是此时的社会风潮却与他们的想法完全背道而驰，各地学生运动此起彼伏，对北京政府的"纲纪"形成了极大的冲击。段祺瑞慨叹："最奇特者，人之所无，而我更有澎湃之学潮，可谓新之又新。"

为此，在执政府尚能维持局面时，段祺瑞便让章士钊由司法总长兼署教育总长，想通过这位名士出身的政治家来整顿学风。

心力交瘁

章士钊兼署教育总长伊始，他下决心从三件事抓起，即宣布大学统一考试，教育部专设考试委员会，主抓学生的入学及毕业考试；教育部设编译馆，督促奖励各大学教授著书、译书；合并北京八所大学。

章士钊的这些措施后来被认为皆切中时弊，但在当时遭到了教育界及青年学生的强烈反对，根本无法得到有效的贯彻实施。因阻止学生参加 5 月 7 日的"国耻纪念日"，章士钊自己的住宅也被激愤的学生捣毁，各校学生还聚会请愿，要求罢免章士钊。

章士钊整顿学风的举措归于失败，他被迫呈请辞去本兼各职，经段祺瑞挽劝，才重任司法总长职。

此后，学生参加政治运动更为积极踊跃。段祺瑞索性将司法总长委与他人，专调章士钊出任教育总长，意图整顿教育，抑制愈演愈烈的学潮。这时正好北京国立女子师范大学（女师大）的学生要求撤换杨荫榆，章士钊便率先拿女师大作为典型开刀。

女师大校长杨荫榆是中国第一位女大学校长，她遵循西方教育理论，主张学生应专心读书，不要参加和过问政治运动，在相应的校规校纪上也很严格苛刻，由此激起了学生和教职工的严重抗议。

女师大学生自治会派代表前往教育部，要求教育部撤换校长。章士钊对学生的这种激烈行为非常恼火，决心以强力压制的办法加以整顿。在他的公开支持下，杨荫榆宣布开除刘和珍、许广平等六名学生自治会成员。

女师大学生针锋相对，决定驱逐杨荫榆，发起"驱羊（杨）运动"，从而爆发了女师大风潮。其间，鲁迅、钱玄同等七名教育界名士联合发表宣言，表示坚决支持学生，鲁迅还因此被章士钊开除了在教育部的职务。

鲁迅早就在文坛声名远播，其杂文之杀伤力更是无人能及。他不仅在文章中将章士钊骂得狗血淋头，毫不客气地称章"是凶兽样的羊，羊样的凶兽"，而且还拿起法律武器，告倒了这位昔日上司。

最终扛不住的不是学潮中的师生，而是早已丧失实力的执政府。除杨荫榆被免去校长职务外，章士钊也在其住宅再度被学生捣毁后，被迫辞去教育总长一职。书生本色的章士钊在加入执政府前颇负时誉，但掌握教育部却让他背负了太多的骂名，结局可谓潦倒。

事实上，执政府如此"弱不禁风"，与学潮背后的政潮有着相当大的关系。

国共两党当时为反奉倒段，采取了联合冯玉祥及国民军的策略。冯玉祥则密嘱鹿钟麟对运动加以保护。这样在国民军控制下的北京，由国共两党所领导的学生运动、群众运动便日益高涨，而且都将矛头集中指向了奉系和段祺瑞执政府。

段祺瑞的日子越来越不好过。除饱受舆论指责和攻击外，在北洋系内部，冯玉祥对他百般迫害，"挟天子以令诸侯"；张作霖也发表宣言，宣布东三省与执政府断绝一切行政关系。

虽然段祺瑞一直高度重视的关税会议仍无具体办法出来，但他实在是干不下去了，于是决心辞职。1926 年 1 月 6 日，段祺瑞让人拟好了辞职电稿，但电文尚未发出，各报就已刊出内容。有的幕僚就趁势劝他不能示弱，段祺瑞性格耿直好强，也便将电稿收回，不再提辞职这件事了。

这时的执政府已形同虚设，政令不但出不了北京城一步，就连执政府的大门都出不了，段祺瑞每天的大部分时间都只能用于诵经、下棋。虽然他表面上显得十分悠闲安详，但其实忧心如焚，在这一期间所写的《因雪记》中，他叹息道："纲纪荡然已久，太阿倒持（指大权旁落）有年，人事计穷，欲速不达。心力交瘁，徒劳无补。"

令段祺瑞忧虑的另一件事则是北方"阴云惨淡，兵气沉霾"。曾经由冯玉祥占据上风的"国奉战争"已出现新的转折，一度被逼得差点要下野的张作霖来了个绝地反击，他先是打败并枪毙了起兵反叛的郭松龄，接着又联合直鲁晋各军，将冯玉祥的国民军包围了起来。

夹于各方缝隙之中，冲突方彼此间挤压得越紧，也就意味着无权无勇的执政府越要倒霉了。

其他还有什么办法呢

3 月 9 日，直鲁联军在北塘登陆，被国民军击退。国民军随即封锁大沽口，不准任何船舶驶入。大沽口涉及"辛丑条约"，天津外国领事团及北京外交使团因此先后提出了抗议。鹿钟麟只得答应重新开放大沽口，但提出条件：外轮不得为直鲁联军运兵运械，外船入口不得有直鲁舰船尾随混入。

3月12日，日本领事馆通知国民军，说当天上午将有一艘日本军舰进入海口，要求国民军放行。国民军方面答应了，但日舰一直拖到下午3点才进入海口，而且后面还跟着一艘船（后查明是另一艘日舰）。

国民军生怕直鲁联军跟在日舰背面发动偷袭，遂开枪要求缓行，日舰即开炮向岸上还击。经过一阵交火，日舰退去，双方互有伤亡。

事后，日本以国民军破坏"辛丑条约"为由，联合英、美、法、意等八国公使向执政府发出最后通牒，要求停止天津、大沽口一带的战争，撤除对大沽口的封锁，否则各国海军将采取行动。

通牒设定的期限是3月18日正午之前。3月17日，执政府外交部做出答复，除为了维护国家体面，空泛地表示通牒内容"超越'辛丑条约'内容之范围，不能认为适当"外，实际上完全接受了通牒的要求。

当天下午，北京各民间团体在北京大学三院召开联席会议，决议在天安门前举行大型请愿活动，要求执政府驳回通牒，并驱逐八国公使出京。

执政府的卫队旅旅长宋玉珍年近六十，且身体又不好，具体事务方面主要由参谋长楚溪春负责处理。楚溪春就在这一天接到了上级命令，说第二天学生要在天安门前开会，会后将到吉兆胡同（段公馆当时所在地）和执政府门前请愿，卫队旅被要求到时分别在这两个地点严加戒备。

因前线战事紧张，鹿钟麟已经带着部队到天津与奉军作战去了，冯派的另一名骨干李鸣钟代理北京警备司令，楚溪春接到的就是李鸣钟所下达的命令。李鸣钟在命令中还一再叮嘱，要求在与学生接触时必须万般忍耐，做到打不还手，骂不还口，以免发生意外不幸事件。

这让楚溪春感到十分为难。之前北京已经有过几次学生游行，均未出过事故，原因是那几次都有鹿钟麟的大刀队在两旁随行，大刀队兼维持秩序，同时与游行组织者也形成了默契。这次大刀队也随鹿钟麟去了前线，李鸣钟派不出人来与游行队伍随行，完全都要靠卫队旅独立维持。

楚溪春与段祺瑞的侄子段宏纲是保定同学，私下关系很好，他对段宏纲诉苦道："士兵所受教育有限，简单率直，能做到这样的忍耐吗？恐怕难免要酿成事故。"段宏纲只好安慰他："只有兄等尽最大的努力来维持防止，其他还有什么办法呢？"

卫队旅名为一旅，实际仅有两个步兵营和两个机枪连。楚溪春分了一下工，他亲自到吉兆胡同部署警备事宜，执政府那边则由卫队旅参谋王子江负责。部署时，规定前几排的士兵不准扎皮带，以免接触时发生殴打；中间几排的士兵可以扎皮带，但不准拿武器；后面几排的士兵才允许携带武器。

1926 年 3 月 18 日上午，浩浩荡荡的游行队伍在天安门前集会，会后首先到位于铁狮子胡同的执政府国务院门前请愿。游行队伍公推了共产党人李大钊等五名代表，要求面见段祺瑞、贾德耀。

当时段祺瑞在吉兆胡同，贾德耀已匆匆躲开，卫队便答复说二人均不在。这一答复引起群情激愤，众人高唱着《国民革命歌》和"打倒列强除军阀"、"打倒段祺瑞"等口号，向执政府冲去。

据在场的上尉军械员邱霖说，当游行队伍冲击执政府时，学生用带着铁头的木棒打士兵的头，并且痛骂士兵是"卫队狗"、"军阀走狗"，这时士兵还能遵守"打不还手，骂不还口"的规定，只是一个劲儿地被迫后退。

眼看着学生就要冲进执政府的大门，负责指挥警卫的王子江从没有经历过这种阵势，急忙命令附近的士兵："开枪吧！"他的本意是让士兵朝天鸣枪，把学生吓跑就算了。开始士兵也确实是向空中鸣枪的，但是并未能够吓退游行人群。游行队伍中还有组织者大声喊道："不要怕呀！是放空枪，不要怕！"

人浪继续往前涌去。处于高度紧张状态的卫队终于失控，他们竟然向游行队伍实施了平弹射击！

铁狮子胡同地方狭小，游行队伍人多拥挤，无法卧倒或躲避，顿时血肉横飞，陈尸遍地。现场气氛恐怖，惨不忍睹。

民国以来最黑暗的一天

惨案发生时，楚溪春正在吉兆胡同等待游行队伍的到来。从时间上看早该来了，但还迟迟没有露面，他正想通过电话向执政府方面进行询问，就听到西方传来了枪响。

听到枪声，楚溪春的心猛地一沉，意识到那边一定出了事故，于是还没来得及摇电话，就乘着汽车直奔执政府而去。

当楚溪春驱车赶到东四牌楼十条中间时，看到很多学生拿着小旗迎面跑来，神情都非常慌乱，其中有丢了鞋帽的，有满脸沾满泥土的，还有人大声喊叫："真厉害呀！真厉害呀！"

因为太过拥挤，汽车没法再往前开，楚溪春便下车步行。出了十条西口，就到了执政府大门前，只见有十几个学生已经倒在了血泊中。卫队旅的士兵打红了眼，还在端着枪四处搜寻。楚溪春当即吹响口哨，命令士兵赶快回到自己营房集合。

随后，李鸣钟等人也坐着汽车赶到了。李鸣钟惊慌失措地对楚溪春说："晴波（楚溪春的字），打死这些学生，叫我怎么办，叫我怎么办？"楚溪春无奈回答："已经到了这个地步，我们只好报告段执政吧！"

在楚溪春返回吉兆胡同之前，段祺瑞已得到消息，并派段宏纲探视了现场。得知学生伤亡惨重，段祺瑞甚为伤感。在听李鸣钟、楚溪春分别报告情况后，他对李鸣钟说，因为你们处理防备不周，才发生了这样不幸的惨剧，望李司令同楚参谋长今后要特别当心，万不可再发生任何事故。

不过在楚溪春后来的描述中，却提到段祺瑞正在家里和吴清源下棋，而且他还声色俱厉地对李鸣钟大声说："你能维持北京的治安不能？如果不能，我能撤换你，我能枪毙你！"又让楚溪春转告卫队士兵，说自己不但不会惩罚他们，还要赏他们，"这一群土匪学生……"云云。

实际上，吴清源早在前一年夏天就去了日本，和段祺瑞在北京下棋的可能性为零。"声色俱厉"也不可能，那个时候正是段最弱势的时候，李鸣钟直接代表冯方，他哪有那么大的威风训斥对方？同样的，尽管段祺瑞始终反对学生游行，可是无论从他每日吃斋念佛、时时反省早年杀生行为的举止，还是由一个成熟政治家对后果的本能预判上，他都不会对楚溪春说出那些不近情理的狠话。

段宏纲彼时就在段祺瑞身旁，他对此进行了坚决否认，认为完全与事实不符，而从楚溪春的立场分析，之所以要这么说，不外乎是想推托自己在此案中的责任。

据中国济难会调查，游行学生群众共死亡四十七人，伤一百三十二人，四十人受重伤。李大钊、陈乔年等中共北方领导人都在惨案中受了伤，当然这里面最著名的死难者还是女师大风潮的主要参与者之一刘和珍。这就是震惊中外的"三一八惨案"。

惨案发生后，执政府司法部、高等法院、陆军部组成联合机构，对该案进行会审。由于段祺瑞、贾德耀均未下达过开枪命令，被认为无直接责任，法官便召楚溪春到庭作证。

楚溪春为了让自己和部下不负罪责，出庭前专门开会让众人搜集游行学生的"罪证"。比如找来几支旧手枪，就说是学生们的凶器，找来几把笤帚和几个煤油桶，则说是学生要拿来火烧执政府。

唯一真实的物证是一大捆学生们用的旗子，因为旗上写着中共北方执行委员会的字样；另外，执政府南面楼上的玻璃窗上还有一个被子弹打穿的圆孔。

圆孔确实是当场被子弹打穿的，不过不一定是学生打的，而极可能是卫队士兵开枪时打偏了。当时正好卫队旅也有一个卫兵被子弹打死了，虽然楚溪春自己都弄不清这个卫兵是怎么死的，有人猜测极可能是混乱中死于同伴的流弹，但他就索性以此作为证据，指证是学生先开枪，卫队旅乃被迫自卫。

法官听取证词后便以此结案，卫队旅官兵从上至下均未受到处分。到最后，受影响最大的还是段祺瑞及其执政府，他们受到了全国的一致声讨，知识界、教育界更是同仇敌忾，纷纷予以谴责。鲁迅连写多篇杂文进行声讨，《纪念刘和珍君》即是其中之一。在这些杂文中，鲁迅称惨案发生当天是"民国以来最黑暗的一天"，执政府"残虐险狠的行为，不但在禽兽中所未曾见，便是在人类中也极少有的"。

在从政的几十年前，段祺瑞的社会声誉不是没有经历过如同过山车一般的起伏跌宕，他曾因"三造共和"而到达顶峰，又因"亲日"和对日借款不断受损，其间也是曲曲折折，既有下落，也有回升。

"三一八惨案"厉害就厉害在，它是直接一锤子将段祺瑞砸落谷底，老段的政治声望和资源几乎全部都被砸碎了。

段夫子

"三一八惨案"后，国民军面对直奉联军的攻势已无抵御之力。冯玉祥感到除与旧日的上司兼好友吴佩孚重归于好外，别无出路，于是决定趁着执政府因"暴力枪杀良民"而落入窘境，在京城上演一出捉段放曹（曹锟）的武戏，以便讨好吴佩孚。

1926年4月9日夜，鹿钟麟率警备司令部的大队人马包围了吉兆胡同。幸好已经自行脱险的曾毓隽事先得到消息，派人通知了段祺瑞。由于大街上已经戒严、盘查，段祺瑞便由卫队长护送，暂时到同住于一条胡同的老同学家里躲避。

鹿钟麟本来想指挥人马冲进段公馆，活捉段祺瑞，后来发现胡同口有机枪连布防，只得暂时停止前进，双方对峙达三小时之久。对峙期间，北京城里满街都是士兵，气氛十分紧张。

为了防止国民军突破火力布防，强行闯入段公馆，或者在附近进行搜查，曾毓隽灵机一动，特地通过报社连夜发出号外，称段祺瑞已进入东交民巷。鹿钟麟看到号外后，信以为真，只得撤兵回府。

鹿钟麟一返回司令部，即以北京警备司令的名义释放了一直被他们幽禁的曹锟。天亮后，他与其他国民军将领一道发出联名通电，在逐条列举段祺瑞罪状的同时，宣布"保护总统（指曹锟）恢复自由"。联名电还大拍吴佩孚的马屁，说吴为"命世之才，抱救国之志"，国民军"此后动定进止，唯吴玉帅（吴佩孚）马首是瞻"。

怕吴佩孚仍弄不清他们的真意，国民军方面又让重新获得自由的曹锟给吴佩孚发电报，望其与国民军合作对付奉系。未料吴佩孚不但一口拒绝，而且要求国民军全部缴械接受改编，他在给鹿钟麟的电报中甚至称"恨不能食汝之肉，寝汝之皮"。至此，冯玉祥才算完全绝望。4月15日，国民军退出北京城，扼守南口。

段祺瑞虽得以复职，但其政治能量已丧失殆尽。张学良代表奉系，明确表示对维持段祺瑞政权没有信心，只能保护段祺瑞安全离开北京。4月20日上午，段祺瑞在外交总长胡惟德不知情的情况下，特任其兼署国务总理，摄行临时执政职权。当天下午，他乘坐张学良调派的一列专车，离开北京，前往天津。

这是段祺瑞第三次到天津过寓公生活。他在天津没有房产，以前都是住段芝贵或吴光新的宅邸，这次来津，开始是在日租界的寿街租了一间房子，但有一次他无意中将自己的姓"段"和寿街的"寿"联系了起来，觉得不太吉利。吴光新听说后，便劝他搬到自己位于日租界宫岛街的寓所。

吴光新的这座寓所建于1916年，外形奇特宏大，施工质量很高，可与日租界清逊帝溥仪所居住的张园相媲美。缺点是此处离日本天津驻屯军司令部比较近，经常有日本军政官员来访，段祺瑞不胜其烦，只好经常托病不见。

得知段祺瑞想找一个清净的住所，老部下魏宗瀚就把他接到了日租界须磨街自己的寓所。

下野后的段祺瑞自称"正道居士"，每天吃斋礼佛，十分虔诚，但他的须磨街住宅却并不显得门庭冷落——他的那些部下幕僚，如曾毓隽、章士钊等人全都不离不弃，一路从北京跟随到天津，而其他各路的说客和谋士也经常前来登门"劝道"。

在这种情况下，就算老段真的像他表面宣布的那样只谈佛经不问政治，"政治"也会时不时地来光顾和过问他。问题是，此时的国内政局已经发生重大变化，他再也不可能成为政坛上的中心人物了。

甚至连段祺瑞本人都不会想到，他实际担负着最后一次挽救和整合北洋系的使命。在段祺瑞黯然下野和段记执政府"杯碎"之后，北洋各派继续相互削弱，使得整个北洋系以加速度奔向自己的末路。

段祺瑞对于北洋系乃至于整个近代中国的重要意义，吴佩孚是在很久以后才领悟到的。那时候，他也成了被政坛抛弃的落魄寓公，而段祺瑞刚刚去世。

吴佩孚特请人代表他到段宅吊唁，并亲撰挽联。他告诉别人："我对合肥（指段祺瑞）之丧，一度任秘书，一度任帖写（指挽联等均系吴本人自作自写），此为有生以来第一次，唯对段夫子一人而已。"

吴佩孚所写挽联的联文很长，道尽了他历经波折沧桑之后的感悟："天下无公，未知有几人称帝，几人称王，奠国著奇功，大好河山归再造；时局至此，皆误在今日不知，明日不战，忧民成痼疾，中流砥柱失元勋"。

吴佩孚送的祭幛为"木坏山颓"。大匾上款为"芝泉夫子"，下款为"受业吴佩孚敬献"，四个大字乃"还我河山"。

那一刻，这位曾经书生意气并无比叛逆的秀才将军，成了最懂段祺瑞的人。

糟得很

北洋无可挽回地走向了衰弱，与此同时，南方的国民党却在孙中山去世后，迅速调整了内部关系，并借助苏联的援助而得以壮大。初建的"党军"北伐军和黄埔军校让人耳目一新，以至于许多有志于建功立业的青年都心向往之，连作为北洋后起力量的保定派（主要为保定军校生）也纷纷脱离北洋，投奔南方。

段祺瑞之所以能够在缺乏实力的前提下担任临时执政，靠的是北洋领袖的招牌，以及北洋内部残存的那一点向心力，如今连整个北洋系都要崩溃了，谁还会在乎这个"手无寸铁"的老头子？

段幕的一群人希望尚存实力的派系能够拥戴段祺瑞出山收拾残局，但他们四处奔走，却四处碰壁。就在感到一筹莫展的时候，有人向段的左右建议与逊帝溥仪合作，还说："宣统皇帝是块大招牌，合肥如能与他合作，号召力就比单干大得多了。"

段祺瑞一时昏了头，竟然也听信这些话，想和溥仪拉拉关系。由于溥仪仍自尊为皇帝，不肯枉驾段的寓所，而段祺瑞也不愿降低身份，主动去溥仪所居住的静园，于是双方就相约在溥仪的生父载沣家中见面。

段祺瑞是把溥仪作为一个可以合作的政治伙伴，但溥仪却不这么想，他还把自己看成是大清皇帝，而段祺瑞只是当年那个湖广总督，所以见面时态度十分傲慢，气氛也颇为尴尬，协商合作之事自然就更谈不上了。

段祺瑞又羞又恼，告辞出来后对等候在侧厅的手下说："我总还当过中华民国元首，这小子竟在我面前摆皇帝的臭架子，真正岂有此理！"

作为"三造共和"的元勋，不仅悄悄地去见了逊帝，对方还不把他放在眼里，这对段祺瑞来说是件非常丢脸的事。曾毓隽开始不知道这件事，后来消息传到他耳朵里，就趁旁边没有外人的时候，问段祺瑞："听说在不久之前，老总和溥仪见了面，有这么一回事吗？"

段祺瑞经此一问，脸上立刻露出了惊讶的表情，接着便很不耐烦地说："糟得很，糟得很，不要谈了！"

看到段祺瑞那躲躲闪闪、左顾右盼的神态，曾毓隽也就不再追问下去了。

其实即便溥仪不摆架子，他与段祺瑞也不可能合作成功。原因就在于二人的目标并不一致。曾毓隽与溥仪的师傅陈宝琛既是同乡又是世交，往来比较密切。陈宝琛有一次对曾毓隽说："希望你能在段祺瑞身边为逊皇尽一份力量，从中斡旋。能合作更好，不能合作，希望芝泉（段祺瑞）不要反对。"

曾毓隽深知段祺瑞之心，他当时就回答陈宝琛："段一向主张共和，若要求他和逊皇搞复辟，段生性刚愎，这一点我想很难在他面前说得通。"

渐渐地，段祺瑞终于明白复出已完全无望，只得继续过他的寓公生活。与当时住在天津的其他前清、北洋遗老显贵们不同，段祺瑞一生不事敛财生利，闲居时间一长，经济状况便日见窘迫。段祺瑞不得不亲自审查账目，以想办法节约开支。

为减少日常开销，他连麻将都不打了，仆人也减到了最少。幸亏魏宗瀚邀约一些当年的老兵，自愿轮流前来帮忙打杂，段宅才不至于弄到黄叶满阶无人扫的地步。

政坛失意，家境冷落，固然让老爷子心情郁郁，但最令他伤心和难过的，恐怕还是眼看着北洋一步步地走向历史的尽头，而自己却无能为力——1928年，北伐军攻入北京，由南方发动的新一轮"武力统一"取得胜利，曾经盛极一时的北洋时代终告谢幕。

就在诸事不顺之际，突然有人给段祺瑞寄来了一封信。信是以一个学生的口吻写的："老师可记得送入日本士官学校的学生中，有一个蒋志清否？那就是我……"

段祺瑞当年在保定筹办军校时，确曾选送学生去日本学军事，但他的学生那么多，哪里还记得一个"蒋志清"？再看下去，才知道"蒋志清"原来就是写信人、现任北伐军总司令蒋介石。

想到自己培养出来的后辈居然成了新政权的领军人物，而且在得以大红大紫后仍不忘其师，这令段祺瑞大为欣喜，以后常对人说："蒋介石是我学生。"

我是中国人

1928 年秋，蒋介石第一次到北平（即北京）。当时段祺瑞的侄子段宏纲居住在北平，且与蒋介石的幕僚吴忠信认识。经吴忠信介绍和陪同，蒋介石与段宏纲相约在北京饭店见了面。

一见面，蒋介石就对段宏纲说："我亦保定陆军学堂学生，段先生是我的老师。"接着便询问了段祺瑞的起居生活情况。

随后，蒋介石对吴忠信说："我因公务繁忙，不能前往天津看望段先生，请你代表我去。"当天下午，在段宏纲的陪同下，吴忠信到津谒见段祺瑞。

返回北平后，吴忠信向蒋介石进行了报告。得知段家生活确很困难，蒋介石马上让人给段祺瑞送去两万元。在以后的三四年内，他还向段祺瑞赠送过几万元生活费，段家的生活问题遂得到了解决。

蒋介石此举，既是念及往日的师生情，同时也有加强政治联络的考虑。因为此时蒋介石和国民党在北方的政治力量还比较薄弱，亟须借助段祺瑞在北洋的声望来巩固自己的权力地位。

惦记着段祺瑞的，不光有他的学生，还有蠢蠢欲动的日本人。1931 年，日本通过九一八事变侵占东北。慑于国际舆论，他们不敢明目张胆地直接对东北进行统治，于是就想在中国的政治舞台上寻找到适当的人选做傀儡。

日本老牌特务土肥原为此在天津积极活动，准备在溥仪和段祺瑞二人中择其一出关组织政府。段祺瑞能够进入土肥原的视线，当然是因为他在北方的影响力以及过去执政时"亲日"的历史，但段祺瑞"亲日"有个前提，那就是得从中国的国家利益出发，与之相悖的事他是坚决不愿做的。

在接受天津《大公报》的记者采访时，段祺瑞说："盗已入室，但亦未必即据为己有，只有给他些东西，让我们自己收回来再说。"他要表达的意思很明白，即他可以在东北另外成立一个与南京政府对立的政府，也可以答应日本的一些要求，但绝不同意把东北从中国分裂出去。

段祺瑞的态度让土肥原深感这老头不好糊弄，即便到了关外，也未必肯俯首听命，到那时弄巧成拙，反而对日本不利。这样他只好把溥仪拉到大连，并于

1932 年 3 月成立了伪满洲国。

1933 年年初，日军先攻榆关，再攻热河。东北军不战而溃，战火烧向长城一线。日本外务省次官吉田茂奉日本政界元老西园寺之命，来天津找到曹汝霖，要他请段祺瑞出面，与西园寺一道，以中日在野元老的身份共同"调停"斡旋，商定中日两军"就地停战"。

在曹汝霖的陪同下，吉田茂拜见了段祺瑞。得知对方来意，段祺瑞当即明确答复，"调停"可以，但撇开东三省，"调停"就无从谈起。"我们在野之人出来调停，说话要有根据，当局若问到东三省，将如何答复？我看单从就地停战作为调停，恐怕没有这样简单。"

他认为："现在中国军队气焰之高，不下于关东军。若说停战，应由日本先停，因为这次是日本先开战的。"

这样的要求显然不可能为日方所接受。吉田茂见话不投机，很难再谈下去，只得起身告辞。

送走吉田茂，曹汝霖忍不住抱怨道："芝老，人家是真心希望和平的呀！况且当初支持你又不遗余力。"

段祺瑞则犹有余愤："欺人太甚，是可忍，孰不可忍！"

日本一边举兵对关内发动进攻，一边酝酿建立"华北国"，所选中的第一个人就是段祺瑞。王揖唐利欲熏心，在看望段祺瑞时，常常用含蓄的话进行试探，企图劝段祺瑞出来为日本人做事。

蒋介石风闻后，不断派民间人士和专使北上，请段祺瑞南下，并说明他如果继续留在北方，恐为日本人所利用。经过南方代表这么一讲，段祺瑞才明白王揖唐的用意，于是便准备动身去上海。

王揖唐知道后急忙前来劝阻，而且话语渐渐露骨，说段的事业都在北方才能取得成功，虽然现在家里穷，将来总有机会出头，千万不要南下。段祺瑞对此很不满意，对家人说："王揖唐不怀好意，我要教训他。"

等王揖唐再来，段祺瑞就直言不讳地对他说："我是中国人，决不做汉奸傀儡，就是你自己也应该好好想想，不要对不起祖先、父母和子孙后代。我决计到南方去，以后不要再来多说了。"

除王揖唐外，段宏业等少数人也曾对南下持有异议，段宏业甚至为此和吴光新拍了桌子，但段祺瑞一言裁决：华北局面愈来愈复杂，我离开这个旋涡乃是上策。

1933 年 1 月 21 日凌晨，段祺瑞乘专车离开了天津站。这位自称"吾老矣，无能为"的老人在告别北方的这一刻，也为自己过往的政治生涯画上了一个足以自豪的句点。